ZU DIESEM BUCH

In Chicago – der amerikanischsten aller Städte – spiegeln sich wie in einem Brennglas Entwicklungen, die die Geschichte der industriellen Moderne geprägt haben und die Zukunft nicht nur Amerikas, sondern auch des alten Kontinents mitbestimmen werden. Wie sehr ein als fundamentalistische Religion praktiziertes Wirtschaftssystem das Leben der Menschen prägt, zeigt sich nicht allein in der Geschichte der großen Arbeitskämpfe, die hier mit erbitterter Härte ausgefochten wurden. Chicago ist auch die Stadt der Eisenbahnen, über die ungeheure Warenströme von West nach Ost flossen; die Stadt der Schlachthöfe, in der in einer «auf das Schwein angewandten Mathematik» das System der Fließbandproduktion erfunden wurde; die Stadt der Hamburger, die man auf der ganzen Welt in gleicher Form essen kann.

Chicago als Emblem der Moderne – in seinem großartigen, mitreißenden Buch entschlüsselt Marco d'Eramo die interne Dynamik eines Ortes, der zugleich ein System ist.

Chicago – «... die große Realmetapher des siegreichen Kapitalismus. D'Eramos Essay-Miniaturen erzählen von der unausweichlichen Dynamik dieser Maschine Kapital, die sich ins Lebendige hineinfrißt. Eine sinnliche, philosophische Erzählung vom Kapitalismus als Kultur ist so entstanden.»

Mathias Greffrath, «Die Zeit»

DER AUTOR

Marco d'Eramo, geboren 1947, studierte zunächst Physik in Rom, dann Soziologie bei Pierre Bourdieu an der École Pratique des Hautes Études in Paris. Er arbeitete als Journalist für verschiedene Zeitungen, darunter «Il Manifesto», und ist Autor mehrerer wissenschaftskritischer und soziologischer Bücher.

MARCO D'ERAMO

DAS SCHWEIN UND DER WOLKENKRATZER

CHICAGO: EINE GESCHICHTE UNSERER ZUKUNFT

Deutsch von Friederike Hausmann
und Rita Seuß

rororo
ROWOHLT

Veröffentlicht im Rowohlt Taschenbuch Verlag
GmbH, Reinbek bei Hamburg, November 1998

Titel der Originalausgabe: *Il maiale e il grattacielo. Chicago: una storia del nostro futoro*

Umschlaggestaltung Guido Klütsch
(Foto: The Image Bank)
Gesamtherstellung Clausen & Bosse, Leck
Printed in Germany
ISBN 3 499 60520 1

INHALT

ERSTER TEIL

ZWEITER TEIL

DRITTER TEIL

EPILOG

ERSTER TEIL

ANKUNFT IN CHICAGOLAND

Man erwartet die Stadt Al Capones und findet ruhige Straßenzüge zwischen klassizistischen Fassaden aus der Zeit der Weltausstellung von 1893. Aus der Lektüre der Jugendzeit kannte man Chicago als die Stadt der Schlachthöfe, zu sehen aber sind phantastische Wolkenkratzer. Im Stadtzentrum sind Wunder der Architektur zu bestaunen, die Chicago für den Städtebau des 20. Jahrhunderts so bedeutsam machen wie Venedig für den des fünfzehnten.

Man erwartet eine kontinentale Stadt im Herzen Nordamerikas, Chicago aber präsentiert sich als Stadt am Meer. Für uns ist der Gardasee oder der Zürichsee ein großer See. Der Michigansee dagegen ist ein Meer, das sich mit einer Oberfläche von 150 mal 400 Kilometern über 60.000 Quadratkilometer wie die Adria grenzenlos vor dem Auge erstreckt. Bei Sturm donnern die Wassermassen gegen die Wellenbrecher, und manchmal erreicht die Gischt auch den Lake Shore Drive, eine Schnellstraße »mit Seeblick«. Das Stadtgebiet von Chicago wirkt ohnehin wie ein zweihundert Kilometer langer Streifen, der sich von Süden nach Norden an diesem Meer hinzieht. »Chicagoland« fängt in Gary in Indiana an, und Milwaukee in Wisconsin gehört eigentlich auch bereits zu diesem endlosen Ballungsraum entlang des Sees.

Im Winter werden die Hochhäuser, die Parks und die endlosen Vororte mit ihren Einfamilienhäusern von beißender Kälte heimgesucht. Sie läßt an besonders ungeschützten Stellen die Wellen am Ufer zu Eis erstarren und türmt sie wie bläulich weißen Schiefer zu mehreren Schichten auf, die im spitzen Winkel aus dem Boden ragen. Auf dem zugefrorenen See sitzen die Fischer in den kleinen Häfen auf Stühlen und halten ihre Angeln in Löcher, die sie ins Eis geschlagen haben. Die Behörden raten, höchstens einmal die Woche Fisch aus den stadtnahen Gewässern des Sees zu essen, und möglichst kleine, das heißt junge Fische, weil die älteren schon mehr Umweltgifte in sich aufgenommen haben. Kein Mensch hört auf solche Warnungen. Ohnehin wird das gesamte Trinkwasser der Stadt aus dem See gewonnen, wenn auch »von hoher See« hereingepumpt.

Mehr als irgendeine andere Küstenstadt ist Chicago den Winden ausgesetzt. Nicht von ungefähr trägt sie den Beinamen *Windy City*, windige Stadt. Die Böen werfen Passanten um und reißen Ampeln aus. Im Fernsehen wird in der Wettervorhersage nicht nur eine Temperatur angegeben wie bei uns, sondern zwei, eine für die Luft und eine für den Wind. Die Lufttemperatur kann bei 10 Grad unter Null liegen, aber der *chill*, die Kälte des Windes, liegt vielleicht bei 30 Grad unter Null. Die eisigsten Winde kommen aus Nordwesten, wenn sie von der Arktis und aus Alaska ungehindert durch die kanadische Tiefebene einfallen können. Trotz dieses Windes und trotz dieser Winter liegen die Bahnhöfe der Hochbahn völlig ungeschützt gegen die Böen im Freien. Wer öffentliche Verkehrsmittel benutzt, tut dies auf eigene Gefahr: Kein Privatauto zu benutzen – oder keines zu besitzen – verlangt geradezu nach Bestrafung.

Kaum ist es Frühling, stehen überall auf den Bürgersteigen die Tische der Restaurants. Beim leisesten Hauch milder Luft sieht man überall Badeanzüge, kurze Hemden und *bodies*. Wie in allen Küstenstädten, wie in den Vororten von Athen, an der Copacabana Rio de Janeiros oder in San Sebastián tummeln sich im Sommer die Menschen zum Sonnen und Baden an den Stränden. Im Jahr 1991 brachen die ersten Rassenkrawalle am Strand aus: Ein junger Schwarzer hatte im Wasser die unsichtbare Trennungslinie zwischen den farbigen Badenden und den weißen Mädchen überschwommen und wurde ermordet. Im Sommer beleben sich die Parks am See mit Blues-Festivals und Freiluftkonzerten, Picknick und Barbecue, Volleyball und Spaziergängern. Am Wochenende ist die blaue Wasseroberfläche von Tausenden von Segeln wie mit weißen Punkten übersät.

Dieses *Meer* gibt der sozialen Geographie Chicagos einen besonderen Charakter. In anderen Städten des amerikanischen Inlands gehören die Viertel im Westen den Reichen, weil sie in der Hauptwindrichtung liegen, der Osten mit seiner von Industrie und Menschen verschmutzten Luft gehört den Armen. In Chicago liegen die reichsten Stadtviertel an der Küste, und die Ost-West-Achse ist durch die Nord-Süd-Achse ersetzt. Schon immer waren Gestank, Fabriken, Schlachthöfe, Fettraffinerien und alle Betriebe, die scharfe Gerüche verbreiten, im Süden angesiedelt. Die Schlote der Ölraffinerien und Stahlwerke rauchen in Richtung Gary an der Grenze zu Indiana. Dort erheben sich dichte und vielfarbige, manchmal orangene, manchmal bläuliche Rauchschwaden in den Himmel. Tief im Süden der Stadt sind die Ghettos der schwarzen Bevölkerung. Unmittelbar im Norden und Süden des Geschäftszentrums dagegen liegen die kleinen Häfen mit Tausenden von Booten, und auch ein Flughafen für Privatflugzeuge und ein Wasserflughafen für Wasserflugzeuge. Die schicke Golden Coast gehört zu den teuersten Wohngegenden ganz Amerikas. Am See entlang führt auch die »Hauptstraße« von Chicago, die Michigan Avenue, die liebevoll »Boul Mich« genannt wird wie der Boulevard Saint-Michel in Paris. Nördlich des Chicago River hat der Luxus ihrer Boutiquen und Gebäude der Michigan Avenue den Beinamen *Magnificent mile* eingebracht.

*

Kaum einen Kilometer von der *Magnificent mile* in südwestlicher Richtung landeinwärts liegen die Wohnsilos von Cabrini-Green, wo das durchschnittliche Familieneinkommen um 97,5 Prozent niedriger liegt, wo die Bewohner Schwarze sind und wo es vorkommen kann, daß ein achtjähriges Kind auf dem Schulweg beim Überqueren der Straße von einer verirrten Kugel getötet wird. Und doch sind es nicht zwei Städte, eine reiche und eine arme. Beides zusammen macht Chicago aus mit seinen 400 Avantgardetheatern, seinen wunderbaren vietnamesischen, afghanischen und peruanischen Restaurants, mit seinen legendären Blues- und Jazzlokalen, seinen Gangs und den Mietskasernen von Taylor Homes und Cabrini-Green.

Die Halsted Avenue nahe dem Campus der University of Illinois erinnert an die Straßen von Lucknow oder Kanpur in Uttar Pradesh in Indien: Verkaufsstände mit Kohlenfeuern, Berge von alten Reifen, Kinder, die im Schlamm spielen, schmutzige, in Lumpen gehüllte Gestalten, »wandelnde Schlafsäcke«. Hier wühlen die Einwohner dieser modernen Metropole des mächtigsten und reichsten Landes der Erde in den Abfällen und beugen sich bis zur Brust in die Mülltonnen. »Man sieht über das Land verstreut eine Art von wilden Tieren, weibliche und männliche. Schwarzbraun, von der Sonne verbrannt, kriechen sie auf der Erde und durchwühlen sie mit unermüdlicher Hartnäckigkeit. Ihre Laute erinnern an artikulierte Sprache, wenn sie sich auf zwei Beine erheben, zeigen sie das Gesicht von Menschen, und es sind tatsächlich auch Menschen. Nachts ziehen sie sich in Höhlen zurück, wo sie sich ernähren von…«. So beschrieb vor dreihundert Jahren Jean de la Bruyère die Bauern seiner Zeit.[1] Er konnte nicht ahnen, wie sehr die Bewohner dieser Metropole ihnen ähneln würden. Die nahe University of Illinois aber ist nur eine der sieben Universitäten Chicagos, die Dutzende von Trägern des Nobel- und des Pulitzerpreises hervorgebracht haben.

James Weinstein, eine der historischen Persönlichkeiten der amerikanischen Linken, Gründer, Direktor und Eigentümer

1 Diesen berühmten Passus der *Caractères* (Abschnitt *De l'homme*, § 128) hat Erich Auerbach untersucht in: *Mimesis* (1946), Bern[5] 1971, S. 348. Auerbach zitiert den Text auf französisch. (Übersetzung F. H.)

der vierzehntägig erscheinenden Zeitschrift *In These Times*, sagte mir: »Im Unterschied zu New York, San Francisco oder Los Angeles hat man in Chicago den *reality check*, d.h. man sieht, was das wirkliche Amerika denkt, man ist im Herzen Amerikas.« Dies gilt für Chicago mehr als für Des Moines, Iowa, oder Omaha, Nebraska, bei denen es sich nur um Parodien einer Stadt handelt. Hier in Chicago gibt es noch eine Innenstadt, es gibt sogar noch Zeitungskioske, eine Einrichtung, die auch in Großstädten wie Denver, Colorado, nicht mehr existiert; es gibt eine Untergrundbahn, es gibt öffentliche Transportmittel, und doch gibt es hier auch das Amerika der Vorstädte mit einem relativ kleinen Zentrum, um das sich die endlose Fläche der Einfamilienhäuschen der *suburbs* erstreckt.

Egal, ob man mit einer Feministin aus den reichen Vierteln spricht oder mit einer Trotzkistin der Historical Society of Chicago oder mit einem Leitartikler für Probleme der Dritten Welt, also mit lauter Leuten, die vom Konformismus des »amerikanischen Traums« am weitesten entfernt sein müßten: Jede und jeder drückt auf seine Weise eine grenzenlose Liebe zu dieser Stadt aus. Wenn man dann nachfragt, werden ganz unterschiedliche Gründe genannt, wie etwa die Schlagkraft der Gewerkschaften, die Lebendigkeit der alternativen Kulturszene, die Vielgestaltigkeit des Lebens der Schwarzen. In Wirklichkeit aber tritt selbst bei diesen antikonformistischen Minderheiten die zutiefst amerikanische, zutiefst kapitalistische Vorstellung zutage, es sei das Ideal menschlichen Daseins, im eigenen Einfamilienheim zu leben, das von den anderen Einfamilienhäusern durch einen ordentlichen Rasen getrennt ist, und doch zugleich alle *urban amenities* wie Konzerte, Restaurants und Kinos genießen zu können. Im Grunde handelt es sich um die Vorstellung, daß Chicago sowohl Peripherie ist, wo man angenehm leben, als auch Metropole, wo man angenehm den Abend verbringen kann.

Chicago hilft auch eine andere Frage zu beantworten, die sich jeder stellt, der eine Weile in den Vereinigten Staaten lebt, und die Wolfgang Schivelbusch mir gegenüber so formuliert hat: »Wann – und wie – haben die eingewanderten Europäer aufgehört, Europäer zu sein und sind *Amerikaner* geworden? Was hat sie so unmerklich und doch so eindeutig anders gemacht in ihrer Art zusammenzuleben, zu wohnen, ja sogar ihre Werkzeuge zu benutzen?« Oder, um es mit Werner Sombart und seinem Buch mit dem merkwürdigen Titel *Warum gibt es in den Vereinigten Staaten keinen Sozialismus?*[2] (1906) zu sagen:

> Was hat Nürnberg mit Chicago gemeinsam? Nichts als die äußerlichen Merkmale, daß viele Menschen eng beieinander in Straßen wohnen, die für ihren Unterhalt auf Zufuhr von außen angewiesen sind. Dem Geiste nach nichts. Denn jenes ist ein dorfartig, organisch-gewachsenes Gebilde, dieses ist eine nach »rationellen« Grundsätzen künstlich hergestellte, wirkliche »Stadt«, in der (würde Tönnies sagen) alle Gemeinschaftsspuren ausgelöscht sind, und die reine Gesellschaft niedergeschlagen ist. Und ist im alten Europa (war bis jetzt, wollen wir lieber sagen!) die »Stadt« dem Lande nachgebildet, trug sie dessen Charakter an sich, so ist umgekehrt in den Vereinigten Staaten das platte Land im Grunde nur eine städtische Siedlung, der die Städte fehlen.

Chicago bringt das wahre Amerika auch in anderer Hinsicht zum Ausdruck. In Europa ist der Kapitalismus durch das geschichtliche Erbe wie verschleiert und an den Zügel gelegt, in Frankreich durch den Nationalstaat, in Italien durch die Kirche, in Großbritannien durch den Adel und in Deutschland durch die preußische Kaserne. Bei uns stößt der Kapitalismus auf das Hindernis versteinerter Tradition und gefestigter Gewohnheiten.

Hier in den Vereinigten Staaten dagegen erfährt man den Kapitalismus in seiner ganzen nackten Gewalt und subversiven Energie, mit der er in das Leben der Menschen eingreift

2 Werner Sombart, *Warum gibt es in den Vereinigten Staaten keinen Sozialismus?*, Tübingen 1906, S. 14

und sie von der Mekongmündung und oder dem Indusdelta in die polare Kälte schleudert. Man kann das Kapital dabei beobachten, wie es die Individuen, bis hinein in ihre Art, sich zu bewegen, sich zu kleiden, zu essen, zu schmecken, zu fühlen und sich zu lieben, zu formen vermag. Nicht umsonst beginnt Werner Sombart sein 1906 erschienenes Buch mit folgenden Worten: »Die Vereinigten Staaten von Amerika sind für den Kapitalismus Kanaan: das Land der Verheißung. Denn hier erst wurden alle Bedingungen erfüllt, die er zur vollen und reinen Entfaltung seines Wesens braucht. Land und Leute waren wie nirgends sonst geschaffen, seine Entwicklung zu höchsten Formen zu fördern.«[3]

Auch in dieser Beziehung ist Chicago die amerikanischste von allen amerikanischen Städten. An keinem anderen Ort der Welt ist der Glaube an die befreiende Kraft des Kapitals so stark, und nirgends sonst ist der Kapitalismus zu einer derart fundamentalistischen Religion geworden wie hier. Wenn die Vereinigten Staaten das Land Kanaan für den Kapitalismus sind, dann ist Chicago sein Jerusalem. Der multinationale Konzern McDonald's hat seinen Sitz in Chicago, und an ihm läßt sich ablesen, wie schnell und gewalttätig neue Verhaltensweisen durchgesetzt werden. Das erste McDonald's wurde nämlich vor nicht mehr als 37 Jahren 1959 eröffnet. Knapp vier Jahrzehnte haben ausgereicht, das amerikanische Leben ohne McDonald's undenkbar erscheinen zu lassen. Um nur noch ein anderes Beispiel zu nennen: Das Art Institute of Chicago gehört zu den größten und schönsten Museen der Welt, dank des Mäzenatentums von Fleisch- und Wurstfabrikanten. Hier aber haben sich die Mäzenaten nicht wie in allen anderen Museen damit begnügt, ihren Namen auf einem Schildchen neben den Gemälden vermerkt zu sehen. Wenn man hier ein bestimmtes Werk eines bestimmten Malers sucht – z. B. die *Nachtbar* von Edward Hopper –, muß man gut zu Fuß sein. Die Bilder sind nämlich nicht nach Künstlern, sondern

3 Ebd., S. 7

nach Schenkungen geordnet. In einem Raum findet man die Gaben des Herrn X, darunter einen Picasso, einen Hopper und einen Utrillo. Zehn Säle weiter sind in einem einzigen Raum die von Herrn Y geschenkten Gemälde versammelt, darunter ein Matisse, ein Lichtenstein und wieder ein Hopper. Weit voneinander entfernte Epochen, verschiedenste Stile und nicht vergleichbare Maler werden unter der Ägide des Mäzens subsumiert und vereint. Im Museum ist nicht der Künstler das Subjekt, sondern der Geldgeber.

Auch Bauten und Straßen sind Metzgern, Bierbrauern, Zahnärzten und Getreidehändlern gewidmet, es existiert sogar ein Buch über die Geschichte der Straßennamen Chicagos.[4] Eine Avenue trägt den Namen des Getreidehändlers Elli B. Beach. Eine Avenue, ein Parkway und ein Platz erinnern an den Bierbrauer Michael Diversey. Die Halsted Avenue hat ihren Namen von einem Bankier aus Philadelphia. Der Palmer Boulevard macht einen der größten Kaufleute Chicagos unsterblich, der als Kompagnon von Marshall Field zu den Mäzenen des Institute of Art gehörte. Eine der anderen großen Avenuen erinnert an Archibald Clybourne, der 1823 hierher kam, lange bevor Chicago zur Stadt wurde, und die erste Metzgerei eröffnete. Oliver Newberry hatte seit 1832 eine Firma für den Schweine- und Rindertransport. Sein Sohn Walter dagegen gründete die große Newberry Library, und heute existiert in Chicago eine Newberry Avenue. Nach den McCormick ist ein Platz benannt, und die Hutchinson Street geht auf die *packers*-Familie »Hutch« zurück. Der Fleischfabrikant Charles Hutchinson gründete das Art Institute of Chicago. Die Namen von Holzhändlern schmücken die (John D.) Parker Avenue und die (Joseph) Troop Street, und auch der erste Zahnarzt der Stadt namens Walter Alport hat seine Straße bekommen. Einer der höchsten Wolkenkratzer Chicagos, das berühmte Hancock Center, trägt den Namen eines Präsidenten des Chicago Board of Trade im 19. Jahrhundert.

4 Don Hayner, Tom Mc Namee, *Streetwise Chicago. A History of Chicago Street Names*, Chicago 1988.

Wegen seines dunklen, massigen Aussehens und der zwei Antennen auf dem Dach wird es *The bull*, der Stier, genannt. Vielleicht will man damit aber zugleich an das Tier erinnern, dem Chicago seinen Aufstieg verdankt. Auch die Basketballmannschaft der Chicago Bulls hat sich den Stier erkoren, und viele Wolkenkratzer tragen mit ihren zwei Antennen eine Art »Hörner«. Auch der Sears Tower, das höchste Gebäude der Welt, bevor er von einem Wolkenkratzer in Kuala Lumpur »entthront« wurde. Diese Toponomastik stellt historische Gerechtigkeit her, sie gibt dem Kaiser, was des Kaisers ist, d. h. den Wurstfabrikanten, was der Wurst ist, und erkennt an, daß der Handel die Größe Chicagos geschaffen hat.

Eine letzte Anmerkung: Es wäre ganz nutzlos abzustreiten, wie liebenswert diese Stadt ist, wie sehr sie für sich einzunehmen versteht. Neben den korruptesten Politikern Amerikas, den gewalttätigsten Gangs und den skrupellosesten Kapitalisten hat sie die sozialsten Bewegungen hervorgebracht, hier hat Reverend Jesse Jackson seine politische Laufbahn begonnen. Unter den Bäumen des Lincoln Parks am blauen See nähern sich Eichhörnchen ohne jede Scheu dem Spaziergänger, um sich füttern zu lassen. Das glänzende Fell und der prächtige Schwanz der wohlgenährten Tiere glänzt in der Abendsonne.

DIE GLEISE IN DIE ZUKUNFT

Das Studium der kurzen Geschichte dieser Stadt, die sich in weniger als 160 Jahren zu einer der Riesenmetropolen der Welt entwickelt hat und bereits Runzeln und Falten des reifen Alters aufweist, erweckt Staunen, ja Bestürzung. Schon heute läßt sich eine Archäologie ihres Kapitalismus nachzeichnen, der sie in weniger als 50 Jahren bis zur Jahrhundertwende aus einem Zweihundert-Seelen-Dorf zu einer Weltmacht und zur größten Handels-»Republik« der Erde machte. Chicago wurde eine »Eisenbahnrepublik«, vergleichbar den mittelalterlichen »Seerepubliken« Amalfi, Pisa, Genua und Venedig in Italien. Staunen löst aber nicht nur die Geschichte Chicagos selbst aus, vielmehr sind es die weiterreichenden Probleme, die sich daraus ergeben. In keiner anderen Stadt wird man sich so klar darüber, wie sehr der Kapitalismus ein »Eisenbahnkapitalismus« war und wie sehr umgekehrt unsere Vorstellung des Kommunismus für mehr als ein Jahrhundert von der »Eisenbahn«-Perspektive geprägt war.

Die Eisenbahn ist das Vorbild eines Kommunismus, der die Wirtschaft planen will wie einen landesweiten Fahrplan, der notwendig zum Prototyp zentralisierter Planung werden mußte. Der »Marschplan« für die Revolution sollte mit der gleichen auf die Minute pünktlichen Präzision und das heißt mit der gleichen Überlegenheit in der Beherrschung und minutiösen Kontrolle der einzelnen »Etappen« funktionieren, wie der Fahrplan Haltestellen, Verbindungen, Ankunfts- und Abfahrtszeiten vorsieht. Die kommunistische Regierung ist in dieser Vorstellung eine Art allwissende »soziale Gottheit«, die immer den jeweiligen Standort aller Subjekte der Gesellschaft im Kopf hat wie Züge, Waggons, Passagiere und Waren. Ein im voraus festgelegter Plan verteilt die Ressourcen auf die verschiedenen Gesellschaftsbereiche und Landesteile nach angenommenen Bedürfnissen, wie bei der Bahn X Lokomotiven und Y Waggons im Monat K für die Linie Z eingesetzt werden. Der Gosplan wollte mit Wirtschaftsströmen wie mit den Strömen von Waren und Passagieren auf den Gleisen verfahren, als handelte es sich um Gesetze der Strömungstechnik. Die gesellschaftliche Infrastruktur wird in Metaphern von Brücken, Unterführungen und Tunnels gedacht. Der Gesellschaftsaufbau folgt der Hierarchie von Stationsvorstehern, Fahrkartenkontrolleuren, Zugführern und Weichenstellern. Die Idee der Gleichheit schließlich orientiert sich an dem morgendlichen Gedränge der Fahrgäste, die nicht mehr in der ersten, zweiten oder dritten Klasse, sondern in »derselben Klasse« fahren und dadurch einander ähnlich, zu einer unterschiedslosen, noch verschlafenen Masse Mensch geworden sind. Das Leben in der vom Staat regierten kommunistischen Gesellschaft gleicht dem Fahren mit der Bahn: Im einen wie dem anderen Fall ist der einzelne nur Passagier.

Der Eisenbahnkapitalismus auf der anderen Seite hat die Bisons ausgerottet, die Städte mit Kohleruß geschwärzt, auf der Suche nach Eisen ganze Gebirge ausgehöhlt, Wälder für Feuerholz in Wüsten verwandelt, noch unerforschtes Land in seine Spekulationen miteinbezogen, ganze Heere von Indern nach Afrika geschafft und ganze Heere von Chinesen nach Nordamerika. Jetzt sind die Gleise in Afrika und Nordamerika verrostet, aber Inder und Chinesen sind übriggeblieben wie Treibgut nach der Flut. Der Fortschritt wurde als ein Zug, als die »Lokomotive der Wirtschaft« gesehen, und die Zivilisation reichte nur so weit, wie das Stampfen der Dampfmaschine zu hören war.

Mit aller Ausführlichkeit hat man die bizarre Absurdität des Verteilungssystems der sowjetischen Planwirtschaft studiert. Aber es war nicht der Stalinismus, sondern der Eisenbahnkapitalismus der Vereinigten Staaten, der einen Viehzüchter aus Wyoming dazu zwang, seine Rinder zum Schlachten mit der Eisenbahn ins 2.000 Kilometer entfernte Chicago zu schicken, statt sie im nahen Cheyenne zu zerteilen. Dieser Kapitalismus auf Schienen, der in Europa noch gegenwärtig ist, scheint in den Vereinigten Staaten nur noch eine blasse Erinnerung. Wie Kirchen eines vergessenen Glaubens, dem abgeschworen wurde, sind die Bahnhöfe heute alte Gotteshäuser, die man besuchen kann, in denen aber niemand mehr betet. An der Stelle der Fahrkartenschalter finden sich Geschäfte, und die Gleise sind zu Fußgängerzonen geworden. Die Central Station von St. Louis ist eine *Mall*, ein Einkaufszentrum. In Memphis, Tennessee, ist es heute gefährlich, sich nach Einbruch der Dunkelheit in der Nähe des Bahnhofs aufzuhalten.

Nachdem sich diese Form aufgelöst hat, scheint in den USA der »Automobilkapitalismus« die Oberhand gewonnen zu haben: Er ist individualistischer und »familistischer«, wie der Privatwagen im Vergleich zum Eisenbahnwaggon. Unabhängig von einem »Fahrplan« wie bei der Bahn ist er leichter zu kontrollieren und dennoch effizienter, flexibler und rationaler zu überwachen und zu steuern, weil er weniger starre Strukturen besitzt, als Machtzentrum aber ist er nicht minder potent, weil er weniger formalisiert ist.

Der »Automobilkapitalismus« dezentralisiert und dezentriert die Herrschaft, die Arbeitsorganisation, die Logistik, das tägliche Leben der Menschen und unsere Vorstellung von Kultur und Zivilisation. Auto und Lastwagen verbinden Gebiete von so niedriger Bevölkerungsdichte, daß sie in der Eisenbahnwelt isoliert bleiben würden. Der Kapitalismus auf vier Rädern zerstört unser jahrhundertealtes Bild der Stadt, verknüpft Peripherien, die vorher nur über das Zentrum, für das Zentrum und durch das Zentrum miteinander in Verbindung standen. Es gibt nun Stadtgebiete ohne Stadt, ohne Innenstadt, ohne *downtown*. Die Peripherie gehört nicht mehr zu einem Zentrum, sondern autozentriert sich. Das Kultur- und Zivilisationsideal wandelt sich von der »Urbanität« zur

»Suburbanität«, denn im Gegensatz zu Europa ist der Begriff *suburb*, Vorstadt, positiv besetzt. In diesem neuen Raum, der nicht mehr Stadt und noch nicht Land ist, besteht das höchste Ziel menschlichen Daseins im Besitz eines Einfamilienhauses mit Garage, umgeben von einer Rasenfläche, die den Hausbesitzer besser als eine Mauer vom benachbarten Hausbesitzer, seinem Rasen und seiner Garage trennt. Unter dem Mantel der heiteren Anmut begrünter Vorstädte und gesellschaftlicher Diaspora in Gärten und Alleen verschärft der »Autokapitalismus« der Einfamilienhäuser die Rassen- und Klassentrennung und treibt diese Gesellschaft zur Implosion, zur inneren Auflösung.

Mehr als in jeder anderen Stadt hat der »Kapitalismus auf Gleisen« in Chicago seine Macht entfaltet, Völker geprägt, Kulturen geschaffen, Millionen von Menschen verschoben und vertrieben. Nirgends kann man besser als hier die Denkmäler dieses Kapitalismus studieren, seine Erscheinungsformen herausarbeiten, Aufstieg und Niedergang von Handel und Industrie registrieren und die Wanderungswellen analysieren, die die Züge ans Ufer des Michigansees getragen haben. Weil die Epoche des Kapitalismus auf Gleisen schon vergangen ist, ist das Studium von Chicago, einer nicht einmal 200 Jahre alten Stadt, bereits Archäologie, Archäologie der Moderne. Und ganz nebenbei wäre zu überlegen, warum es nie einen »Kommunismus auf Rädern« gegeben hat. Je tiefer man eindringt, desto mehr Fragen drängen sich auf, desto öfter taucht die eine auf: Was weiter? Wie wird es in Zukunft sein? Man sucht unweigerlich nach den Spuren der Zukunft, nach Anzeichen, in welche Richtung die Reise gehen wird. Deshalb ist ein Bericht aus Chicago mehr, er wird eine Archäologie der Zukunft. Diese beunruhigende Frage nach der Zukunft hat schon Sombart bewegt, als er vor neunzig Jahren untersuchte, warum, wenn die sozialistische Bewegung ein Produkt des Kapitalismus ist, das kapitalistischste Land, das Mekka des Kapitalismus, keinen Sozialismus hervorgebracht hat. »Wird sich Europas und Amerikas soziale Zukunft verschieden oder gleich gestalten. Wenn gleich: ist Amerika oder Europa das ›Land der Zukunft‹?«[1]

Die Eisenbahn ist fast verschwunden, aber »Chicagoland« bleibt eine der mächtigsten »Nationen«: Waren einst seine Bahnhöfe die verkehrsreichsten von Amerika, so gilt dieses Primat heute für O'Hare, den Flughafen. Mit dem Ruin ganzer Stadtbezirke, dem Zusammenbruch mächtiger Finanzdynastien, mit dem Gegensatz zwischen Luxus und Elend, zwischen überwältigender Schönheit und verzweifelter Häßlichkeit bleibt Chicago der lebendige Beweis dafür, daß es einen Plan des Kapitals nicht gibt und nie gegeben hat. Immer aber hat die Logik des Kapitals, eine ganz eigenartige, am Ende unlogische und doch eiserne und übermächtige Logik, sich durchgesetzt.

*

Vergebens sucht man nach Grand Central Station, einstmals der verkehrsreichste Bahnhof der Welt. Vom Sears Tower aus – einem der höchsten Wolkenkratzer der Welt – schweift der Blick über die endlose blaue Fläche des Michigansees und wendet sich nach Westen und Süden zum Zentrum der Stadt, wo heute das Niemandsland der Schwarzenviertel liegt. Zwischen verfallenden Gebäuden erkennt man nur heruntergekommene Frachtbahnhöfe. Sie sind verlassen und wie runzelig, weil der größte Teil des Schienennetzes verrostet ist. Nur selten fahren auf den Gleisen endlose Züge von 80 bis 100 Frachtwaggons, die aus den Maisplantagen von Iowa oder den Minen von Utah kommen. In gebirgigen Gegenden werden diese im Schneckentempo dahinkriechenden Züge, die mehr als eine Meile lang sind, von vier Diesel- oder auch Dampflokomotiven angetrieben, denn in den Vereinigten Staaten gibt es kaum elektrifizierte Strecken. Die Namen der Eisenbahngesellschaften selbst stammen aus dem 19. Jahrhun-

1 W. Sombart, a.a.O., S. 36

dert, sie sind jedem von uns aus unzähligen Western bekannt, und es scheint, als wären sie noch nicht im 20. Jahrhundert angekommen: Northern Pacific, Chicago Burlington & Quincy, Northwestern, Illinois Central. Aber es waren diese Gesellschaften, das Kapital, das hinter ihnen stand, und die Profitlogik, die sie regierte, die aus einem gottverlassenen Nest von 200 Einwohnern in 50 Jahren eine der größten Metropolen des Planeten, den größten Holzumschlagplatz, das Zentrum des Getreidehandels in Nordamerika und auf der Welt, den Schlachthof des Universums gemacht haben, um ein Wort des Schriftstellers Upton Sinclair zu benutzen.

Das Kapital: Für einen nach dem Zweiten Weltkrieg geborenen Europäer ist die Bahn ein Unternehmen des Staates, ja der Nation. Es gibt deutsche, französische und italienische Bahnen, völlig undenkbar aber erscheinen zwei Eisenbahngesellschaften in demselben Land. Wie der moderne Staat dadurch definiert ist, daß er das Monopol legitimer Gewalt innehat, so sind im Europa nach dem Zweiten Weltkrieg die Eisenbahnen Monopol des Staates. Wenn es um Konkurrenz zur staatlichen Bahn geht, denkt man zunächst an den privaten Lastwagenverkehr und nicht an mögliche andere Eisenbahngesellschaften.

In den USA dagegen waren die Bahnen ganz selbstverständlich in privater Hand, so wie die Gesellschaften für die Flußschiffahrt. Der einzige Sektor, der in Europa auch heute noch dem amerikanischen Kapitalismus ähnelt, ist der der Schiffahrtsgesellschaften und ihrer *Reeder* vom Schlage eines Aristoteles Onassis oder der Niarchos-Dynastie. In den Vereinigten Staaten hat die Flußschiffahrt die Eisenbahn hervorgebracht. Der Dampf erschien zum ersten Mal auf den Fähren des Robert Fulton und erst dann bei den Lokomotiven. Ein und dasselbe Kapital aus New York und Boston stand hinter Bau und Betrieb von Kanal- und Gleisnetzen. Die Verbindung zu den Flußdampfern beeinflußte sogar die Form der Waggons. In Europa wurden die Eisenbahnwaggons nach dem Vorbild der Kutschen gestaltet und sind im Italienischen sogar danach benannt, sie sind eingeteilt in geschlossene, voneinander abgetrennte Abteile mit zwei einander gegenüberliegenden Reihen von drei bis vier Sitzen wie in der Postkutsche. In den Vereinigten Staaten dagegen erinnern die Waggons an ein Schiffsdeck mit vielen Sitzreihen hintereinander in einem einzigen Raum und einem Gang in der Mitte. Der Prototyp des Schlafwagens wurde 1859 nach dem Vorbild der Schlafkabinen auf Flußdampfern von George Mortimer Pullman entworfen und konstruiert, einem der berühmtesten und gewalttätigsten Kapitalisten Chicagos.[2] Die amerikanischen Milliardäre wetteiferten darin, sich die luxuriösesten Züge zu kaufen, so wie sie heute eine Yacht besitzen. Sie reisten in einem »Schiff auf Gleisen«, in der eigenen Yacht zu Lande.

Wie das Schiff, so war auch der Zug eine private Welt, mit eigenen Gesetzen und eigenen Maßen. Jede Bahngesellschaft hatte einen eigenen Rad- und Gleisabstand. Die Erie Railroad benutzte 6 Fuß, während im Süden 5 Fuß die Norm waren, und bei den Eisenbahngesellschaften der Neuenglandstaaten war eine Spurweite von 4 Fuß 8 1/2 Zoll üblich, so daß Waggons einer Linie nicht auf den Gleisen der anderen fahren konnten.[3] Sogar die *Zeit* war privat. Wie sehr unser Zeitgefühl durch die Eisenbahn verändert wurde, setzt immer wieder in Erstaunen. Nicht umsonst hat etwa der Ausdruck »der Zug ist abgefahren« ganz allgemeine Bedeutung erlangt. Vor dem Eisenbahnzeitalter war die Viertelstunde der Zeittakt, der den Rhythmus des täglichen Lebens bestimmte. Es spielte keine Rolle, ob man fünf Minuten früher oder später kam, die Postkutsche wartete, das Schiff legte nicht ab. Der Zug dagegen war schon weg, wenn man auch nur eine Minute zu spät kam. Die Eisenbahnreise wurde dadurch im 19. Jahrhundert zu einem der wichtigsten Anreize für den Besitz einer eigenen

2 Wolfgang Schivelbusch, *Geschichte der Eisenbahnreise*, München, Wien 1977, S. 103

3 Vgl. John F. Stover, *American Railroads*, Chicago 1961, S. 24. Auch wenn der Autor sehr ausführlich die Positionen der »Kapitäne der Dampfmaschine« zu Wort kommen läßt, ist das Buch reich an Informationen.

Uhr. Im Leben jedes normalen Individuums wurde es wichtig, die Zeit auf die Minute, ja auf die halbe Minute genau zu wissen und *zu unterscheiden.*[4]

In der *Festlegung* der Zeit dagegen herrschte das Chaos. In jener Epoche bestimmte jede Stadt ihre Zeit selbst: Wenn es in Chicago zwölf Uhr schlug, war es in Omaha 11.27, in St. Louis 11.50, in Toledo 12.17 und in Pittsburgh 12.31. Nach der *Chicago Tribune* gab es in Illinois 27 verschiedene lokale Zeiten, in Wisconsin 38. Die Union Pacific verkehrte in sechs verschiedenen Zeitsystemen.[5] Deshalb erschien es gar nicht seltsam, daß jede Gesellschaft ihre eigene private Zeitbestimmung anwandte, nach der sich ihre Uhren richteten. Es konnte vorkommen, daß auf ein und demselben Bahnhof die Uhren verschiedene Zeiten für jede einzelne Gesellschaft anzeigten. Auf dem Bahnhof von Buffalo galten drei verschiedene Zeiten, in Pittsburgh sogar sechs. Erst sehr viel später, als die Anpassung der Fahrpläne es erforderte, kam es zu einer *Standardisierung der Zeit.* Erst 1883 sollten die Eisenbahngesellschaften die USA in vier Zeitzonen einteilen, die dann erst 1918, am Ende des Ersten Weltkriegs, gesetzlich als die vier bis heute gültigen Zonen Atlantic Time, Central Time, Mountain Time und Pacific Time festgelegt wurden.[6]

Daß die Reisenden in verschiedenen Zeiten lebten, je nachdem, welche Eisenbahngesellschaft sie benutzten, gehörte noch zu den harmlosesten Irrationalitäten, die der gnadenlose Konkurrenzkampf zwischen den Eisenbahnlinien hervorgebracht hat. Um die Eisenbahnlinien entbrannten die heftigsten Handelskriege des 19. Jahrhunderts, die nicht selten mit richtigen Feuerwaffen ausgetragen wurden. Die Konkurrenz war so gnadenlos, daß ein Spekulant nicht selten nur zur Erpressung den Bau einer zweiten (Geister-)Linie auf einer bereits existierenden Strecke begann oder androhte. Sie wurden *blackmail lines,* Erpressungsstrecken, genannt.

4 David S. Landes, *Revolution in Time,* Cambridge (Mass.) 1983, S. 227 f., 285 – 287
5 J. F. Stover, a.a.O., S. 157 f.
6 W. Schivelbusch, *Geschichte der Eisenbahnreise,* a.a.O., S. 44

Zahllos sind die Brücken, die einstürzten, weil sie aus Kostenersparnis zu schnell und mit schlechten Materialien gebaut worden waren; die Unfälle, die von übermüdetem, über jedes Maß ausgebeuteten Personal verursacht wurden; die Züge, die entgleisten, weil man an der Instandhaltung der Gleise und der Weichen gespart hatte. Und das nicht nur im 19. Jahrhundert: Am 23. September 1993 starben 200 Passagiere, als der Schnellzug Miami – Los Angeles in Alabama von einer Brücke in eine Lagune des Alabama River stürzte. Damals verbreitete sich die Nachricht, die Reisenden seien von den Kaimanen und Schlangen der Lagune getötet worden, während doch in Wirklichkeit die Todesursache viel prosaischer die Fahrlässigkeit der AMTRAK war.[7]

Diese Unglücksfälle sind aber noch gar nichts im Vergleich zu dem Massaker, das die Züge um die Jahrhundertwende verursachten. Im Zeitraum zwischen 1898–1900 verursachten Eisenbahnunfälle 21.847 Tote, und allein im Jahre 1903 starben 11.006 Menschen bei Zugunglücken. Bei diesem Massenmorden starben auf eine Million transportierte Passagiere durchschnittlich 19 Menschen, während in der gleichen Zeit in Österreich nur 0,99 Opfer zu beklagen waren, also ein Zwanzigstel. Diese Zahlen wurden von Sombart schon 1906 zusammengestellt[8], um zu verdeutlichen, daß »im Dienste dieses Gewinnstrebens ein *ökonomischer Rationalismus* von solcher Reinheit (steht), wie ihn ebenfalls kein europäisches Gemeinwesen kennt. Und *rücksichtslos* setzt sich das kapitalistische Interesse durch: auch wenn sein Weg über Leichen geht. Nur als Symbol mögen die Ziffern dienen, die uns über den Umfang der Eisenbahnunfälle in den Vereinigten Staaten Aufschluß geben.«[9] Nach einem Jahrhundert des Fortschritts ster-

7 Zur Vernachlässigung der Infrastrukturen Amerikas, die immer mehr herunterkommen, vgl. Kenneth F. Dunker und Basile G. Rabbat, *Why America's Bridges are Crumbling*, in: *Scientific American*, März 1993, S. 66–72. Zum historischen Gesamtbild vgl. das Dossier: *America's Infrastructure*, in: *The Wilson Quarterly* IV, 1993, S. 18–49

8 W. Sombart, a.a.O., S. 7

9 Ebd., S. 9

ben heute in den USA jährlich 46.000 Menschen bei Autounfällen, wobei sich die amerikanische Bevölkerung gegenüber der Jahrhundertwende vervierfacht hat. Die Verkehrsmittel ändern sich, aber der Anteil der Verkehrtstoten, die sie verursachen, bleibt nahezu konstant.

Die Herren der Dampfmaschine waren so skrupellos, daß sie *robber barons,* Räuberbarone, genannt wurden, und Männer wie der Kommodore Cornelius Vanderbilt, Jim Fisk und Jay Gould waren berühmt-berüchtigt für ihre brutale Unredlichkeit, für ihre gnadenlosen Konkurrenzkämpfe, die vor nichts zurückschreckten, auch nicht vor Schießerei, Mord und dem Einsatz von Privatarmeen, darunter die berühmt-berüchtigten Pinkertons.[10]

Es überrascht aber dennoch, daß Mechanismen, die der Profitmaximierung, dem freien Markt und der *deregulation* dienen sollten, so häufig Bankrotte und Panik, daß Mittel, die Geld einbringen sollten, statt dessen so viel Verluste verursachten. Im Jahre 1885 reglementierte der Bankier der Bankiers, Pierpoint Morgan, endlich die schrankenlose Konkurrenz, setzte dem Preiskrieg ein Ende und unterstellte durch einen Vertrag die amerikanischen Eisenbahnen den schützenden Fittichen seiner Bank. Der Vertrag zwischen den Kapitaleignern der Eisenbahngesellschaften kam zeitgleich mit dem über Fahrzeiten und Fahrpläne zustande.

Wurde Chicago durch die Eisenbahnengesellschaften groß, so waren es Privatleute, die großen Bankiers von der Ostküste und aus London, die seinen Aufstieg finanzierten. Im Jahr 1858 lebten zwei Drittel der Aktionäre der Illinois Central in London. Die Chicagoer Burlington & Quincy war von den aus Boston stammenden Bankiers Forbes gegründet worden, deren Namen heute eine berühmte Zeitschrift trägt. 1890 gehörten 113.198 ihrer Aktien New Yorker, 166.198 Bostoner und nur 3.104 Chicagoer Geschäftsleuten. Von den 17 Mitgliedern

10 *Robber Barons, the Great American Capitalists (1861–1901),* New York 1934, lautete der Titel eines berühmten, dick auftragenden Buches von Matthiew Josephson, der als Sohn eines Bankiers zur damaligen Zeit mit dem Kommunismus sympathisierte.

des Aufsichtsrats der Northwestern stammten neun von der Ostküste, davon acht aus New York.[11]

Über diese Vielzahl der Finanzierungsquellen braucht man sich nicht zu wundern. Eine Eisenbahnlinie zu eröffnen, erforderte im 19. Jahrhundert ungeheure Investitionen. Jede Linie verlangte die Konstruktion von Brücken, Tunnels, Bahnhöfen, rollendem Material, Wasserreservoirs und Brennstofflagern. Die privaten Ressourcen, ja sogar die der Banken reichten nicht aus. Als Investitionsanreiz für Privatleute begann die Bundesregierung, den Gesellschaften das Land um die Linien zu schenken. Mit diesen sogenannten *Land Grants* erhielten sie Grund und Boden, der durch die Eisenbahnen an Wert gewinnen würde und später teuer zu verkaufen war. Die Politik der *Land Grants* wurde für die Illinois Central ins Leben gerufen, die von New Orleans aus mit dem Bau einer Eisenbahnlinie begonnen hatte. Unter dem Druck der Ostküsten-Bankiers schenkte die Regierung 1850 der Gesellschaft pro Meile sechs verschiedene Grundstücke *unter der Bedingung*, daß die Linie bis Chicago gebaut wurde. 1850 war Chicago somit der westliche Vorposten der Banken der Ostküste, und das Finanzbündnis zwischen Chicago und New York dauert bis heute an.

Aber innerhalb der Logik des Kapitals bilden die fixen Kosten den tieferen Grund, der den sagenhaften Aufstieg gerade Chicagos bestimmt hat. Wie auf den Fluggesellschaften heute, lasteten auf den Eisenbahngesellschaften damals die fixen Kosten wie ein Alp, denn mehr als ein Viertel der Ausgaben bestand im Schuldendienst allein für die Darlehen der Erstinvestitionen.

Ob viele oder wenige Züge verkehrten – die Dämme brachen zusammen, die Brücken stürzten ein, und die Gleise wurden vom Rost zerfressen. Eine Lokomotive verbrauchte ein Zehntel des Feuerholzes, nur um den Dampfdruck zu halten, und ein weiteres Drittel für die Eigenbewegung. Der Zug

11 William Cronon, *Nature's Metropolis. Chicago and the Great West*, New York 1991, S. 82. Viele der folgenden Seiten basieren auf diesem Buch.

selbst mußte von immer gleich vielen Mechanikern gewartet und Maschinisten bedient werden, unabhängig von der Zahl der Fahrgäste. Dasselbe galt für das Bahnhofspersonal. Die fixen Kosten machten gut zwei Drittel der Gesamtausgaben einer Bahngesellschaft aus. Sobald eine Linie mit ihrer gesamten Infrastruktur fertiggestellt war, hatte die Betreibergesellschaft keine andere Wahl, sie mußte die Waggons maximal auslasten, auch um den Preis von Verlusten. Wenn der Transport 100 kostet, ist es besser, 90 einzunehmen und nur 10 zu verlieren, statt 60 zu verlieren bei Kosten, die ohnehin anfallen.

Die Herrschaft der Fixkosten war besonders despotisch beim Warentransport. In Europa wird die Eisenbahn immer gleichgesetzt mit der »Reise« von Passagieren, mehr als mit dem »Transport« von Waren und Sachen. In den Vereinigten Staaten dagegen hat der Passagierbereich immer nur eine sekundäre Rolle gespielt. Im Jahre 1870 machten die Einnahmen der Eisenbahnen durch Fahrgäste nur ein Viertel, 1916 nur ein Fünftel der Gesamteinnahmen aus.[12]

Aus diesem Grunde setzten die Eisenbahngesellschaften 1) besonders niedrige Preise für lange Strecken ohne Umladen fest; senkten 2) die Preise auf den Strecken, wo große Konkurrenz herrschte; gaben 3) Großkunden enorme Preisnachlässe[13]; und hielten 4) die Preise dort hoch, wo sie ein Monopol und die Kunden daher keine Möglichkeit zum Handeln besaßen. Das Zusammenspiel dieser vier Faktoren führte zu einer endlosen Reihe von Mißbrauchs- und Unterschlagungsaffären und zu Monopolverträgen, die wiederum im Kongreß die Bildung von Untersuchungskommissionen auslösten, Anklagen nach sich zogen und den Anlaß für Reformgesetze ga-

12 J. F. Stover, a.a.O., S. 173

13 Die besten Kunden erpreßten die Eisenbahnen mit der Drohung, die Gesellschaft zu wechseln, wenn die Konkurrenz zum gleichen Preis fahren dürfte. Die Eisenbahnpreise waren somit eine der schärfsten Waffen zur Schaffung und Aufrechterhaltung von Monopolen, denn damit konnte man die Konkurrenten aus dem Rennen werfen. Das galt auch für das Erdöl. John Rockefeller nutzte die Bahntarife besonders systematisch, um die Vorherrschaft seiner Standard Oil durchzusetzen.

ben. In der Zwischenzeit aber formte es die urbane Geographie der Vereinigten Staaten.

Chicago war die Endstation für die Linien aus dem Osten und der Ausgangspunkt für die Strecken der Gesellschaften des Westens, die von hier aus in alle Richtungen ausstrahlten. In Chicago stießen mehrere Gesellschaften in heftigster Konkurrenz aufeinander. Hier stand der Transport zu Wasser in Konkurrenz mit dem Transport zu Land. Hier wurde der Preiskampf am gnadenlosesten ausgefochten.

Auf diese Weise war es für den Farmer aus Iowa günstiger, seinen Mais in das ferne Chicago zu schicken statt in das nahe Des Moines, genauso wie für den Viehzüchter aus Nebraska, seine Rinder in die Windy City statt nach Omaha zu verladen. Mit der Ausdehnung des Streckennetzes wurde es sogar günstiger, das Vieh aus Montana oder die Rinder mit den langen Hörnern, die *longhorns,* aus Texas nach Chicago zu schaffen. Je stärker der Verkehr zunahm, um so mehr fielen die Preise in den Keller, und die Geschäftsleute in Chicago waren in der Lage, bei den Lieferanten aus dem Westen billig einzukaufen und an die Kunden im Osten zu einem höheren Preis weiterzuverkaufen. Chicago war also der günstigste Markt für beide Parteien. Mit dem Umfang des Handels wuchs der Verkehr und setzte eine sich beschleunigende Wachstumsspirale in Gang.

Verdankte Chicago noch um die Mitte des 19. Jahrhunderts seinen Erfolg der Lage als »Tor zum Westen«, so hatte sich sein Reichtum bereits zu Beginn des 20. Jahrhunderts als »Mittelpunkt der Vereinigten Staaten« gefestigt, als Kreuzungspunkt aller Verkehrswege und als Anziehungspunkt für Tausende von Menschen. Am 21. November 1848 war die erste Eisenbahnlinie Chicagos, die Galena and Chicago Union, eingeweiht worden; sie war 10 Meilen, ganze 16 Kilometer lang. 1860 umfaßte das von Chicago ausgehende Eisenbahnnetz bereits 7.500 km, 1871, zur Zeit des großen Brandes, waren es 16.000 km, und 1880 hatte sich die Kilometerzahl auf insgesamt 37.000 km verdoppelt. Im Vergleich dazu beträgt das deutsche Netz nur insgesamt 44.000 Kilometer. Man hat errechnet, daß 1914 die Hälfte der damals 100 Millionen Einwohner der Vereinigten Staaten nur eine Zugnacht von Chicago entfernt wohnten.

Die Logik der fixen Kosten machte Chicago zum »*natürlichen* Zielpunkt« für einen Markt, der von den Rocky Mountains im Westen bis zu den Appalachen im Osten, von Kanada im Norden bis zur Karibik im Süden reichte. In der Stadtentwicklungsgeschichte haben die Eisenbahnlinien das »Hinterland« der Städte ungeheuer erweitert, aber im Falle Chicagos wurde es grenzenlos. Die Logik des Kapitals hat auf diese Weise die gesamte Geographie des Mittelwestens, die Geographie seiner Natur und seiner Menschen verändert. Mit dem Mais, dem Getreide, den Schweinen, dem Holz, den Rindern sollte die Bahn auch Millionen von Einwanderern bringen, zuerst Deutsche und Iren, dann Italiener und Polen, dann Schwarze, Mexikaner, Chinesen und Inder. Für den Personentransport spielt die Bahn heute keine Rolle mehr, während der Frachtverkehr noch weitgehend auf den Gleisen rollt. Die ursprüngliche Basis für die Größe dieser Stadt ist damit weggefallen, aber die Logik des Kapitals herrscht auch heute noch mit unverminderter Despotie über die Acht-Millionen-Einwohner-Metropole am Ufer des Michigansees.

*

Es ist faszinierend zu sehen, wie die Logik des Kapitals nicht vom Objekt abhängt, für das es eingesetzt wird, sondern sich zu Lande, zu Wasser oder in der Luft immer auf die gleiche Weise realisiert. Eine Lokomotive ist kein Jet, und ein Flughafen ist kein Bahnhof, aber dennoch wiederholt sich dieselbe Dynamik haargenau auf die gleiche Weise. Im 19. Jahrhundert trieb der Preiskrieg, die *deregulation*, eine Vielzahl von Bahngesellschaften in den Bankrott. Heute zeigen die Fluggesellschaften die gleiche ärgerliche, zyklische Tendenz zum Konkurs. In den letzten Jahren haben die drei größten amerikanischen Fluglinien, die American Airlines, Delta und United Milliarden Dollar Verluste eingefahren. Pan Am ist pleite und hat seine Flugzeugflotte verkauft, TWA kämpft ums Überleben.

Die Übriggebliebenen aber hören nicht auf, sich mit Preissenkungen zu überbieten. In den USA gekauft, kostet der Flug New York – London hin und zurück 300 Dollar, d. h. genausoviel wie der zehnmal kürzere Flug Hamburg – Frankfurt – Hamburg. Es passiert also genau das gleiche wie bei den Bahnen des 19. Jahrhunderts, als für eine Kuh die Reise Buffalo – New York nur einen Dollar kostete. Für einen Zweibeiner betrug der Fahrpreis New York – Chicago 1881 sogar nur fünf Dollar. 1888 war der Verkehr über den ganzen Kontinent so stark entwickelt, daß für die riesige Strecke Kalifornien – New York nur 29,50 Dollar zu zahlen waren.[14]

Wie die Bahnlinien des 19. Jahrhunderts werden auch die Fluggesellschaften heute von der Logik der fixen Kosten beherrscht, ja tyrannisiert. Um zu fliegen, muß eine Gesellschaft in erster Linie Flugzeuge kaufen; darüber hinaus aber muß sie, zumindest in den USA, einen eigenen Terminal anlegen, und es müssen Hangars, Reparatur- und Wartungszentren gebaut und unterhalten werden – fixe Kosten in Milliardenhöhe.

Von den fixen Kosten hängt zum großen Teil jene Unumkehrbarkeit ab, die – wie Claus Offe bemerkt hat – die Moderne charakterisiert. Man kann frei darüber entscheiden, ob man auf einer bestimmten Strecke eine Autobahn bauen will oder nicht. Wenn sie aber einmal gebaut ist, erweist es sich als nahezu unmöglich, sie wieder zu beseitigen und den Bau rückgängig zu machen.[15] Diese schicksalhafte Unumkehrbarkeit verleiht allen Entscheidungen eine Bedeutungschwere, deren wir uns nicht bewußt sind.

14 J. Stover, a.a.O., S. 115

15 Über diesen »außerordentlichen Widerstand gegen die Revidierung« der Moderne vgl. Claus Offe, *Die Utopie der Null-Option. Modernität und Modernisierung als politische Gütekriterien*, Materialien zur sozialwissenschaftlichen Planungs- und Entscheidungstheorie, Bd. 7, Bielefeld 1985

DIE ANWENDUNG DER MATHEMATIK AUF DAS SCHWEIN

Wenn Fernsehwerbung in Europa das Thema Verdauung berührt, dann werden – meist älteren Menschen – Verdauungshilfen empfohlen. Zuerst sieht man von Verstopfung, von »Darmträgheit« gequälte Gesichter und dann, nach einem schönen Stuhlgang dank der magischen Pille, ein befriedigtes, entspanntes Lächeln. Im Fernsehen der USA dagegen werden überwiegend – und meist für junge Leute – Mittel gegen Durchfall angepriesen. Junge Paare um die dreißig geraten während eines Konzerts, eines festlichen Essens oder im Theater in peinlichste Situationen, weil einer von beiden plötzlich von einem heftigen Krampf erfaßt mit schmerzverzerrtem Gesicht fluchtartig die Toilette aufsuchen muß. Diese in jedem Darm drohende Gefahr kann, so verspricht die Reklame, durch die Einnahme der Wunderpille vermieden werden.

Man fragt sich, welcher Unterschied im Essen diesseits und jenseits des Atlantik diese gegensätzlichen Reaktionen auslöst. Es ist immer wieder erstaunlich, die Eßgewohnheiten der Menschen in den amerikanischen Großstädten zu beobachten und zu studieren, welche Kultur sie zum Ausdruck bringen, welche Geschmacksveränderungen sie bewirken, und warum sie ein klassenspezifisches Übergewicht hervorbringen: Arme sind dicker als Reiche, und unter den Zehnjährigen sind Schwarze und *Hispanics* dicker als Weiße. Beim nächsten McDonald's schnell einen Hamburger mit Ketchup, Senf, Zwiebeln und Essiggurke essen zu können, gehört längst zum Alltag und erscheint völlig *natürlich.* Niemand wundert sich mehr darüber, daß man in Seattle oder in New York in gleich ausgestatteten Lokalen, von gleich gekleideten Verkäufern zum immer gleichen Preis den immer *gleichen* Hamburger vorgesetzt bekommt. Er ist überall rund um die Uhr in immer der gleichen Qualität erhältlich, austauschbar wie ein Greenback. Die Bewohner der Vereinigten Staaten essen 52 Milliarden Hamburger, das sind 5,2 Milliarden Kilogramm Hackfleisch pro Jahr.

Der unbegrenzten Verfügbarkeit entspricht eine grenzenlose Gefräßigkeit. Wenn man rund um die Uhr essen kann, muß man auch bei jeder Gelegenheit davon Gebrauch machen. Auf der Straße tropft Sauce aus einem angebissenen Souvlaki auf die Straße; in der U-Bahn hüpft die Styroporpackung mit Chop-suey am Fenster auf und ab; im Greyhoundbus verbreitet ein gebratener Hühnerflügel seinen Duft; bei der Sitzung in der Universität taucht ein Hot dog auf, und im Auto vertreibt ein Stück Torte die Wartezeit an der Ampel.

Diesen ewigen Hunger, dieses unersättliche Kaubedürfnis zu stillen, ist nicht leicht. In 9.000 Betrieben der Vereinigten Staaten werden jährlich 4 Milliarden Hühner, 33 Millionen Rinder, 88 Millionen Schweine, 1,5 Millionen Kälber und 5,8 Millionen Schafe geschlachtet und verarbeitet, *processed.* Die gigantische Industrie des *meat-packing,* der »Verpackung von Fleisch«, hat den amerikanischen Kontinent geformt und bildet nicht zuletzt die Grundlage für den großen amerikanischen Mythos der Cowboys. Die amerikanische Öffentlichkeit nimmt ihre Existenz nur dann erschreckt zur Kenntnis, wenn es zu aufsehenerregenden Vergiftungsfällen kommt.

Jedes Jahr werden durch das *meat-packing* in den Vereinigten Staaten 4 Millionen Lebensmittelvergiftungen verursacht, und 6.000 Menschen werden mit dem häufig tödlichen Virus Ecoli 0157:H7 infiziert. Einer der schwersten Vergiftungsfälle der jüngsten Zeit wurde im Januar 1993 an der Pazifikküste in Tacoma im Staat Washington in einem Restaurant der Kette »Jack in the Box« registriert: 450 Personen mußten wegen Infektionen mit dem Virus Ecoli 0157:H7 ins Krankenhaus eingeliefert werden; von den Betroffenen litten 29 Personen unter Nierenversagen, 21 benötigten eine Blutwäsche. Drei kleine Kinder starben. Als Unglücksursache wurde die Nichtbeachtung der neu festgesetzten Mindesttemperaturen beim Braten der Hamburger festgestellt, die bei 150 Grad Fahrenheit, d. h. 77 Grad Celsius, gegart werden müssen. Aber das Fleisch war schon vom Schlachten her infiziert, es stammte von Rindern aus Michigan und Colorado und war von den Vons Companies verarbeitet worden, die die größte Supermarktkette in Kalifornien betreiben. Die Anklage richtete sich gegen die Fleischbeschaukommission, die die erkrankten Rinder nicht ausgesondert hatte. Aber in den Jahren der Reagan-Administration war wegen der Haushaltskürzungen und der *deregulation* des Fleischmarktes die Zahl der Fleischbeschauer von 8.400 im Jahre 1978 auf 7.200 reduziert worden. Von diesen 7.200 Posten waren 550 nicht besetzt.

Die Vergiftungen von Tacoma hatten so den Nebeneffekt, daß 160 neue Fleischbeschauer eingestellt wurden – nicht mehr als ein Tropfen auf den heißen Stein. Das Schlachtfleisch von einem unter fünf Säugetieren oder Hühnern zu untersuchen, würde jährlich 58 Milliarden Dollar kosten. Heute aber gibt die Bundesregierung nur eine Milliarde jährlich dafür aus, weniger als 2 Prozent der notwendigen Summe, und das heißt ganz konkret, daß nur eines von 290 geschlachteten Tieren untersucht werden kann.

In wenigen Monaten war die Erregung über den durch die Hamburger verursachten Tod der kleinen Kinder verflogen. Wie die Verkehrstoten wurde er hingenommen als der vom Schicksal geforderte Preis des Fortschritts, den man zahlt, um industriell hergestelltes Essen zu haben, das immer und überall billig und immer gleich zur Verfügung steht. Zu diesem notwendigen Preis gehört auch, daß die Steaks, die so wunderbar saftig aussehen und so zart auf der Zunge zerschmelzen, nach überhaupt nichts schmecken. Und genauso unvermeidlich ist es, daß Geschmack und Gerüche völlig standardisiert sind.

Mit berechtigtem Stolz rühmt sich McDonald's, der Multi aus Chicago, in der ganzen Welt völlig identische Hamburger zu verkaufen: Oft hat das Fleisch der Hamburger, die man in Seattle am Pazifik ißt, in Michigan geweidet und gemuht. Von dort wurde es 4.000 km nach Südwesten transportiert, um in Kalifornien verarbeitet zu werden, und 2.000 km weiter nördlich, im Staat Washington, wurde es schließlich gebraten. Ein Steak wird heute behandelt wie ein Telefon, bei dem das Kupfer aus Chile und das Zink aus Kanada stammt und die Teile in Singapur zusammengebaut werden.

Die industrielle Revolution hat in England begonnen, aber in den Vereinigten Staaten, und genauer gesagt in Chicago, hat eine zweite grundlegende Umwälzung der Moderne stattgefunden, die unseren Geschmack, unsere Essensgewohnheiten, unsere Sinneswahrnehmungen und unsere Geruchs- und Geschmacksempfindungen völlig verändert hat: die Industrialisierung der Viehzucht.

*

Das Fließband, die *assembly line*, die sich überall in der Welt durchgesetzt hat, wurde um 1910 zum ersten Mal bei Ford zur Herstellung des Modells T, des ersten Serienwagens, eingesetzt. Bei der *assembly line* bewegt sich das Produkt, z. B. das Auto, während der Arbeiter am selben Platz immer die gleiche Bewegung ausführt, etwa eine Schraube anzieht oder ein Teil montiert. Wenige aber wissen, daß die *assembly line* nur die Nachahmung der 1830 in Cincinnati, Ohio, erfundenen *disassembly line* war, die nicht zum Zusammenbauen, sondern zum Zerlegen gedient hatte. In dieser ursprünglichen Form hingen geschlachtete Schweine an einer rundlaufenden Kette, während die Arbeiter an ihrem Platz immer das gleiche Stück Fleisch oder immer den gleichen Knochen herauslösten. Cincinnati war auf seine Schweineschlachtung so stolz, daß es sich mit dem Beinamen Porkopolis schmückte.

Die *meat-packing-Industrie* begann mit der Verarbeitung von Schweinen und nicht von Rindern, weil 1) Schweine nur schwer auf den eigenen vier Beinen zum Markt zu bringen waren, denn ihre Beine sind zu kurz und ihr Charakter zu schlecht. Rinder sind gefügiger, und so zeigen uns die Western keine *pig-boys*, sondern *cow-boys*. 2) war das Verhältnis von Gesamtgewicht zu Nutzgewicht bei den Schweinen besser, denn es ging fast nichts verloren, und 3) waren die herkömmlichen Methoden der Haltbarmachung wie Pökeln und Räuchern für Schweinefleisch besser geeignet als für Rindfleisch.

Für einen Farmer des äußersten Westens war es günstiger, ein mit dem eigenen Mais gemästetes Schwein zu verladen als den Mais selbst. »Das Schwein«, schrieb ein englischer Journalist, »wird in den Vereinigten Staaten als die kompakteste Transportform für Mais betrachtet. Deshalb werden die Schweine auf der Farm mit Mais gefüttert und dann in dieser von der Natur vorgesehenen Verpackung *(package)* nach Chicago geschickt.« Andere bezeichneten das Schwein als »zwei Zentner Mais auf vier Beinen«.[1]

Von Anfang an erwies sich also das Schwein als für die industrielle Verarbeitung besonders geeignet. Gerade weil die Schweine gefahren werden mußten, war die Schweineindustrie von den Verkehrsmitteln abhängig. Solange der Transport auf Flüssen und Kanälen noch günstiger und ausgedehnter als der auf Gleisen war, behielt Cincinnati die Vorherrschaft und den »Titel« Porkopolis der Nation.

Als das Eisenbahnnetz sich jedoch ausdehnte, und die Schweine über Tausende von Kilometern transportiert werden konnten, setzte sich Chicago an die erste Stelle und war nun seinerseits stolz darauf, zur »Porkopolis« Amerikas zu werden. Diesen Machtwechsel machte der Bürgerkrieg möglich, denn der Norden war nun von der Zulieferung aus dem Mississippi-Becken und seinen Kanälen abgeschnitten, und der Krieg erforderte zugleich den schnellen Transport – auf der Bahn – von großen Mengen von Lebensmitteln für die Truppen (die berühmten *Cracker Trains*). Im Winter 1861–1862 wurde Chicago mit 32.000 mehr als von der Rivalin geschlachteten

1 Zitate aus W. Cronon, a.a.O., S. 208 f. und 226

Schweinen endgültig zur Porkopolis der Vereinigten Staaten. »Chicago ist der größte Pork Packing Point der Vereinigten Staaten und der Welt«, jubelte die *Tribune* im Jahre 1864.[2]

*

Nach dem Krieg wurden an Weihnachten des Jahres 1865 im südlichen Teil Chicagos, der dann »Packingtown« heißen sollte, die Stockyards eingeweiht. Sie wurden zu den größten Schlachthöfen der Welt und dem Stolz Chicagos, *Chicago's Pride.* 1910 dehnte sich der ganze Komplex, der Hotels, Banken, die Schlachthöfe selbst und die Verarbeitungsindustrie umfaßte, über eine Fläche von 200 Hektar aus. Er besaß 13.000 Pferche, 480 km Gleisanlagen, 40 km Straßen, 150 km Rohrleitungen und 10.000 Hydranten.[3] Auf dem Höhepunkt ihrer Entwicklung nach dem Ersten Weltkrieg wurden in den Stockyards 19 Millionen Tiere geschlachtet, d.h. sechs pro Kopf der damaligen Bevölkerung Chicagos, es gab 30.000 Angestellte[4], und die gesamte *meat-packing*-Industrie beschäftigte 46.000 Menschen.

Die Yards mit ihren *disassembly lines* stellen den Höhepunkt nicht nur der Zentralisierung, sondern auch der Rationalisierung des Kapitals dar. Für die Industrieschlachtung war immer mehr Kapital nötig. Um 1860 konnte für 50.000 Dollar ein Schlachthof erbaut werden, am Ende des Jahrzehnts war bereits eine halbe Million Dollar (zum damaligen Wert) notwendig. Die Union Stockyards in Chicago wurden nach dem Willen und mit dem Kapital der Eisenbahngesellschaften gebaut, die Vieh und Fleisch transportierten, um auf diese Weise Linien, Tarife und Kosten zu rationalisieren. Im Jahr 1865 betrug das Grundkapital der Union Stockyards eine Million Dol-

2 Zit. nach Louise Carrol Wade, *Chicago's Pride. The Stockyards, Packingtown, and Environs in the Nineteenth Century,* Urbana-Chicago 1987, S. 32 f.

3 Robert A. Slayton, *Back of the Yards. The Making of a Local Community,* Chicago 1986, S. 20

4 Vgl. Irving Cutler, *Chicago, Metropolis of the Mid-Continent,* Dubuque[3] 1982, S. 160 f.

lar, wobei 92,5 Prozent von neun großen Eisenbahngesellschaften, Burlington, Illinois Central, Altona usw., stammte, 5 Prozent von den *meat packers* und nur 2,5 Prozent von anderen privaten Investoren. Die Eisenbahngesellschaften wiederum waren in der Hand der großen Banken der Ostküste.

In den Yards wurden die Methoden der Schlachtung und Fleischverarbeitung immer »wissenschaftlicher«. Die Wissenschaft diente der Ausnutzung des Schweines bis auf die letzte Borste, die man für die Bürstenherstellung verwendete. Von den Schweinen, Rindern und Schafen blieb kein Stück übrig. Im Jahre 1920 wurden aus einem Rind von 1.000 Pounds (ca. 450 kg) 41 verschiedene Produkte hergestellt, die 41 Meter Wurstdarm nicht einmal mit einberechnet. Aus den Hörnern machte man Knöpfe und Kämme, aus den größeren Knochen Griffe für Messer, Bürsten und Pfeifenmundstücke, die kleineren Knochen dagegen wurden als Mastfutter für kommende Schweinegenerationen vermahlen. Die Därme wurden zu Violinsaiten, die Hufe wiederum wurden ebenfalls gemahlen und zu Leim verarbeitet. Das Fett wurde raffiniert und zu Seifen, Schuhcreme und Kerzenwachs verarbeitet. Im Jahre 1870 fand man eine Methode, um getrocknetem Blut Eiweiß zu entziehen, so daß die *packers* es mit einem wenn auch minimalen Profit an Düngemittelhersteller verkaufen konnten. Bis heute werden 14 Prozent eines geschlachteten Rindes in den USA wieder zur Fütterung anderer Rinder verwendet, wie Joel Bleifuss berichtet.[5] Die Verwendung aller Teile des Schlachtviehs war auch »ökologisch« begründet, weil die Stadtverwaltung die Beseitigung der riesigen Abfallberge angeordnet hatte. Gas und Rauch aus den Verarbeitungsanlagen konnten so in Verbindung mit Kohle als Brennstoff für die Beleuchtung genutzt werden.

Durch zwei neue Unterprodukte eröffneten sich für die *packers* ungeahnte Perspektiven. Das erste war die Herstellung von »Margarine«, eines Surrogats der tierischen Butter, aus be-

5 In der Zeitschrift *In These Times*, 24. Januar – 6. Februar 1994, S. 12

arbeiteten und raffinierten Abfallfetten. Die Margarineherstellung war im Deutsch-Französischen Krieg 1870 erfunden und von den französischen Gesundheitsbehörden 1872 genehmigt worden. In den USA wurde die Margarine 1873 eingeführt und hatte sofort einen enormen Erfolg, weil sie nur halb so viel kostete wie Butter.

Das zweite und weit wichtigere Unterprodukt für die amerikanische Fleischindustrie war das Dosenfleisch. Erste Versuche zur Haltbarmachung von Speisen in Dosen reichen in die zwanziger Jahre des 19. Jahrhunderts zurück, aber der Geschmack war abstoßend. Erst die 1872/73 eingeführte Sterilisierung von Lebensmitteln unter Dampfdruck ermöglichte es, das Fleisch schneller und bei höheren Temperaturen zu garen und dadurch einen besseren Geschmack zu erzielen. 1874 ließ sich Wilson in Chicago das erste »Original Corned Beef« patentieren, und dieses Dosenfleisch machte die Firma Libby, McNeil and Libby groß.

Die Fleischverarbeitung war auch im eigentlichen Sinne wissenschaftlich, denn seit den siebziger Jahren wurden Chemiker hinzugezogen. Obwohl man sie zunächst mit Mißtrauen betrachtete, erwies sich ihr Beitrag zur Erfindung immer neuer Methoden und neuer Unterprodukte als äußerst wertvoll.

Noch eindrucksvoller aber war die wissenschaftliche Organisation der *disassembly line*, durch die die Produktion in einer auf der ganzen Welt einmaligen Weise rationalisiert wurde. In den Yards erreichte das »Demontageband« eine »geometrische« Perfektion, so daß Upton Sinclair 1906 in seinem Roman *Der Dschungel* von der »Schweinefleischherstellung durch angewandte Mathematik« sprach.

1863 nützte ein Betrieb in Chicago zum ersten Mal die Schwerkraft bei der Schweineschlachtung aus. Statt in ebenerdige Pferche im Freien wurden die Tiere in dieser Schlachterei über eine schiefe Ebene bis auf eine Terrasse auf dem Dach des zweigeschossigen Gebäudes getrieben. Dort ließ man sie einen Tag ausruhen, bevor sie dann zum Schlachten in den zweiten Stock herunterkamen. Sie wurden mit einem Hammerschlag auf den Kopf getötet und zum Ausbluten an der Gurgel aufgestochen. Die eigentliche Neuerung bestand nun darin, daß das Blut durch abwärts führende Röhren in darunter bereitgestellte Bottiche abfließen konnte. Auch die Schweine rutschten auf schiefen Ebenen in den ersten Stock, um ausgebeint, zerteilt und weiterverarbeitet zu werden. Im Erdgeschoß waren dann in »mehrere Hektar« großen Räumen Schinken aufgehängt. Man verlor nur noch Zeit mit dem Hammerschlag auf den Kopf und mit dem Durchschneiden der Gurgel; außerdem mußte das Schwein nach wie vor weitertransportiert werden, und ein Teil des Blutes blieb in dem waagrecht liegenden Tier zurück.

Windsor Leland fand im Jahre 1866 die Lösung dieser Probleme mit seiner *slaughtering machine*, der Schlachtmaschine. Ein Haken, den man dem lebenden Schwein ins Schienbein bohrte, wurde mittels eines Dampfaufzugs an einer Zahnstange in die Höhe gehoben. Das Schwein wurde mit dem Bein an dem Transportband hängend weiterbewegt, so daß ihm – ohne den Hammerschlag auf den Kopf – bei lebendigem Leib die Gurgel durchgeschnitten werden konnte. Dann wurde der Kadaver entborstet, enthäutet, ausgeweidet, gevierteilt, zerstückelt und zerschnitten. Das Tier mit dem Kopf nach unten zu töten, erleichterte das Ausbluten und verbesserte die Fleischqualität.

Nicht nur das. Mit dieser Methode konnte ein Metzger neun Schweine in drei Minuten vierteilen und in Stücke hauen. In zwei Minuten war das Schwein aufgehängt, festgezurrt, getötet, abgebrüht, entborstet und ausgeweidet. 1869 schrieb die Vereinigung der Metzger, die »Chicago Butchers Association, einen Wettbewerb zur Prämierung des ersten nationalen Schlachtchampions aus. Von den fünf Konkurrenten kamen Charles Leyden und Thomas Mulroney aus Chicago, die übrigen aus St. Louis, Buffalo und Toronto. Fünfhundert Zuschauer zahlten einen Eintrittspreis von einem Dollar, um zu erleben, wie der junge Leyden sein Rind in 4 Minuten und 45 Sekunden schlachtete, zurichtete,«[6] und sich so den Titel holte.

1876 wurde die *hog-scraping machine* zum automatischen Entfernen der Borsten erfunden. Mit einem System rotierender, auf Federn sitzender Klingen ließen sich alle Borsten eines Schweines in nur 15 Sekunden abrasieren.

*

Mehr Maschinen, mehr Wissenschaftlichkeit, mehr Rationalisierung. War ein Schwein inzwischen in wenigen Sekunden »verpackt«, so erforderte eine solche Geschwindigkeit doch Hunderte von spezialisierten Handgriffen von Hunderten von Menschen. Auf dem Höhepunkt ihrer Entwicklung standen an der *disassembly line* 126 Personen, um ein Schwein zu schlachten, und für ein Rind wurden in einem mittelgroßen Schlachthaus in Chicago sogar 157 Personen benötigt. Wahrscheinlich machte sich keiner dieser Arbeiter Gedanken über die Fragmentierung des Wissens, die Schaffung von immer spezialisierteren Tätigkeiten und die soziale Spaltung der Arbeiterschaft, die mit dieser Form der Produktion einhergingen.

Schlachtung und Fleischverarbeitung erfolgten somit »nach systematischen Gesichtspunkten in Einklang mit der Aufklärung unserer Zeit und dem Fortschritt in unserem Land« *(»in keeping with the enlightenment of the present age and progress of our country«)*. Mit diesen stolzen Worten begann im Jahre 1875 der Jahresbericht der Pork Packers' Association of Chicago, der wiederum fast wörtlich eine von den Historikern weidlich ausgeschlachtete Reportage von James Parton aus dem *Atlantic Monthly* von 1867 übernahm[7]. Weiter hieß es da: »Die hervorragende Art, wie in Chicago alljährlich Hunderttausende von Rindern und mehr als eineinhalb Millionen Schweine und Schafe empfangen, untergebracht, ernährt und

6 L. C. Wade, a.a.O., S. 68
7 März 1867, Nr. 19, S. 332f.

verschickt werden, ruft die Bewunderung der ganzen Welt hervor.« Das »barbarische und abstoßende Geschäft« des Viehhandels sei so »von Schmutz gereinigt, sauber, leicht, ansehnlich und angenehm« geworden.

Die »wissenschaftliche« Schlachtmaschine hatte allerdings zwei höchst unangenehme Begleiterscheinungen. Da das Schwein mit dem Kopf nach unten bei lebendigem Leibe geschlachtet wurde, spritzte das Blut im Todeskampf des Tieres, weil das Herz noch arbeitete, mit unvorstellbarem Druck in alle Richtungen. Dazu kam der Lärm. In den alten Schlachthäusern, in denen die Tiere mit einem Hammerschlag getötet worden waren, gab es wenig Geräusche. Die an einem Haken aufgehängten Schweine dagegen grunzten und quiekten jämmerlich, und diese herzzerreißenden Laute erhoben sich gleichzeitig aus Tausenden von Schweinkehlen.

»Man konnte da nicht lange zusehen, ohne ins Philosophieren zu kommen, ohne auf Gleichnisse zu verfallen, Sinnbilder zu sehen und das Schweinequieken des ganzen Alls zu hören«, schrieb Upton Sinclair. »Sollte es wirklich nirgendwo auf der Erde oder über der Erde einen Himmel für Schweine geben, wo sie für alle ihre Leiden entschädigt würden?«[8] In seinem Buch zeigt Sinclair, wie das System der Schlachthöfe nicht nur die Schweine bis zum letzten Fetzen Haut, bis zum letzten Stäubchen Knochenmehl und bis zum letzten Tropfen Blut ausnutzte, sondern auch die Arbeiter der *meat-packing*-Industrie: Sie hatten nur die Wahl, entweder selbst zu reißenden Bestien zu werden und sich den Gesetzen des »Dschungels« anzupassen oder zum Fraß der Unternehmer zu werden. Die Rationalisierung im Einklang mit »Aufklärung und Fortschritt« trieb die Arbeiter zu immer grenzenloserer Produktivität: »Im Jahre 1884 zerteilten fünf *splitters,* die »Spalter«, 800 Rinder in zehn Stunden, der einzelne also 16 Tiere pro Stunde, für die er 45 Cents bekam. 1894 schafften vier *splitters* 1.200 Rinder in 10 Stunden, also 30 Rinder pro Person in der Stunde,

8 Upton Sinclair, *Der Dschungel,* Reinbek 1994, S. 52

was einem Produktivitätszuwachs von 100 Prozent in nur zehn Jahren entspricht. Die Bezahlung aber war auf 40 Cents in der Stunde gesunken.«[9] Bei der Herstellung der Konserven erhielten die Frauen 5 Cents für 100 Dosen, die sie lackierten und etikettierten. Eine Arbeiterin schaffte 2.500 Dosen am Tag.

Sinclairs Buch erregte großes Aufsehen, stand sechs Monate lang auf den Bestsellerlisten in den USA und Großbritannien, wurde in 17 Sprachen übersetzt und war der Anlaß für die Einrichtung einer Untersuchungskommission des Kongresses. Paradoxerweise zeigten sich die Menschen beunruhigt über das, was sie aßen, und forderten schärfere lebensmittelhygienische Kontrollen der *meat-packing*-Industrie, statt gegen die Arbeitsbedingungen und die Ausbeutung der Arbeiter zu protestieren, die von den Vorarbeitern wie Sklaven angetrieben wurden. Bei genauerem Hinsehen erscheint diese Reaktion der Öffentlichkeit weniger paradox, denn diese zeigt sich auch in anderen Fällen ebenso hartnäckig und geradezu kleinlich im Detail, aber praktisch blind für den Gesamtzusammenhang. Schon in den siebziger Jahren hatte die »Illinois Humane Society for the Prevention of Cruelty to Animals« (Humane Gesellschaft Illinois zur Verhütung der Gewalt gegen Tiere) nichts gegen die *disassembly line* und das »Schweinequieken des Alls« unternommen. Statt dessen hatte sich die Vereinigung mit Protesten, Leserbriefen und Petitionen an den Kongreß sehr für eine Verbesserung der Viehtransporte eingesetzt und erreicht, daß die Tiere nicht länger als einen Tag unterwegs sein durften, ohne einmal ausgeladen, gefüttert und getränkt zu werden, daß der Gebrauch von Spießen, Peitschen und Mistgabeln verboten wurde und daß der Boden der Waggons nicht aus unverbundenen Balken bestehen durfte. All dies lag auch im Interesse der *meat-packing*-Industrie, damit das Fleisch unbeschädigt, ohne Flecken und Blutgerinnsel, in die Auslagen der Metzger gelangen konnte.

*

9 R. A. Slayton, a.a.O., S. 88

Die Logik der fixen Kosten übte somit ihre Tyrannei über die Landwirtschaft, die Geographie der Stadt, über Arbeit und Freizeit der Menschen, über Leben und Tod der Tiere aus. Das Leben der Rinder wurde von dieser Logik auf wenig mehr als zwei Jahre verkürzt. Solange dauerte das Wachstum der Kälber, danach aber hätten die Tiere nur gefressen und damit Gras oder Heu vergeudet, ohne weiter an Gewicht zuzunehmen. Der optimale Zeitpunkt war gekommen, um sie mit der Bahn abzutransportieren.[10]

Die Tyrannei der fixen Kosten ging noch weiter, sie erstreckte sich auch auf die Jahreszeiten, den Wachstumszyklus und den Wechsel von Kälte und Wärme. Wie viele andere Geschäftszweige in Chicago war auch die Schweineschlachtung bis in die sechziger Jahre des 19. Jahrhunderts dem Wechsel der Jahreszeiten unterworfen. Zu Beginn des Winters wurden die Schweine geschlachtet, denn dann waren sie fett, in der Kälte hielten sich die Schweinehälften gut, und Arbeitskräfte waren billig, weil die Feldarbeit abgeschlossen war. Die Straßen allerdings waren im Winter schwer passierbar, die Kanäle zugefroren, und die geschlachteten Schweine mußten in Eiskellern auf den Frühling warten. Vor dem Bürgerkrieg wurden in Chicago im Dezember zehnmal so viele Schweine verarbeitet wie im Juli. Noch 1870 erreichten die *packers* zwischen März und November nur 6 Prozent der Gesamtproduktion. Dadurch waren die Yards nur die Hälfte des Jahres in Betrieb, und die Millionen in die Anlagen investierten Dollars lagen den Rest des Jahres brach.

Deshalb erschien es absolut notwendig, die Schlachthöfe das ganze Jahr hindurch arbeiten und es auch im Sommer Winter sein zu lassen. Dieses Ziel war erst mit Hilfe der Eisenbahnen erreichbar. 1858 bereits wurde zum ersten Mal Eis, das man im Winter aus den Seen geholt hatte, zur Kühlhaltung der im Sommer geschlachteten Schweine verwendet. Anlagen, die das ganze Jahr über arbeiten, ermöglichen ein gleich-

10 W. Cronon, a.a.O., S. 222–224

bleibenderes Angebot, Preisstabilität, Verminderung der fixen Kosten, niedrigere Verkaufspreise und eröffnen damit neue größere Märkte. Im Winter brachten deshalb endlose Güterzüge Eis aus immer nördlicheren Seen, um es in unterirdischen, thermisch abgedichteten Räumen für den Gebrauch im Sommer zu lagern. Ganze Eisenbahnstrecken und Stationen für die Lagerung wurden gebaut und ganze Regimenter von Immigranten nach Wisconsin geschickt, um das Eis herauszuhacken.

Die Revolution der *meat-packing*-Industrie, die mit dem Schweinefleisch begonnen hatte, wäre unvollständig geblieben, wäre sie nicht auch auf das Rindfleisch ausgedehnt worden, bei dem sich immer noch hartnäckig das Vorurteil hielt, ein Steak müsse frisch aus der Metzgerei kommen. Aus diesem Grund wurden die Rinder, die in Chicago ankamen, lebend für die Märkte von New York und der Ostküste umgeladen. Mochte sich Chicago auch noch so stolz als *the bovine city*, die Stadt der Rinder, bezeichnen, in Wirklichkeit war sie mehr ein Rindermarkt denn ein Zentrum der Verarbeitung. Als eine wesentliche Voraussetzung für die Senkung der Kosten, unschlagbare Preise und die Erweiterung des Marktes mußte ein Weg gefunden werden, wie Rindfleisch, *beef dressed*, zu transportieren war, und nicht mehr das lebende Tier. Das verarbeitete Rind hat nur noch 45 Prozent seines Lebendgewichts, außerdem verloren die Tiere auf der viertägigen Reise von Chicago nach New York an Gewicht und verletzten sich häufig an Hufen und Hörnern. 1866 machte der *Scientific American* den Vorschlag, rollende Eisbehälter für den Transport von Frischfleisch zu verwenden, was freilich eine ganze Reihe von praktischen Problemen aufwarf.

Ein erster Lösungsansatz kam von dem Kaufmann George H. Hammond aus Detroit, der 1868 zur Kühlung eines Waggons die Seitenwände mit Eis füllte. Die eigentliche Revolution brachte ein Metzger aus Boston namens Gustavus F. Swift in Gang, als er im Winter 1877 das Fleisch zweier in Chicago geschlachteter Rinder in Eisenbahnwaggons nach Boston schickte, bei denen zur Kühlung die Türen offenstanden. Dieses Experiment hatte Erfolg. Nun handelte es sich darum, Kühlwaggons zu konstruieren, in denen das Fleisch nicht mit dem Eis in Berührung kam, um nicht schlecht zu werden. Alle Teile mußten bei gleicher Temperatur transportiert werden, aber so, daß sie nicht hin- und herbaumelten und die Waggons aus dem Gleichgewicht brachten. Mit Ventilatoren mußte man die Luft zur Zirkulation bringen. Nach verschiedenen Versuchen löste Swift das Problem dadurch, daß er das Eis auf dem Dach anbrachte, wodurch die vom Boden aufsteigende warme Luft in Zirkulation kam. Seither fanden die Kühlwaggons immer weitere Verbreitung, und schon 1884 wurde mehr Rindfleisch von Chicago aus verladen als lebende Rinder. Als ganz neuer Geschäftszweig entstand die Industrie der Gewinnung und Lagerung von Natureis. Philip Armour, der größte Kaufmann aller Zeiten, der Fürst der Großhändler Chicagos, der von sich sagte: »Ich bin ein Metzger, der ins Paradies will«[11], ließ in Peakee, Wisconsin, eine Anlage von 360 Meter Länge und 60 Meter Breite errichten, um 175.000 Tonnen Eis auf einmal einlagern zu können.

Es genügte nicht, Schlachthäuser und Waggons bei der Abfahrt zu kühlen, sie mußten auch unterwegs immer wieder neu nachgekühlt werden. Daher mußten entlang der Eisenbahnstrecken Eislagerhallen angelegt und ständig aufgefüllt werden. Für die viertägige Reise zwischen Chicago und New York waren fünf solcher Zwischenstationen notwendig, und ein Waggon mit Rindfleisch benötigte bei jeder Station 400 Kilo Eis und 300 Kilo Salz. Um dies zu ermöglichen, mußten mitten im Winter Tausende von Männern zu den vereisten Seen geschickt werden, um das Eis herauszuschlagen, weitere Tausende wurden für den Bau von Infrastrukturen wie Straßen, Depots und Unterkünften für die Leute selbst eingesetzt, weitere Tausende für die Unterhaltung. Diese ganze ungeheure Verpflanzung von Menschen und die Gründung von ganzen

11 Harper Leech, John Charles Carroll, *Armour and his Times*, New York 1938, S. 236

Städten dauerte nur zwanzig Jahre, bevor alles durch die Erfindung der künstlichen Kühlung wie ein Spuk verschwand. Die neue Kühlung machte die spezialisierten Tätigkeiten und Arbeitstechniken überflüssig und ließ die alten Eislagerhallen und die unterirdischen Depots als Ruinen zurück. Nach zwei Jahrzehnten wilder Geschäftigkeit durch Massen von Arbeitern mit ihrem Lärm, Geschrei und ihren Lagerfeuern gehörten die Seen in Wisconsin wieder den Forellen und Weißfischen.

Im Jahre 1872 hatte sich ein Schotte in den USA eine Kühlanlage durch Ammoniakkompression patentieren lassen. Armour ließ 1883 nach dieser Methode einen Kühlschrank bauen, und Swift tat 1887 das gleiche. 1889 warb ein Saloon in Chicago stolz mit seinem *Iceless Refrigerator*[12]. Die Schlachtung von Rindern konnte von 400.000 Stück im Jahr 1880 auf mehr als 2 Millionen im Jahr 1890 gesteigert werden. Die mit der künstlichen Kühlung ausgestatteten Fabriken waren nun auch schon von elektrischem Licht erhellt, mit den Händlern der ganzen Welt durch den Telegraphenapparat und mit den Büros in der Stadt durch Telefon verbunden.

In nur dreißig Jahren hatte die Revolution der *meat-packing*-Industrie erreicht, daß die Fleischherstellung der USA völlig in Chicago zentralisiert war und daß Tiere aus den entferntesten Winkeln des Kontinents angeliefert wurden, um in den riesigen Schlachthöfen industriell verarbeitet und dann wieder in ganz Amerika verkauft zu werden. Das Motto der Firma Armour lautete: »*We feed the World*«, wir ernähren die Welt. Der Motor für diese ganze ungeheure Umwälzung war der Druck der fixen Kosten, um die riesigen Anfangsinvestitionen rentabel zu machen. Es vollzog sich der gleiche Prozeß wie vorher bei den Eisenbahnen und beim Getreide. Nicht zufällig kontrollierte Philip Armour neben seinem Schweine- und Rinder-Imperium auch 30 Prozent des Weltgetreidehandels. Und Armour war es, der die Methode der Kühltransporte auf

12 L. C. Wade, a.a.O., S. 199f.

das Obst anwandte. Damit begann die Epoche des *fruit-packing*.

Weil sie das Fleisch »frisch« erhielt, änderte die Kühlung auch den Begriff des Rindes selbst. Weil das Tier viele tausend Kilometer vom Konsumenten und seinem Augenschein entfernt war, erforderte der Kühlwaggon einen genauen Qualitätsstandard für das Fleisch, damit der Kunde die Ware bekam, die er wünschte. Fleisch mit der Qualitätsnummer 1 kam aus Illinois, Iowa, Kentucky und Indiana und war für besonders anspruchsvolle Gaumen bestimmt, die Nummer 2 stammte aus Colorado und Montana, den besten Viehzuchtgebieten des Westens, die Nummer 3 bekamen die texanischen Rinder mit den langen Hörnern. Sobald die idealen Qualitätsmerkmale für Fleisch einmal festgelegt waren, ließ es sich abstrakt und im voraus wie Getreide auf dem Markt der *futures* kaufen und verkaufen. Nachdem das Fleisch industrialisiert worden war, wurde es kapitalisiert: Die Revolution war vollendet.

Der »Eisschrank ohne Eis« brachte den Triumph der *meat-packing*-Industrie und der Schlachthöfe von Chicago, die Upton Sinclair beschrieben hat und die mit einer herkömmlichen Schlachterei so viel zu tun haben wie die moderne Fabrik mit einem mittelalterlichen Handwerksbetrieb. Die Apotheose der Zentralisierung war erreicht, das Maximum der *economies of scale* und der Gigantomanie, die vollkommene vertikale Integration vom lebenden Tier über die Konserve bis zum Restaurant. Aber mit der künstlichen Kühlung setzte zugleich der allmähliche Niedergang Chicagos ein. Seine günstige klimatische Lage (wegen der Nähe zum Natureis) verlor an Bedeutung und auch seine Rolle als Bahnknotenpunkt. Wenn das Fleisch im Kühlwagen von Chicago nach New York 1.000 Kilometer zurücklegte, so konnte es genausogut 2.000 Kilometer weit direkt von Kansas City an die Ostküste transportiert werden. Bereits 1890 eröffnete Michael Cudahy, der Assistent von Philip D. Armour, einen Betrieb in Omaha, Nebraska, und Armour selbst errichtete ein *packing-house* in Kansas City.

Kurz nach dem Ersten Weltkrieg erreichten die Stockyards den Höhepunkt ihrer Ausdehnung und wirtschaftlichen Bedeutung, wurden aber schon bedroht vom Auto, d.h. vom Kühllastwagen. Zusammen mit der künstlichen Kühlung befreite der Transport auf Rädern den Fleischhandel von der »Sklaverei« der fixen Kosten, von der Notwendigkeit starrer Zentralisierung wie bei der Bahn und ließ die *economies of scale* weniger erstrebenswert erscheinen. In den zwanziger Jahren war der Niedergang unaufhaltsam, denn man brauchte keine riesigen Schlachthöfe mehr. Die Kühllaster, die die Ware bis vor die Ladentür fuhren, machten kleine dezentralisierte Betriebe möglich. Nach dem Zweiten Weltkrieg war das Schicksal der Yards besiegelt, und im Jahr 1971 schlossen die Schlachthöfe von Chicago nach 106 Jahren endgültig ihre Pforten. Sie waren von den »Filialen der Peripherie« in Kansas City, in Omaha und in Peoria abgelöst worden. Aber auch in diesen Städten sind die Schlachthöfe inzwischen nicht mehr zu sehen. Ich habe sie vergebens in Kansas City am Ufer des Kansas gesucht.

Heute sind die Stockyards nur noch endlose graubraune Mauern, die ein paar rostige Eisenteile bewachen. Es herrscht ein Schweigen, das nicht weniger beängstigend wirkt als einst das Schweinequieken des Alls. Wie Strandgut nach dem Rückgang der Flut sind aber die Millionen von Einwanderern geblieben, die die Schlachthöfe einst in Wellen angezogen hatten. Die Schlachtereien haben sich von Chicago in die Diaspora zu den Schweinen und Rindern verlagert, aber in Chicago haben McDonald's und andere große Lebensmittelmultis wie Quaker Oats ihren Hauptsitz; hier befindet sich im Mercantile Exchange immer noch der größte Viehmarkt der Welt, ein konkreter Markt für eine immaterielle Ware. Es werden nämlich *futures*, Kaufverträge für Tiere, die noch gar nicht geboren sind, gehandelt.

Chicagos Packingtown ist heute eine tote Stadt, interessant nur noch für die Archäologie des Eisenbahnkapitalismus. Blühender denn je ist jedoch die *meat-packing*-Industrie, die

Chicago der Welt geschenkt hat. Und deshalb essen auch wir *beef dressed*, was wörtlich soviel wie »angezogenes Rind« heißt. Der »Dschungel« Upton Sinclairs ist nicht mehr zu sehen, aber heute wie im Jahr 1906 verbindet allein die Logik des Kapitals mit ihrem Gesetz der fixen Kosten, mit ihrem Zwang zu Standardisierung und Konservierung die Kuh auf der Weide in Michigan und den Hamburger in einem Restaurant in Kalifornien: Es ist das Muhen des Alls.

DIE ZUKUNFT KAUFEN

Chicago ist die Stadt, die nicht nur den Handel der Zukunft erfunden hat, sondern auch damit begonnen hat, die Zukunft, d. h. noch nicht Existierendes, zu kaufen und zu verkaufen. Es war im Jahre 1833, vor 160 Jahren. Dort, wo der kleine Chicago River in den Michigansee mündet, gab es noch keine Großstadt, noch keine Grand Central Station, noch kein Schlachthaus. In dem Dorf, das sich gerade zur selbständigen Gemeinde erklärt hatte, lebten ganze 350 Menschen.[1] Es existierte noch keine einzige gepflasterte Straße. In der Umgegend gab es bloß einige Farmen, Indianer, französische Fallensteller und Garnisonssoldaten des Bundesheeres. Aber es gab auch schon Spekulanten. Land, das 1829 für 33 Dollar zu haben war, kostete bereits 1836, also nur sieben Jahre später, als die Stadt 4.000 Einwohner erreicht hatte, 100.000 Dollar (1,2 Millionen zum heutigen Wert). Zu diesem Preis wurde nackte Erde und die von den Indianern, die nach der Revolte des »Schwarzen Falken« (1832) ihr Land hatten verlassen müssen, nicht kultivierte Prärie verkauft. Einer der wenigen Reisenden nannte die Gegend ein »wildes Land«. Der Preisboom beruhte einzig und allein auf den Zukunftsaussichten, denn man erwartete sich einen noch viel größeren Wertzuwachs des Landes, wenn der Kanal zwischen dem Michigansee und dem Illinois, einem Zufluß des Mississippi, fertiggestellt sein würde. Da der Michigansee durch den Eriesee und den 1825 eröffneten Eriekanal bereits mit New York und dem

1 Diese Zahl nach I. Cutler, a.a.O., S. 19

Atlantik verbunden war, würde der Michigan-Illinois-Kanal den Atlantik und New York auf der einen Seite mit den *great plains* des Mittelwestens und mit dem Missouri-Mississippi-Becken auf der anderen Seite verbinden, und Chicago würde das Bindeglied zwischen diesen riesigen Gebieten werden.

Ironie des Schicksals: Die Chicagoer gründeten ihre Hoffnungen auf die Wasserwege, weil sie noch nicht wissen konnten, daß der Reichtum der Stadt in Wirklichkeit auf den Schienenwegen beruhen sollte. Nach dem spekulativen Boom brachen die Preise in der Depression von 1837 völlig zusammen, als die Bauarbeiten am Kanal wegen der Kostenexplosion unterbrochen werden mußten. Seine Fertigstellung ließ noch mehr als ein Jahrzehnt auf sich warten, und als er 1848 schließlich eröffnet wurde, maß man diesem Ereignis immer noch sehr viel mehr Bedeutung bei als der Eröffnung der ersten Eisenbahnstrecke zwischen Galena und Chicago.

Wer im Jahre 1833 Grund kaufte, hatte nicht das trostlose Stückchen Erde erworben, das er vor sich sah, sondern das Land der Zukunft, wie es nach dem Bau des Kanals aussehen sollte. Er hatte ein *future* gekauft, und diese Wette auf die Zukunft löste eine andere aus. Als der Kanal 1848 endlich fertig war, spielten die Chicagoer nicht mehr um die Zukunft der städtischen Immobilien, sondern um die des Getreidehandels. Durch den Kanal verzehnfachte sich der Zustrom von Getreide und Mais aus den Farmen des Landes, und die Farmer mußten sich nicht mehr mit morastigen Straßen voller Schlaglöcher und all den Unannehmlichkeiten des Transports zu Land herumschlagen. Im Jahre 1848 gründeten schließlich 82 Kaufleute den Chicago Board of Trade (CBOT), die Handelskammer.

Aus dem Austausch von Getreide und Vieh, dieser handgreiflichsten und archaischsten Form des Handels, sollte sich die künstlichste Form, die der *futures* entwickeln. Der Kurs des Getreides hängt vom Wetter ab. Gutes Wetter bedeutet gute Ernten, und das heißt niedrige Preise. Umgekehrt bedeuten schlechte Witterungsverhältnisse geringe Ernten, also hohe

Preise. Der Preis für Vieh beispielsweise steigt nach einer Seuche, und er sinkt, wenn die Sojaernte schlecht war, weil dann die Züchter wegen der zu hohen Kosten viel Vieh schlachten müssen.

Weil aber ein Hersteller von Spaghetti beispielsweise auf die rechtzeitige Lieferung von Getreide angewiesen ist, muß er es im voraus vor der nächsten Ernte kaufen. Wenn in einem Jahr aber die Ernte sehr gut und der Getreidepreis daher sehr viel niedriger wird als der, den er bezahlt hat, dann erlebt er einen bösen Reinfall. Umgekehrt macht der Händler einen empfindlichen Verlust, wenn nach dem Verkauf der Ernte des nächsten Jahres eine große Trockenheit eintritt und dadurch der Preis ungewöhnlich steigt. Ein solcher Terminkontrakt ist also eine Art Wette auf die Zukunft. Der erste dieser ursprünglich *forward contracts* genannten Verträge wurde am 13. März 1851 auf 3.000 *bushels* (3 *bushels* sind ungefähr ein Hektoliter Getreide) für den Juni des folgenden Jahres ausgehandelt.

Der Handschlag von 1851 zwischen nach Heu und Mist stinkenden Farmern hat wenig mit dem Spektakel gemein, dem man heute in dem hochmodernen Wolkenkratzer des Mercantile Exchange am Wacker Drive beiwohnen kann. Von der Zuschauertribüne über dem Saal der Transaktionen blickt man in eine riesige Höhle von 3.600 Quadratmetern, so groß wie ein Fußballfeld, in der sich 4.000 Menschen in einem schrecklichen Gedrängel hektisch bewegen und durcheinanderschreien. Ihre Gesichter verziehen sich in Verehrung der Leuchtziffern an den Wänden zu exaltierten Grimassen, die Hände sind in frenetischer Bewegung, die Finger formen rasend schnell eine Art Taubstummensprache, und die Köpfe nicken, als würden sie zu den Aktien beten. Wenn man nicht wüßte, worum es hier geht, könnte man meinen, einen heidnischen Ritus, ein Fest in einem tibetischen Kloster oder Menschen in einem halluzinatorischen, fast ekstatischen Trancezustand vor sich zu sehen. Nicht einmal Wall Street vermittelt diesen Eindruck befremdlicher Religiosität.

1848 gab es das alles noch nicht, genausowenig wie die

Tausenden von Angestellten in ihren verschiedenfarbigen Jacketts. Müde, zerknittert und ausgepumpt von der Orgie des Termingeschäfts beißen sie im Neonlicht der Cafeteria in ihren Hamburger. Aber sicher auch damals schon war das irre Leuchten der Gier nach Gewinn in den Augen der Menschen erkennbar und die tödliche Angst vor dem lauernden Bankrott. Auch damals schon gab es dieses Vorwärtsdrängen, dieses Gespanntsein auf die Zukunft, das zwischen der Angst, etwas zu versäumen, und der Angst zu scheitern schwankt. Dieser helle Wahn hatte die Zahl der Chicagoer von 350 im Jahre 1833 innerhalb von siebzehn Jahren auf das Achtzigfache steigen lassen (1850 waren es 30.000), und weitere 21 Jahre später hatte sich die Zahl noch einmal auf 334.000 verzehnfacht. In weniger als 100 Jahren war aus einem Dorf von 350 Menschen eine Millionenstadt von 3,3 Millionen Menschen geworden. Die Zukunft war zur Gegenwart geworden und ist heute Vergangenheit, die vielleicht nie wiederkehren wird, weil sich heute – in den Vereinigten Staaten anscheinend irreversibel – ein Niedergang der Städte, eine »Deurbanisierung« abzeichnet.

Heute gibt es in Chicago keine Schlachthöfe mehr, es rollen keine Güterzüge voller Holz und Getreide, die Stadt erlebt als Zentrum des materiellen Handels mit faßbaren Waren einen deutlichen Niedergang. Ihre Größe verdankt sie heute der Fortdauer der abstrakten Institutionen, der spiritualisierten Quintessenz des Handels. Auf ähnliche Weise ist London schon längst nicht mehr Kapitale eines kolonialen Empire, bleibt aber weiterhin Kapitale des immateriellen, aber ganz konkreten Empire der Finanz- und Bankwelt in der City. Genauso wechseln in Chicago nicht mehr Rinder den Besitzer, sondern *futures* auf Rinder, nicht mehr *bushels* von Mais, sondern *futures* auf Soja.

*

Der Handel mit landwirtschaftlichen Produkten und ihren *futures* hat Chicago geformt und groß gemacht. Gleichzeitig hat er die landwirtschaftlichen Produkte selbst verändert, hat Ochsen und Rinder, Getreide und Holz »neu definiert«. Schon bei den Warentermingeschäften erwies es sich als notwendig, für Kauf und Verkauf die Standards der zukünftigen Ware genau festzulegen. Welche Qualität sollte das Getreide besitzen, welcher Feuchtigkeitsgrad und welche Abweichung vom Durchschnitt sollte erlaubt sein? Um sie zu tauschen wie Geld, muß die Ware selbst austauschbar und immer gleichwertig sein.

Ohne Standardisierung gibt es keinen Markt für *futures*, und umgekehrt kann der Terminmarkt nur standardisierte Güter verkaufen. Und die Standardisierung stellt nur die Finanzform dafür dar, daß in den Wohlstandsgesellschaften die Ware Lebensmittel immer und überall in den Supermärkten mit kontrollierbarer Qualität und mit vergleichbaren Eigenschaften zur Verfügung steht. Es ist immer wieder erstaunlich zu beobachten, welche ungeheure Wirkung diese Standardisierung hat und welche Mechanismen sie auslöst. Angefangen mit den Telefonsteckern, die nur funktionieren, wenn alle gleich sind, über Schrauben und Muttern, die wir in verschiedenen Eisenhandlungen kaufen können, weil wir wissen, daß Durchmesser und Gewinde standardisiert und austauschbar sind. Überall in den USA können Wohnmobile und Wohnwagen auf allen Campingplätzen Wasser tanken, weil die Anschlüsse überall gleich sind. Nathan Rosenberg[2] hat gezeigt, daß im 19. Jahrhundert die Innovation auf Standardisierung beruhte, weil sie den Werkzeugmaschinenbau ermöglichte. *Umgekehrt* weiß heute jeder, der mit Computern zu tun hat, welche Probleme das Fehlen von verbindlichen Standards bei der Software mit sich bringt.

Terminkontrakte auf landwirtschaftliche Produkte sind nur möglich, wenn jeder einzelne Vertrag bis in alle Einzelheiten festgelegt ist. Zeitpunkt des Vertragsabschlusses, zulässige Abweichungen, Zeitpunkt der Warenübergabe, Zahlungsziel und

2 In dem Band *Perspectives on Technology*, Cambridge (Mass.) 1976

Warenmenge müssen fixiert sein. Bei schon an sich immateriellen Waren wie Geld kann man die Eigenschaften einer »Partie« leicht bestimmen, denn jedes englische Pfund gleicht dem anderen. Wenn man aber Rinder oder Schweine kaufen will, wie kann man sich dann der Quantität und Qualität sicher sein? Man versucht, sich mit der Forderung nach einheitlichen Kriterien für Qualität, Quantität, Gewicht und Volumen abzusichern. In der Welt der Maschinen, der Werkzeuge und des Geldes mag die Standardisierung noch selbstverständlich erscheinen, weil diese Dinge an sich schon künstlich hergestellt und für die Standardisierung erdacht sind. Völlig befremdlich aber erscheint zunächst der Gedanke der Standardisierung einer Henne, eines Eis, eines Kalbes, eines Ferkels oder einer Getreideart. Doch bei den Termingeschäften darf nichts dem Zufall überlassen bleiben, und deshalb wird beispielsweise festgelegt, daß eine Einheit lebender Rinder 40.000 Pounds (ca. 18 t) wiegen und aus Rindern zu je 1.050–1.200 Pounds (480–540 kg) Durchschnittsgewicht bestehen muß, mit einer maximalen Abweichung von 100 Pounds. Bei den *futures* für Holz darf eine Einheit von 4.400 m^3 nicht mehr als 19 Prozent Feuchtigkeit enthalten usw.

In allererster Linie basiert die Standardisierung aber auf der Herstellung einer Diskontinuität, eines diskontinuierlichen Kriteriums der Klassifizierung, um eine beschränkte Anzahl von Güteklassen für jedes Produkt zu definieren. Es gibt dann z.B. nicht mehr als fünf verschiedene Güteklassen für Karotten, und zwar in der Reihenfolge, daß Qualität Nr. 1 die billigste und Nr. 5 die teuerste bildet. Diese Güteklassen zu schaffen, die verschiedenen Karotten zu definieren, ist ein kaufmännisches Vorgehen, aber – ganz ohne Ironie – auch ein epistemologisches.

In der Natur wachsen nicht alle Karotten gleichmäßig nach Güteklasse 1 oder Birnen nach Güteklasse 2, sondern Karotten, Birnen und Früchte von unterschiedlichem, wenn auch ähnlichem Geschmack, ähnlicher Güte und Größe, die der

Mensch willkürlich unter einem einzigen Namen zusammenfaßt. Beim Getreide beispielsweise unterscheiden sich die verschiedenen Arten durch geringste Abweichungen in Größe und Wassergehalt der Körner und in Konsistenz, Farbe und Nährgehalt des daraus zu gewinnenden Mehls fast unmerklich voneinander. An die Stelle dieser kontinuierlichen Skala von Gütern, die die Natur uns schenkt, muß der Terminhändler, um sie zu auf dem Papier austauschbarer abstrakter Ware zu machen, eine diskontinuierliche Rangfolge voneinander abgegrenzter Güteklassen 1, 2, 3 … setzen.

Die Güteklassen definieren ein Gebiet oder einen Bereich, in dem verschiedene Getreide unter demselben Namen zusammengefaßt werden. Zwei ganz ähnliche Getreide können sich in verschiedenen Güteklassen wiederfinden, weil sie diesseits und jenseits der Grenze von festgelegten Qualitätsmerkmalen wachsen, vergleichbar mit grenznahen Orten in verschiedenen Staaten. Jetzt lohnt es sich jedoch nicht mehr, Produkte der niedrigeren Klasse an der Grenze zur höheren Klasse anzubauen, sondern statt dessen eher Produkte am unteren Rande der höheren Klasse. Es werden somit immer die schlechtesten Produkte der höheren Klassen bevorzugt, die besseren Produkte der niederen Klassen dagegen benachteiligt. Ganze Sorten aus diesen Bereichen verschwinden aufgrund einer ursprünglich völlig willkürlichen Einteilung nicht nur vom Markt, sondern auch aus der Natur.

Wenn beispielsweise nur fünf Güteklassen für Äpfel festgelegt werden, dann wird das dazu führen, daß nurmehr diese fünf Klassen produziert werden. Ohne sich dessen bewußt zu sein, setzt sich der Händler an der Terminbörse nicht nur mit dem in der mittelalterlichen Philosophie diskutierten Problem der Universalien auseinander, ihm gelingt auch die Lösung. In der Scholastik ging es im Streit zwischen Nominalisten und Realisten um die Frage, ob die Namen der Dinge nur Konvention sind, nur Schall und Rauch, oder ob die Ideen der objektiven Realität dessen, von dem sie eine Vorstellung sind, entsprechen, oder aber, ob sie sogar unabhängig von uns

Menschen, die wir sie denken, und unabhängig von den Objekten, die wir sehen, eine eigene Realität besitzen. Um einen Terminkontrakt auf ein Rind abzuschließen, muß der Markt »das ideale Rind« oder das »Ideal eines Rindes« definieren. Sobald diese Idee definiert und der Standard festgelegt ist, muß sich das reale Tier in der Zucht dem anpassen, sonst findet es keinen Markt. Auf diese Weise bringt der Name der Sache, obwohl er ursprünglich bloß auf willkürlicher Konvention beruhte, am Ende die Sache selbst hervor. Und mehr noch, er definiert auch das Wesen der Sache, die *quidditas*, und schließt von ihrer Substanz alles aus, was nicht in der Definition enthalten ist. Am Terminmarkt ist der Geschmack des Steaks nicht festgelegt, sondern nur Art, Größe und Aussehen. Ebenso ist die *quidditas* des Apfels, sein »Apfelsein«, als Farbe, Festigkeit, Größe und ganz allgemein Form, nicht aber als Geschmack definiert. Lieber gar kein Geschmack als ein zu genau präzisierter. Die Definition selbst, die den Geschmack der Dinge außer acht läßt, bringt tendenziell Dinge ohne Geschmack hervor.

Deshalb sind im Supermarkt alle Hühner gleich, die Äpfel sind gleich groß, die Orangen haben die gleiche Farbe, und alle schmecken nach nichts. So aber lassen sie sich dem Terminmarkt unterwerfen, so können die Herren von Chicago (New York, Hongkong, London und Singapur) ihre Wetten darauf abschließen und hohe Summen setzen, nicht wie gewöhnliche Sterbliche in illegalen Spielhöllen, sondern vor aller Augen in den großen Tempeln des Geldes.

*

Die *future contracts* wurden 1865 unmittelbar nach dem amerikanischen Bürgerkrieg eingeführt. Heute, kaum 130 Jahre später, ist Chicago die unumstrittene Welthauptstadt des *future*-Marktes, die elektronisch mit Hongkong, London, Tokyo und Frankfurt in Verbindung steht. 70 Prozent des amerikanischen *future*-Handels konzentriert sich hier. Seit

1865 ist das Geschäft mit den *futures* immer raffinierter geworden. *Futures* wurden gewöhnlich für Lebensmittel, für Vieh (lebend oder tiefgefroren), für Holz und Düngemittel gekauft und verkauft. Aber niemand, der heute mit *futures* auf Rinder handelt, will eines Tages tatsächlich einen Viehtransport vor der Haustüre vorfinden, es geht nur noch um das Steigen und Fallen der Preise. Dieses allgemeine Prinzip läßt sich auf eine Vielzahl anderer Verträge anwenden. Alle anderen Rohstoffe lassen sich ebenfalls als *futures* handeln. Beispielhaft sei nur an das Erdöl und seine durch den Jom-Kippur-Krieg und die Invasion in Kuwait verursachten Preisschwankungen erinnert. Aber die Geschichte geht noch weiter. Ein amerikanischer Importeur von deutschen Autos weiß z.B., daß er in einem Jahr deutsches Geld brauchen wird. Deshalb wurden 1972 *futures* auf Devisen eingeführt, nachdem Nixon 1971 die Freigabe des Dollarkurses beschlossen hatte, und sie erlebten sofort einen riesigen Boom. Weil aber *futures* auf alles anwendbar sind, was in der Zukunft Wertschwankungen unterliegen wird, wurden sie auf Zinssätze, auf den Eurodollar ausgedehnt, und sogar auf den Verlauf von Aktienindexen. In Chicago werden *futures* auf den Standard & Poor's 500 Index[3] und auf den Nikkei Index gehandelt.

Da ja die *futures* selbst in ihrem Wert schwanken, wurde im Jahre 1982 die geniale Idee geboren, *futures* auf *futures* auszustellen, *futures* im Quadrat sozusagen, die unter dem Namen »Optionen« auf *futures* laufen. 1991 erreichten die *futures* und *options* ein Volumen von 108 Millionen Verträgen mit einem Zuwachs von 5 Prozent gegenüber 1990, das seinerseits bereits ein Rekordjahr gewesen war. 1992 verzeichnete man einen weiteren Zuwachs von 25 Prozent gegenüber 1991. Der Nominalwert der Verträge stieg von 18.700 Milliarden Dollar im Jahr 1986 auf 50.000 Milliarden 1991[4].

Diese Zahlen wirken abstrakt. Im materiellen Sinn sieht

3 Der Standard & Poor's Index basiert auf Daten von 500 Gesellschaften, davon 400 Industrie-, 40 Finanz-, 40 Dienstleistungs- und 20 Transportgesellschaften, die zusammen 80 Prozent der an der New Yorker Wall Street gehandelten Werte umfassen.

man an der Börse viele Menschen in hellgrünen, hellblauen, gelben und roten Jacketts, je nachdem, welche Funktion diese schwerbeschäftigten Kellner *(clerks)* des Geldes haben. Wirklich fesselnd aber ist die Immaterialität ihrer Tätigkeit. Hier werden Optionen auf *futures* auf Warentermingeschäfte gehandelt, d.h. Verträge dritten Grades. Inzwischen gibt es bereits einen Markt von *futures* auf *options,* die sogenannten *derivates,* und es ist nicht auszuschließen, daß in diesem Spiel, das sich selbst ernährt, auch Verträge fünften oder x-ten Grades abgeschlossen werden. Die Immaterialität wird ermöglicht durch ein Telekommunikationsnetz mit 165.000 Terminals in 118 Ländern.

Ausgestattet mit ultramodernster Technik schließt man hier Wetten auf den Abschluß von Wetten ab. Wie gefährlich dieses Spiel sein kann, wurde zum ersten Mal am 19. Oktober 1987 deutlich, als die Börse von New York an einem einzigen Tag einen Kurssturz von 21 Prozent erlebte. Der *futures*-Markt stürzte um 29 Prozentpunkte ab, und es wurde die Kritik laut, daß er der Grund für die enorme Vergrößerung spekulativer Gewinne, aber auch für die Vervielfachung der Verluste sei. Dabei drängt sich der Gedanke an die Millionen Tonnen tiefgefrorener Schweinekoteletts auf, die immateriell via Computer zwischen Hongkong, London und Chicago hin- und hergeschickt werden, und man fragt sich, was mit den Schweinen, mit den Rindern und den Waggons voller Mais geschehen wird, wenn die elektronischen Netze eines Tages durch einen Kurzschluß zusammenbrechen.

*

Wetten auf die Zukunft abzuschließen, ist ein ambivalentes Konzept. Auf dem Viehmarkt erwirbt man das *Recht,* in einem Jahr eine Viehherde zu kaufen. Aber welche anderen *Rechte*

4 Der Kurs des Dollars wechselt so schnell, daß ich darauf verzichtet habe, jeweils den Gegenwert der genannten Summen in D-Mark anzugeben. In den letzten Jahren oszilliert der Kurs um etwa 1,50 DM für einen Dollar.

lassen sich kaufen? Ein Jäger könnte sich das Recht erwerben, im folgenden Jahr in einem Jagdgebiet hundert Enten zu schießen. Ein Autofahrer könnte sich das Recht auf soundsoviel versicherte Unfälle für das kommende Jahr sichern. Das wäre ein Markt von *futures* auf Verkehrsunfälle, die von den Versicherungen ausgegeben würden. Auch das ist ein *future*, und das heißt unsere Zukunft. Tatsächlich werden seit März 1993 am Chicago Board of Trade (CBOT) *futures* auf das Recht zur Luftverschmutzung mit Schwefeldioxyd ausgegeben.

Die Rechtstitel auf Luftverschmutzung, die sogenannten *pollution rights* oder *clean air*, und der Handel mit diesen Titeln basieren auf dem sogenannten Clean Air Act des Jahres 1990. Danach erhalten die Kohlekraftwerke in den USA eine vorher festgelegte Zahl von Berechtigungsscheinen für die Schadstoffemission. Jeder dieser Berechtigungsscheine ermöglicht den Ausstoß einer Tonne Schwefeldioxyd in einem Jahr. Wenn die Anlage aber mehr Schwefeldioxyd ausstößt, als ihr Berechtigungsscheine zustehen, muß sie Berechtigungsscheine dazukaufen, wenn sie dagegen weniger produziert, kann sie das Recht zur Luftverschmutzung, das sie »gespart« hat, an andere verkaufen oder für späteren Gebrauch »auf der Bank deponieren«. Diese Konzeption hatte das Ziel, den Stromproduzenten einen Anreiz zur Verminderung der Luftverschmutzung und zur Verwendung von Maschinen zu geben, die den Ausstoß von SO_2 reduzieren.

Es konnte natürlich nicht ausbleiben, daß nach den *futures* auch *options* auf die Luftverschmutzung eingeführt werden würden. Die Schaffung eines Marktes *der* Luftverschmutzung und damit *zur* Luftverschmutzung hat, wie wir bereits gesehen haben, die *Austauschbarkeit* einer Standardeinheit, in diesem Fall einer Tonne Schwefeldioxyd, zur Voraussetzung. Von Anbeginn der Versteigerung der *pollution rights* traten die Industrien in Gebieten niedriger Luftverschmutzung als Verkäufer, diejenigen in Gebieten hoher Luftverschmutzung als Käufer auf. Dadurch wurde genau das Gegenteil von dem erzielt, was sich die Gesetzgeber vorgestellt hatten. Dort nämlich, wo die Luftverschmutzung bereits alarmierend hoch war, wurde das Problem weiter verschärft, und dort, wo es noch nicht schwerwiegend war, abgeschwächt. Es stellte sich heraus, daß es für ein veraltetes Kraftwerk ökonomisch günstiger ist, *pollution rights* zu kaufen, als in neue Maschinen zu investieren. Und zudem sind die ältesten Kraftwerke wie Krankheitsherde der Umweltverschmutzung in den traditionellen Industriegebieten konzentriert.

Dieser scheinbaren Heterogenese der Ziele, die aus dem Willen zum Guten das Böse entstehen läßt, liegt die Überzeugung zugrunde, daß die durch den Marktmechanismus verursachten Schäden, in diesem Fall für die Umwelt, nur durch den Markt beseitigt werden können. Anders ausgedrückt heißt das, daß die Katastrophen, die das Gewinnstreben auslöst, selbst wiederum zur Quelle von Gewinn gemacht werden können. Mit der Marktwirtschaft im allgemeinen verhält es sich an diesem Punkt genauso wie mit dem besonderen Markt der *futures*. Wie man *futures* der *futures* der *futures* einführen kann, so kann man auch ein zweites Business schaffen, das die Schäden des ersten repariert, und ein drittes, das Fehler des zweiten wiedergutmacht. Dieses Spiel kann man bis ins Unendliche fortsetzen und dabei Spekulation und Profite bis ins Unendliche vervielfältigen. All dies ließen sich die Rothäute und französischen Fallensteller an den Ufern des Chicago River, dessen Name bei den Einheimischen vielleicht »Knoblauch« oder »wilde Zwiebel« bedeutete, vor 160 Jahren wohl kaum träumen.

EIN KRATZER AM HIMMEL

In Chicago wurden die Wolkenkratzer erfunden, und das sieht man. Geschmeidige Formen erheben sich in die Wolken, ungewöhnliche, kühne, immer scheinbar schwerelose Profile heben sich gegen das Blau des Himmels ab. Diese Leichtigkeit in den Lüften konnte nur durch den massiven und konkreten Einsatz von Milliarden von Dollar erzielt werden, finanziert von den größten Metzgern und Wurstfabrikanten der Welt. Wieder drängt sich die Frage nach dem Verhältnis von Geschäft und Ästhetik auf, und wieder denkt man an Venedig, an seine Gewürz- und Spezereihändler.

Erst vor hundert Jahren, zwischen 1880 und 1890, hat die Schule von Chicago die Basis der modernen Architektur gelegt. Zu ihren wichtigsten Vertretern gehören Dankman Adler, Daniel H. Burnham und John W. Root, William Le Baron Jenney und Louis Sullivan, Frank Lloyd Wright, William Holabird und Henry Hobson Richardson. Angeregt durch die Eisenkonstruktionen europäischer Bahnhöfe erfanden sie die Wolkenkratzer als Konstruktionen, in denen das Gewicht des Gebäudes nicht mehr auf den Wänden und tragenden Mauern ruht, sondern auf einem inneren Eisengerüst.

Wären Häuser lebende Wesen, so entspräche die Revolution der Schule von Chicago dem Übergang von den Lebewesen mit Außenskelett – weil bei den herkömmlichen Häusern die Außenmauern das tragende »Skelett« darstellen – zu den Wirbeltieren mit Innenskelett, bei denen die äußere Oberfläche nur »Verkleidung« ist. Der Vergleich mit den Wirbeltieren führt noch weiter. Ein Wolkenkratzer ist nämlich nicht denkbar ohne ein entwickeltes Zirkulationssystem, ohne ein Herz, das heißt einen Motor oder eine festeingebaute Kraftquelle, die elektrischen Strom, Wasser, Heizung und die Menschen befördert. Was wäre ein Wolkenkratzer ohne Aufzug? Der Wolkenkratzer ist undenkbar ohne die technologischen Innovationen der Jahrhundertwende, die aus einem Gebäude nicht mehr ein »Objekt«, sondern einen komplexen technischen Mechanismus machten. Sein *Funktionieren* ist von vielen Faktoren abhängig. Ein Jahrhundert früher hätte es absurd geklungen, davon zu sprechen, daß »ein Gebäude funktioniert«. Die Metapher des Wolkenkratzers als Organismus erinnert an den immer wieder gebrauchten Vergleich zwischen Maschinen und Organismen. In der damaligen Zeit wurde auch die Stadt zu einem Organismus und ihre Straßen zu Arterien.

1883 erhielt William Le Baron Jenney von der Home Insurance Company den Auftrag für den Bau eines zehnstökkigen, feuersicheren Bürogebäudes: Chicago war von dem großen Brand des Jahres 1871 traumatisiert. Um die Helligkeit zu verbessern, verwendete Le Baron Jenney zum ersten Mal ein Skelett aus Bessemer-Stahl. Bereits 1890 hatten die Häuser in Chicago 16 Stockwerke und waren kühne, imponierende Strukturen. Die Gattinnen der Auftraggeber – Wurstfabrikanten und Großhändler – plünderten derweilen die Ateliers französischer Maler, die sich Impressionisten nannten und deren Bilder im eigenen Land keine Käufer fanden. Sechzehn Stockwerke erschienen damals als eine Herausforderung des Himmels, heute können sie gerade einmal als größeres Gebäude gelten. Das damals höchste Haus war mit 21 Stockwerken der 1892 fertiggestellte Tempel der Freimaurer[1] von Burnham und Root.

Es ist interessant festzustellen, daß die Architekten von Chicago die Technik des Bauens für die beiden Extreme der Größe von Häusern revolutionierten. Für die Wolkenkratzer

1 Charles Singer u. a., *A History of Technology*, Oxford 1958, Bd. 5, S. 488

entwickelten sie das Stahlgerüst und für Einfamilienhäuser das wegen seiner Leichtigkeit ironisch als *balloon frame* bezeichnete Holzgerüst. Beide Innovationen haben die *Struktur* verändert und leichter gemacht; im einen Fall wurden die schweren Außenmauern durch ein Stahlgerüst ersetzt, im anderen trat an die Stelle der tragenden Balken ein leichtes Holzgitter. Der Gedanke von Louis Sullivan, »die Form folgt der Funktion«, zeigt die Radikalität des amerikanischen Funktionalismus, dem 1945 der ehemalige Direktor des deutschen Bauhaus Mies van der Rohe seinen Stempel aufdrücken sollte. »Mehr ist weniger« und »Gott steckt im Detail« waren die bevorzugten Maximen Mies van der Rohes. Die Werke Le Barons um die Jahrhundertwende, der 141 Meter hohe neugotische Wolkenkratzer der *Chicago Tribune* aus den zwanziger Jahren (1925), die strengen Strukturen Mies van der Rohes aus den sechziger Jahren und die neuen postmodernen Formen des ebenfalls aus Deutschland stammenden Helmut Jahn machen Chicago zu einem außergewöhnlichen, lebendigen Museum moderner Architektur. Jahn hat 1980 die bunten reflektierenden Glasfronten eingeführt, die die Bürowelt Chicagos aus der Ferne in allen Farben des Regenbogens leuchten läßt.

Die Wolkenkratzer sind nicht nur eine technische Erfindung, sie bedeuten auch eine städtebauliche Revolution. So sehr sie zum Symbol amerikanischer Metropolen geworden sind, stellen sie doch die Stadt in Frage, ja negieren sie, sofern man unter Stadt den Ort versteht, wo sich nicht nur Individuen, sondern auch Kulturen, wo sich verschiedene Formen und Funktionen des gesellschaftlichen Lebens begegnen und vermischen. Der Wolkenkratzer schreibt die Trennung der städtischen Funktionen fest, die die soziologische Schule von Chicago als das Kriterium der Stadtentwicklung betrachtet. Wenn man die Stadt als ein »Lebewesen« betrachtet, das sich entwickelt, dann muß sie sich spezialisieren wie Organismen, in denen sich die Funktionen von Zellen und Gewebe herausbilden. Nach dieser Schule sollte eine Stadt aus verschiedenen, nach Funktionen unterschiedenen Bereichen bestehen: ein

Stadtteil für das *business*, einer für das Vergnügen und einer zum Wohnen. Der Wolkenkratzer treibt diese auf die Fläche übertragene Funktionsteilung so sehr auf die Spitze, daß es praktisch kein Zwischenstadium zwischen Hochhäusern und eingeschossigen Einfamilienhäusern gibt. Es gibt entweder nur das eine Extrem oder das andere, und man wünscht sich fast wehmütig die sechs- oder achtstöckigen Gebäude zurück. Die Wohnhäuser sind weit von der Arbeitsstätte entfernt, und dort, wo Bürogebäude stehen, gibt es keine Wohnhäuser. Nachts ist *downtown* verlassen, und die Wolkenkratzer stehen wie versteinerte Dinosaurier da. Aber auch dann, wenn er – auf Zeit – belebt ist, negiert der Wolkenkratzer die Stadt als Ort gesellschaftlicher Kontakte, weil er selbst eine abgeschlossene Stadt ist, weil er für autonomes Leben organisiert ist wie ein Raumschiff im Kosmos. Von der Wäscherei bis zur Turnhalle, vom Mechaniker bis zum Klempner, vom Polizisten bis zum Bediensteten ist alles zur Verwirklichung der Utopie der Autarkie mitten im Stadtzentrum vorhanden.

Normalerweise werden die Wolkenkratzer von (und für) die großen *corporations* gebaut. Sie reproduzieren die vertikale Organisation eines Unternehmens, das so gigantisch ist wie die Größe des Bauwerks. Die Höhe ist die materialisierte Metapher für Umsatz, und die Spitze des Unternehmens sitzt in der Spitze des Gebäudes. Der Unternehmer setzt alles daran, wie Gott vom Himmel auf die Menschen herabzuschauen, und er blickt von oben 100 Stockwerke hinab auf die Straßen, wo die Menschen endlich zu den anonymen fleißigen Ameisen werden, die er so gerne nach Gutdünken dirigieren möchte.

Trotz seiner hohen Kosten erfüllt der Wolkenkratzer vollkommen seine symbolische Funktion. Es zählt nur, wer über einem steht, die »Oberen«, während die »Unteren« zu vernachlässigen sind. Während der Blick aus dem Fenster nach unten gleitet, richten sich die Hoffnungen nach oben, auf den sozialen *Aufstieg*. Um die Höhe ist ein Kampf entbrannt, der immer heftiger wird, je mehr Wolkenkratzer miteinander *im*

Wettbewerb stehen. Ein Bau von 30 Stockwerken wirkt winzig, wenn er umgeben, ja erdrückt wird von anderen, die 70 und mehr Stockwerke haben. Das weiß jeder, der einmal in Midtown Manhattan gelebt hat, wo er im 20. Stock noch im Dunkeln sitzt, weil ihm die Wolkenkratzer rundherum die Sonne wegnehmen. Was noch vor 100 Jahren schwindelerregende Höhen waren, die man nur mit dem Ballon erreichen konnte, ist heute zum Souterrain geworden in der Tiefe, die durch die anderen viel höheren entstanden ist. Je höher die Wolkenkratzer werden, desto kleiner wird der erstrebenswerte Teil von ihnen, weil immer mehr Stockwerke in den Keller rutschen. Ein Wolkenkratzer muß nicht einfach hoch sein, er muß *höher* sein, und daraus erklärt sich der Wettkampf um den »höchsten Wolkenkratzer der Welt«.

Der Krieg zwischen den Wolkenkratzern, bei dem es buchstäblich um »einen Platz an der Sonne« geht, eskaliert, und er wird mit den Waffen der Höhe ausgetragen. »Warum sind in den Wäldern die Bäume so hoch?« fragt sich Richard Dawkins.

> Die kurze Antwort ist, daß alle anderen Bäume hoch sind, so daß kein Baum es sich leisten kann, nicht hoch zu sein. Er würde überschattet, wenn er klein wäre. Das ist im wesentlichen die Wahrheit, doch es beleidigt den wirtschaftlich denkenden Menschen. Es scheint so unsinnig, so verschwenderisch… Aber wenn sie *alle* niedriger wären, wenn es nur irgendein Gewerkschaftsabkommen gäbe, die anerkannte Höhe der Wipfeldächer in Wäldern zu senken, so hätten *alle* Bäume einen Vorteil davon. Sie würden in dem Wipfeldach miteinander um exakt dasselbe Sonnenlicht konkurrieren, aber sie hätten alle viel geringere Wachstumskosten »bezahlt«, um dorthin zu gelangen. Die Gesamtwirtschaft des Waldes hätte einen Vorteil davon und ebenso jeder einzelne Baum. Leider jedoch sind der natürlichen Auslese Gesamtwirtschaften gleichgültig, und sie kennt keine Kartelle und Absprachen… Es ist im allgemeinen charakteristisch fürs Wettrüsten, einschließlich des Wett-

rüstens der Menschen, daß, obgleich es allen besserginge, wenn *keiner* von ihnen eskalierte, der eine, solange der andere eskaliert, es sich nicht leisten kann, es *nicht* auch zu tun.[2]

Bäume im Wald und Wolkenkratzer sind Ergebnis einer auf die Spitze getriebenen Konkurrenz, die Ressourcen vergeudet. Zu seiner Errichtung und seinem Funktionieren verbraucht der Wolkenkratzer eine unverhältnismäßige Menge an Energie und Arbeit. Konkurrenz aber ist der Motor des Marktes, und deshalb ist es nicht verwunderlich, daß die Wolkenkratzer im »Land der Verheißung« des Kapitalismus erfunden worden sind.

Nicht Rationalität schlechthin steht hier zur Debatte, sondern eine bestimmte Form von Rationalität, die des Unternehmers, der das Umfeld und die externen Kosten vergißt und nicht selten den Bankrott riskiert. Einen Wolkenkratzer zu bauen ist dann günstig, wenn Grund und Boden in der Innenstadt so teuer sind, daß es lohnt, trotz der hohen Bau- und Unterhaltungskosten die Grundfläche auf hundert Stockwerke zu vervielfachen. Wenn aber der Grundstückswert in der Stadt sinkt, verliert der Wolkenkratzer seinen ökonomischen Sinn. Dann wird es vernünftiger, geräumigere und niedrigere Bürogebäude in den Stadtrandbezirken zu bauen, wo der Quadratmeterpreis niedriger liegt. Daher besitzt Chicago eindrucksvolle Wolkenkratzer, Säulen aus reflektierendem Glas, postmoderne Strukturen von Hunderten von Stockwerken mit griechischen Tempelfronten, Obelisken, in denen sich bei Tag blendend die Sonne spiegelt, bei Nacht Galaxien von Lichtern. Aber heute ist an vielen der luxuriös mit Marmor ausgestatteten Eingangshallen zu lesen: »ZU VERMIETEN«.

Eine Art Fluch scheint auf den Gesellschaften, die die großen Wolkenkratzer errichten, zu lasten. Im 14. Jahrhundert konnte der Dom von Siena nach dem Zusammenbruch der Bank der Buonsignori nicht weitergebaut werden; heute

2 Richard Dawkins, *Der blinde Uhrmacher*, München 1987, S. 220f.

gehen viele *corporations* Konkurs, *nachdem* sie ihre Kathedralen fertiggestellt haben. In New York existiert die Pan Am nicht mehr, die dort eines der schönsten Gebäude errichtet hatte; die Rockefellers, Erbauer des legendären Empire State Building, haben an Glanz und Reichtum verloren, und auch die stolze IBM verkauft ihren Turm. In Chicago mußte die Sears, Roebuck & Co, die mit 435 Metern den bis vor kurzem höchsten Wolkenkratzer der Welt erbaut hat, umziehen, 50.000 ihrer 300.000 Angestellten entlassen und ihren Versandkatalog abschaffen. Wie in anderen Metropolen Amerikas entstanden im Stadtzentrum Chicagos außerdem zahlreiche Wolkenkratzer, die heute leerstehen. 22 Prozent der Büroflächen, das heißt 2,3 Millionen Quadratmeter für 100.000 Angestellte, werden nicht genutzt.

Wenn die Wolkenkratzer leer und sich selbst überlassen sind, setzt ein rapider Verfallsprozeß ein. Daher sehen ganze Stadtviertel in Amerika aus wie Dresden nach der Bombardierung. Der Wolkenkratzer in der Wall Street Nr. 40 hatte mit seinen 280 Metern im Jahre 1929 für kurze Zeit die Ehre, das höchste Gebäude der Welt zu sein. Seit 1990 ist das Bauwerk, das für die Ewigkeit gedacht war, verlassen und verkommt zur Ruine.[3] Es war 123 Millionen Dollar wert, aber die Kosten für Restaurierung und Instandhaltung wären heute so hoch, daß die Bank inzwischen auch mit 10 Millionen zufrieden wäre. Allein dieser Preis von 10 Millionen Dollar für einen Wolkenkratzer von 280 Metern Höhe beweist schlagend die ökonomische Irrationalität, von der Dawkins sprach.

Man könnte auf den Gedanken kommen, daß die Wolkenkratzer für die industrielle Moderne eine ähnliche Rolle spielen wie die Pyramiden für das alte Ägypten. Beide sind kostspielige Denkmäler für das Ego ihrer Erbauer und für die herrschende Religion. Bei den Ägyptern dienten sie der Verehrung der Toten, heute der des Geldes. Hinter ihrer scheinbaren Rationalität verbergen die Wolkenkratzer einen pro-

3 Die Geschichte stand in der *Chicago Tribune* vom 24. Januar 1993.

metheischen Größenwahn, der die Gesetze der Schwerkraft und die Gewalt der Winde herauszufordern wagt. Gerade dadurch aber wirken sie fast anrührend, wenn sich bei Sonnenuntergang in ihren Glasfronten hoch oben am Himmel die Wolken spiegeln.

DAS FLIEGENDE WOHNZIMMER

In einem Wohnzimmer voller Nippesfiguren versetzt der strahlende Held seinem korpulenten Gegner einen gezielten Schlag; der taumelt gegen die Wand und bricht durch, rollt auf den grünen Rasen vor dem Haus und bleibt dort betäubt liegen. Wie oft hat jeder von uns solche Szenen in amerikanischen Filmen gesehen und sie nur als Beweis für die unglaubliche Muskelkraft der Helden des Zelluloid betrachtet. In Wahrheit aber sind diese Bilder durchaus realistisch, und jedermann wäre in der Lage, die Wand eines amerikanischen Wohnzimmers zu durchschlagen, weil die »Mauern« tatsächlich nur aus dünnen Brettern bestehen.

Amerikanische Filme sind immer wieder überraschend realistisch, und zwar ganz im Sinne des »figuralen Realismus«, wie ihn Erich Auerbach für die mittelalterliche Literatur Europas herausgearbeitet hat. Unterwegs in den Vereinigten Staaten hat man immer das Gefühl, sich auf einer großen Leinwand zu bewegen und nicht davon loszukommen, daß jedes Motel-Schild, jeder Hydrant am Straßenrand, jeder Tresen in der Bar aus tausend Filmen einen – falschen – Eindruck von Vertrautheit vermittelt. Falsch ist dieser Eindruck deshalb, weil immer ein kaum wahrnehmbarer, aber doch wesentlicher Unterschied bleibt zwischen dem, was man real vor sich hat, und dem, was fotografisch festgehalten ist. Man schreibt das Durchbrechen der Wand den herkulischen Kräften des Filmhelden zu, weil es absurd erscheint, die hochentwickelte Filmindustrie und ihre computergesteuerten Spezialeffekte mit einer »Holzhaus«-Kultur, also einer bäuerlichen und primitiven Kultur in Verbindung zu bringen. Diese Verbindung scheint völlig undenkbar, denn Holz ist die »Figur« für Natur und Authentizität, für die Welt der Holzfäller, Zelluloid dagegen ist die »Figur« für Nichtauthentizität, für Plastik und die Welt der Supermärkte.

Und doch lebt heute, so absurd es klingen mag, die Mehrheit der Bevölkerung der fortgeschrittensten Nation der Welt, die über atombetriebene Flugzeugträger, über Supercomputer und Raumstationen gebietet, in Holzhäusern. 84 von 100 im Jahre 1991 erstellten Häusern waren Einfamilienhäuser, von diesen wiederum waren 84 Prozent Holzhäuser. In den Vereinigten Staaten wird sogar *immer mehr* mit Holz gebaut, denn vor zwanzig Jahren bildeten Einfamilienhäuser beispielsweise in den Jahren 1970 bis 1973 nur 57 Prozent des gesamten Bauvolumens.[1]

Der Zusammenhang zwischen Holz und Wohnen ist so eng, daß eine ökologische Bewegung zur Rettung eines Waldes an der Pazifikküste die Häuserpreise in ganz Amerika in die Höhe schnellen läßt. Wenn sich solche ökologischen *pressure groups* Gehör verschaffen, beeinflussen sie auch die *futures* für Holz. Vom Sommer 1992 bis Anfang 1993 verdoppelte sich beispielsweise der Kurs der *futures* auf Holz, weil die Holzhändler die Wahl des als Umweltschützer geltenden Al Gore zum Vizepräsidenten der USA fürchteten.

In den Vereinigten Staaten denkt man wie in Europa vor Hunderten von Jahren bei »Haus« an Holz. In Europa ist jedoch mit der Industrialisierung durch den Stahl, durch die Betonarmierung und die Hohlbausteine in der Bauindustrie das Holz nahezu verschwunden, es dient fast nur noch für Schalungen, Rahmen und fürs Parkett. Unter Haus verstehen wir in Europa heute ein Haus mit festen Mauern aus Stein. Es wirkt wie ein Spiel mit vertauschten Rollen, wenn auf dem alten Kontinent die technologische Entwicklung die Verwendung eines »alten Materials« wie Holz weitestgehend redu-

1 U. S. Bureau of the Census, *Statistical Abstract of the United States 1992*, Washington D. C. 1993, Tabelle 1211 und 1212

ziert hat, während sie auf dem neuen Kontinent um das Hundertfache zugenommen hat.

*

So unwahrscheinlich es klingt, war der Einsatz von Holz in den Vereinigten Staaten jedoch ein Ergebnis technischen Fortschritts, der im Jahre 1833 in dem damaligen Marktflecken Chicago erzielt wurde. Bis dahin waren auch in Amerika die Häuser nach der in Europa geläufigen Technik gebaut worden: Dach und obere Stockwerke ruhten auf schweren Balken und starken Stützen und waren durch Zapfen, Keile, genaue Einpassungen, aber nur durch wenige Bolzen miteinander verbunden. Anfangs beruhte diese Bauweise auf dem Mangel an Schrauben und Nägeln, die noch handgeschmiedet und deshalb sehr teuer waren. Zudem wurde diese Technik in den Zimmermannszünften von Generation zu Generation weitergegeben, bis sie schließlich als eine Art architektonisches Dogma galt. In Amerika aber gab es vor allem in der Zeit der Eroberung des Westens im 19. Jahrhundert nur wenige qualifizierte Zimmerleute. Darüber hinaus kamen 1830 maschinell hergestellte Nägel auf den Markt, die nur ein Siebtel der handgeschmiedeten kosteten.

Die katholische Marienkirche von Chicago ist das erste Beispiel dafür, daß man mit den neuen Nägeln auch ohne ausgebildete Zimmerleute bauen konnte. Der Nachweis, daß ein Gerüst aus vielen mit Querbrettern vernagelten Kanthölzern nicht nur ein Dach, sondern auch ein weiteres Stockwerk zu tragen vermochte, bedeutete eine grundlegende Umwälzung des Bauwesens. An die Stelle schwerer Balken von großem Durchmesser trat ein Gitter schwacher Kanthölzer, das aufgrund seiner Elastizität dem Wind sogar besseren Widerstand leisten und mehr Gewicht tragen konnte als herkömmliche Bauten.

Diese Struktur erschien so ungewöhnlich leicht, ja geradezu schwerelos, daß ihre Kritiker sie ironisch als *balloon frame*,

Ballongerüst, bezeichneten.[2] Die dünnen Kanthölzer des *balloon frame* mit einem Standarddurchmesser von 2 mal 4 Inches (ca. 5 mal 10 cm), die in einem Standardabstand von 16 Inches (41 cm) aufeinandergenagelt wurden, gaben das ganze Gewicht an das Fundament ab und erwiesen sich sowohl in vertikaler, als auch in horizontaler Richtung als äußerst stabil. Interessanterweise revolutionierte der *balloon frame* das Verhältnis von Mauern und tragender Struktur ganz ähnlich wie 50 Jahre später die Wolkenkratzer Chicagos, die an die Stelle der tragenden Mauern das Stahlskelett setzten und damit den Übergang vom Außen- zum Innenskelett vollzogen. In beiden Fällen wurden aus Mauern Wände, und das Gewicht, das früher die Mauern getragen hatten, verlagerte sich auf ein Gerüst. Außen ließen sich Dächer aus Schiefer oder Ziegeln und Wände aus den verschiedensten Materialien von Gips über Ziegel, Plastik bis hin zu Holz selbst anbringen. Auch wenn in den Vereinigten Staaten ein Haus äußerlich aus Ziegelsteinen besteht, wird es dennoch von einem Holzgerüst getragen.

Der *balloon frame* bot enorme Vorteile. In erster Linie ließen sich viel dünnere Stämme als Bauholz verwenden als früher. Bis dahin hatten nur riesige Bäume, die über mehrere Meter einen entsprechenden Durchmesser hatten, genutzt werden können. Jetzt kamen dünne Fichten für die Bauindustrie genauso in Frage wie dicke Eichen. In unserem Jahrhundert verbesserte man den *balloon frame* noch in der Weise, daß die Hölzer für ein zweistöckiges Haus nicht mehr über die ganze Höhe reichen müssen, sondern nur über ein Stockwerk. Dadurch lassen sich noch dünnere und kürzere Hölzer verwenden. Das geringe Gewicht des Gerüsts erlaubte den Transport über weite Strecken, und außerdem ließen sich die Teile im Sägewerk in Serie im voraus zuschneiden, verpacken und dann verschicken.

Weil man nur eine Leiter, eine Säge, Hammer und Nägel

2 *A History of Technology,* a.a.O., Bd. 5, *Das Stahlzeitalter, 1850–1900,* Kap. *Materialien und Techniken im Bauwesen,* von S. B. Hamilton, S. 477 f.

brauchte, war jeder beliebige Handwerker in der Lage, ein Haus zu bauen, und man konnte auf die teuren Zimmerleute verzichten. Darüber hinaus erstellten zwei Männer ein *balloon frame*-Haus in kürzerer Zeit als früher vier ausgebildete Zimmerleute ein Haus in traditioneller Bauweise. Im Jahre 1855 sagte Solon Robinson: »Ohne die Kenntnis der *balloon frames* hätten Städte wie Chicago oder San Francisco sich niemals im Laufe eines einzigen Jahres von Dörfern zu großen Städten entwickeln können.«[3]

Eine noch viel größere Rolle spielte der *balloon frame* bei der Besiedelung des Westens. Das Leben im Westen wäre wahrscheinlich ungleich schwieriger und das Vordringen ungleich langsamer gewesen ohne diese Häuser aus vorgefertigten Teilen, die nur zusammengesetzt und -genagelt zu werden brauchten, die aber trotzdem den Schneestürmen Montanas und den heftigen Winden der großen Ebenen trotzten. Entgegen der Legende vom tapferen Pionier, der sich die Balken für sein Haus mit der Axt selbst schlägt, bestanden die Farmen des Westens aus den zwei mal vier Inches dicken Kanthölzern der *balloon frames* aus den großen Sägewerken Chicagos.[4] Schon seit 1846 konnte man vorgefertigte, standardisierte Häuser kaufen, und seit 1860 gab es auch komplett mit Fenstern und Türen ausgestattete Räume.

In seiner berühmten Reportage über Chicago im *Atlantic Monthly Review* von 1867[5] schrieb James Parton: »Zur Senkung der Transportkosten versenden die Händler schon fertig zugeschnittenes Holz für Häuser. Eine Firma in Chicago bietet voller Stolz Landhäuser, Einfamilienhäuser, Schulen, Geschäfte, Pubs, Kirchen, Gerichtsgebäude oder ganze Städte en gros oder en detail inklusive Transport in alle Landesteile an.« Ironisch fährt Parton fort:

3 Zit. von Kenneth T. Jackson in seinem grundlegenden Buch *Crabgrass Frontier. The Suburbanization of the United States*, New York 1985, S. 128

4 Vgl. zur Bedeutung des *balloon frame* neben dem Buch von Kenneth T. Jackson auch W. Cronon, a.a.O., S. 178–180

5 Nr. 19, S. 325–345

> Ohne Zweifel werden wir bald die Freude haben, Anzeigen zu lesen, in denen die Hersteller anbieten, auf Bestellung auch ganz kleine Dörfer zu liefern, selbstverständlich größere Ortschaften, ja sogar große Städte, lieferbar per Nachname einschl. der Transportkosten; ganze Straßenzeilen stets auf Lager, Kirchen in jedem Stil. N. B. Priester und ähnliche Personen werden gebeten, zuerst mit uns Kontakt aufzunehmen, bevor sie anderswo kaufen.[6]

Der Farmer aus Iowa konnte sich im Katalog das Haus seiner Träume aussuchen, die standardisierten zwei mal vier Inches-Kanthölzer samt der vorgefertigten Türen und Fenster kommen lassen und sich seine Farm selbst bauen. Seit 1895 veröffentlichte das *Ladies' Home Journal* Vorschläge für den Hausbau und offerierte für nur fünf Dollar Pläne und Gebrauchsanleitungen. 1919 erreichte die Zeitschrift eine Auflage von zwei Millionen[7] – bei 106 Millionen Einwohnern.

Der letzte und entscheidende Vorteil des *balloon frame* besteht darin, daß er ein Jahrhundert lang – mindestens bis in die sechziger Jahre unseres Jahrhunderts – die Kosten für den Bau eines Hauses kontinuierlich gesenkt hat. Neben anderen, politisch weniger neutralen Faktoren (vgl. Kapitel 10) hat der *balloon frame* für die Mehrheit der Amerikaner den Traum eines eigenen, freistehenden Einfamilienhauses Wirklichkeit werden lassen.

*

Trotz seiner unglaublichen Vorteile besaß der *balloon frame* jedoch auch einige Nachteile. In erster Linie wirkte der Hohlraum zwischen der Innen- und der Außenwand vom Erdgeschoß bis zum Dach hinauf wie ein Kamin oder Blasebalg bei der Ausbreitung von Feuer. Diese Erfahrung mußten die Chicagoer 1871 machen, als ein Brand den größten Teil der Stadt zerstörte. Nicht zufällig begeisterte sich die Bourgeoisie der

6 Ebd., S. 333 f.
7 K. T. Jackson, a.a.O., S. 186

Windy City gerade nach dieser Katastrophe für die stählernen Gerüste der künftigen Wolkenkratzer. Obwohl die Zahl der Brände in den letzten zehn Jahren um 40 Prozent, das heißt fast um die Hälfte, zurückgegangen ist, brannten auch 1990 noch 359.000 Einfamilienhäuser nieder und verursachten Schäden in Höhe von 3,5 Milliarden Dollar, 15.250 Menschen wurden verletzt und 3.370 starben.[8] Die Angst vor Bränden hat in den Vereinigten Staaten in den achtziger Jahren viel zum Erfolg der Antiraucher-Kampagne beigetragen, ähnlich wie im zaristischen Rußland, wo bereits im Jahre 1634 zur Brandverhütung das Rauchen von Tabak mit der Todesstrafe geahndet wurde.

Der zweite Fehler der leichten Bauweise und der freistehenden Häuser ist der hohe Energieverbrauch für die thermische Regulierung, das heißt für Heizung im Winter und Aircondition im Sommer. In einem Land, in dem der Preis für Benzin bei 1,2 Dollar für die Gallone (ca. 0,50 DM pro Liter) liegt, spielt diese Energieverschwendung freilich eine untergeordnete Rolle. Ganz im Gegenteil hat der Bau von Einfamilienhäusern nach dem Jom-Kippur-Krieg im Oktober 1973 und dem Ausbruch der Erdölkrise besonders zugenommen, als man auch in der Bauindustrie Energie hätte sparen müssen.

Neben diesen grundsätzlichen Nachteilen ist der *balloon frame* inzwischen auch technisch überholt. Die Bauweise fand allein in den Vereinigten Staaten Verbreitung, weder in Mexiko noch in Kanada. In den anderen Ländern und Kontinenten, die im 19. Jahrhundert diese revolutionäre Technik nicht übernommen haben, sind jedoch inzwischen wesentlich widerstandsfähigere und billigere Fertigbauten entwickelt worden, so daß der eigentliche wirtschaftliche Vorzug des *balloon frame* praktisch zunichte geworden ist. Auf diesem Gebiet hat sich im Verhältnis der Vereinigten Staaten zum alten Kontinent genau der umgekehrte Prozeß vollzogen wie beispielsweise im Werkzeugmaschinenbau. Weil Großbritannien hier zu Be-

8 U.S. Bureau of the Census, *Statistical Abstract of the United States, 1992,* a.a.O., Tabelle 338 und 339

ginn des 19. Jahrhunderts eine weit fortgeschrittene Technologie entwickelt hatte, hielt es daran fest, wurde zum Gefangenen seiner Vergangenheit und von den neuen, in den USA entwickelten Technologien schließlich überholt. Um die Jahrhundertwende kam eine in die USA gereiste englische Kommission zu dem Ergebnis, einer der Gründe für den technologischen Vorsprung der USA sei darin zu suchen, daß die englischen Maschinen einfach *zu lange hielten*. Es verging zu viel Zeit, bevor in England eine neue Maschinengeneration an die Reihe kam, während in den USA die Maschinen schneller kaputtgingen und öfter ausgetauscht werden mußten, so daß sich die *technologische Erneuerung* beschleunigte.[9] Schlechte Qualität und geringe Lebensdauer als Faktoren des Fortschritts.

Das *balloon frame*-Haus ist solide und widerstandsfähig gegen Wind und Regen, aber nicht gegen die Zeit; es wird bald baufällig und ist nicht für die Ewigkeit gebaut. Für einen Europäer ist das ein großer Nachteil, nicht aber für einen amerikanischen Staatsbürger, der darin eher einen Vorteil, ein Element des Fortschritts sieht. Die geringe Lebensdauer der Häuser ist der Preis und auch die Bedingung für die legendäre Mobilität der Amerikaner. Die neuesten Daten für die Jahre 1987–1991 besagen, daß jeder Amerikaner im Schnitt alle fünf oder sechs Jahre umzieht, das heißt, jedes Jahr wechseln 17,05 Prozent der Bevölkerung ihre Wohnung. Da der Durchschnittsamerikaner mit einer Lebenszeit von 75,4 Jahren rechnen kann, wechselt er *durchschnittlich* fast 13 mal (12,8) die Wohnung, zieht fünfmal (4,75) in eine andere County und 2,3 mal in einen anderen Staat.[10] An diesen Zahlen läßt sich in beeindruckender Weise eine ununterbrochene interne Wanderungsbewegung, ein ständiges Ein- und Auspacken von

9 Diese Information verdanke ich Wolfgang Schivelbusch.

10 Ausarbeitung auf der Basis des Berichts des Bureau of the Census, *Current Populations Reports, Geographical mobility: March 1990 to March 1991,* hg. von Diana DeAre, Washington D. C. 1992. Die Daten beziehen sich nur auf die Personen, die zu Beginn des Berichtszeitraums bereits in den USA ansässig waren, und nicht auf in diesem Jahr eingewanderte.

Möbeln und Einrichtungsgegenständen ablesen. Die damit verbundenen Beschwerlichkeiten versucht man auf verschiedenste Art zu reduzieren: In den Vereinigten Staaten werden Wohnungen von vorneherein mit großen Wandschränken, mit Kücheneinrichtung und großem Kühlschrank, mit Wasch- und Trockenmaschinen im Keller ausgestattet, sonst müßte der Mieter bei jedem Umzug alles wieder neu kaufen oder von einem Ende des amerikanischen Kontinents zum anderen schaffen. Auch kann man Mietverträge auf nur drei oder vier Monate abschließen. Es geht immer um den vielschichtigen Begriff des *Praktischen*.

Die geographische Mobilität stellt einen Wert dar, für den es sich lohnt, andere Bequemlichkeiten zu opfern und einen hohen Preis zu zahlen, denn »die Freiheit hat ihren Preis«, und die Mobilität ist der unmittelbarste, greifbarste Ausdruck dieser Freiheit. Frei ist, wer sich niederlassen kann, sein Haus und seine Arbeit wechseln kann, wann und wo er will. In der Organisation der amerikanischen Gesellschaft ist diese Freiheit allerdings nur für die Männer und nicht für die Frauen vorgesehen.

Die geographische Mobilität darf deshalb nicht nur eine entlegene Möglichkeit bleiben; sie muß käuflich zu erwerben und beliebig wiederholbar sein. Diktatur äußert sich immer zuerst als Einschränkung der Bewegungsfreiheit, als Verschärfung polizeilicher Melde- und innerstaatlicher Ausweispflicht, und Freiheit ohne Bewegungsfreiheit ist undenkbar. Doch genügt Mobilität, um wirkliche Freiheit zu garantieren, ist es schon Freiheit, sich *nur* frei bewegen zu können? In den Vereinigten Staaten hat die freie Wahl des Wohnsitzes einen noch höheren emotionalen Wert als anderswo in der Welt, weil diese Nation durch die Bewegung, durch die Wanderung entstanden ist. Der Exodus, die alttestamentarische Flucht der Juden aus Ägypten, bringt tiefe Saiten in der amerikanischen Seele zum Klingen, denn der Exodus ist der fundamentale Gestus der Vereinigten Staaten und spielt auch für alltägliche und viele politische Entscheidungen immer wieder eine Rolle.

Albert Hirschman hat sich darüber Gedanken gemacht, welche Möglichkeiten jeder von uns hat, um seine Unzufriedenheit mit einer Ware, z.B. dem Auto, mit einer Institution, z.B. der Schule, oder mit einer politischen Kraft, z.B. einer Partei oder Gewerkschaft, zum Ausdruck zu bringen. Er stellt fest, daß die klassische Ökonomie, die Lehre der freien Marktwirtschaft, als Reaktion einzig und allein den »Ausstieg« *(Exit)* vorsieht. Wenn mir der Wagen einer bestimmten Marke nicht gefällt, wechsle ich einfach zu einer anderen Automarke; auf dem Schulsektor verlasse ich die Schule und wähle eine andere, auf dem Markt der Politik verlasse ich die Partei oder Gewerkschaft oder wähle einfach überhaupt nicht mehr. Der Extremfall ist die »Flucht« des Kapitals, das das »ungastliche« Land verläßt. Hirschman weist darauf hin, daß es, um Unzufriedenheit zum Ausdruck zu bringen und die Qualität einer Ware zu verbessern, in Wirklichkeit wirksamer wäre, zu protestieren, das heißt, die *Stimme (Voice)* zu nutzen. In manchen Fällen ist der Ausstieg geradezu kontraproduktiv, weil dann bald niemand mehr da ist, um gegen die schlechte Qualität einer bestimmten Ware oder Dienstleistung zu protestieren. Ein Beispiel dafür ist der öffentliche Transport, bei dem die private Konkurrenz die Qualität verschlechtert. Wer zwischen Bus- und Bahnverkehr wählen kann, interessiert sich nicht für Geschwindigkeit und Pünktlichkeit der Züge und protestiert nicht gegen Verspätungen und ungünstige Verbindungen, die dadurch immer häufiger werden. Wie Hirschman bemerkt, war es in den Vereinigten Staaten nie besonders beliebt, sich für *Voice* zu entscheiden, denn »die Entstehung und Entwicklung der USA basiert auf Millionen von Entscheidungen, die an die Stelle der Stimme den Ausstieg gesetzt haben... In einer Nation, die sich auf die Flucht gründet und die damit ihr Glück gemacht hat, ist das Vertrauen in den Ausstieg als zutiefst sinnvollem gesellschaftlichem Mechanismus unerschütterlich.«[11] In den USA wählen selbst die extremsten

11 Albert D. Hirschman, *Exit, Voice and Loyalty*, Cambridge 1970, S. 86–90

Protestbewegungen, die das ganze System ablehnen, die Alternative *Exit* und siedeln sich wie die »Blumenkinder« der sechziger Jahre in der Wüste an. Umzuziehen, einen neuen Wohnsitz zu suchen und mobil zu sein, ist nicht nur ein durch die Verfassung verbrieftes Recht, sondern Affirmation und Umsetzung der Verfassung im eigenen Leben.

Diese dauernde Vorläufigkeit, dieses ständige Auf-gepackten-Koffern-Sitzen steht in eklatantem Widerspruch zur gleichzeitigen verzehrenden Liebe zum eigenen Heim. Das systematische Provisorium verbindet sich mit der Verehrung des unwandelbaren heimischen Herdes und der Häuslichkeit. Die Familie bildet den zentralen Wert der amerikanischen Gesellschaft, aber sie ist zugleich ihre flüchtigste Realität. Sobald nämlich die Kinder erwachsen sind, löst sich die Familie auf, weil ihre Mitglieder sich aufgrund der ungehinderten Mobilität unwiederbringlich über den ganzen Kontinent verstreuen. Das Gut, für das man zu töten bereit wäre, löst sich in Nichts auf.

In den Vereinigten Staaten ist es gesetzlich erlaubt, auf jeden ungebetenen Eindringling im eigenen Haus zu schießen und ihn zu töten. Nach Gaston Bachelard[12] ist für die Amerikaner ihre Umgebung in zwei große Räume nach dem Kriterium »Haus/Nicht-Haus« unterteilt, so wie die Welt in »Ich/Nicht-Ich« unterteilt ist. Das Haus wird so zum Symbol des Selbst, und ein ärmliches, heruntergekommenes Haus deutet auf ein schlampiges, faules Ich hin. Ein verfallenes Haus gar bringt Laster und Verworfenheit seiner Bewohner zum Vorschein, so daß Armut eine moralische Wertung erhält.

Das eifersüchtige Festhalten am Haus als *Heim* steht nur vordergründig im Widerspruch zur unbegrenzten Mobilität. Solange man dort wohnt, wird der Garten mit Hingabe gepflegt, und das Selbst realisiert sich im perfekt gemähten Rasen. All dies läßt sich aber leicht aufgeben für einen neuen, genau gleichen Garten und Rasen. Die religiöse Verehrung für die Häuslichkeit ist die Kehrseite der Leichtigkeit, mit der das aus Brettern und Nägeln zusammengehauene Haus gekauft,

12 Zit. nach Kenneth Jackson, a.a.O., S. 52

verkauft und aufgegeben wird. Das Haus als *balloon frame* tatsächlich zu bauen, ist nur ein *Hilfsmittel*, ein Werkzeug, um den Wert des Heims sichtbar zu machen.

In diesem Punkt sind die Europäer, obwohl sie weniger »häuslich« sind, viel mehr Fetischisten. In Europa besitzt das Haus als solches in seiner materiellen Existenz einen Wert an sich und ist nicht nur ein Mittel zum Zweck. Es repräsentiert die »Solidität«, in den USA dagegen die »Realität«. Nicht umsonst spricht man in Europa von Investitionen in »*Immobilien*«, das heißt in Unverrückbares, Unwandelbares, in Amerika dagegen von *real estate*, von »*realem* Besitz«. Der gleiche Unterschied besteht zwischen den Uhren, die man früher Kindern zur Kommunion oder Konfirmation schenkte, und den heutigen Swatch-Uhren. Die einen waren wertvoll und hielten ein Leben lang, sie waren schön anzufassen wie ein wertvolles Schreibgerät. Die anderen gehen gut, sind billig, und man besitzt davon eine ganze Sammlung, die man mit der Kleidung kombiniert, ohne Umstände kauft und so schnell wegwirft wie einen billigen Kugelschreiber. Der Vergleich mit der Uhr geht auf eine Stelle bei Alexis de Tocqueville zurück, wo er die Produkte »der demokratischen Völker« beschreibt:

> (Der Handwerker) bemüht sich, Verfahren zu erfinden, die ihm erlauben, nicht nur besser, sondern schneller und billiger zu arbeiten, und wenn ihm dies nicht gelingt, die Güte der hergestellten Sache zu vermindern, ohne sie für den Gebrauch, zu dem sie bestimmt ist, völlig ungeeignet zu machen. Als nur die Reichen Uhren besaßen, waren diese fast alle ausgezeichnet. Jetzt stellt man nur noch mittelmäßige her, aber alle besitzen welche. So drängt die Demokratie den menschlichen Geist nicht nur zu den nützlichen Künsten hin, sie veranlaßt die Handwerker, sehr rasch viele unvollkommene Dinge herzustellen, und den Verbraucher, sich mit diesen Dingen zu begnügen.[13]

13 Alexis de Tocqueville, *Über die Demokratie in Amerika* (1835), München 1976, Bd. 2, Teil 1, S. 535

Das Ex-und-Hopp Verhalten gegenüber der Umwelt – und das heißt auch gegenüber sich selbst –, wie es sich in der Moderne entwickelt und ausgebreitet hat, hängt nicht allein von der Technik, von den Gesetzen des Marktes, von der Logik der Herrschaft oder der Ausbeutung ab. Im Fall des *balloon frame*-Einfamilienhauses beispielsweise von »Ausbeutung des Hauses« zu sprechen, wäre wenig sinnvoll. Das rein instrumentelle Verhältnis zum Haus erweist sich vielmehr als die einzige Möglichkeit, um zwei widersprüchliche Mythen miteinander zu verbinden. Auf der einen Seite steht der Mythos des heimischen Herdes als Symbol für Verwurzelung, die den Menschen unverrückbar wie eine alte Eiche erscheinen läßt, auf der anderen Seite der Freiheitsdurst, die Sehnsucht nach Bewegungsfreiheit, die sich von den Wurzeln losreißt. Um sowohl das eine als auch das andere zu verwirklichen und das Wunder der »mobilen Eiche« zu schaffen, muß man die Wurzeln ihrer Materialität so weit berauben, daß sie schließlich »als Abstraktion« überall dort vorhanden sind, wo man gerade ist. Im alten Rom war der Sitz der *gens* dort, wo der Altar der Laren, der Schutzgötter der Familie, stand. Im heutigen Amerika hat niemand mehr einen »heimischen Herd«, aber dafür, daß sein Feuer unabhängig von Raum und Zeit in einem übertragenen Sinn dennoch weiterbrennt, sorgt die Standardisierung der Einfamilienhäuser und Wohnungen. Wieder haben wir es mit der Standardisierung zu tun. Die Tatsache, daß die Häuser immer genau gleich, nach demselben System, mit der gleichen Einrichtung, aus Kanthölzern mit der immer gleichen Abmessung von zwei mal vier Inches gebaut sind, gibt den Menschen das Gefühl, immer in derselben Wohnung zu sein, egal, ob sie sich in Texas oder in Maine befinden, und sie können sich *immer zu Hause fühlen.*

Die Unpersönlichkeit und Anonymität amerikanischer Häuser ist beabsichtigt und keineswegs einem Mangel an Geschmack zuzuschreiben oder als Begleiterscheinung der billigen Bauweise zu bedauern. Schon in den Anfängen des *balloon frame*-Hauses im 19. Jahrhundert bemerkte John B. Jackson:

(Das Haus) war schnell und einfach zu bauen, es war neutral gegenüber lokalen oder nationalen architektonischen Traditionen der Einwanderer, und es wurde als vorübergehende Behausung betrachtet. Es drohte nicht zusammenzubrechen, aber es sollte bald verkauft und an Neuankömmlinge weitergegeben werden. Solon Robinson und andere Schriftsteller ermunterten bei der Eroberung des Westens die Familien, ihre *balloon frame*-Häuser so wenig persönlich wie möglich zu bauen, um sie für eventuelle Käufer akzeptabel zu machen.[14]

*

Auf das Haus, das bewußt »so wenig persönlich wie möglich« gestaltet wird, läßt sich anwenden, was Walter Benjamin über »das Kunstwerk im Zeitalter seiner technischen Reproduzierbarkeit« gesagt hat. Nach Benjamin wird der Begriff der *Echtheit* problematisch. Bei einem Gemälde war das »Original« echt und die Kopien waren »Fälschungen«. Inwieweit kann aber ein Meisterwerk der Fotografie echt sein, und sein Abzug »Fälschung«? Das Kunstwerk verliert seine »Aura«, wobei die Aura durch die *Ferne* der Einmaligkeit gebildet ist. Die Reproduktion bringt uns das Werk *nahe*. Die technische Reproduzierbarkeit des *balloon frame*-Hauses jenseits des Atlantik und die »Aura« des Elternhauses auf dem Kontinent stehen im gleichen Verhältnis zueinander wie die reproduzierbare Fotografie und das Gemälde. »Einmaligkeit und Dauer sind in diesem (dem Bild) so eng verschränkt wie Flüchtigkeit und Wiederholbarkeit in jener (der Fotografie)«. Das alte Haus ist ebenso einzigartig und dauerhaft wie das *balloon frame*-Haus schnell verfallend und reproduzierbar. Durch die Reproduzierbarkeit »nähert« sich das Kunstwerk allen, durch den *balloon frame* ist ein eigenes Haus für alle *erreichbar*.

Der Unterschied besteht nicht nur darin, daß etwas verlo-

14 Zit. nach Allan D. Wallis, *Wheel Estate. The Rise and Decline of Mobile Homes*, New York 1991, S. 161

rengeht. Wie das Kunstwerk »zu einem Gebilde mit ganz neuen Funktionen (wird), von denen die uns bewußte, die künstlerische, als diejenige sich abhebt, die man später als eine beiläufige erkennen mag«, und wie »das reproduzierte Kunstwerk in immer steigendem Maße die Reproduktion eines auf Reproduzierbarkeit angelegten Kunstwerkes (wird)«[15], so kann bei der Form »Haus« die ihm bisher zuerkannte Funktion marginal werden, und im Zeitalter des Serienhauses erleben wir die Reproduktion eines für die Vervielfältigung vorgesehenen heimischen Herdes. Es bildet sich eine neue Vorstellung von Wohnen heraus, eine neue Ästhetik und ein neues Verhältnis zur Außenwelt. Was einem fremden Auge als antiästhetisch und repetitiv erscheint, ist in Wirklichkeit die kreative Lösung der industriellen Standardisierung, um zwei inkompatible Strebungen miteinander in Einklang zu bringen. Der Mensch kann so fest verwurzelt und gleichzeitig als ewiger Nomade leben.

*

Nur in den Vereinigten Staaten kann es einem auf der Autobahn passieren, von einem kleinen Einfamilienhäuschen mit flatternden Gardinen, einem Kamin, einem Spitzdach und manchmal sogar mit kleinem Balkon überholt zu werden. Das Haus ist auf dem Anhänger eines jener chromstrotzenden Laster montiert, deren Front mit dem senkrechten Auspuff hinter dem Führerhaus so bedrohlich aussieht, wenn sie auf den *Interstates* dahindonnern. Die Standardmaße der *mobile homes*, der Mobilhäuser, betragen 3,60 Meter in der Breite und gut 11 Meter Länge (12 mal 36 Fuß). Nach dem statistischen Jahrbuch von 1993 sind von 102,2 Millionen Wohneinheiten der USA 7,2 Prozent, das heißt 7,4 Millionen, *mobile homes* und *trailers*, das heißt Wohnwagen und Wohnmobile. Interessanterweise hat die deutsche Industrie den anheimelnden Begriff »Wohnmobil« – also eigentlich die Übersetzung für *mobil home*

15 Walter Benjamin, *Das Kunstwerk im Zeitalter seiner technischen Reproduzierbarkeit*, Frankfurt/Main [9]1976, S. 19–23

– für den *trailer* eingebürgert, weil es die amerikanische Form mobilen Wohnens in Europa (noch?) nicht gibt.

Gegenüber der raffinierteren Form einer repetitiven, immer gleichen Behausung stellt das *mobile home* gewissermaßen eine Vorform dar, mit der sich Beständigkeit des Heimes mit Mobilität des Wohnens verbinden läßt. Statt, wie im ersteren Fall, die alte Behausung zu verlassen, um eine neue, aber identische zu finden, ist es im letzteren Fall das Haus, das sich bewegt, das man wie ein Schneckenhaus immer mit sich herumschleppt. Man kann auf diese Weise reisen und sich trotzdem immer von einer schützenden Hülle umgeben fühlen. Der technologische Unterschied zwischen dem *mobile home* und dem Serienhaus ist vergleichbar mit dem Übergang von der Goldmünze zur Einführung von Geldanweisungen im ausgehenden Mittelalter. Im ersten Fall wurde das Gold bewegt, im zweiten nur noch die Idee des Geldes, weil man Tausende von Kilometern entfernt das gleiche Geld finden konnte. Weil das *mobile home* gegenüber dem *balloon frame*-Haus konzeptionell zwar veraltet war, chronologisch aber erst später auftauchte, konnte es sich wie häufig in ähnlichen Fällen die fortgeschrittenste Technologie zunutze machen. Die Errungenschaften der Autoindustrie des 20. Jahrhunderts wurden nicht nur dadurch in den Bau integriert, daß man das Haus auf vier Räder setzte, sondern auch durch die vollständige industrielle Serienfertigung.

Halb Haus, halb Auto, besitzt das *mobile home* jedoch weder die volle Mobilität eines Wagens noch die ganze Bequemlichkeit eines Hauses. Mit seinen 11 Metern Länge und 3,60 Metern Breite ist es auf der Straße gigantisch, bietet aber dennoch nicht einmal 40 Quadratmeter Wohnfläche. Da in den *mobile homes* durchschnittlich 2,4 Personen leben, kommt auf eine Person mit 16,6 Quadratmeter nicht einmal die in der ehemaligen Sowjetunion – theoretisch – vorgesehene Mindestwohnfläche von 19 Quadratmetern. An dieser Stelle tut sich ein weiterer Widerspruch auf: Die Entstehung des *mobile home* basiert auf der Vorstellung von grenzenlosen Räumen, aber in dieser wundervollen Weite drängen sich die Menschen in winzigen Schachteln eng zusammen. Dieser Gegensatz springt in den riesigen Ebenen des amerikanischen Mittelwestens drastisch ins Auge.

Da der Ausdruck *mobile homes* inzwischen eher negativ besetzt ist, will die Industrie erreichen, daß man von *manufactured homes* spricht, und tatsächlich bildet das mobile Haus einen Höhepunkt der Standardisierung. Nicht nur seine Maße sind standardisiert und seine Komponenten austauschbar; es setzt auch eine standardisierte Umgebung voraus. Um reisen zu können, müssen die Rohre und Anschlüsse der Wasserleitungen und sanitären Installationen und die elektrischen Steckdosen überall gleich sein.

Das *mobile home* benötigt besonders ausgerüstete, überall gleiche Stellplätze, die penetrant an Krankenhaussäle erinnern. Die Häuser und die *trailers* sind nebeneinander aufgereiht wie die Kranken in ihren Betten und werden durch Schläuche und Röhrchen von außen am Leben gehalten: der Tropf, der Katheter und der Sauerstoff für die Kranken, der Trink- und Abwasseranschluß, der Strom und die Antenne für die Häuser. Die *mobile homes* bewegen sich nur scheinbar, denn sie bewegen sich von einem eingerichteten Platz zu einem anderen völlig identischen. Anders als bei den festen Häusern ähnelt die Umgebung eher der einer Karawanserei, einer Oase in der Wüste oder einem Etappenaufenthalt. Der Aufenthalt kann sich freilich manchmal über Jahrzehnte erstrecken. In dieser Hinsicht bewahrt das *mobile home* noch immer die charakteristischen Merkmale seiner goldenen Jahre des New Deal Roosevelts und der Kriegsindustrie, als die Regierung für die vorübergehende und längerfristige Unterbringung von Hunderttausenden von Arbeitern sorgen mußte. 1945 standen auf dem Atomforschungszentrum in Oak Ridge, Tennessee, neben 9.600 vorgefertigten Häusern und 16.000 Baracken 5.000 *trailers*.

In Wirklichkeit fahren 95 Prozent der *mobile homes* von der Fabrik zu einem festen Platz und werden nie wieder in Bewegung gesetzt. Statistisch gesehen ist ihre Mobilität damit nicht wesentlich größer als die eines kleinen Hauses, und der Vorteil besteht nur noch im niedrigen Preis. 1990 betrug der Durchschnittspreis eines *mobile home* 27.000 Dollar gegenüber 149.000 Dollar für ein neugebautes Haus. Daher rührt der schlechte Ruf der *mobile homes* als Armenunterkunft. 32 Prozent der Familien, die ein *mobile home* bewohnen, verfügen über ein Jahreseinkommen unter 10.000 Dollar und liegen damit weit unter der Armutsgrenze. Von armen Leuten bevölkert, gelten die Lager der *mobile homes* als geschlossene Gemeinschaften und als Fremdkörper, vergleichbar nur mit den Zigeunerlagern in Europa. Wie bei den Zigeunern auf dem alten Kontinent entspricht der Diskriminierung durch die Außenwelt eine Lagermentalität, das Gefühl, gegen die Außenwelt eine geschlossene Gruppe zu bilden: Die Bewohner von *mobile homes* und Wohnwagen treffen sich überall wieder und bevölkern immer wieder dieselben *camp grounds.* Die Soziologen würden sagen, daß auf diese Weise eine *Subkultur der mobile homes und trailers* entsteht. Auch von dieser Ghettoisierung zeugen die amerikanischen Filme, in denen die Polizei die Übeltäter immer in den Lagern der *mobile homes* und Wohnwagen sucht.

Im Jahrzehnt der Regierung Reagan wurde jedoch ein Teil der Mittelklasse in die Vorhölle der *mobile homes* hinuntergestoßen. Das mittlere Einkommen[16] der Familien in solchen Unterkünften ist leicht gesunken, weil in diesem Jahrzehnt die Schicht der Armen noch ärmer geworden ist. Im gleichen Zeitraum ist jedoch trotz einer allgemeinen Stagnation beim Verkauf von *mobile homes* die Zahl von Familien mit einem Jahreseinkommen von mehr als 40.000 Dollar, die in *mobile homes* wohnen, von 2 auf 10 Prozent gestiegen. Diese Zahlen zeigen eindrucksvoll, wie in der Reagan-Ära ein Teil der Mittelklasse

16 Das Durchschnittseinkommen ist der Durchschnitt der *Einkommen*, während das *mittlere* Einkommen dasjenige ist, gegenüber dem die eine Hälfte der *Familien* ein höheres, die andere Hälfte ein niedrigeres Einkommen hat, das also die Bevölkerung in zwei Hälften dividiert und deshalb aussagekräftiger ist.

auf den Konsum und Lebensstil der Armen herabgedrückt wurde.

Zu Beginn der achtziger Jahre versuchte die Industrie, vom Department of Housing and Urban Development (Wohnungs- und Städtebau-Ministerium) eine Einteilung der *mobile homes* in verschiedene Kategorien durchzusetzen, um den Markt der *mobile homes* zu beleben und besserverdienende Käufer anzuziehen. Trotz aller Bemühungen blieb jedoch das vorherrschende Bild der Bewohner der *mobile homes* nicht nur das von armen, sondern auch von alten Leuten. Viele Rentner verkauften ihr festes Haus, um sich für weniger Geld ein fahrbares Haus zu kaufen und von dem übrigen Geld leben zu können. Zwischen 1981 und 1990 war das Durchschnittsalter des Familienvorstandes in den *mobile homes* von 46 auf 50 Jahre gestiegen. 1980 war noch jeder vierte Familienvorstand unter 30 Jahre alt, zehn Jahre später nicht einmal jeder zehnte. Die älteren Leute kaufen sich statt der *mobile homes* eher Wohnmobile, um leichter von einem Ferienparadies zum anderen zu reisen und sich den Traum eines ewigen Urlaubs zu erfüllen. Ein preiswerter Urlaub voller Abenteuer, solange die Gesundheit mitmacht. Viele nutzen die *mobile homes*, um den harten Wintern des amerikanischen Nordens zu entfliehen. Man nennt diese Menschen *snow birds*, weil sie wie Zugvögel im Herbst in langen Schlangen auf den Autobahnen von Illinois, Michigan, Minnesota, Wisconsin und Ohio vor den eisigen Winden und Schneestürmen ins milde Klima von Florida, Texas, Arizona und Kalifornien unterwegs sind. Im April bewegen sich dann in umgekehrter Richtung endlose Züge von Wohnmobilen unter der Führung der »grauen Panther« nach Norden. Die Reicheren kehren dann ins eigene Haus zurück. Die Ärmeren werden sich auf einem *camp ground* an einem der großen Seen, z. B. am nördlichen Michigansee jenseits von Traverse City oder am Lake Superior auf der Isle Royale niederlassen.

Auf diesen Plätzen und in den *trailers* ist das Leben besonders beengt. Während das *mobile home* ein Haus auf Rädern darstellt, ist der *trailer,* das deutsche *Wohnmobil,* ein Kleinlaster, der sich als Haus ausgibt. Bei den Hybriden aus Transportmittel und Haus liegt das erstere näher zum Haus, das letztere näher zum Transportmittel. Das *home* wird zuerst mobil und dann motorisiert. Zu diesen beiden Grundformen gibt es noch eine ganze Reihe von Bastarden wie z.B. feste Häuser mit angebautem *mobile home* oder die Verbindung von *mobile home* und Wohnmobil oder auch zwei miteinander verbundene Wohnmobile. Ein großes *motor home* hat einschließlich der Vordersitze, des Küchenteils und der Toilette 14 Quadratmeter Grundfläche, und jedermann kann sich vorstellen, was es bedeutet, wenn zwei betagte Partner monate- oder gar jahrelang in dieser qualvollen Enge hausen müssen.

Ein letztes Paradox dieser Form der Mobilität ist die Umkehrung altgewohnter Vorstellungen. Alte Menschen erweisen sich als weniger seßhaft als Jugendliche und jüngere Erwachsene, und das gleiche gilt für die untere Mittelschicht gegenüber der oberen Mittelschicht. Galten früher Sätze wie »Jugend ist ruhelos« und »Alter ist beständig und seßhaft«, so muß man heute von *Ruhelosigkeit des Alters* und *Mobilität der Senioren* sprechen. Auf den Hügeln von Santa Barbara im sonnigen Kalifornien leben die reichsten Rentner der Welt in großartigen Villen. Sportliche ältere Damen radeln zum Modebäcker, um französisches Brot zu kaufen. An der Pazifikküste am Fuße der Hügel kaufen Rentner des *camp ground* bei der Supermarktkette Vons ein. Sie gehören zur *middle class* und wohnen zu Tausenden mit ihren ungezählten Hunden in endlosen Reihen von Wohnmobilen, ihrem einzigen Besitz. Ihr Anblick erinnert an einen Schwarm Zugvögel, die sich in Erwartung des Frühlings zum Weiterflug am Strand versammeln.

SCHÄTZE AUS HOLZ

»Wo sind die legendären riesigen Wälder um die Großen Seen geblieben?« Diese Frage drängt sich immer mehr auf, je weiter man auf der Lower Peninsula von Flint bis hinauf nach Charlevoix nur durch Obstplantagen fährt, oder von Chicago aus nach Nordwesten in den Staat Wisconsin und dann ganz in den Norden hinauf zu den endlosen Getreidefeldern des südlichen Minnesota. Man erinnert sich an den jungen Nick aus Hemingways Erzählungen *Drunten in Michigan* und an die grobschlächtigen Holzfäller, die berühmten *lumberjacks.* Heute aber unterscheiden sich diese Landschaften in nichts mehr von den *great plains* im südlichen Illinois und in Missouri.

Man ist enttäuscht, als wären einem die Wälder gestohlen worden. Ein ähnliches Gefühl schlich sich auch in Chicago bei der Suche nach den Schlachthöfen und nach der Grand Central Station ein. Wiederum wird deutlich, daß das, was Chicagos Größe und Ruhm begründet hat, verschwunden und zerstört ist. Die Stockyards sind seit langem verlassen, die Bahngleise verrostet und die endlosen Wälder abgeholzt. In der zweiten Hälfte des 19. Jahrhunderts wurde Chicago immer reicher, je mehr das Gebiet der Großen Seen abgeholzt wurde. In Chicago, der Welthauptstadt des Holzhandels, hatte der Puritanismus seine Verwirklichung gefunden: Der Wald ist *wild,* von Heiden bewohnt und schwarz wie die Sünde, ein Hindernis für Zivilisation und Ackerbau, das man zerstören muß. Das aus der Abholzung der Wälder gewonnene Holz dagegen wurde zu einem der wichtigsten Werkzeuge der Eroberung und Besiedelung des Westens.

Die Amerikaner machten sich mit solcher Tatkraft an die Zerstörung des biotischen Schutzmantels der Erdoberfläche, daß sie – nach der vorsichtigsten Schätzung – bis zum Beginn des 20. Jahrhunderts bereits 1,2 Millionen Quadratkilometer, das heißt eine Fläche vier Mal so groß wie Deutschland oder Italien, abgeholzt hatten.[1] Während in Europa gerade der immer spürbarere Holzmangel die industrielle Revolution in Gang setzte und der Kombination Kohle/Dampf zum Durchbruch verhalf, beschleunigte in den Vereinigten Staaten umgekehrt gerade der Überfluß an Holz die Industrialisierung. Genau wie bei den *balloon frame*-Häusern: Durch den technologischen Fortschritt in Europa war die Verwendung von Bauholz stark eingeschränkt worden, in den USA dagegen war durch den architektonischen Fortschritt die Bedeutung von Holz für den Bau von Wohnhäusern enorm gestiegen, und die Holzhäuser sind auch zum großen Teil für die Abholzung Nordamerikas verantwortlich.

Für die Industrialisierung des Landes und die Eroberung des Westens war Holz für alles von Nutzen, und alles verlangte nach Holz. Die Menschen verbrauchten Holz zum Heizen und Kochen; Holz brachte die Lokomotiven zum Rollen auf Schwellen aus Holz; sie zogen mit Holz beladene Waggons zu hölzernen Bahnhöfen für Farmhäuser aus Holz, die von Holzzäunen umgeben waren. Der *Northwestern Lumbermen*, das in Chicago herausgegebene Blatt der Holzhändler, schrieb 1880 voller Begeisterung:

> Jeder neue Siedler in der fruchtbaren Prärie ist ein Neuzugang im großen Heer der Holzverbraucher: Ein neues Haus entsteht, ein neuer Kornspeicher, ein Zaun für weitere 40 Acres, eine oder vielleicht ein Dutzend Futterkrippen. Die Eisenbahnlinien mit ihrem massiven Holzverbrauch müssen ausgedehnt werden, und das ist ein weiterer Anreiz für

1 Michael Williams, *Americans & Their Forests. A Historical Geography,* Cambridge (Mass.) 1989, S. 489f. Das Buch enthält viele ausgezeichnete Statistiken, Karten und Graphiken.

weitere Siedler, in der Nähe des ersten Ankömmlings neue Farmen zu errichten. Das erfordert den Bau von Kirchen, Schulen, Geschäften, hölzernen Gehsteigen und [mit Holz] gepflasterten Straßen.[2]

Der Holzverbrauch heizte die Industrialisierung, die Industrialisierung heizte den Holzverbrauch an, und diese Spirale begann sich seit den fünfziger Jahren des 19. Jahrhunderts in immer rasenderem Tempo zu drehen. Besonders seit der Eröffnung des Michigan-Illinois-Kanals (1848) konnte Chicago eine führende Rolle bei der Ausbeutung der *white pine*, dem Stolz der Großen Seen, spielen.[3] Dieser Baum wurde durchschnittlich 15 Meter (50 Fuß) hoch und über zweihundert Jahre alt, hatte einen gleichmäßigen Wuchs und konnte mit 60 Metern die Höhe eines zwanzigstöckigen Gebäudes erreichen. Die Stämme der größten Exemplare hatten einen Durchmesser von 1,80 Metern (6 Fuß), und es brauchte vier Männer mit ausgestreckten Armen, um ihren Umfang von fast sechs Metern zu umfassen. Bis 1880 hielten die Holzfäller Bäume mit einem Durchmesser von weniger als 90 Zentimeter für nicht würdig, gefällt zu werden. Die *white pine* war somit eine jahrhundertealte Akkumulation von Kapital der Natur, »tote Arbeit«, die seit ungezählten Jahreszyklen einfach vorhanden war und sich Chicago als »ein Geschenk Gottes« darbot. Zu ihrem Unglück besaß die *white pine* Eigenschaften, die ihr Holz für die Ausbeutung durch den Menschen besonders geeignet machen. Da der Baum mit zunehmender Größe die unteren Äste verlor, hatte der Stamm bis zu einer Höhe von zehn Metern eine glatte, knotenfreie Oberfläche ohne Astlöcher. Das Holz war in seiner Struktur fest, so daß es starke Gewichte tragen und Spannungen aushalten konnte,

2 Ausgabe vom 22. März 1880, zit. nach W. Cronon, a.a.O., S. 153. Zur Rolle Chicagos als Welthauptstadt des Holzhandels vgl. das ganze Kapitel *The Wealth of Nature*, S. 148 bis 206.

3 Die *white pines* (Weymouthskiefer) des amerikanischen Kontinents haben im Aussehen nichts mit den bei uns verbreiteten Kiefernarten zu tun. Es gibt eine Vielzahl sehr unterschiedlicher immergrüner Konipheren.

eignete sich aber dennoch für die Bearbeitung. Und schließlich hatte die *white pine* noch einen entscheidenden Vorteil gegenüber anderen Harthölzern: Sie schwamm und ließ sich deshalb auf dem Wasser transportieren.

Die intensive industrielle Nutzung von Holz war nämlich gewöhnlich am Problem des Transports gescheitert. Waldgegenden sind meist feucht und regenreich, die Wege schwer passierbar, so daß der Transport mit Pferden über längere Strecken kaum möglich ist. Das Gebiet um die Großen Seen war geradezu wie ein Schwamm mit Wasser getränkt und sumpfig. Wisconsin rühmt sich seiner 10.000 großen und kleinen Seen, und Minnesota kommt dem sehr nahe. Die *white pines* ließen sich mit kilometerlangen Flößen, mit dem *rafting* transportieren, aber dazu brauchte man große Wasserläufe. Auch heute noch sieht man auf dem Hudson oder dem Sankt-Lorenz-Strom endlose Reihen von Baumstämmen träge vom nördlichen Kanada in Richtung Atlantik treiben. Für den Holztransport fiel den Großen Seen eine zentrale Rolle zu, und dafür wurde schon in der ersten Hälfte des 19. Jahrhunderts ein gigantisches Netz von Kanälen gebaut. Für den Holztransport brauchte Chicago den Michigan-Illinois-Kanal, denn so konnten die Stämme von den Großen Seen ins Tal des Mississippi bis New Orleans, von dort zu den Westindischen Inseln und bis nach Europa gelangen.

Die Investition zahlte sich für Chicago aus. Im Jahre 1847 war die Windy City Umschlagplatz für 76.000 Kubikmeter Holz. Im Jahr 1851, drei Jahre nach der Eröffnung des Kanals, hatte sich die Menge bereits auf 295.000 Kubikmeter vervierfacht, 1869 kamen in Chicago 2,3 Millionen Kubikmeter Holz an, und bis 1930 wurde diese Menge nie unterschritten. Den Höhepunkt erreichte der Holzumschlag im Jahr 1892 mit sechs Millionen Kubikmetern. Beachtenswert ist dabei, daß bis zur Jahrhundertwende der größte Teil des Holzes zu Wasser und nicht auf der Schiene *ankam*. Für den *Weitertransport* in die großen Städte an der Ostküste und die neuen Zentren des Westens dagegen diente zu 95 Prozent die Bahn. Bis 1880 waren Dreiviertel der im Hafen gelöschten Ladung Holz, und die Bahn brachte nur zehn Prozent des Holzes nach Chicago; bis 1898 erreichte ihr Anteil nicht die 40-Prozent-Marke. Die Geschichte des Holzes spielte sich auf dem Wasser ab.

*

Im Spätherbst, nach dem Abschluß der Feldarbeiten, kamen die *lumbermen*, die Holzhändler nach Chicago, um ihre *crews* anzuheuern. Die Löhne – zwischen 100 und 200 Dollar pro Saison bei freiem Essen und freier miserabler Unterkunft in Baracken – lagen in der Stadt zwar am höchsten. Dafür gab es Arbeitskräfte im Überfluß, und die Unternehmer konnten sich die kräftigsten Männer als Holzfäller aussuchen. In der Stadt wurde die Ausrüstung an Äxten, Sägen, Pferdegeschirr, und tonnenweise Bohnen, Schweinefleisch, Butter, Weizen, Gerste und Hafer als Proviant für Menschen und Pferde eingekauft. Vor allem aber war hier Kredit zu bekommen, denn der Holzhandel hatte enorme Liquiditätsprobleme. Im Herbst mußte investiert werden, und erst sechs Monate später flossen die ersten Einnahmen. Auf der Verfügbarkeit von Kapital für Kredite basierte der Aufstieg Chicagos.

Sobald es kälter wurde, machten sich die Mannschaften Richtung Norden zu den »Schätzen aus Holz« auf. In den ersten Jahren wurden nur Bäume entlang der Wasserwege gefällt, aber bald mußten sich die Arbeiter immer weiter vom Ufer entfernen. Auch die Zahl der Männer einer Crew nahm von anfangs ungefähr fünfzehn bis auf über hundert Mann zu. Die Holzfäller zogen immer weiter nach Norden in die Kälte, denn nur wenn der Boden hart gefroren war, konnten Pferde die schweren Stämme auf Schlitten oder Rädern bis zum Sumpfgebiet schleppen. Einige Sümpfe tragen noch heute die Namen der ergiebigsten »Fundstätten« für Holz, so der *Beef Slough* in Wisconsin oder der *West Newton Slough* in Minnesota.

Die ungeheuren Holzstöße blieben den ganzen Winter über liegen, bis es zu tauen begann. Das Schicksal der »Ausbeute« hing davon ab, wieviel Schnee gefallen war. Wenn es nämlich nur wenig geschneit hatte, reichte das Tauwasser nicht, um die schwere Last am Ufer der Sümpfe in Bewegung zu bringen. Nur viel Schnee und plötzlich einsetzendes Tauwetter ließen die Stämme für sehr kurze Zeit in langen Reihen zu den größeren Wasserwegen und von dort in endlosen Prozessionen auf den Flüssen zu den Großen Seen und den Kanälen treiben.

Die riesigen Staus, die durch einen am Ufer oder auf dem Grund hängengebliebenen Baumstamm auf den Flüssen verursacht wurden, sind in die Geschichte eingegangen. Hinter einem solchen Hindernis wurden Hunderttausende von Stämmen blockiert, die sich zu einem riesigen Staudamm auftürmten. Berühmtheit erlangte der Stau bei Chippewa Falls in Wisconsin im Jahre 1869 mit einer Länge von 24 Kilometern, bei dem der von den übereinandergeschobenen Stämmen gebildete Damm an einigen Stellen die Höhe eines dreistöckigen Hauses erreichte. 1889 blieben auf dem Menominee drei Mal soviel Bäume stecken wie bei Chippewa Falls. Es war äußerst gefährlich, die fast eineinhalb Millionen verkeilten Stämme auseinanderzubringen, denn wenn sie mit Haken einige davon herausgezogen hatten, konnte der ganze Damm auf die Arbeiter niederstürzen. Noch heute beeindrucken die Bilder jener Zeit, auf denen Holzfäller »unter« gigantischen, chaotischen Anhäufungen von Baumstämmen beim Entwirren der Verkeilungen zu sehen sind. Nicht zuletzt deshalb waren die *lumberjacks* so gut bezahlt.

Merkwürdigerweise hat sich um das Leben der *lumberjacks* kein mit dem der *cowboys* vergleichbarer Mythos gebildet. Vielleicht war es nicht möglich, sie als positive Helden darzustellen, weil ihre Arbeit rein destruktiv war. Zwar brachten auch die Cowboys die Kälber zum Schlachthof, aber sie schlachteten sie wenigstens nicht selber. Vielleicht aber liegt es einfach daran, daß von Anfang an die *lumber barons* den ganzen Holzhandel in der Hand hatten, und dieser Name erinnerte schon vom Klang her an die *robber barons*, die »Räuberbarone« des amerikanischen Kapitalismus im 19. Jahrhundert. Frederick Weyerhaeuser beispielsweise stand Daniel Guggenheim, Andrew Carnegie oder John Rockefeller in nichts nach.

Der erbarmungslose Kampf in diesem Geschäft drehte sich um die materielle Basis, denn es kam darauf an, zu einem möglichst niedrigen Preis riesige Wälder in die Hand zu bekommen. Um 1860 zum Beispiel kaufte Ezra Cornell zweitausend Quadratkilometer (eine halbe Million Acres) Wälder der *white pines* im Tal des Chippewa River auf, um dort, wie er sich selbst ausdrückte, »ein furchterregendes und schreckliches *(fearful and terrible)* Monopol«[4] auszuüben. In der idyllischen Umgebung der Cornell University in Ithaca im Staat New York kommt heute kaum mehr jemand auf den Gedanken, daß sie ihre Gründung dem Terror eines Monopolisten verdankt. Im Kampf um den Besitz der Wälder verbündete sich die Macht des Kapitals mit der Macht der Politik, um Staatseigentum in private Hände zu spielen und Teile des nationalen Waldbestands zu Vorzugspreisen an Freunde zu verkaufen. Die Eisenbahngesellschaften verfügten dank der *Land Grants* über ungeheuren Grundbesitz, und hinter den Eisenbahngesellschaften standen die Banken, insbesondere die Morgan Bank.

Als zu Beginn des 20. Jahrhunderts Präsident Theodore Roosevelt seine Offensive gegen die großen Trusts begann, wurde 1906 eine Untersuchungskommission über die Konzentration in der Holzindustrie eingerichtet. Sie hatte mit so großen Widerständen zu kämpfen, daß ihre Ergebnisse erst 1913 veröffentlicht werden konnten. Nach dem Bericht der Kommission besaß Frederick Weyerhaeuser 227 Millionen Kubikmeter Holz auf einer Fläche von 8.000 Quadratkilometern. Die Northern Pacific Railway besaß 84 Millionen Kubik-

4 M. Williams, a.a.O., S. 217

meter auf 12.000 Quadratkilometern und die Southern Pacific Railway 246 Millionen Kubikmeter auf 18.000 Quadratkilometern.

Diese drei Gesellschaften, die *Big Three*, kontrollierten ein Gebiet von 40.000 Quadratkilometern, das ist mehr als das Land Baden-Württemberg. Die Konzentration ging jedoch noch weiter. Weyerhaeuser besaß für sich allein 227 Millionen Kubikmeter, aber über Aktienpakete und verschiedene Beteiligungen und Scheingesellschaften kontrollierte er 690 Millionen Kubikmeter, das heißt ein Sechstel des gesamten Holzbestandes der Vereinigten Staaten oder ein Viertel des Nutzholzes.[5] Bemerkenswert ist nicht zuletzt, daß auch die Kommission Bäume, die noch in der Erde wurzelten und Zweige, Nadeln und Zapfen trugen, als Kubikmeter berechnete. Einem Laien würde es schwerfallen, lebende Bäume nur als Hohlmaß zu sehen. Aber die Berechnungen der Kommission folgten der gleichen Logik, nach der man heute Erdölvorkommen schätzt.

Der Konzentrationsprozeß verlangte nach immer größeren Sägewerken, deren Bau sich aber nur lohnte, wenn noch größere Gebiete abgeholzt wurden und wenn für den Transport ein System von Becken und *booms*, den Schwimmbäumen zum Aufstauen des Holzes, vorhanden war. Nach den *booms* nannte man die Gesellschaften *booming companies*. Noch in den fünfziger Jahren hatten ein paar tausend Dollar genügt, um am *business* mit dem Holz teilzunehmen. Um 1870 dagegen mußten Weyerhaeuser und seine Gesellschafter bereits eine Million Dollar in die Gründung der *booming company* von Beef Slough investieren.

Um nicht nur im Winter, sondern das ganze Jahr über arbeiten zu können, begannen die *lumbermen* in die Einöde der Wälder Eisenbahnlinien zu bauen, die nur zum Abtransport der Stämme dienten. Dank der *Land Grants* waren die Eisenbahngesellschaften häufig schon im Besitz der notwendigen

5 Ebd., S. 426 – 428

Grundstücke. Einige Gegenden Wisconsins waren bald von einem so dichten Liniennetz durchzogen, daß die geographischen Karten wie Spitzenmuster aussehen. Merkwürdigerweise nahm durch den Schienentransport die Bedeutung Chicagos ab. Die *lumbermen* konnten das Holz jetzt an der Endstation der Züge trocknen lassen und bereits zugeschnitten verschicken, um auf diese Weise die Grossisten und Holzhändler Chicagos zu umgehen. Die Stadt war als »Welthauptstadt des Holzes« zur Königin des Westens aufgestiegen, weil das Holz hier zu Wasser ankam und auf Schienen weitertransportiert wurde. Sobald das Holz bereits auf Schienen ankam, mußte es nicht mehr umgeladen werden und rollte einfach durch Chicago hindurch. Dies ist der einzige Fall, daß Chicago durch die Eisenbahnen, die es groß gemacht hatten, geschädigt wurde.

*

Die Holzindustrie der Großen Seen überlebte nur um wenige Jahre den Niedergang ihres wichtigsten Zentrums. Es ist aus heutiger Sicht geradezu erschreckend, wie brutal schnell die *lumbermen* kamen, ganze Gebiete zerstörten und wieder verschwanden. Das erste große *booming* an den Großen Seen fand 1864 bei Muskegon auf der Lower Peninsula des Michigansees statt; 1870 begann der *boom* am Beef Slough in Wisconsin. Zwischen 1875 und 1883 wurden am Saginaw River in Michigan jährlich 1,3 Millionen Kubikmeter Holz geschlagen.[6] Aber schon sieben Jahre später verlegte Frederick Weyerhaeuser den Schwerpunkt seines Geschäfts nach Idaho und in den Staat Washington, weil die »Schätze aus Holz« im Norden aufgebraucht waren. In den Tiefebenen Eurasiens waren die Nomaden jahrtausendelang immer weiter gezogen, wenn ihre Herden ganze Gebiete kahlgefressen und in Wüste verwandelt hatten. Im Amerika leisteten die *lumbermen* als Nomaden des Kapitals Vergleichbares in nicht einmal hundert Jahren.

6 Ebd., S. 204 f.

Die Holzproduktion an den Großen Seen erreichte 1890 mit 24 Millionen Kubikmetern ihren Höhepunkt und nahm dann ab, bis sie sich in den zwanziger Jahren und nach dem Zweiten Weltkrieg auf ein Zehntel der Menge von 1890 einpendelte. Der Angriff der *lumbermen* auf die Waldbestände des Kontinents verlagerte sich nach Westen und Süden und hinterließ seine Spuren auf der Landkarte Amerikas. So sind paradoxerweise heute die Südstaaten, das östliche Mississippi, Lousiana, Alabama und Georgia die waldreichsten Gebiete der Vereinigten Staaten.

Um die Jahrhundertwende sahen weite Teile von Wisconsin, Michigan und Minnesota aus wie von einem gewaltigen Wirbelsturm verwüstet, bedeckt mit Baumstümpfen, Bruchstücken von Stämmen und abgeschlagenen Ästen. Um diese Wüstenei einer neuen Bestimmung zuzuführen, machten die Behörden den hilflosen Versuch, Farmer anzusiedeln. Das Unternehmen mußte bald wieder aufgegeben werden, weil die Abholzung der hoch im Norden liegenden Gebiete mit ihrem unwirtlichen Klima nur sandigen Boden zutage gefördert hatte. In der Zwischenzeit aber hatten die Farmer zur Vorbereitung der Landarbeit die Felder abgefackelt. Beim Verbrennen der von den Holzfällern hinterlassenen Berge von Sägemehl, Spänen und Rinde kam es zu riesigen Feuerkatastrophen wie 1881 in Michigan und 1894 in Hinckley, Minnesota. 1871 starben bei einem solchen Brand in Peshtigo, Wisconsin, 1.500 Menschen, mehr als beim *Big Fire* desselben Jahres in Chicago umkamen.[7]

Die Städte des Gebiets, die für wenige Jahre vom frenetischen Betrieb der Sägewerke gelebt hatten, wurden zu Geisterstädten. Zur gleichen Zeit verschwanden auch die Zehntausende von Arbeitern, die im Winter das Eis für die Kühlung von Fleisch und seinen Transport in gekühlten Waggons für die Sommermonate aus den Seen geschlagen hatten: Die künstliche Kühlung hatte das Natureis ersetzt. Schon zur Zeit

7 W. Cronon, a.a.O., S. 202

des Ersten Weltkriegs gehörte das große Geschäft mit dem Holz der Vergangenheit an. Wo sich einst endlose Wälder von Baumriesen ausgebreitet hatten, in denen nur einige Indianer lebten, war jetzt abgeholztes, unbebautes Land, das auch nicht mehr von Indianern bewohnt war. Statt der Bäume ragten Wolkenkratzer, statt der Wälder dehnten sich die städtischen Ghettos aus. Wie aus der Fauna Nordamerikas die Bisonherden verschwunden waren, so verschwanden aus der Flora die Kiefernwälder. Diese Wälder hatte Henry David Thoreau, der große amerikanische Prophet des einfachen Lebens, 1850 als »große Harfen, auf denen der Wind musiziert«, wahrgenommen und geschrieben: »Auch die Bäume haben ein Herz. Es gibt nichts Unschuldigeres *(free of blame)* auf der Welt als eine Kiefer.«[8]

Die *Unschuld* der Natur, der Tiere und der Kinder ist ein Thema, das im 19. Jahrhundert, dem Jahrhundert des Fortschritts auftaucht. Für Dostojewski war das Weinen eines Kindes nicht zu ertragen, und seinen Iwan Karamasow läßt er sagen, beim Anblick der Leiden eines Kindes fühle er sich verpflichtet, Gott »ehrerbietigst ... die Eintrittskarte« zurückzugeben.[9] Friedrich Nietzsche soll 1889 in Turin, kurz vor Ausbruch seiner Geisteskrankheit[10], beim Anblick einer alten, vom Kutscher geschlagenen Mähre in Tränen ausgebrochen sein und das Tier umarmt haben. Noch im 17. Jahrhundert hätte niemand von unschuldigen Bäumen gesprochen, niemand hätte sich über die Schläge gegen ein Pferd erregt, dem Schreien eines Kindes hätte man höchstens wegen der Lärmbelästigung ungeduldige Aufmerksamkeit geschenkt, und der Tod eines Kindes wurde als Schicksal hingenommen wie der Tod jedes anderen Menschen auch. Das Leiden eines Pferdes löst Betroffenheit und Mitleid aus, wenn hinter ihm das

8 Die Sätze stammen aus dem Tagebuch, 16. September 1857 und 20. Dezember 1851. Zit. nach W. Cronon, a.a.O., S. 151 und 425, Anm. 11

9 Fjodor M. Dostojewski, *Die Brüder Karamasow*, Leipzig o. J., Bd. 1, S. 336

10 Zur Diskussion um diese Episode vgl. Curt Paul Janz, *Friedrich Nietzsche. Biographie*, München-Wien [2]1993, Bd. 3, S. 34

Stampfen der Lokomotive wahrzunehmen ist und die universelle Sinnlosigkeit seines Leidens offenbart. Das »Zugtier« hat ausgedient und ist vom Aussterben bedroht. Nicht zufällig entstehen gerade im 19. Jahrhundert die Vereinigungen zum Schutz der Tiere, der Natur und der Kinder.

Bei Las Casas und Jean-Jacques Rousseau wurde der Wilde zum »guten Wilden« erklärt, als das Abendland gerade dabei war, den Wilden auszurotten. Diese Tradition setzt sich bis in unser Jahrhundert zu der in den Vereinigten Staaten weit verbreiteten Vorstellung fort, die »Schwarzen« seien »wie Kinder«. Genauso taucht die Liebe zu den Wäldern genau dann auf, wenn ihre Zerstörung bedrohliche Ausmaße annimmt. Thoreau zog sich 1845 an einen kleinen See, den Walden Pond bei Concord in Massachussetts, zurück. Bis dahin hatte es so viele Wälder gegeben, daß sie als »selbstverständlich« betrachtet wurden, sie blieben unsichtbar, da allgegenwärtig. Noch im Jahr 1830, also nur zwei Jahrzehnte, bevor sich Thoreau von der Unschuld der *white pines* rühren ließ, hatte Alexis de Tocqueville folgende Beobachtung gemacht:

> Man befaßt sich in Europa viel mit den Wildnissen Amerikas, aber die Amerikaner denken keineswegs daran. Die Wunder der unbeseelten Natur lassen sie unberührt, und sie bemerken die herrlichen Wälder, die sie umgeben, sozusagen erst im Augenblick, da sie unter ihren Schlägen fallen. Ein anderer Anblick erfüllt ihr Auge. Das amerikanische Volk sieht sich selbst, wie es durch diese Wildnisse schreitet, Sümpfe austrocknet, die Flüsse eindämmt, die Einsamkeit bevölkert und die Natur bezwingt.[11]

Die Entstehung der amerikanischen Transzendentalphilosophie stellt gewissermaßen nur die Kehrseite der Medaille der kapitalistischen Ausbeutung der Wälder dar. Während die *lumbermen* in einem Wald nur ein nach Kubikmetern zu

11 Alexis de Tocqueville, a.a.O., Bd. 2, Teil 1, S. 559

messendes Holzvorkommen sahen, bildete er für die Transzendentalisten eine Quelle der Spiritualität: »In den Wäldern kehren wir zur Vernunft und zum Glauben zurück«, schrieb Ralph Waldo Emerson. Die Kapitalisten finden in den Wäldern eine Quelle monetären Reichtums, die Literaten und Denker suchen in ihnen eine Quelle geistigen Reichtums. Michael Williams beschrieb diesen Zusammenhang folgendermaßen: »Im Gegensatz zu den puritanischen Pionieren, die glaubten, daß die Sittlichkeit an der Grenze des gerodeten Landes endet, waren die Transzendentalisten der Überzeugung, daß die Sittlichkeit dort, an der Grenze des Waldes, erst beginnt, weil der Mensch in seinem Innersten gut und nicht schlecht ist und nur dann Vollkommenheit erlangen kann, wenn er den Wald betritt.«[12]

Die beiden Seiten derselben Medaille, das heißt die verschiedenen Haltungen gegenüber der Natur, gerieten fast nie in Konflikt. Nur selten entstand aus der Verehrung gegenüber dem Wald als »Kathedrale der Natur« Widerstand gegen das zügellose Zerstörungswerk der Holzfäller und ihrer Motorsägen. Die Liebe zu den Wäldern verhinderte die Vernichtung der Wälder ebensowenig, wie die Liebe zu den Tieren den Verzehr von Steaks ausschloß. Ausgerechnet Emerson, der in den Wäldern Glauben und Vernunft gefunden hatte, zeichnete eine Zukunft, in der »die wilde Prärie reiche Ernten tragen, die Sümpfe Reis hervorbringen und das Hügelland Rinder und Schafe ernähren wird«, in der aber vor allem *»die endlosen Wälder in anmutige Parks zum Nutzen und zur Zerstreuung der Menschen«* verwandelt sein würden.

Seit 1847, also gleichzeitig mit Thoreaus Rückzug in die Natur, wurde angesichts des massiven industriellen Raubbaus in der amerikanischen Öffentlichkeit Beunruhigung über das Verschwinden der Wälder und die damit verbundene Bodenerosion laut. Als Kompromiß zwischen dem maßlosen Holzverbrauch und der leidenschaftlichen Liebe zum Wald setzte

12 Michael Williams, a.a.O., S. 17. Das Zitat von Emerson auf S. 16

sich die Rationalisierung des Materialverbrauchs und die geplante »Forstwirtschaft« durch.

Durch die zunehmende Verwendung von Preßspan- und Sperrholz anstelle von Massivholz wurden bereits zehn Prozent weniger Holz vergeudet, die allein beim Zersägen wegen der Dicke der Sägeblätter verlorengegangen waren. Die Verwendung von Hadern und das Recycling von Papier und Pappe verringerten den Holzverbrauch weiter. Enorme Einsparungen wurden aber erst durch die zunehmende Ersetzung von Holz durch Kohle, Öl, Gas und schließlich Uran als Brennstoff- und Energielieferant erreicht. Der Pro-Kopf-Verbrauch an Holz ging von den 4 Kubikmetern des Jahres 1900 um zwei Drittel auf den historischen Tiefststand von nur 1,5 Kubikmetern im Jahre 1975 zurück. Gleichzeitig hat die gezielte Aufforstung die Entwaldung gebremst und sogar dazu geführt, daß einige Waldgebiete wieder neu entstanden sind und daß die bewaldete Fläche der USA seit 1952 um 300.000 Quadratkilometer von 2,6 auf 2,9 Millionen Quadratkilometer (1987) zugenommen hat.

Rationalisierung und Planung stießen jedoch auf unüberwindliche Hindernisse. Während der Pro-Kopf-Verbrauch um zwei Drittel abnahm, verdreifachte sich die Bevölkerung. Außerdem nahm der Pro-Kopf-Verbrauch seit 1975 wieder zu, und die Verbindung von steigendem Verbrauch und Bevölkerungszunahme hat dazu geführt, daß in den USA 1987 550 Millionen Kubikmeter Holz verarbeitet wurden, das bedeutet gegenüber den 320 Millionen von 1900 eine Zunahme um 72 Prozent. Während die USA im 19. Jahrhundert Holz exportierten, sind sie heute zu Nettoimporteuren geworden und beziehen das meiste Holz aus Kanada.

Die neuen Holzplantagen haben mit den ursprünglichen Wäldern so viel gemein wie die heutigen Kartoffelfelder mit der wilden Prärie. Wie die wissenschaftliche Aufzucht die Lebenszeit für Rinder auf etwas über zwei Jahre begrenzt hat, weil sie in dieser Zeit schnell wachsen und dann profitträchtig sterben können, so hat die Forstwirtschaft diejenigen Kiefern selektioniert, die wie Pilze in die Höhe schießen. Das Leben dieser Bäume ist kurz und eintönig. Ausgewählte Setzlinge werden in Reihen gepflanzt, mit Schädlingsbekämpfungsmitteln getränkt, nach kurzer Lebensdauer abgeholzt und verpackt. Vom ursprünglichen Lebenszusammenhang des Waldes bleibt wenig oder gar nichts mehr übrig, viele Pflanzen- und Tierarten sind vom Aussterben bedroht, der Wald ist um mehr als die Hälfte zurückgegangen, und seine Vielfalt hat abgenommen. Dadurch ist seine genetische Grundlage gefährdet und muß mit immer stärkeren Giften geschützt werden. Der erschöpfte Boden verlangt nach immer mehr Düngemitteln, und so dreht sich die Spirale weiter. Abgesehen von einigen Naturschutzgebieten als »anmutiger Park zur Zerstreuung« ist der amerikanische Wald »Holzanbau«. Das ist unausweichlich, da Holz 1990 noch immer 30 Prozent der in den USA verwendeten Rohstoffe ausmacht und die Holzindustrie bei einem Umsatz von 270 Milliarden Dollar im Jahr zwei Millionen Menschen beschäftigt.[13] Der Mythos der Pionierzeit muß sich zwangsläufig arrangieren mit den Baumplantagen und die Liebe zur Natur mit der Holzindustrie. Der Umweltschützer wohnt in seinem »unschuldigen« *balloon frame*-Haus und entrüstet sich über die Abholzung des Amazonasgebietes und über die »unverantwortlichen Regierungen, die die *Lungen der Erde* zerstören«.

Im Yellowstone Park in Wyoming wollen die Touristen ein *camp fire* machen, um am nächtlichen Feuer wie die Pioniere des Westens unberührte Natur zu erleben. Die Ranger aber wollen verhindern, daß die Touristen sich auf der Suche nach Brennholz im Unterholz herumtreiben. Die Parkbesucher brauchen außerdem Holz, das leicht brennt und ein schönes Feuer ergibt. Eine *praktische* Lösung bieten Automaten, aus denen man zurechtgeschnittene Scheite in Plastik verpackt für zwei Dollar pro Packung entnehmen kann.

13 Daten nach: U. S. Bureau of the Census, *Statistical Abstract of the United States 1992*, Tabelle 1134–1134 und 1148, und M. Williams, a.a.O., S. 487f.

DAS VEHIKEL DES FORTSCHRITTS: DIE TRAM

Die *suburbs* Chicagos tragen idyllische Namen, von denen allein fünfzig an Bäume, Wälder und Gärten erinnern. Sechzehn Gemeinden heißen »... Park«: So zum Beispiel »Park der Friedenspfeife«, »Hirschpark« und »Immergrünpark«. Neun *suburbs* schmücken sich mit einem »...Wald«: Hauswald *(Homewood)* und Uferwald *(Riverwoods)*. Dann gibt es die »...Wäldchen« *(Grove)*: das Frühlingswäldchen, das Präriewäldchen, das Elchwäldchen, das Wäldchen am Fuchsfluß und das Büffelwäldchen. Und schließlich sind da noch die Gemeinden mit »... Forst« *(Forest)* im Namen: der Forst am Fluß, der Blick auf den Forst, der Forst am See und der See am Forst. Die Bauherren Chicagos befolgen gehorsam die Regel, die Siedlungen, die sie verkaufen wollen, nach den Namen der Bäume zu benennen, die sie dafür abgeholzt haben.

Die Namen bezeichnen keine Realität, sondern greifen die Wünsche der Pendler auf, die sich nach ihrem »Häuschen im Wald«, nach der »Zuflucht am heimischen Herd« sehnen. Der Wald überträgt die Unschuld, von der Thoreau sprach, auch auf die Bewohner der *suburb,* die den Namen der Bäume trägt. Die riesigen Wälder der Großen Seen sind für die *balloon frame*-Einfamilienhäuser abgeholzt worden. Doch ihr Opfer war nicht umsonst, sondern hat Gemeinschaften in »Parks« und »Wäldchen« geschaffen: Die Menschen leben nahe an der Stadt, die der Arbeit und den Vergnügungen dient, aber sie leben fern von ihrer Häßlichkeit, ihrer Umweltverschmutzung, ihrer Kriminalität und ihrem Verkehr.

In der Stadt demonstrierten arme Leute, Bettler streckten auf der Straße die Hand aus, Krankheiten breiteten sich rasch von den Armenvierteln in die Wohngegenden der Wohlhabenden aus, wofür der Laufjunge, die Waschfrau, die Näherin oder andere Hilfskräfte sorgten. Wendete man die Augen nicht sorgfältig ab, so entdeckte man bei jedem kleineren Gang einen Slum oder mindestens ein zerlumptes, schmutziges Kind [...] In der Vorstadt konnte man leben und sterben, ohne das Bild einer harmlosen Welt zu trüben, ließ man nicht ihre dunklen Seiten aus den Spalten einer Zeitung hervorscheinen. So diente die Vorstadt als Zufluchtsort, an dem man Illusionen pflegte. Hier konnte Häuslichkeit gedeihen, und hier konnte man die Ausbeutung vergessen, auf der sie so weitgehend beruhte. Hier blühte die individuelle Freiheit, und man dachte nicht an die umfassende Reglementierung dort draußen. Es war nicht nur eine Umwelt für Kinder, sondern die Vorstadt ruhte auf einer kindlichen Vorstellung von der Welt, bei der die Wirklichkeit dem Vergnügen als Prinzip geopfert wurde.[1]

Wie Lewis Mumford in dieser Passage seines grundlegenden Werkes über *Die Stadt in der Geschichte* ausführt, fühlt sich die amerikanische *suburb* unschuldig gegenüber der Natur und gegenüber dem Menschen: unschuldig an der Abholzung des Waldes, weil sie vorgibt, nur eine Lichtung in diesem Wald zu sein, und unschuldig an der Verwüstung der *inner city*, vor deren Gewalt ihre Bewohner geflüchtet sind. Aber selbst Mumford verfällt in den Fehler, ein *Zuerst* und *Danach* für die Stadt zu postulieren. In Wirklichkeit gilt für die Städte derselbe Mechanismus, den Michel Foucault für die Gefängnisse beschrieben hat. Die Gefängnisse sind nicht *zuerst* errichtet worden, und *danach* kam die Gefängnisreform. Foucault zeigt in *Überwachen und Strafen* vielmehr, daß die Reform *gleichzeitig* mit der Einrichtung der Gefängnisse entsteht. Die beiden Erschei-

1 Lewis Mumford, *Die Stadt. Geschichte und Ausblick*, München [3]1984, Bd. 1, S. 576f.

nungen tauchen ohne zeitliche Verschiebung auf. Genauso setzt die Flucht aus der Stadt ein, sobald die Stadt keine *walking city*, keine Stadt für Fußgänger, mehr ist. Der Wandel der Stadt gleicht dem ihrer Produkte: Von einem einfachen Handwerksstück entwickelt sie sich zu einem komplizierten, aus vielen »Teilen«, Kreisläufen und Mechanismen bestehenden technischen Apparat aus Kanalisation, Wasser-, Gas- und Stromversorgung, Transportwesen und Müllbeseitigung. Wie andere hochentwickelte technische Produkte hat sie ihre Pannen und Ausfälle. Ein Raumschiff besteht aus Millionen von Teilen und wird doch als Einheit verstanden, dessen Funktion, technologischer Standard und Bequemlichkeit als Ganzes beurteilt werden. Auch die Stadt ist ein Ganzes, dessen Funktionieren von Millionen von Einzelelementen abhängt, aber nur selten wird sie als technologische Einheit, als Produkt »Stadt« gesehen, und nur selten fragt man, ob sie »praktisch«, »bequem«, technologisch »fortgeschritten oder rückständig«, und ob sie konsumentenfreundlich ist. Erst, wenn man in Länder fremder Kulturen reist, stellt man fest, daß man manche Städte *nicht zu benutzen weiß*, und es braucht Zeit, dies *zu lernen*. Mit ein bißchen Erfahrung merkt man aber schnell, welche Städte *benutzerfreundlich* sind.

Erst das Gefühl der Fremdheit bringt den »Werkzeug«-Charakter der Stadt zum Bewußtsein, obwohl eine Millionenstadt ohne Arterien für Menschen, Wasser, Elektrizität, Gas und Müll undenkbar wäre. Die moderne Stadt aber entsteht als *Produkt* und als Industrie*zentrum*. Als Eisenbahnknotenpunkt dient sie der Eisenbahn, aber gleichzeitig sind es die Eisenbahnen, die ihr dienen, denn anders könnte ein Ballungsraum für Millionen von Menschen gar nicht existieren. Die Lokomotiven brachten Lärm, Rauch und Staub ins Herz der Städte, und die Fabriken an der Strecke waren ein Spiegelbild für die dreckige und verwahrloste Umgebung der Eisenbahn selbst. Die Stadt des 19. Jahrhunderts ist die Fabrikstadt, und sie entsteht aus der »Zentralisierungstendenz der Industrie«, die Engels beschrieben hat:

> Die Bevölkerung wird ebenso zentralisiert wie das Kapital […] Das große industrielle Etablissement erfordert viele Arbeiter, die zusammen in einem Gebäude arbeiten; sie müssen zusammen wohnen, sie bilden schon bei einer mäßigen Fabrik ein Dorf. Sie haben Bedürfnisse und zur Befriedigung derselben andere Leute nötig; Handwerker, Schneider, Schuster, Bäcker, Maurer und Schreiner ziehen sich hin […] und die Ansiedelung neuer Fabrikanten ist die Folge davon. So wird aus dem Dorf eine kleine Stadt, aus der kleinen Stadt eine große. Je größer die Stadt, desto größer die Vorteile der Ansiedlung. Man hat Eisenbahnen, Kanäle und Landstraßen; die Auswahl zwischen den erfahrenen Arbeitern wird immer größer; man kann neue Etablissements wegen der Konkurrenz unter den Bauleuten und Maschinen-Fabrikanten, die man gleich bei der Hand hat, billiger anlegen als in einer entfernteren Gegend […] man hat einen Markt, eine Börse, an der sich die Käufer drängen; man steht in direkter Verbindung mit den Märkten, die das rohe Material liefern oder die fertige Ware abnehmen. Daher die wunderbar schnelle Vermehrung der großen Fabrikstädte.[2]

Engels Beschreibung von Manchester im Jahres 1845 trifft haargenau auf die Entwicklung Chicagos zwischen 1850 und 1900 zu. Die entscheidenden Elemente waren die Kanäle (der Michigan-Illinois-Kanal), die Eisenbahn, die Börse (Chicago Board of Trade), der Getreidemarkt, das Holz, das Fleisch, die Schlachthöfe, die Sägewerke, die Fabriken für Mähmaschinen und Eisenbahnwaggons und dann die Stahlwerke.

Überall, in Manchester wie in Chicago, siedelten sich die Fabriken in der Nähe der Bahnhöfe an, und die Arbeiter wohnten nahe den Fabriken in überfüllten Slums, in schlechter Luft, ohne Kanalisation und fließendes Wasser, im Gestank und im Dreck der Armut. Für Gleise und Bahnhöfe wurde ein

2 Friedrich Engels, *Die Lage der arbeitenden Klasse in England* (1845), München 1980, S. 38 f.

Teil der Innenstädte niedergerissen, und Straßen und Häuser überzogen sich mit dem fetten schwarzen Ruß der Lokomotiven und Fabrikschlote. Das Pflaster war bedeckt mit den Roßäpfeln der Zehntausende von Pferden, die Waren, Maschinen und Menschen über kürzere Distanzen transportierten. Abwässer und Industrierückstände verschmutzten die Kanäle und Wasserstraßen. Der Bericht einer Sanitätskommission von Chicago beschrieb den South Fork, den südlichen Mündungsarms des Flusses der Stadt, als ein »abscheuliches stehendes Gewässer«, »eine stinkende, schwärzliche Flüssigkeit [...], über der Millionen von Insekten fliegen.« Nicht anders war für Engels der Irk in Manchester »ein schmaler, pechschwarzer, stinkender Fluß, voll Unrat und Abfall, [...] bei trockenem Wetter bleibt an diesem Ufer eine lange Reihe der ekelhaftesten schwarzgrünen Schlammpfützen, aus deren Tiefe fortwährend Blasen miasmatischer Gase aufsteigen und einen Geruch entwickeln, der selbst oben auf der Brücke [...] noch unerträglich ist«[3]. Besucher der Windy City meinten »Chicago stinkt sich zu Tode« *(stinks herself to death)*.[4]

Die mit Dampf betriebenen Transportmittel zu Wasser und zu Land beförderten nicht nur Waren und Menschen in die großen Städte, sondern auch Krankheiten. Die Historiker sind sich darin einig, daß die epidemische Ausbreitung der Cholera im 19. Jahrhundert durch Dampfschiffe und Züge bedingt war. Überfüllung und Schmutz taten dann das Ihre, und auch in Chicago brach die Cholera in mehreren Wellen aus. Im Jahre 1882 war die Kindersterblichkeit so hoch, daß mehr als die Hälfte aller Kinder vor Erreichung des fünften Lebensjahres starb, wobei die Sterblichkeit in den Armenvierteln dreimal höher lag als in den Gegenden der Wohlhabenden.

Coketown, Kohlestadt, nannte Dickens die metaphorische Stadt in *Hard Times*, und diesen Namen hat Mumford für die Städte übernommen, die sich aus der Dreiheit »Eisenbahn, Fabrik, Slum« entwickelten. Ihre Bewohner waren Einwanderer,

3 Ebd., S. 69
4 L. C. Wade, *Chicago's Pride*, a.a.O., S. 131 f.

die die Aussicht auf Arbeit in den Fabriken angezogen hatte; *Coketown* war geradezu ein Synonym für die Masse armer und dreckiger Einwanderer. Die Flucht aus den *inner cities* im 20. Jahrhundert wird gewöhnlich auf den hohen Anteil schwarzer Bevölkerung zurückgeführt und hat angeblich in den sechziger Jahren mit den Rassenunruhen in den Ghettos begonnen. Genauso führte man im 19. Jahrhundert den Widerwillen gegen die Städte auf die Anwesenheit der *white ethnics*, der Iren, Deutschen, Polen und Italiener zurück. Im Jahre 1910 lebten in den USA 72 Prozent der »im Ausland Geborenen« *(foreign born)* in den Städten. Die Wohlhabenden ergriffen, sobald sie konnten, vor den Ausdünstungen der Krankheiten, dem Schmutz und dem Lärm die Flucht. Selbst ein Kommunist wie Engels fühlte sich abgestoßen von London: »Schon das Straßengewühl hat etwas Widerliches, etwas, wogegen sich die menschliche Natur empört.«[5] Die Eisenbahn, die die monströsen Großstädte geschaffen hatte, ermöglichte aber den Wohlhabenderen auch die Flucht. Die Transportrevolution schuf die großen Städte und zugleich die Mittel, ihnen zu entfliehen. In New York existierte schon 1832 eine Eisenbahn bis zur 125. Straße, wo – im heutigen Zentrum von Harlem – die ersten Landhäuser lagen. Mit der Ausdehnung und Differenzierung der Transportsysteme eröffnete sich die Möglichkeit, dem Fluch der Innenstadt zu entkommen, immer breiteren und immer ärmeren Schichten.

*

Alte Technologien lassen sich nicht kampflos durch neue ersetzen. Nathan Rosenberg hat gezeigt, daß im 19. Jahrhundert »die Segelschiffbauer auf die Konkurrenz von Dampf und Eisen mit sehr kreativen Änderungen des Schiffsrumpfs einschließlich der Verwendung von Eisen antworteten«. Das führte dazu, daß in den siebziger Jahren »die Segelschiffe

5 F. Engels, a.a.O., S. 41

schneller waren, im Verhältnis zur Tonnage das doppelte Ladevolumen besaßen und nur etwa ein Drittel der früheren Mannschaftsstärke benötigten.« Deshalb belieferten vor allem »Segelschiffe die Kohlelager mit der Kohle aus Übersee«[6]. Ein heutiges Beispiel für diesen Prozeß bieten die Computer, die eine ganz neue Generation von entschieden verbesserten Schreibmaschinen haben entstehen lassen.

Als die mechanische Zugkraft aufkam, versuchte man die Zugkraft der Tiere zu verbessern. Um 1830 wurden auch auf Straßen Gleise installiert, auf denen die Pferde wegen der geringeren Reibung nun bis dahin unvorstellbare Lasten ziehen konnten. Weil aber die auf dem Pflaster liegenden Gleise den Verkehr der anderen Fahrzeuge sehr beeinträchtigten, wurden 1852 die in den Straßenbelag eingelassenen Gleise erfunden. Ohne den übrigen Verkehr zu behindern, konnte ein Paar Pferde – auch dank verbesserter Bremstechnik – einen Wagen mit 30 bis 40 Passagieren mit der unglaublichen Geschwindigkeit von rund 10 Stundenkilometern ziehen. Die Fahrpreise waren so niedrig, daß mit dem Wagen zu fahren erstmals für fast jedermann erschwinglich wurde. In New York beförderte die Pferdetram bereits 1853 sieben Millionen Passagiere. In den sechziger Jahren setzte sich die Pferdebahn in Chicago, Cincinnati, Boston, Philadelphia und Pittsburgh durch. In der Blütezeit der Pferdetram in der Mitte der achtziger Jahre unterhielten 525 Gesellschaften Pferdebahnen in 300 amerikanischen Städten auf Gleisen von 6.000 Meilen Länge mit über 100.000 Pferden[7], und sie beförderten 188 Millionen Passagiere. Die Pferdetram ist das erste wirklich öffentliche Massenverkehrsmittel. Schon Mitte des 19. Jahrhunderts tauchten die Probleme auf, die wir gewöhnlich als die typischen Übel unseres Jahrhunderts ansehen. Eine zeitgenössische Zeitschrift beschreibt die Situation mit einer

6 N. Rosenberg, a.a.O., S. 233 f.

7 Frank Rowsome, *Trolley Car Treasury. A Century of American Street Cars,* New York 1956, S. 17 und im ganzen Kapitel 2: *The Animal Railway,* S. 17–34. Andere Quellen sprechen nur von 415 Gesellschaften.

kuriosen Metapher aus der Lebensmittelindustrie: »Die Menschen sind zusammengepreßt wie in einer Sardinendose, und ihr Schweiß ersetzt das Öl. Weil die Sitze alle besetzt sind, stehen die Passagiere dichtgedrängt in der Mitte, wo sie wie die Schinken im Lebensmittelgeschäft an den Haltegriffen hängen.«[8]

Die Pferdetram ermöglichte es erstmals vielen Menschen, fern von ihrem Arbeitsplatz zu wohnen. Die Stadt wurde noch größer und die *walking city* noch voller, weil man die Entfernung zwischen Arbeitsplatz und Wohnung nicht mehr zu Fuß bewältigen mußte. Damit war ein erster Schritt zur Demokratisierung der *suburbs* und zur Integration von Eisen- und Pferdebahn geschaffen. Nicht nur die Vorstädte erweiterten sich, sondern auch die Dimensionen des Stadtzentrums, dem nun alles zugerechnet wurde, was in der Reichweite einiger Stationen des *horsecar* lag. Im Jahre 1880 wohnten mehr als 300.000 Menschen in den *suburbs* von Chicago, davon mehr als 70.000 Pendler.[9]

*

Den machtvollsten Anstoß für die Ausdehnung der *suburbs* brachte jedoch erst die elektrische Tram, der *trolley car*, und diese neue Transporttechnik bürgerte sich in den USA mit erstaunlicher Geschwindigkeit ein. Bereits zehn Jahre nach der Herstellung des ersten Prototyps im Jahre 1880 war die elektrische Trambahn sehr weit verbreitet, während das Auto mindestens 25 Jahre brauchte, um sich durchzusetzen. Der elektrische Antrieb wird nicht krank, hinterläßt keine Pferdeäpfel, rutscht nicht auf Glatteis aus, braucht keine zusätzlichen Kräfte, die am Fuß einer Steigung bereitstehen, läßt die Tram doppelt so schnell – mit ca. 20 km/h – fahren und kann in Spitzenzeiten bis zu 100 Personen befördern. Die Fahrpreise sanken deshalb weiter, so daß um die Jahrhundertwende eine normale Fahrkarte statt einem Dime (10 Cent) nur

8 K. T. Jackson, a.a.O., S. 41
9 Ebd., S. 93

noch einen Nickel (1 Cent) kostete. Im Jahr 1890 transportierten die »Straßeneisenbahnen«, die *street railways*, wie man sie damals nannte, in den Vereinigten Staaten alljährlich 2 Milliarden Passagiere und damit doppelt so viel wie im Rest der Welt. In den amerikanischen Großstädten über 100.000 Einwohner fuhr jeder Mensch – einschließlich der Babys – 172 mal im Jahr mit der Tram. Berlin dagegen, das in Europa über das am besten ausgebaute öffentliche Trambahnnetz verfügte, hätte in den USA nur den 22. Platz eingenommen.[10]

In Chicago setzte sich die Tram noch rascher und noch kapitalistischer durch als anderswo in Amerika und ist aufs engste mit dem Namen Yerkes verbunden. Charles Tyson Yerkes, ein Börsenspekulant, der 1871 schon einmal ins Gefängnis gewandert war, kam 1881 nach Chicago, stürzte sich auf den Getreidehandel und wurde Broker für Getreide. Mit Hilfe eines Kredits erwarb er sich eine Option auf die North Chicago Street Railway und allmählich auch auf andere Linien. Yerkes realisierte ein für seine Zeit hervorragendes Verkehrsnetz. Er baute 500 Meilen (800 km) neue Straßenbahnlinien, davon 240 Meilen elektrifiziert, und er baute die Hochbahn, die auch heute noch kreischend einen *Loop*, eine Schleife, um die halbe Quadratmeile des Stadtzentrums zieht, das seitdem einfach *The Loop* heißt. Nach der Hochbahn wird auch bis heute der ganze innerstädtische Schienentransport einschließlich der Untergrundbahn »L« genannt, gesprochen »el«, von *elevated (train)*.

Yerkes war der Prototyp des habgierigen Geschäftemachers, der Politiker bestach und sich um die Unannehmlichkeiten für die Fahrgäste nicht scherte. Zu seinen Aktionären pflegte er zu sagen: »Die Passagiere, die an den Haltegriffen hängen, bringen die Dividenden.« 1892 schenkte Yerkes der University of Chicago 250.000 Dollar, so daß sich das seitdem nach ihm benannte Observatorium das damals größte Tele-

10 Viele der hier wiedergegebenen Zahlen stammen aus dem Kapitel *The Time of the Trolley* bei K.T. Jackson, a.a.O., S. 103 – 115 und aus Kap. VII *Transportation* bei I. Cutler, a.a.O., S. 201 – 231.

skop der Welt leisten konnte.[11] Dennoch blieb Yerkes höchst unbeliebt, und seine Unpopularität trug wesentlich dazu bei, daß immer lauter und in allen Gewerkschaftsprogrammen die Kommunalisierung des Transportwesens gefordert wurde. 1897 versuchte Yerkes sich seine Konzession für weitere 50 Jahre verlängern zu lassen, und »seine« Stadträte *(aldermen)* waren auch bereit, für ihn zu stimmen, aber eine wütende Menschenmenge versammelte sich vor dem Rathaus. Yerkes bekam seine Konzession nicht, und seine Stadträte wurden zwei Jahre später nicht wiedergewählt. Der Ausgebootete verkaufte 1901 all seine Linien, ging nach London und kaufte für 15 Millionen Dollar die dortige Untergrundbahn und das Recht, sie zu elektrifizieren. Während die Vereinigten Staaten Europa im Bau von Straßenbahnen weit überholt hatten, war Europa mit seinen Untergrundbahnen wesentlich weiter. 1866 wurde die erste U-Bahnlinie der Welt in London eröffnet, und 1898 folgte Paris, während jenseits des Atlantik erstmals 1897 in Boston eine Bahn unter der Erde fuhr, und das große New York bis 1904, Chicago sogar bis 1943 auf die erste *subway* warten mußte.

Die elektrische Tram trieb den von der Pferdebahn ausgelösten Prozeß der »Vervorstädterung« ins Unermeßliche und machte es außerdem möglich, die Stadt zu »erforschen«. Die Straßenbahngesellschaften veröffentlichten Fahrpläne und Führer, um das Umsteigen und das Auffinden der günstigsten Verbindungen zu erleichtern. An den Endhaltestellen eröffneten sie Vergnügungsparks mit Bierzelten und Rummelplätzen wie in Coney Island bei New York und am Riverside in Chicago. Dadurch nahm die Zahl der Fahrgäste an Sonntagen und im Sommer zu, weil ganze Familien sich aufmachten, um Stadtteile, Sehenswürdigkeiten und Parks der Stadt zu besuchen, die bis dahin in unerreichbarer Ferne gelegen hatten.

11 William T. Stead, *If Christ Came to Chicago!,* Chicago 1984, S. 194. Die Erstausgabe erreichte eine Auflage von 100.000 Exemplaren. Auf den Seiten 110–115 schildert der Autor emphatisch die Korruption in der Stadtverwaltung Chicago, die Yerkes die Konzession für die Straßenbahnen fast kostenlos überließ.

Die Trambahn ermöglichte Millionen von Menschen die Flucht aus dem Chaos, sie konnten jeden Tag in die Stadt *kommen* und *wieder gehen*. Aus der Stadt wurde das »Stadtgebiet«, das soweit reichte wie die Straßenbahnlinien. 1910 brachten die öffentlichen Verkehrsmittel eine Million Pendler in den Loop, und diese Zahl änderte sich bis heute erstaunlicherweise kaum. Wenn man Fotos aus der damaligen Zeit betrachtet, wundert man sich nicht sehr, daß die Menschen dieser Stadt den Rücken kehren wollten. Auf den Straßen herrschte ein unwahrscheinliches Gedränge, und alles war in Rauch und Ruß gehüllt. Denn in *Coketown* funktionierte von den Zügen über die Küchen, die Heizung, die Fabriken bis zur Stromerzeugung alles mit Kohle. Mit lautem Pfeifen überquerten Dampflokomotiven an über 2000 Kreuzungen die Straßen der Stadt, ihre Vorfahrt wurde häufig nicht beachtet, und es kam zu Unfällen und verstopften Straßen. Unter einem dichten Geflecht von Oberleitungen konnten sich die überfüllten Straßenbahnen nur mühsam einen Weg bahnen durch das Gewühl aus Dienstmännern mit riesigen Lasten, den ersten Autos, hochherrschaftlichen Kutschen, Pferdebahnen und mit Fässern und Kisten hochbeladenen Gespannen, deren Pferde sich unter den Peitschenhieben der Kutscher im Geschirr verhedderten.

Dann waren da noch die Behinderten, Versehrten und Mißgebildeten, die heute in den Städten der Dritten Welt so auffallen. »In keiner Stadt der Welt habe ich so viele versehrte Teile der Menschheit gesehen wie in Chicago«, schrieb der kritische englische Journalist William T. Stead.[12] Aber nicht nur die Zweibeiner hatten Unfälle, wurden krank und starben. Noch 1910 diente ein ganzes Heer von Pferden für Privat- und Mietkutschen und für den Warentransport. Pferde urinierten nicht nur und ließen Roßbollen fallen, sie wurden auch krank und zogen Myriaden von Insekten auf sich. Um die Jahrhundertwende starben in den Straßen Chicagos Millionen von

12 W. T. Stead, a.a.O., S. 194

schlecht ernährten, schlecht gepflegten und schlecht untergebrachten Pferden von allzu schweren Lasten erschöpft unter den Schlägen der Kutscher. Noch 1912 kamen 12.000 Pferde zu Tode, das heißt 32 pro Tag.[13] Am hellichten Tag ein Pferd unter den Schlägen des Kutschers zusammenbrechen zu sehen, war ein keineswegs außergewöhnliches Schauspiel. Die Gefühlsbewegung über die Unschuld der Pferde ist deshalb weniger befremdlich, Nietzsche, der in Turin eine alte Mähre umarmt, erscheint weniger verrückt und die Traumepisode in Dostojewskis *Schuld und Sühne* ganz realistisch. Raskolnikow sieht sich im Traum in seine Kinderzeit versetzt und erlebt, wie betrunkene Bauern ein Pferd zu Tode prügeln: »Schreiend drang er durch die Menge zu dem Pferde hin, umfing seinen leblosen, blutüberströmten Kopf und küßte ihm die Schnauze, die Augen und die Nüstern...«[14]

Die Trambahnen setzten sich auch deshalb so schnell durch, weil sie dazu beitrugen, die Pferde als Transportmittel zu ersetzen, und weil die Flucht in die Vorstädte noch demokratischer wurde. Für Millionen von Chicagoern war es jetzt möglich, fernab vom Stadtzentrum zu wohnen, so daß *suburbs* für niedrige Einkommensschichten entstanden. In einer solchen Stadt wurde jeder beneidet, der sie verlassen konnte. Heute beklagen die amerikanischen Städteplaner – und Menschenfreunde – die Stadtflucht, aber wer hätte damals die Stadt nicht lieber verlassen? Nicht zufällig hat William T. Stead seinem merkwürdigen Bericht den Titel *Wenn Christus nach Chicago käme* gegeben, um die Ungeheuerlichkeiten anzudeuten, die Christus hätte antreffen können. In diesem Titel ist das um die Jahrhundertwende geläufige Motiv der Rückkehr Christi auf die Erde aufgegriffen. Auf der Suche nach dem Wirken des Evangeliums taucht er beispielsweise in Iwan Karamasows Gedichtentwurf »Der Großinquisitor«[15] auf, und dieses Thema reicht im 20. Jahrhundert bis hin zu Carlo Levis

13 K.T. Jackson, a.a.O., S. 106
14 Fjodor M. Dostojewski, *Schuld und Sühne*, Berlin o. J., S. 63
15 Ders., *Die Brüder Karamasow*, a.a.O., Bd. 1, S. 337 f.

Christus kam nur bis Eboli. Auch Rudyard Kipling schrieb in jenen Jahren über einen Besuch Chicagos: »Nachdem ich die Stadt gesehen habe, wünsche ich ernstlich, sie nie wiederzusehen.«[16] Nicht nur Kipling, auch die Arbeiter, Handwerker und Angestellten wollten nichts wie weg und investierten ihre mageren Ersparnisse in Häuser, die weit von diesen Abscheulichkeiten und dem Menschengewühl entfernt waren, aber erreichbar mit der – überfüllten – Trambahn.

Die Arbeiter konnten nun fern von den Fabriken und vom Stadtzentrum wohnen, und deshalb wurden die Fabriken allmählich aus der Stadtmitte und von den Bahnhöfen wegverlegt. Die großen Betriebe siedelten sich in der Peripherie an. Die Stahlwerke Chicagos lagen ursprünglich unmittelbar nördlich von *downtown* am Chicago River, aber gegen Ende des Jahrhunderts zogen sie um in die Nähe des Calumet River fast an die Grenze zu Indiana. Das dortige Industriegebiet breitete sich immer weiter nach Südosten bis über die Staatsgrenze aus. Auch in Europa sprach man bald von »Arbeitervorstädten«, von *banlieues rouges.* Diese Verlagerung der Fabriken in die Peripherie beschleunigte sich durch die elektrische Revolution, die an die Stelle der Dampfmaschine die Turbinengeneratoren setzte. Im Jahre 1915 behandelte Graham R. Taylor in einem Buch als erster die Deindustrialisierung der Städte und die Bildung industrieller *suburbs* in den USA. Die Stadt wandelte sich nun vom industriellen Kern der umgebenden Region zu ihrem Dienstleistungs- und Handelszentrum. Die Schlote wurden aus der Innenstadt verbannt, und auch deshalb waren die Trambahnen so beliebt.

Schließlich änderte sich durch die Trambahn auch die räumliche Verteilung der *suburbs.* Solange die Eisenbahnen die Verbindungen hergestellt hatten, mußten die Haltepunkte mindestens drei bis vier Kilometer auseinander liegen, weil die Bahn nur langsam in Fahrt kam und nur langsam bremsen konnte. Deshalb gruppierten sich die *suburbs* weit voneinan-

16 Zit. nach K.T. Jackson, a.a.O., S. 93

der entfernt nahe um die Bahnhöfe. Das – öffentliche und private – Dienstpersonal wohnte im selben *suburb* wie die Benutzer, die armen Hausangestellten neben den reichen Hausherren. Jeder *suburb* reproduzierte sogar im kleinen die Struktur der Stadt, weil auch hier die Armen in der Nähe des Bahnhofs lebten.

Die Straßenbahn konnte viel mehr Haltestellen haben, und deshalb zogen sich die Ansiedlungen immer weiter auseinander und wurden zu einem ununterbrochenen Kontinuum entlang der Tramlinie, das freie Feld verschwand. Wegen der niedrigen Fahrpreise konnten die Hausangestellten, kleinen Kaufleute, Angestellten und Handwerker der reichen *suburbs* in eigene, billigere Gegenden umziehen und mit der Trambahn zur Arbeit fahren. Die Reichen fanden es vorteilhaft, die Fahrkosten zu zahlen, um ihren Augen den Anblick und ihren Nasen den Gestank der unteren Klassen zu ersparen. Der Augenblick, in dem die Herren den Kontakt zu ihren Knechten verlieren, stellt einen Wendepunkt in der modernen Zivilisationsgeschichte dar: Der Jacques aus Diderots Roman kann nicht mehr mit seinem Herrn sprechen. Von diesem Moment an entstehen sozial getrennte Vorstädte – nach Klassen und Schichten getrennt –, und der Wohnort definiert fortan die gesellschaftliche Stellung.

Dennoch veränderte die Trambahn die radiale Struktur der Stadt noch nicht. Die Bevölkerungsdichte und der Verkehr zwischen den verschiedenen *suburbs* war zu gering für ein Transportsystem *zwischen* den *suburbs.* Öffentliche Verkehrsverbindungen sind nur dann lohnend, wenn sie die Peripherie mit einem dichtbevölkerten Zentrum verbinden und wenn sich die *suburbs* an der Verkehrsroute aneinanderreihen. An dieser Stelle taucht zum ersten Mal das zweideutige Verhältnis zwischen *Unschuld der suburbs und Bevölkerungsdichte* auf, das uns noch öfter beschäftigen wird. Die Tram erweiterte zwar das Gebiet der *suburbs,* diese standen aber immer noch in Abhängigkeit vom Stadtzentrum.

Die aus dem 19. Jahrhundert stammende Trambahn von

Dallas ist daher nur noch ein archäologisches Kuriosum, denn dort gibt es längst kein belebtes Zentrum mehr, sondern nur die gespenstische Leere der Bürohochhäuser aus spiegelndem Glas, zwischen denen die *sounds of silence* widerhallen. Die Tram von Dallas ist genauso anachronistisch wie die Pferdedroschken von New York, Rom oder Chicago und die Rikschas, die in den asiatischen Städten verschwinden, während neuerdings in Los Angeles und Vancouver blonde junge Männer in die Pedale solcher Fahrradkutschen treten.

VORSTADTPARADIESE

Glücklicherweise ist es uns nicht mehr möglich, in Chicago auf einer der Linien von Yerkes um die Jahrhundertwende eine Trambahnfahrt zu erleben. Wer aber je in den Autobussen Afrikas oder Indiens – mögen sie auch noch so ökologisch sein – eingepfercht war, der versteht sofort die Begeisterung der Amerikaner für das Auto und den *Individualverkehr*. Die kapitalistische Industrialisierung des 19. Jahrhunderts war begleitet von einer Vergötterung des Individuums, aber nur bei den höheren Klassen, für die das Individuum als *frei* vorstellbar war.

»Meine Freiheit endet, wo deine beginnt«, lautete das Dogma der Epoche des Liberalismus. Für den Wohlhabenden endete die Freiheit am Gartenzaun, wo das Anwesen des Nachbarn begann, oder sie war begrenzt auf den Raum einer Kutsche neben einer anderen Kutsche. Für den Angehörigen der unteren Klassen endete die Freiheit in der Magengrube, in die sich der Ellbogen des Nachbarn bohrte, oder an der Nasenspitze, die gegen die Achsel des anderen gedrückt wurde. Wo bleibt die Freiheit des Individuums, wenn man zu fünft in einem Raum schläft oder zu hundert in eine Trambahn zusammengedrängt ist? Das Individuum, das »Ich« besaß nur unter den wohlhabenden Schichten Gültigkeit, nur in der Führungsetage, wo es großgeschrieben und zum Hegelschen Subjekt der Geschichte mit Verfügung über ein stattliches Bankkonto aufgewertet wurde. Diesem Subjekt räumte das 19. Jahrhundert das Recht auf *privacy* ein, während den unteren Klassen Gemeinschaftlichkeit (Kommunismus?) aufgezwungen wurde.

Nicht von ungefähr hat die Rationalisierung in Industrie und Verwaltung das Element Mensch austauschbar gemacht. Ein Arbeiter oder Angestellter läßt sich beliebig durch einen anderen ersetzen, er ist anonym und seiner Individualität entkleidet wie der Soldat in der Truppe. Seit Beginn der Moderne wurde das, was öffentlich, gratis oder *allzu* billig war, diskreditiert zugunsten des Privaten und Kostspieligen. Nur durch Erfolg konnte man dem Elend, dem Gestank und der Promiskuität der Gemeinschaft entgehen. Daher rührt bis heute der Zauber des Adjektivs »persönlich«, der in der Werbung so häufig und so mißbräuchlich anonymen Produkten für Millionen von Kunden angeheftet wird. Das ist die komische Seite der wahrhaft tragischen Sehnsucht der Massen, nicht mehr Masse zu sein, sondern »Einzelner«. Im Jahre 1906 verkündete der spätere Präsident Woodrow Wilson, das Auto werde zum Sozialismus führen, weil es den Neid auf die Reichen nähre. Wilson erkannte noch nicht, daß die spezifische Form der sozialen Auseinandersetzungen im Westen die des *Wettlaufs* zwischen den Klassen ist, wie erst Pierre Bourdieu gezeigt hat. Zuerst wohnte die herrschende Klasse allein in ihren Villen in den *suburbs*, ein Jahrhundert später lebten auch die Proletarier dort; zuerst besaßen nur die Wohlhabenden ein Auto, nach nur 50 Jahren konnten sich auch die niedrigen Einkommensschichten ein Auto leisten; zuerst gingen nur die Bürger in die »Sommerfrische«, dann machten auch die Massen »Urlaub«. Nur der zeitliche Abstand, die *décalage,* in diesem Wettlauf drückt den sozialen Unterschied aus, und das letzte Jahrhundert läßt sich als ein gigantisches Wettrennen verstehen, das die Realisierung als Individuum zum Ziel hat.

Das von Henry Ford im Jahr 1908 vorgestellte Modell T bedeutete daher als Auto für die Massen weit mehr als eine industrielle Revolution, denn es ermöglichte die Annäherung an die Individualität ohne die Voraussetzung des Reichtums. Mit dem Auto konnten sich auch Arbeiter, Angestellte und Müllfahrer erlauben, *Individuen* zu sein. »Daß das neue Fahrzeug von der Bevölkerung so rasch angenommen wurde, lag vor allem daran, daß es anders als die früheren Transportmittel seinem Besitzer *die Kontrolle der eigenen Bewegungen* ermöglichte. Jederzeit erreichbar und bereit, bringt das Auto seinen Besitzer von der Schwelle seines Hauses nach dem Zeitplan und auf der Route, die er selbst festgelegt hat, ans Ziel.« Mit diesen Worten charakterisierte ein Kommissionsbericht für Präsident Herbert Hoover im Jahr 1933 das neue Fahrzeug.[1]

Diese konzeptionelle Revolution vollzog sich in den Vereinigten Staaten ziemlich schnell, ja sie machte im ersten Viertel des 20. Jahrhunderts nie mehr erreichte Fortschritte. 1909 mußte ein Arbeiter für den Kauf des Ford-Modells T 25 durchschnittliche (Brutto-)Monatslöhne hinblättern, aber schon 1925 reichten drei Monatslöhne aus, weil die Autos weniger kosteten und die Löhne gestiegen waren.[2] Heute reichen weder in den USA noch in Europa drei Monatslöhne für den Kauf eines Wagens. Ein normaler Arbeiter muß heute mindestens fünf oder sechs Monatslöhne für den Kauf eines Neuwagens ausgeben – ein gewaltiger Rückschritt gegenüber der damaligen Zeit.

Als Henry Ford am 5. Januar 1914 den Tageslohn seiner Arbeiter von 2,3 auf 5 Dollar erhöhte, tat er dies nicht nur zur Erweiterung des Marktes, damit die Arbeiter, die Autos herstellten, sich auch selber eines kaufen konnten. Die Lohnerhöhung bildete vielmehr einen Baustein zur Verwirklichung der umfassenderen gesellschaftlichen Vision, daß die abhängig Arbeitenden jede Anstrengung unternehmen sollten, um den Status von Individuen zu erreichen. Aber diesen Status mußten sie sich verdienen, und deshalb wurde ihnen ein Lohn zugestanden, durch den sie diese *Individualität* erreichen konnten, nicht nur in der Theorie, sondern auch praktisch im Wohnen, in ihrem Bewegungsspielraum und der »Kontrolle« darüber. Jedermann zu erlauben, sich als Individuum zu reali-

1 President's Commission on Recent Social Trends in the United States, *Recent Social Trends in the United States*, Washington 1933, zit. nach Jackson, a.a.O., S. 173 (Hervorhebungen von mir)

2 Ebd., S. 161

sieren, bedeutet, den Kauf eines Autos als *persönliches* Fahrzeug und eines *balloon frame*-Hauses als *Einfamilienhaus* für jeden Geldbeutel zu ermöglichen. Henry Ford ermunterte die Arbeiter, »die eigene Individualität zu erobern«, während er gleichzeitig die Fließbandarbeit einführte und damit den Arbeitsprozeß so segmentierte, daß der einzelne Arbeiter zum anonymen, austauschbaren Element wurde. Vielleicht aber bleibt die Hoffnung, »eine Person zu sein«, die einzige Illusion, der man nicht entsagen kann.

Über die Rolle der Autos – und der Lastwagen – in den Vereinigten Staaten ist schon viel zu viel gesagt, geschrieben und ins Bild gesetzt worden, und ich will deshalb hier nur einige wenige Anmerkungen machen. Auto und Lastwagen haben das Verhältnis von Zentrum und Peripherie grundlegend verändert, das die Straßenbahn noch intakt gelassen hatte, weil eine ausreichend *hohe* Benutzerdichte unerläßlich war, um diese, wenn schon nicht profitabel, so doch wenigstens nützlich sein zu lassen. Für das Auto dagegen muß eine ausreichend *niedrige* Benutzerdichte vorhanden sein, damit der Verkehr fließen kann. Während die Straßenbahnen, mit der Ausnahme von ein oder zwei »Kreislinien«, vom Zentrum in die Peripherie und umgekehrt fahren, kann man mit dem Auto zwischen den *suburbs* hin- und herfahren. In den USA gab es bereits in den dreißiger Jahren Pendler zwischen den *suburbs*, weil die Pendler nicht mehr im Stadtzentrum, sondern in einem anderen Teil der Peripherie arbeiteten.

Die Bevölkerungszahl von Chicago-Stadt hat 1940 mit fast vier Millionen (3,97 Millionen) ihren Höhepunkt erreicht und ist seitdem kontinuierlich bis auf 2,784 Millionen (1990) gesunken. Die Bevölkerung des Ballungsraums hat dagegen immer mehr zugenommen: Die Zahl 4,57 Millionen des Jahres 1940 hat sich in den 50 Jahren bis 1990 fast verdoppelt und lag bei mehr als acht Millionen (8.066.000). Während 1940 acht von neun Chicagoern in der Stadt lebten, wohnen jetzt umgekehrt zwei von dreien außerhalb. Von diesen zwei Dritteln der Bevölkerung, die außerhalb der Stadt leben, arbeiten wiederum zwei Drittel in anderen *suburbs*. Ja, es hat sich sogar die Zahl der Personen verdoppelt, die in der Stadt leben und in den *suburbs* arbeiten, so daß heute täglich 250.000 Autos die Stadt verlassen, weil ihre Besitzer in der Peripherie arbeiten, während es 1960 nur 100.000 waren. Diese Revolution hat den Lebensstil, das Verhältnis von Arbeit und Vergnügen, Familie und Erholung für Millionen von Menschen verändert. Heute leben mehr als 100 Millionen Amerikaner, das sind 40 Prozent der Bevölkerung, in *suburbs*, und weitere 50 Millionen in Orten, wo es kein öffentliches Transportmittel gibt.

Das Auto setzt eine horizontale oder querlaufende Mobilität an die Stelle einer vertikalen oder von einem Mittelpunkt ausstrahlenden Mobilität; das Auto verändert nicht nur die Beziehung des Bürgers zu seiner Stadt, sondern auch das der Stadt zu ihrer Umgebung und zu sich selbst. Zunächst einmal muß es in der Stadt überall Parkplätze geben. Es ist unbeschreiblich, wie die amerikanischen Städte durch Parkplätze verschandelt sind. Neben den schicksten Geschäften öffnet sich der schwarze Abgrund mehrstöckiger Parkhäuser in Billigbauweise aus Sichtbeton. Vor dem Palmerhouse Hilton, dem einst größten Luxushotel der Welt, empfangen livrierte Portiers die Gäste auf roten Teppichen. Aber unmittelbar hinter dem Hotel erstrecken sich trostlose, von wackligen Metallgittern umzäunte Parkplätze auf den Grundstücken abgerissener Häuser. Der Parkplatz unterbricht das urbane Gefüge und läßt ein *terrain vague* entstehen, das auch das soziale Gefüge auseinanderreißt. Nachts lauern dort im Dunkeln Diebe, Räuber und Vergewaltiger. Der drohende Überfall in einem nächtlichen Parkhaus gehört zu den beständigen Ängsten der Großstadtbewohner und -besucher.

Ein Parkplatz zwischen einem hübschen Café, einem Modegeschäft und einem Feinschmeckerlokal unmittelbar an der Magnificent Mile erfordert die in den amerikanischen Städten so weit verbreitete Kunst zu *schauen, ohne zu sehen,* und offenen Auges nichts wahrzunehmen. Man muß die Augen so benutzen lernen wie die Ohren, die längst den Lärm, an den wir seit Jahrtausenden gewöhnt sind, einfach nicht wahrnehmen und *Laute* von *Hintergrundgeräuschen* unterscheiden. In den amerikanischen Großstädten werden unangenehme Kleinigkeiten wie die unbeschreibliche Häßlichkeit der Parkplätze als der »unvermeidliche Preis des Fortschritts« und somit als *visuelles Hintergrundphänomen* hingenommen.

Um mit dem Auto in die Stadt zu kommen, braucht man verkehrsgünstige Straßen. Die erste allein für Autos angelegte große Arterie war der von William K. Vanderbilt zwischen 1906 und 1911 angelegte Long Island Motor Parkway. Für die Pendler müssen die Straßen soweit als möglich bis ins Herz der Stadt vordringen, oder noch besser, sie vom einen Ende bis zum anderen durchqueren. Dabei erweist sich der Abriß ganzer Stadtviertel als »unvermeidlich«. Das Zerstörungswerk des Baron Haussmann im Paris des 19. Jahrhunderts für die Anlage der Grands Boulevards wurde in den amerikanischen Städten des 20. Jahrhunderts weit in den Schatten gestellt, denn jede hatte ihren Haussmann. Robert Moses in New York oder Richard J. Daley, der Bürgermeister von Chicago, betrachteten sich als Demiurgen einer mit staatlichen Mitteln finanzierten modernen Welt. Moses, der nach den Worten Marshall Bermans Brücken, Küstenstraßen und Autobahnen baute, weil er New York liebte, zerstörte Häuser, Straßen und ganze Wohnviertel.[3] Er hat aus der Bronx den Dschungel gemacht, der sie heute ist, indem ein *expressway* quer durch den Stadtteil gebrochen wurde. Dafür mußten 60.000 Bewohner ihre Wohnungen verlassen, Tausende von Gebäuden wurden niedergerissen und weitere Tausende wurden durch den Benzingestank und den Autolärm unbewohnbar. Die Stadtautobahn degradiert und zerstört genauso wie im 19. Jahrhundert die Eisenbahn die Wohnviertel, die sie durchschneidet. Mit dem gleichen »Schlachterbeil« und mit Hilfe der gleichen Bundeszuschüsse schlug Daley in Chicago Schneisen für den

3 Marshall Berman, *All That is Solid Melts into Air. The Experience of Modernity*, New York 1982. Berman widmet Moses den ersten Teil des fünften und letzten Kapitels seines Buches, in dem viele hier behandelte Themen aufgegriffen werden.

Dan Ryan, den Kennedy und den Adlai Stevenson *expressway*. Selbst das anmutige Boston ist wie von einer häßlichen Narbe von einer Autobahn entstellt, die an Häusern aus dem 18. und 19. Jahrhundert vorbeiführt. Man muß sich einfach so an die Autobahn gewöhnen, daß man sie nicht mehr hört und sieht. Eines der besten Fischrestaurants von Dallas liegt über einer Zisterne direkt unter einer Autobahnbrücke, so daß man nach den Frutti di mare am Ausgang vom Donnern der Laster empfangen wird. Auf der Standspur des Lake Shore Drive in Chicago sieht man immer viele Jogger, die die Abgase nicht zur Kenntnis nehmen.

*

Die Autobahn vollendet im 20. Jahrhundert den Prozeß der Verarmung der Straße als »Sphäre des öffentlichen Lebens«. Im 19. Jahrhundert war aus der Dorfstraße der städtische Verkehrsweg geworden. »Die Dorfstraße«, schreibt Franco Moretti, »bot tausendmal weniger Anregungen als die Straße in der Stadt. Dafür aber spielte sich fast das gesamte Leben auf der Straße ab.« Die Stadt hat die Straße »als Element der Kommunikation aufgewertet, als *Ort gesellschaftlicher Begegnung* dagegen drastisch und unwiederbringlich entleert. Das Neue am städtischen Leben sind nicht die vielen Menschen auf den Straßen, sondern die Büros und Häuser, in denen sie von der Straße ferngehalten werden. Nicht die öffentliche Dimension wurde in der Stadt gestärkt, sondern die private wurde erfunden.«[4] Auf der Dorfstraße traf man die Nachbarn, sie war also ein Ort der Begegnung, die Straße in der Stadt dagegen ist der Hintergrund, vor dem Unbekannte aneinander vorbeigehen, und daher entsteht der Begriff *Passant*. Lieder und Gedichte haben die *Passantin* zum Thema, die Unbekannte, die wir nie lieben werden, den Blick, dem man nur einmal begegnet, die Hand, die man nicht berührt hat, das erahnte, aber gleich

4 Franco Moretti, *Segni e stili del moderno*, Turin 1987, vor allem das Kapitel *Homo palpitans. Come il romanzo ha plasmato la personalità urbana*, S. 160f.

wieder verlorene Glück: Die Straße wird zum Ort der Einsamkeit, die die Begegnung erträumt, sie *phantasiert.*[5]

Die städtische Straße wird zum Ort der einsamen Intimität, in der jeder seiner eigenen Erfahrung nachgeht. Nur ausnahmsweise wird die Straße öffentlich. »Auf die Straße gehen« wird zum Protest und subversiven Akt, weil im täglichen Leben die Straße nur noch privat ist. Diese Tendenz, öffentliche Räume als Hintergrund für privates Erleben zu verstehen, findet ihre Vollendung in Walkman und Handy. Denn damit tritt an die Stelle der Fähigkeit, bestimmte Geräusche zu überhören, der zielgerichtete Wille, sie zu beseitigen und auszuschalten. Das Individuum nimmt den umgebenden Lärm nicht nur nicht wahr, sondern überquert die Straße eingebettet in eine selbstgewählte Klangwelt, sei es nun eine Melodie aus dem Kopfhörer oder eine ferne Stimme, die über Satellit zu ihm dringt.

Das Metall- oder Plastikgehäuse eines Autos ist eine Art Walkman in zigfacher Potenz, der Geräusche und Kontakt abschirmt. Im Auto wird der andere, sei es ein Auto oder ein Fußgänger, zum *Hindernis* auf dem Weg zum Zielort. Das Auto ist privat nicht nur als Besitz, sondern vor allem, weil es das, was für Jahrhunderte öffentliche Zeit war, in private verwandelt: der Weg des Wanderers in den *Canterbury Tales,* die Postkutsche bei Tom Jones oder der Zug, in dem wir dem Fürsten Myschkin in Dostojewskis *Der Idiot* begegnen.

Zuerst theoretisch und dann auch praktisch vertreibt das Auto den Passanten von der Straße, denn er wird als eine Art Gefährt mit zwei Beinen der Kategorie *Fahrzeug* untergeordnet. Das Auto erfordert Arterien nach seinem Zuschnitt, und deshalb entvölkern sich die Straßen in den Städten außerhalb des Stadtkerns, wo auch nur während der Geschäfts- und Bürozeiten Bewegung ist. Breite Straßenzüge liegen gähnend leer da, und höchstens an den Kreuzungen ist manchmal

5 Georges Brassens vertonte ein Gedicht mit dem Titel *Les passantes* (1913 von dem ebenfalls »unbekannten« Antoine Pol verfaßt), das er auf einem Flohmarkt gefunden hatte.

etwas los. Um die revolutionäre Veränderung zu ermessen, die sich in nicht einmal hundert Jahren vollzogen hat, genügt es, das Gewühl auf den Straßen zu Beginn des Jahrhunderts mit der Öde von heute zu vergleichen. Die Straße ist zur *Abstraktion* geworden.

Allerdings haben es die Autos auf dieser Abstraktion in den amerikanischen Städten sehr bequem. Alles ist wie für sie geschaffen, beispielsweise die gitterartige Anordnung der Straßen *(gridiron)*, die im rechten Winkel auf jede Meile zehn gleichmäßige Häuserblöcke abteilt. Diese Straßenführung wurde 1811 in New York eingeführt und fand in allen amerikanischen Städten Anwendung. Die geraden Linien verminderten die Grenzstreitigkeiten, vereinfachten die Grundstücksaufteilung und »erleichterten Kauf und Verkauf von Immobilien«. Ein zeitgenössischer Arzt namens Daniel Drake sagte: »Kurven, weißt du, gehören zum Land, die Geraden zur Stadt.«[6] Die gitterartige Aufteilung der Vereinigten Staaten erlebte ihren Höhepunkt 1862 mit dem Homestead Act, der jedem künftigen Farmer zu einem Nominalpreis im Westen Grund und Boden versprach und dazu das ganze Land in Flächen von einer Viertelquadratmeile (64 Hektar) aufteilte, die von einer Straße begrenzt waren. Auf diese Weise wurde ganz Amerika von einem riesigen Gittermuster überzogen.

Im 20. Jahrhundert wurden die Gesetze des Marktes durch die Gesetze des Verkehrs ersetzt: Die Kurven behindern den Verkehrsfluß, beeinträchtigen die Sicht und schaffen »irrationale« Kreuzungen, während das Gitter ein vollkommenes System von Ampeln ermöglicht. Die Bequemlichkeiten fürs Auto sind damit aber noch nicht zu Ende. Sie bevorzugen breite Straßen? Sofort wird dieser Wunsch mit Straßen so breit wie Landebahnen befriedigt. Parkplätze dürfen nicht abschüssig sein? Sofort werden alle Erhöhungen zu Billardtischen aus Asphalt plattgemacht.

Autos hegen auch eine gewisse Antipathie gegen Bäume. Deshalb gibt es nur ganz wenige Alleen in amerikanischen

6 Über das *gridiron system* vgl. K.T. Jackson , a.a.O., S. 73–76

Städten, wie beispielsweise Commonwealth Avenue in Boston, ein kurzes Stück des Broadway in New York oberhalb der 60. Straße und noch ein paar andere. Am Abend werden aber auch die Autos müde und suchen in einer angenehmeren Umgebung Ruhe. Dann fahren sie hinaus in die *suburbs*, wo sie eine gemütliche Garage ganz für sich haben, die in den nördlichen Gegenden im Winter sogar beheizt ist. Nun erlauben sie ihren zweibeinigen Dienern, sich auszuruhen, damit sie am nächsten Morgen wieder bereitstehen können mit warmem Motor, den Tank voller Cornflakes und mit nach Rasierwasser duftender Karosserie.

*

In der nach einem Wald benannten *suburb*, fern vom Loop, ist all das möglich, ja sogar erwünscht, was in der Stadt ganz ausgeschlossen ist oder abgelehnt wird. Hier tragen die Straßen nicht einfach Nummern, sondern richtige Namen und sind meist von Bäumen gesäumt. Kurven werden als der Gipfel der Eleganz angesehen. In den *suburbs* schlängeln sich die Straßen und entsprechend steigen die Preise, weil eben, wie Drake sagte, »Kurven das flache Land« und die Natur »symbolisieren«. Noch teurer werden die Gegenden, wenn es Täler und Hügel gibt, so daß die Siedlung erst von der letzten Anhöhe aus für den Herankommenden sichtbar wird. Ein Hügel oder eine Biegung gelten als das Nonplusultra, das von den Landschaftsplanern im Dienste der Bauherrn wenn nötig extra geschaffen wird. Für viel Geld und mit massivem Maschineneinsatz versuchen die Menschen hier die Kurven und Abhänge nachzubilden, die die Natur anderswo gedankenlos zur Verfügung stellte und die in jedem verlassenen Tal vorhanden waren.

In den *suburbs* können die Kinder auf der Straße spielen, was in den Städten nicht nur Amerikas zu einem lebensgefährlichen Unternehmen geworden ist. Als kleiner Junge konnte ich vor vierzig Jahren in einem normalen Wohnviertel von Rom, das heißt in einer mittelgroßen Hauptstadt eines mittelgroßen europäischen Staates, mit den anderen Fünf- bis Zehnjährigen problemlos auf dem Gehsteig spielen. Wir bildeten harmlose Banden und beschossen uns mit zusammengeknüllten, mit Pflaster verklebten Kartongeschossen. Am Ende dieses Jahrtausends ist für die Kinder der Mittelklasse die Geselligkeit der Straße und der Nachbarschaft unerreichbar. Um im Freien zu spielen, müssen sie sich in Begleitung Erwachsener zu eigens dafür eingerichteten Orten wie Parks und Kinderspielplätzen begeben. Die Kinder können nicht mehr fernab der Kontrolle durch die Erwachsenen und der von ihnen überwachten Orte wie Haus und Schule die aufregenden und schmerzhaften Erfahrungen verschwörerischer Komplizenschaft machen, die von unaussprechlichen Geheimnissen gegenüber den Erwachsenen verzaubert ist.

Heute ist die Geselligkeit der Straße den Kindern der niederen Klassen in den Armenvierteln vorbehalten, die man früher die *gefährlichen Klassen* nannte. Dort nennt man ihre Banden Gangs von »Straßenkindern«, denn »ein anständiges Kind spielt nicht auf der Straße«, und deshalb werden sie kriminalisiert. Bei der Ankunft in einer fremden Stadt fragt jeder Amerikaner den Hotelportier, ob die und die Straße »sicher« sei. Die Straße wird kriminalisiert, weil der Rest an sozialem Austausch in der Öffentlichkeit nur noch in der illegalen Form des Drogenhandels und der Prostitution geschieht.

Mit der Elektrizität schien die Menschheit die Nacht besiegt zu haben. Nicht die Aufklärung durch die Philosophie, sondern erst die Beleuchtung schien unserem jahrtausendealten Kampf gegen die Finsternis zum Sieg verholfen zu haben. Um die Jahrhundertwende bewunderten die Besucher der großen Städte das aufregende nächtliche Leben, den Verkehr und das Durcheinander auf den Straßen so sehr, daß man als Gegensatz das künstliche Dunkel der Kinosäle und Geisterbahnen erfand.[7] Der Sieg über die Nacht war jedoch nur

7 Wolfgang Schivelbusch, *Lichtblicke. Zur Geschichte der künstlichen Helligkeit im 19. Jahrhundert*, München 1983, vor allem das Kapitel über *Die Straße* und *Die Verdunkelung des Raumes*

von kurzer Dauer. Auch wenn die wirkliche Dunkelheit inzwischen fast unbekannt ist, der Sternenhimmel kaum zu sehen und über dem Horizont immer ein heller Schein liegt, hat sich die Nacht doch wieder ihr Recht verschafft und verbreitet wieder ihren Schauer, die »nächtlichen Ängste«. Nach Mitternacht sind die Straßen wieder so finster wie auf Rembrandts *Nachtwache*, und die Angst vor der Straße, die *Odophobie*, vermischt sich mit der Angst vor der Nacht, die so alt ist wie die Menschheit.

In der *suburb* dagegen können die Kinder auf der Straße spielen, die Erwachsenen können spazierengehen und mit dem Rad fahren, denn die Straßen sind privat, und jeder Eindringling fällt sofort auf und wird mißtrauisch beobachtet. (Was Straße hier bedeutet, läßt sich allein daran ablesen, daß ein Unbekannter als *Eindringling* erscheint!) Auf Schildern, die die schwarzen Umrisse eines männlichen Gesichts mit drohend heruntergezogener Hutkrempe zeigen, fordern die Anwohner dazu auf, wachsam zu sein und der Polizei jede auffällige Begegnung zu melden.

Einen Passanten anzusprechen, was in der Stadt nicht angebracht wäre, wird hier zu einer Frage der Höflichkeit, denn der Passant ist ein *Nachbar*. Während in Europa der Garten *vor* den Einfamilienhäusern eingezäunt ist, steht das amerikanische Einfamilienhaus unbewehrt da, denn der Rasen vor dem Haus hat keine Umzäunung. Das Leben der Familie im Freien um das Barbecue spielt sich *hinter* dem Haus vor neugierigen Blicken versteckt ab.

Stadtkinder aus Europa sind begeistert von den Wohngegenden der amerikanischen *suburbs*, weil sie auf den offenen, gepflegten Rasenflächen im Freien spielen können. Hier ist das Leben wirklich so *unschuldig*, wie Mumford sagte, hier blüht die Häuslichkeit, hier hat das Individuum seinen Platz. Die für den Bau von Autobahnen und Parkplätzen zerstörten und zu Ghettos degradierten Städte sind eben der Preis für Individualität und die Entfaltung der eigenen Persönlichkeit.

Aber damit nicht genug. Jedes einzelne Haus zwischen

Bäumen und Rasenflächen muß Zugang zur Straße haben. Hinter jedem zweiten Haus muß deshalb eine Straße liegen mit Häusern rechts und links. Wenn ein Haus mit seinem Rasen an der Straßenseite eine Länge von 20 Metern einnimmt, dann benötigen 100 Familien einen ganzen Kilometer einer zweispurigen Straße mit zwei Gehsteigen. Die Häuser für 10.000 Familien ziehen sich über 100 Kilometer hin – Querstraßen, Hauptstraßen, Schnellstraßen und die Zugangswege für die kommunalen Einrichtungen und Geschäftszentren nicht eingerechnet. Das Verlangen, in der Natur zwischen Bäumen und Blumen zu leben, verbraucht mehr Asphalt pro Einwohner als jede nur denkbare zubetonierte, »unnatürliche« Großstadt, und im Vergleich dazu vervielfacht sich die Länge von Rohren und Leitungen für Kanalisation, Telefon, Strom und Wasser.

Die für jeden Einwohner notwendigen Infrastrukturen wachsen ins Unermeßliche und verbrauchen eine unvorstellbare Menge an Energie, wobei jedes Haus dann noch seine eigene Heizung und Aircondition hat. Um jeden seiner Zweibeiner, Vierbeiner, Zweirädler und Vierrädler zu waschen und den Rasen zu gießen, benötigt jedes Haus sinnlose Mengen Wasser. Das irrationale und zerstörerische Ungleichgewicht, das dieser Energiekonsum hervorbringt, springt nirgends deutlicher ins Auge als bei den Häusern der kalifornischen Wüste. Das leuchtende Grün der Rasenflächen ist – aus rein ästhetischen Gründen – mit Tausenden von Gallonen Wasser auf ein handtuchbreites Fleckchen Erde erkauft, während sich ringsumher eine endlose, trostlose Steinwüste erstreckt, die im wahrsten Sinn des Wortes am Verdursten ist. Hinter dem unschuldigen Aussehen und der scheinbaren Bescheidenheit des *balloon frame*-Hauses versteckt sich eine grenzenlose Vernichtungswut und Verschwendung von Holz, Asphalt, Energie und Wasser.

Die *suburbs* verschlingen auch menschliche Ressourcen. Die Bewohner leben so weit verstreut, daß ihr Schutz ein ungeheures Polizeiaufgebot verlangt. (Jahrhundertelang drängten sich die Menschen in den mittelalterlichen Städten *zusammen, um sich zu schützen.*) Auch dieser ostentative Aufwand würde aber bei weitem nicht ausreichen, um die Sicherheit der Bewohner zu garantieren, wenn es nicht zwischen der Polizei, die die *suburbs* kontrolliert, und den Gangs, die die *inner cities* beherrschen, eine stillschweigende Aufteilung der Territorien gäbe. Jede Seite vermeidet Grenzüberschreitungen, und nur, wenn es unvermeidlich ist, dringt man wie eine Invasionsarmee in feindliches Gebiet ein. Während der Unruhen in Los Angeles 1992 ging nicht eine einzige Glasscheibe der reichen Vororte von Beverly Hills zu Bruch. Im Gegenzug ließ die Polizei Plünderern und Brandstiftern freie Hand und wartete auf den Einsatz der Nationalgarde, die ganz ausdrücklich als »Expeditionskorps« und daher »neutraler« als die städtische Polizei eingesetzt werden konnte. Viele Amerikaner protestierten dagegen, daß die Regierung 1992 die Marines nach Somalia schickte statt nach South Central Los Angeles.

Die Aufteilung der Territorien erklärt auch die besondere Beunruhigung der Öffentlichkeit über kriminelle Psychopathen, denn sie entziehen sich der Kontrolle sowohl durch die Polizei als auch durch die Gangs und können überall zuschlagen. In den *suburbs* werden sie deshalb als eine größere Gefahr empfunden als die Gangs. So erklärt sich auch das kleinliche Mißtrauen und die ständige Wachsamkeit, die diese urbane Struktur hervorbringt und nährt. Der einzelne wirkt bedrohlicher als die Masse.

Furcht ist ein günstiger Nährboden für Konformismus, und aus Angst sucht man Zuflucht in einer sozial ähnlichen Nachbarschaft, mit ähnlichen Berufen, ähnlicher Bildung, ähnlicher Hautfarbe und natürlich ähnlichem Einkommen, was schon die Immobilienpreise der Gegend voraussetzen. Auch die Mobilität führt zum Konformismus, denn wenn man Tausende von Meilen weit fortziehen muß, sucht man, um keine bösen Überraschungen zu erleben, nach einem Haus in einer passenden Gegend, wo man nicht sozial isoliert ist, die Kinder nicht »in schlechte Gesellschaft« geraten und die Frauen nicht von »finsteren Gestalten« belästigt werden. Die dünne Besiedelung macht die *suburbs* verletzlich, und dem wird Uniformiertheit, Eintönigkeit und freiwillige Ghettoisierung entgegengesetzt. Es entsteht eine soziale Diaspora im ursprünglichen Sinn des Wortes von Zerstreuung, weil sich die Gesellschaft in ihre Segmente aufspaltet, die untereinander keine Verbindung mehr haben.

*

Nur das Auto hat diese Lebensform möglich gemacht, und umgekehrt ist in der Lebensform *suburb* auch kein anderes Transportmittel als das Auto möglich. Die Bevölkerungsdichte ist so niedrig, daß jede Form von öffentlichen Verkehrsmitteln sinnlos erscheint. Die *suburbs* wurden finanziert und gebaut auf der Grundlage einer gegen den öffentlichen Verkehr gerichteten Politik. Aber wenn die *suburbs* einmal geschaffen sind, ist es unmöglich, Autobusse oder Trambahnen nachträglich einzufügen, sie passen einfach nicht zu der Struktur.

Daraus ergibt sich, daß Kinder und Jugendliche, die *teens*, die noch keinen Führerschein besitzen, überall hingefahren werden müssen, zu Freunden, zum Schwimmen und ins Kino. Die Mütter sind im Nebenberuf Chauffeusen. Die *suburbs* sind erdacht worden und entstanden, um der Hausfrau und Mutter ein glückliches Leben zu ermöglichen, fern von den Ängsten des Erwerbslebens, der Stadt, der Masse und der *Fremden*. Für Betty Friedan aber stellt die *suburb* nichts anderes als ein Gefängnis für Frauen der besonderen Spezies »suburbane« Hausfrau dar, was so ähnlich klingt wie »subhuman«. Die Schrecken des Gefängnislebens scheinen weit entfernt zu sein von dem leichten Leben amerikanischer suburbaner Hausfrauen. Aber führt »die Vorort-Hausfrau in ihrem hübschen Haus nicht beinahe das Leben einer Gefängnisinsassin? Haben sich die Frauen, die sich dem Leitbild des Weiblichkeitswahns unterwerfen, nicht selbst in ihren vier Wänden eingekerkert? Sie haben gelernt, sich ihrer biologischen Rolle

›anzupassen‹. Sie sind unselbständig, passiv, kindlich geworden«. Gewiß sollte man mit dieser Metapher nicht allzu weit gehen: »Das amerikanische Vorort-Haus ist nicht wirklich ein Gefängnis, und doch sind die Hausfrauen in ihm gefangen; sie können ihm nur entkommen, wenn sie von ihrer menschlichen Freiheit Gebrauch machen und ihre Selbstwertgefühl wiedererringen.«[8]

Auto und Einfamilienhaus waren als Hilfsmittel erschienen – und sind es bis zu einem gewissen Grad auch tatsächlich –, um sich Individualität zu erobern und zur Person zu werden. In abgewandelter Fassung gilt das Motto des Liberalismus auch für die Person: »Meine Individualität (als Mann) beginnt, wo deine (als Frau) aufhört, meine Persönlichkeit basiert auf deiner Anonymität und meine Freiheit auf deiner Gefangenschaft« oder genauer gesagt darauf, daß »du bleibst, wo du bist«. Der Mythos der *suburbs* und der Weiblichkeit wurde gerade dann in den höchsten Tönen gefeiert, als die Frauen aus dieser mit Blumen geschmückten Falle zu entkommen suchten. Es war der klassische Fall: Die Ideologie der selbstgewählten Isolation des Lebens in der *suburb*, deren unendlicher Horizont an der Blumenrabatte endet, feierte in der Reagan-Ära der siebziger Jahre Triumphe, als dieses Paradies in Gefahr geriet, weil verheiratete Frauen, Mütter von kleinen Kindern und die Hausfrauen der Vorstädte zu Millionen auf den Arbeitsmarkt drängten. Noch im Jahr 1970 arbeiteten nur 31,5 Millionen amerikanische Frauen, das sind 43,3 Prozent der weiblichen Bevölkerung der USA. 1991 waren es schon 57 Millionen, und damit war der Anteil auf 57,3 Prozent gestiegen: In nur zwanzig Jahren waren 25 Millionen Frauen in den Arbeitsmarkt integriert worden. Noch eindrucksvoller ist der Vergleich mit dem Stand von 1960. Zum damaligen Zeitpunkt arbeiteten nur 28,8 Prozent der verheirateten Frauen zwischen 25 und 34 Jahren, 1991 dagegen waren es schon

8 Betty Friedan, *Der Weiblichkeitswahn oder die Selbstbefreiung der Frau. Ein Emanzipationskonzept*, Reinbek 1991, Kap. 12 *Progressive Entmenschlichung: Das komfortable Gefängnis*, S. 201

70 Prozent. Während 1960 zwei von drei jungen Ehefrauen nicht arbeiteten, hat sich das Verhältnis heute umgekehrt. Ebenso stark hat die Zahl der arbeitenden Mütter zugenommen: 1960 lag der Anteil der verheirateten Mütter mit Kindern unter sechs Jahren bei nur 18,6 Prozent, bis heute hat sich dieser Prozentsatz mit 60 Prozent mehr als verdreifacht.[9]

Diese Revolution des amerikanischen Lebensstils ist in Europa kaum beachtet worden, aber sie brachte das ganze System des Lebens in den Vorstädten in Gefahr. Zuerst nahm die Zahl der Autos zu, 44 Prozent der Neuwagen werden heute von Frauen gekauft, so daß nicht nur der Odysseus der Peripherie, sondern auch seine des Webens müde Penelope sich auf die Fahrt begeben kann. Dann wurden viele Büros in die Peripherie verlegt, und man bot den Frauen, die ja weiterhin den größten Teil der Hausarbeit erledigen, Teilzeitjobs an. Schließlich wurden aber in großem Stil die *family values* wiederentdeckt und ein wahrer Kreuzzug für die Wiederherstellung des Mythos der Mutter und Ehefrau in Gang gesetzt. Gegenwärtig ist noch keineswegs ausgemacht, ob die Frauen wieder an den heimischen Herd zurückkehren, ob das System der *suburbs* in die Krise geraten wird oder ob sich neue Formen herausbilden werden. Ohne Zweifel aber sind auch heute Isolation und Frustration der Preis, den die Frauen und die amerikanische Gesellschaft für den Traum zahlen, in der unschuldigen Welt der *suburbs* leben zu können.

Das alles ist nur ein Teil der unglaublich hohen Kosten für die Verwirklichung des amerikanischen Traums vom eigenen Haus mit Garten und dem eigenen Auto mit Garage. Die Amerikaner wünschen sich nichts weiter, nichts Tieferes und auch nichts Poetischeres. Für den Außenstehenden erscheinen die Kosten unerträglich hoch und ruinös. Aber dieser Traum hat Hunderte Millionen Menschen dazu gebracht, Heimat und Familie zu verlassen, dem Unbekannten die Stirn

9 Zahlen des Bureau of the Census. Ich ziehe besonders verheiratete Frauen in Betracht, denn die typische *middle-class*-Frau in den *suburbs* ist verheiratet, während die schwarzen Frauen der *inner cities* in der Mehrzahl der Familienvorstand sind.

zu bieten und sich einer feindlichen, rassistischen Gesellschaft auszusetzen. Fotos aus dem 19. Jahrhundert zeigen den ganzen Stolz eingewanderter Frauen über den »Besitz« des eigenen Einfamilienhäuschens aus Holz und lassen erkennen, welche ungeheuren Kräfte dieses Ziel zu mobilisieren in der Lage war, wie sehr es Entbehrung, Mühen und Erniedrigungen zu ertragen half. Für 60 Millionen amerikanischer Familien hat sich der Traum bewahrheitet, und sie sind Besitzer eines eigenen Hauses. Aber auch *Besitz* hat geheimnisvolle, unvorhersehbare und unerwünschte Konsequenzen.

DER GLAUBE KANN AUCH BANKEN VERSETZEN

Weder Liebe noch Zen haben eine so starke Wirkung, heilkräftiger als Penicillin, gesünder als Sport, anregender als Kultur; einzig und allein der Besitz eines *eigenen* Hauses vermag dies alles und noch mehr.

Nur das eigene Haus mache den wirklichen Menschen aus, schrieb Walt Whitman: »Ein Mensch ist nicht vollständig und nicht ganz Mensch *(a whole and complete man)*, wenn er nicht ein Haus und den zugehörigen Grund besitzt.«[1] Russell H. Conwell nannte in seinem berühmten Vortrag *Acres of Diamonds* den Hausbesitz ein moralisches Allheilmittel: »Ein Mensch ist nicht wirklich Mensch, wenn er nicht sein Haus besitzt, und wer sein Haus besitzt, ist ehrenwert, ehrlich, rein, wahrheitsliebend, sparsam *(economical)* und klug einfach durch die Tatsache, daß er ein Haus besitzt.«[2] Präsident Calvin Coolidge war der Ansicht, Hausbesitz habe die Vereinigten Staaten groß gemacht: »Man kann für die Stabilität der Nation und die Entfaltung ihrer Ideale keinen besseren Beitrag leisten, als sie zu einer Nation von Familien mit eigenem Haus zu machen.« Der Besitz des eigenen Hauses macht sogar mutiger und schafft Helden: »Eine Nation von Hausbesitzern, von Leuten, die sich einen wirklichen Anteil am eigenen Land verdient haben, ist unbesiegbar«, behauptete Franklin Delano Roosevelt. Das eigene Einfamilienhaus regt zu Dichtung, Liedern und einer Lyrik an, wie sie bei Mietwohnungen oder Mehrfamilienhäusern absolut undenkbar wäre, stellte Präsi-

1 K.T. Jackson, *The Crabgrass Frontier*, a.a.O., S. 50
2 Russell Herman Conwell, *Acres of Diamonds*, New York 1915, S. 20

dent Herbert Hoover fest: »Ein Haus zu besitzen, hoffen und wünschen fast alle Bewohner dieses Landes, ob sie nun im Hotel, in einer Mietwohnung oder einem Wohnblock wohnen [...] Unsterbliche Balladen wie *Home, Sweet Home, My Old Kentucky Home* und *The Little Grey Home in the West* wären niemals über Mietshäuser oder Mietwohnungen geschrieben worden [...] niemand hätte je ein Lied über die fällige Miete verfaßt.«[3]

Wir haben es hier mit einer echten Glaubensvorstellung zu tun. Privater Hausbesitz gilt als *Heilmittel,* und der Staat hat die Aufgabe, jedem den Weg zum Heil zu ermöglichen. Die Gesetzgebung muß darauf hinwirken, daß es günstiger ist, ein Haus zu kaufen als zu mieten. Deshalb ist das gesamte amerikanische Steuersystem darauf ausgerichtet, zum Hauskauf anzuregen: Die Miete kann nicht von der Steuer abgesetzt werden, eine Hypothek dagegen schon. Bei einem Steuersatz von 25 Prozent muß man bei einer Monatsmiete von 800 Dollar in Wirklichkeit 1.070 Dollar monatlich aufbringen. Für eine Miete von 1.300 Dollar muß ein Besserverdienender 2.000 Dollar seines Bruttoeinkommens aufwenden. Ein Bankangestellter mit einem Jahresverdienst von 28.000 Dollar, der in einer Mietwohnung wohnt, erhält keine Wohnzuschüsse. Aber der Manager mit einem Jahreseinkommen von 350.000 Dollar, der im eigenen 600.000 Dollar-Haus wohnt, kann 57.000 Dollar als Zinsen und 9.000 Dollar Grundsteuer, das heißt insgesamt 66.000 Dollar, absetzen, was ihm eine Steuererleichterung von 22.000 Dollar jährlich – monatlich fast 2.000 Dollar – einbringt. Durch die Nichtbesteuerung von Hypotheken hat Washington jährlich Mindereinnahmen von 70 Milliarden Dollar, das entspricht dem Vierfachen der direkten Baufinanzierung.

Aber die Finanzierung des privaten Hausbesitzes verläuft auch auf indirektem Wege. Die Bundesregierung finanziert die Autobahnen, die *suburbs* und Arbeitsplätze miteinander ver-

3 K.T. Jackson, a.a.O. Die hier zitierten Sätze finden sich auf den S.362, Anm. 14; S.190 und 173

binden. Die öffentliche Hand zahlt einen Teil der Infrastrukturen und fast die gesamten Instandhaltungskosten. Die Mieter in der Stadt werden zugunsten der Hauseigentümer in den *suburbs* besteuert. In den dreißiger Jahren wurden die Gas-, Wasser- und Stromversorgung, die Instandhaltung der Straßen, das Gesundheitswesen und die Schulen in den weißen *suburbs* von Atlanta, Georgia, aus dem Steueraufkommen der Schwarzen in Atlanta City finanziert.[4]

Die Privatwirtschaft erleichterte den Bürgern den Zugang zum Glück des häuslichen Besitzes mit billigen Grundstücken und durch die billigen *balloon frame*-Häuser. 1875 wurde in Chicago ein kleines Haus mit einem Wohnzimmer von 11 Quadratmetern, zwei Schlafräumen, einer Küche und einem Abstellraum auf 265 Quadratmeter Grund für 600 Dollar angeboten.[5] An die Einwanderer verkauften die Bauherren Grundstücksparzellen und ließen sie ihr Haus selbst bauen. Viele der Einwanderer konnten so den »amerikanischen Traum« vom eigenen Haus verwirklichen. 1920 waren 90 Prozent der Bewohner der Schlachthofgegend in Chicago (Back of the Yards) im Ausland geboren, und 57 Prozent waren Eigentümer eines Hauses.[6] Nach dem Zweiten Weltkrieg richtete sich der Traum aller Brautleute der *middle class* in Amerika auf ein Haus der Firma Levitt mit einem Wohnzimmer von 17,28 Quadratmetern, zwei Schlafzimmern, Küche und Bad und einer Gesamtfläche von 69 Quadratmetern.

*

Mochten Haus und Grundstück noch so klein und noch so billig sein, das Immobilien-Glück erwies sich dennoch nicht selten als trügerisch und von kurzer Dauer. Allzuoft wurden die Amerikaner aus dem Paradies des eigenen Hauses vertrieben. Viele Familien waren nicht in der Lage, die Hypotheken-

4 Ebd., S. 132
5 L. C. Wade, *Chicago's Pride*, a.a.O., S. 67
6 R. A. Slayton, *Back of the Yards*, a.a.O., S. 31

raten zu bezahlen, sie hatten sich oft das Geld für die Hälfte des Kaufpreises, der in bar aufgebracht werden mußte, bei Wucherern geliehen und mußten dann einen weiteren Kredit zu höheren Zinsen aufnehmen. Immer häufiger platzten Kredite, und statt ein Haus ihr eigen zu nennen, wurden die Käufer daraus vertrieben. Bei jeder Rezession stieg die Zahl der geplatzten Hypothekenverträge sprunghaft an. Infolge der Weltwirtschaftskrise von 1929 wurden 1932 in jedem Monat 250.000 Hypothekenverträge gekündigt – die Farmen nicht eingerechnet –, und in diesem Jahr verloren drei Millionen Familien ihr Haus, für das sie schon Dutzende Raten abgestottert hatten.

Unter Präsident Roosevelt wurden zwei Einrichtungen geschaffen, die mehr als alles andere dazu beigetragen haben, Amerika zu einer »unbesiegbaren Nation« von Hausbesitzern zu machen: Am 13. Juni 1933 wurde die Schaffung der Home Owners Loan Corporation (HOLC) vom Kongreß verabschiedet, und ein Jahr später, am 27. Juni 1934, die Federal Housing Administration (FHA), der zehn Jahre später 1944 noch die Veteran Administration folgte.[7]

Zur Lösung ihrer unmittelbaren Aufgabe waren die beiden Einrichtungen ein Muster ein Einfachheit und Effizienz. Mit bewunderswerter Geschwindigkeit ermöglichten sie, daß es wesentlich leichter und billiger wurde, ein Haus zu kaufen als zu mieten. 1933 war in den Vereinigten Staaten mit dem Bau von 93.000 Häusern begonnen worden, 1937 waren es schon 332.000, 1939 458.000 und 1941 619.000 Häuser. 1972 unterstützte die FHA 11 Millionen Familien beim Kauf eines Hauses und weitere 22 Millionen bei Hausbau oder Renovierung. In der Zwischenzeit war der Anteil der Hauseigentümer von 44 Prozent im Jahre 1933 auf 63 Prozent 1972 gestiegen und liegt heute bei 64 Prozent. Im Jahr 1991 hatten 37 Millionen Familien, das heißt 39 Prozent der Gesamtbevölkerung, eine

7 Die Daten über diese beiden Einrichtungen stammen aus dem 11. Kap. *Federal Subsidy and the Suburban Dream: How Washington Changed the American Housing Market*, in: K.T. Jackson, a.a.O., S. 190–218

Hypothekenschuld abzuzahlen. Die FHA hat darüber hinaus das in den Augen der Amerikaner außerordentliche Verdienst, den Steuerzahler nicht zu belasten. Und doch brachten es gerade diese Verdienste mit sich, daß die FHA eine zerstörte Gesellschaft hinterlassen hat. Ähnlich wie die einfache und leichte Bauweise des *balloon frame*, wie die außerordentliche Verfügbarkeit des Autos war auch die Effizienz der FHA zweischneidig, denn auch sie hatte destruktive Konsequenzen.

Die Federal Housing Administration verlieh weder Geld noch baute sie Häuser, sondern sie versicherte die zwischen Banken und Bauherren abgeschlossenen Hypothekenverträge. Für diese Versicherungen erhob sie eine Provision, die in einem Risikofonds angelegt wurde, so daß die FHA sogar einen minimalen Gewinn erwirtschaften konnte. Wenn die Käufer die Hypothekenzinsen nicht mehr zahlen konnten, wurden dem Gläubiger die Ausfälle von der FHA ersetzt, der dadurch das Verdienst des Ausgleichs und der Regulierung des Hypothekenmarktes zukam. In erster Linie verlängerte man die Laufzeiten bis auf den heute üblichen Zeitraum von 20 bis 30 Jahren. Dann führte die FHA feste Zinssätze ein, so daß variable Zinsen heute nur noch die Ausnahme sind. Darüber hinaus aber sanken die Zinssätze einfach deshalb auf ein äußerst niedriges Niveau, weil die Hypotheken von der FHA garantiert waren, hinter der das ganze Gewicht der Staatskasse stand. Die Bedeutung der Hypotheken für die amerikanische Wirtschaft und Gesellschaft läßt sich allein daran ablesen, daß im Gegensatz zu europäischen Gepflogenheiten Zinssätze, Bankprovision und durchschnittliche Laufzeit – 26 Jahre – in den Statistischen Jahrbüchern festgehalten werden.

Entscheidend aber war, daß die Garantie durch das FHA den Anteil des Kaufpreises, der in bar entrichtet werden mußte, von den ursprünglichen 50–57 Prozent auf sieben Prozent drückte. Um ein Haus von umgerechnet 300.000 Mark zu kaufen, genügte eine verfügbare Bargeldmenge von 21.000 Mark. Dies brachte zusammen mit den äußerst niedrigen

Hypothekenzinsen die kopernikanische Wende auf dem Immobilienmarkt und ließ den Besitz eines Einfamilienhaus für (fast) alle amerikanischen Familien erschwinglich werden. Heute lastet auf den amerikanischen Einfamilienhäusern eine Hypothekengesamtbelastung von 2.700 Milliarden Dollar.

Gerade weil ein lächerlich geringes Grundkapital für eine Hypothek ausreichte, wurde der Höchstpreis, den sich ein Käufer mit einem bestimmten Einkommen leisten durfte, rigoros limitiert. Amerikanische Banken und Geldinstitute vergeben Hypothekendarlehen nur, wenn *der Wert des Hauses das Dreifache des Jahreseinkommens des Käufers nicht überschreitet.* Mit einem Jahreseinkommen von umgerechnet 40.000 Mark kann man sich in Amerika ein Haus für maximal 120.000 Mark leisten. Alle diese Daten bilden Glieder einer einzigen Kette, denn es wäre sinnlos, ein niedriges Grundkapital anzusetzen, wenn die Häuser nicht wesentlich billiger wären als in Europa. Der Durchschnittspreis für ein Einfamilienhaus liegt in den Vereinigten Staaten bei 100.000 Dollar, und deshalb konnte sich Amerika mithilfe der HOLC und der FHA erfolgreich in den Kampf um ein eigenes Haus stürzen. Seit dem Zweiten Weltkrieg sind freilich auch die europäischen Länder – mit anderen Mitteln und auf anderen Wegen – zu »unbesiegbaren Nationen von Hausbesitzern« geworden.

*

Die Bundesbehörden durften jedoch nicht planlos Gelder und Bürgschaften vergeben und sich nicht für Häuser exponieren, deren Wert rasch zu verfallen drohte. Sie mußten Kriterien entwickeln und Maßnahmen ergreifen, um ihre Investitionen abzusichern. Aus diesem Grund wurden in ganz Amerika Standards für den Bau und die Wohnqualität von Häusern festgelegt. Sie waren durchaus sinnvoll, denn schlimmere Immobilienhaie als die amerikanischen sind wohl kaum denkbar. Ohne mit der Wimper zu zucken, drehen sie alten Leuten Häuser aus Pappmaché zum Preis von Luxusvillen an. Das

Ziel der Kreditabsicherung hatte jedoch auch andere Konsequenzen. HOLC und FHA finanzierten und sicherten Hypotheken, die den laufenden Immobilienpreisen möglichst entsprechen sollten und mußten deshalb die verschiedenen Wohngegenden klassifizieren. Ähnlich wie durch den Chicago Board of Trade diskontinuierliche Taxonomien für den *future* Markt von Getreide und Holz ausgearbeitet worden waren, stellten auch die Hypothekendarlehen eine Art Wette auf den zukünftigen Wert der Immobilien dar.

Immer ist dieselbe Logik am Werk, die kontinuierliche Veränderungen kleinster Differenzen durch eine diskontinuierliche Taxonomie von wenigen Kategorien ersetzt. Zur Beurteilung des unterschiedlichen Wertes von Grundstücken und Häusern führte das FHA ein genaues Klassifikationssystem auf der Basis von acht Kriterien ein. Ihre Gewichtung ist in der folgenden Tabelle als Prozentsatz angegeben:

1. Relative wirtschaftliche Stabilität (40 %)
2. Schutz vor ungünstigen Einflüssen (20 %)
3. Fehlen unkalkulierbarer Risiken *(special hazards)* (5 %)
4. Angemessene soziale, kommerzielle und kommunale Einrichtungen (5 %)
5. Angemessene Transportmittel (10 %)
6. Ausreichende Dienstleistungs- und Infrastrukturen (5 %)
7. Niveau der Steuern und besonderen Belastungen (5 %)
8. *Appeal* (10 %)

Die Federal Housing Administration hielt an diesen acht Kriterien fest, obwohl die Gewichtung so absurd ist wie die Zusammensetzung der berühmten Nachtigallenpastete, die zu gleichen Teilen aus Pferdefleisch und Nachtigallen gemacht wird, nämlich eine Nachtigall auf ein Pferd. Die ersten beiden Kriterien nämlich machen allein 60 Prozent, das heißt weit über die Hälfte der ganzen Bewertung aus. Was aber heißt »ungünstige Einflüsse« und was bewirkt die »wirtschaftliche Stabilität« eines Wohnviertels? Das *Angestellten-Handbuch*[8]

8 K.T. Jackson, a.a.O., S. 207 f.

von 1938 erklärt, daß Wohndichte die Anziehungskraft reduziert, das heißt Gegenden mit Einfamilienhäusern üben eine stärkere Anziehungskraft aus als Mehrfamilienhäuser; Rauch und Gerüche gehören zu den »ungünstigen Einflüssen«, und »wenn ein Viertel stabil bleiben soll, dann müssen die Eigentümer dauerhaft der gleichen Gesellschaftsschicht und Rasse angehören.« Die FHA fürchtete sehr, daß »nicht harmonische Gruppen von Nationalitäten und Rassen« die Immobilienpreise zusammenbrechen lassen könnten. Daher fügte sie restriktive Klauseln *(covenants)* in die Verträge ein, mit denen sich die Käufer in einer von Weißen bewohnten Gegend verpflichten mußten, nicht an Schwarze zu verkaufen. Erst 1948 erklärte der Supreme Court diese *covenants* für verfassungswidrig. Der Glaube an die heilsamen Tugenden des Eigentums wird zur bürokratischen Formel für Rassentrennung.

*

Die FHA bildete eine der Säulen des New Deal Franklin D. Roosevelts, der in Europa als einer der fortschrittlichsten Präsidenten der amerikanischen Geschichte gilt. In diesem Falle bewirkte seine Politik, daß Amerika nicht nur eine Nation von Hausbesitzern wurde, sondern eine Nation von nach Rassen getrennten Hausbesitzern, deren ökonomisches Interesse sie zwang, die Rassentrennung zu verewigen. Ist diese Konsequenz nur das, was Albert Hirschman *perversity* nennt?[9] Eines der klassischen Argumente konservativer Politik nämlich lautet, daß »jeder Versuch, die Gesellschaft in eine bestimmte Richtung zu beeinflussen, zwar eine Bewegung in der Gesellschaft auslöst, aber in der entgegengesetzten Richtung«. Dieses Argument fand vor allem auf die Französische Revolution Anwendung, weil das Streben nach Freiheit dort die Tyrannei hervorgebracht habe.

9 A. Hirschman, *The Rhetoric of Reaction. Perversity, Futility, Jeopardy*, Cambridge (Mass.) 1991

Das Argument der gegenteiligen Wirkung besticht nicht nur die politische Rechte, sondern auch die Linke, und wird vor allem von den Umweltschützern verwendet. Das Auto als bequemes Fortbewegungsmittel führt zu einer solchen Verstopfung der Straßen, daß heute die Durchschnittsgeschwindigkeit des Stadtverkehrs niedriger liegt als zur Zeit der Pferdebahn. Das Argument der *perversity* hat als Konsequenz die Affirmation des Bestehenden, weil jede Veränderung nur eine Verschlechterung bedeuten kann. Wie ein modernes Äquivalent der Leibnizschen »besten aller möglichen Welten«, an die Voltaires Candide so sehr glaubte, kann jeder Versuch der Verbesserung nur damit enden, daß es schlechter wird.

Eine Alternative zur These der gegenteiligen Wirkung ist die, am guten Glauben der politisch Handelnden zu zweifeln. Haben Gesetzgeber und die Macher des Marktes wirklich nicht gewußt, daß sie die Sorge um den Erhalt des Eigentums in Rassentrennung umsetzten? Die Hypothese des *Zynismus* übt gelegentlich eine fast unwiderstehliche Anziehungskraft aus. Vielleicht kann man Präsidenten und Dichtern den Glauben in die demiurgischen Kräfte des privaten Hausbesitzes noch durchgehen lassen. Aber was soll man beispielsweise von den Verantwortlichen der Pennsylvania Railroad des 19. Jahrhunderts halten, die keine Streiks befürchteten, weil ihre Angestellten »in Philadelphia leben und sich als Hausbesitzer einen Streik einfach nicht leisten *(afford)* können«? Mit nicht minder verblüffender Unverblümtheit äußerte der erste Präsident der Provident Institution for Savings in Boston: »Gib ihnen eine Hoffnung, gib ihnen eine Chance, für ihre Familie zu sorgen, ein bißchen Bequemlichkeit und billigen Luxus zu erwerben, an den sie ihr Herz hängen können, und sie werden sich mit Freuden deinem Willen unterwerfen und alle Entbehrungen und Mühen auf sich nehmen.«[10]

Die Hypothese des Zynismus aber führt zur Hypothese des »Komplotts«, zum »Plan des Kapitals« und letztlich zu einer

10 Zit. nach K.T. Jackson, a.a.O., S. 51

»geheimen Geschichte«, in der die Geschicke der Menschheit von Intrigen, Verschwörungen und heimlichen Machenschaften bestimmt werden wie im *Foucaultschen Pendel* von Umberto Eco. Das Ergebnis bleibt immer dasselbe: Wenn wir naiv auf die Ehrlichkeit der politisch Handelnden vertrauen und die negativen Auswirkungen als *perversity* verstehen, sind wir selbst handlungsunfähig. Wenn wir uns aber *abgebrüht* geben und Zynismus unterstellen, müssen wir uns damit abfinden, unwissend zu bleiben, die wirklichen Drahtzieher nie kennenzulernen, und wieder sind wir handlungsunfähig. In beiden Fällen aber sehen wir uns manipuliert von einer »unsichtbaren Hand«, um den Begriff von Adam Smith zu verwenden, die einmal göttlich (im Falle der *perversity*) und einmal menschlich (im Falle des Zynismus) ist.

Viel wahrscheinlicher als diese beiden Alternativen ist ein Zusammenspiel aus gutem Glauben und Betrug, aus Zynismus und Ehrlichkeit, das aus der Ambivalenz hervorgeht, die in der Idee des Eigentums selbst und ihrer Anwendung auf die Massen steckt. Ganz abgesehen von der grundsätzlichen Frage nach der destruktiven Rolle des Eigentumsbegriffs können sich in der Alltäglichkeit selbst die Spekulanten, die ihren mit Bulldozern und Zement geschaffenen Immobilien die Namen von Parks, Gärten und Seen geben, der Verlogenheit der »idyllischen« Ästhetik nicht entziehen, die sie ihren einfältigen Käufern unterjubeln. Die Gesetze des Immobilienmarktes lasten wie ein Fluch auf der amerikanischen Gesellschaft, und zwar nicht nur auf den Ausgeschlossenen und Isolierten, sondern gerade auf denen, die dessen Segnungen eigentlich genießen können müßten.

Hausbesitz sollte Sparsamkeit, Sicherheit und Stabilität hervorbringen. Weil aber nicht nur das Haus, sondern auch die Ferien, das Auto, die Schule und der Eisschrank mit Krediten fast ohne Anzahlung bezahlt werden, neigen die meisten Amerikaner nicht zur Sparsamkeit, sondern zum Geldausgeben. Ein Großteil der Bevölkerung ist von Schulden überhäuft und für die kommenden Jahrzehnte an Ratenzahlungen gebunden, wenn möglich sogar bis in künftige Generationen. Wenn alles nur auf Pump gekauft ist, kann einem auch alles wieder genommen werden, sobald die Raten nicht pünktlich gezahlt werden. Nichts ist weniger beständig als dieses Eigentum, denn hinter jeder Ecke lauert die Enteignung, und die Gier nach Besitz wird zur Angst vor dem Verlust.

Diese Nation unbesiegbarer Hausbesitzer lebt in beständiger Furcht, sie ist zum Optimismus verdammt, weil sie immer in Unsicherheit schwebt. In Amerika kann man von heute auf morgen entlassen werden, denn der Arbeitsplatz ist von der Laune des Arbeitgebers und vom kleinsten Anzeichen von Rezession abhängig. In vielen Berufen darf man nicht einmal krank werden, um den Arbeitsplatz nicht zu verlieren. Auch wohlhabendere Familien können nicht ruhiger schlafen. Je mehr man verdient, desto mehr muß man besitzen und desto mehr muß man sich verschulden. 39 Prozent aller amerikanischen Familien müssen eine Hypothek abtragen. Da aber die Armen gar keinen Kredit bekommen, heißt das, daß von den *middle-class*-Familien mit einem Einkommen zwischen 30.000 und 50.000 Dollar 53 Prozent eine Hypothek aufgenommen haben; bei den noch besser Gestellten, die mehr als 50.000 Dollar verdienen, liegt der Prozentsatz sogar bei 72 Prozent. Paradoxerweise zahlen gerade die ärmeren Familien Zinsen und Schulden zuverlässiger als die wohlhabenderen zurück.

Der Besitz erweist sich so als ein immer wieder in weite Ferne rückendes Ziel, das man dennoch nie aus den Augen verliert. Die Menschen sind ewig auf der Jagd nach Besitz wie Hunde, die bei der Abrichtung zur Jagd hinter einem mechanischen Hasen herhetzen: Je näher sie dem Ziel sind, desto schneller entkommt ihnen die Beute. Im günstigsten Fall zahlt man ein ganzes Leben lang an der Hypothek, und wenn dann nach 30 Jahren das Haus endlich abbezahlt ist, ist man schon alt, die Kinder sind aus dem Haus, weit weg in andere Städte gezogen, und das Haus ist viel zu groß. Deshalb ist es besser, das Haus zu verkaufen und mit einem *motor home* auf die Wanderschaft zu gehen. Ein Leben lang eine Hypothek abgestottert zu haben, hat im besten Fall dazu gedient, daß die Nachkommen neue Hypotheken aufnehmen können.

*

Leisure World in der Nähe von Phoenix, Arizona, ist mit seinen 5.000 Bewohnern keineswegs der größte private Wohnkomplex für Senioren in Arizona. Aber hier ereignete sich eine merkwürdige Geschichte, die mit einem »blinden Passagier« anfing.[11] Ein 42jähriger Arzt war infolge eines Nervenzusammenbruchs zeitweilig nicht mehr in der Lage, für sich selbst zu sorgen, und zog deshalb zu seinen Eltern in deren Haus in Leisure World. Das Problem bestand nun darin, daß es nach den Statuten von Leisure World Menschen unter 45 Jahren verboten ist, dort zu leben, und die Eltern des Arztes wurden aufgefordert, wegzuziehen, wenn sie weiterhin ihren Sohn bei sich wohnen lassen wollten. Die alten Leute gaben ihr Haus auf.

Evan McKenzie berichtet davon[12], daß eine Großmutter von 51 Jahren eine Verwarnung wegen Verstoßes gegen die Regeln der Gemeinschaft erhielt, weil sie in einem parkenden Auto einen Mann geküßt und schlimme Dinge getan habe *(doing bad things)*. Die Frau gab zu, einem Freund einen Gute-Nacht-Kuß gegeben zu haben, aber sie strengte ein Verfahren an. Diese privaten Wohnkomplexe basieren auf der Vorstellung, daß die Eigentümervereinigung nicht nur Häuser und Grundstücke besitze, sondern auch souveräne Rechte über die Menschen. Offiziell heißen diese privaten Enklaven, von denen es in den USA 150.000 mit 30 Millionen Bewohnern gibt[13], Common Interest Housing Developments (CID).

Diese Gemeinschaften haben den Glauben an die demiurgischen Fähigkeit des Eigentums auf die Spitze getrieben und

11 Joel Garreau, *Edge City. Life on the New Frontier*, New York 1991, S. 184–192
12 *Trouble in Privatopia*, in: *Progressive*, Oktober 1993, S. 30–34
13 Evan McKenzie, *Privatopia. Homeowner Associations and the Rise of Residential Private Government*, Yale 1964

vom Hausbesitz auf den *Stadtbesitz* ausgedehnt. Genauso wie amerikanische Bauherren nicht mehr nur Häuser oder Wolkenkratzer, sondern komplette Städte mit Rathaus, Polizei, Kirche und Schule anbieten, wollen auch die Käufer nicht mehr nur ein Haus, das den allgemeinen Gesetzen unterworfen ist, sondern sie wollen eine eigene Stadt, ein eigenes Gemeinwesen mit eigenen Gesetzen, eigener Polizei, eigenen Steuern, das heißt nicht mehr und nicht weniger als eine eigene Republik.

Aus dem Haus als Tempel der Familiengottheiten war das Haus als Ware geworden, und dann wurde auch die Stadt zur Ware, die man wechseln, kaufen, verkaufen und an der Börse handeln kann. Durch das Eigentum erweist sich die Welt der Waren als der Welt der Politik verwandt, weil der Besitz in einer Gesellschaft, die sich auf das Eigentum gründet, die höchste Form der Souveränität darstellt. So entsteht die contradictio in adjecto der *privaten Regierung*, einer *privaten* res *publica*, in der die öffentliche Dimension unter die private subsumiert ist. In dieser privaten Stadt hofft der Hausbesitzer den Übeln der öffentlichen Stadt, ihrer Kriminalität, ihrem Schmutz und ihren Krankheiten zu entrinnen, gleichzeitig aber alle Annehmlichkeiten städtischen Lebens zu erhalten. Die private Stadt stellt deshalb die extremste und vollendetste Form der *suburb* dar, in der der Egoismus zum Moralkodex erhoben und die Rassentrennung sanktioniert ist. Man muß keine Angst vor Fremden haben, denn Eindringlinge werden sofort erschossen, und man muß nur ein bißchen auf den Stacheldraht aufpassen.

Der Glaube an das Privateigentum nimmt hier die Form einer fundamentalistischen Religion an, die nicht ohne Vorbilder ist. In den indischen Städten gibt es seit der englischen Kolonialherrschaft ähnliche Institutionen, die sich *colonies* nennen, in Neu Delhi beispielsweise die Defense Colony oder die Friends Colony… Diese meist im Grünen gelegenen, umzäunten Wohnkomplexe werden von einer Privatpolizei bewacht, besitzen eigene Statuten, eigene Institutionen, und bilden wahre Enklaven von Ordnung und Wohlstand in einer Welt des Chaos. In ihnen ist die Utopie der Subsumierung des Öffentlichen unter das Private verwirklicht als Utopie der belagerten Festung.

ZWEITER TEIL

DER MELTING POT VERSAGT DEN DIENST

Auf der eisernen Zugbrücke nahe der Mündung des Chicago River den Blick nach oben zu wenden, verursacht ein Schwindelgefühl, man hat Angst, nach oben zu fallen, angesichts der wie in einen umgekehrten Abgrund steil in den Himmel ragenden Wolkenkratzer in allen nur denkbaren Formen, Materialien und Farben. Das Schwindelgefühl verstärkt sich durch den Eindruck grenzenloser Macht und arroganter Weltbeherrschung, den diese Gebäude vermitteln, und weil man sich zugleich dessen bewußt ist, daß die Fundamente dieser in mehr als einem Jahrhundert geschaffenen Übermacht auf der Arbeit von Generationen ungezählter Existenzen ruhen, die unwissend und arm vom alten Kontinent hierhergekommen sind.

»In alten Zeiten hieß es, alle Wege führen nach Rom«, schrieb ein Journalist im Jahre 1884, »in der modernen Zeit fahren alle Züge nach Chicago.« Die Gleichsetzung der großen Städte Amerikas mit dem antiken Rom taucht im 19. Jahrhundert häufig auf. Parton meinte 1867, Chicago werde »sicher für immer Hauptstadt eines Reiches, die Metropole des Nordwestens sein.«[1] Der Vergleich der sieben Hügel von San Francisco mit den sieben Hügeln Roms wird auch heute noch bemüht, etwa wenn Mike Davis behauptet, Los Angeles sei 1880 »eine Landstadt gewesen, die dem *imperialen* San Francisco *tributpflichtig* war«.[2] Die Beziehung zur Antike begleitet die Entstehung der Vereinigten Staaten von Anfang

1 J. Parton, *Chicago,* a.a.O., S. 327
2 Mike Davis, *City of Quartz,* London 1990, S. 119

an. So kommen in den Reden von James Madison auf dem Verfassungskonvent in Philadelphia 1787 immer wieder historische Vergleiche wie dieser vor: »Sollen wir in den Vereinigten Staaten etwa die von Solon eingesetzte Ordnung gelten lassen? Können wir die Gewohnheiten und Gebräuche Spartas mit den unseren vergleichen? Gilt bei uns vielleicht die Unterscheidung zwischen Patriziern und Plebejern?«[3] Der Bezug zur Antike verbindet sich im 19. Jahrhundert mit der Vorstellung, daß sich das Zentrum der Weltmacht immer weiter nach Westen verlagert, von Persien über Griechenland, Rom, Spanien und Großbritannien in die Neue Welt, so daß sich die Vereinigten Staaten mit Fug und Recht als legitime Erben des Römischen Reiches fühlen können. Eine Zeitung aus Albany schrieb über New York: »Eine solche Handelsstadt wird niemals darniederliegen, und sie wird eine größere Bedeutung erlangen als Alexandria oder Theben.«

Logan Reavis prophezeite, daß St. Louis die Städte an der Atlantikküste bald in den Schatten stellen werde und daß »Nostalgiker von den aufstrebenden Städten an der Pazifikküste dahin reisen werden, wo heute Boston, Philadelphia und New York sind, um die traurigen Spuren des Athen, Karthago und Babel der westlichen Hemisphäre zu suchen«[4]. Am 23. Dezember 1875 konnte die *Chicago Tribune* über die großartigen Schlachthäuser der Stadt berichten: »Besucher der Stadt, die die Union Stockyards nicht gesehen haben, werden sich bald vorkommen wie Reisende, die in Ägypten die Pyramiden, in Rom das Kolosseum oder in Pisa den schiefen Turm versäumt haben.« In Europa käme wohl kaum jemand auf die Idee, einen Schlachthof mit dem Kolosseum zu vergleichen, und keine Stadt wäre stolz darauf, sich wie Cincinnati »Porkopolis« zu nennen oder »Bovine City« wie Chicago.

*

3 *Notes on Debates in The Federal Convention of 1787*, Athens, Ohio, 1984, S. 85

4 Zit. nach W. Cronon, *Nature's Metropolis*, a.a.O., S. 42 f. Das Buch von Reavis trägt den bezeichnenden Titel *A Change of National Empire; or Arguments in Favor of the Removal of the National Capital to the Mississippi Valley* (1869).

Daß Chicago tatsächlich, wie es Parton 1867 vorausgesagt hatte, in wenigen Jahrzehnten zur Metropole des Nordwestens wurde, verdankte die Stadt nicht nur den Millionen von Rindern, dem Holz und Getreide, und nicht nur den Gleisen, die alle auf Chicago zuführten, sondern auch den Tausenden und schließlich Millionen von Einwanderern aus Europa, die auf diesen Gleisen zusammen mit Mais, Getreide, Schweinen und Holz am Michigansee ausgeladen wurden. An den Ufern des Sees waren die verschiedensten Sprachen zu hören, so daß Chicago wirklich das »Marseille unseres Mittelmeeres« genannt werden konnte[5], denn es war ein ebenso chaotischer Knotenpunkt für den Verkehr zu Wasser und zu Land, es herrschte eine ebenso babylonische Verwirrung von Sprachen und Nationalitäten, Gerüchen und Unrat. Um die Jahrhundertwende trafen in Chicago Einwanderer aus mehr als 25 verschiedenen Nationen aufeinander, Griechen und Dänen, Polen und Iren, Schotten und Sizilianer, Schweden und Serben, Holländer und Ukrainer, Litauer und Bulgaren. 1910 waren mehr als zwei Drittel der Bewohner der Stadt Immigranten der ersten oder zweiten Generation, die nicht alle gleichzeitig, sondern in aufeinanderfolgenden Wellen in die Stadt gekommen waren. Als erste waren in den Jahren der durch die Kartoffelkrankheit ausgelösten Hungersnot (1845–1860) die Iren gekommen. Aber schon 1860 war die Zahl der Deutschen höher, die zuerst als politische Flüchtlinge nach der Niederschlagung der 48er Revolution und nach dem Scheitern der Versammlung in der Paulskirche (1849) vor allem aus Hessen, Baden und Württemberg in die Neue Welt gekommen waren. Auch nach der Bismarckschen Reichsgründung (1871) nahm die Zahl der deutschen Zuwanderer nicht ab, sondern sogar noch zu. 1914 besaß Chicago mit seinen 800.000 Deutschen der ersten oder zweiten Einwanderergeneration die größte deutsche Gemeinde der USA und die fünftgrößte deutsche Gemeinde überhaupt. Zwischen 1860

5 J. Parton, a.a.O., S. 330

und 1890 kamen die Einwanderer vor allem aus den skandinavischen Ländern, danach waren die russischen Juden, die Italiener und vor allem die Polen an der Reihe. Heute zählt Chicago mehr als eine Million polnischstämmige Einwohner, und sogar ein Cousin von Lech Walesa lebt in einem *suburb* der Windy City. Die Italiener gehörten zur letzten Einwanderungswelle des 19. Jahrhunderts.

Ganz allgemein verlief die europäische Auswanderung in die Vereinigten Staaten in zwei Phasen. Zwischen 1840 und 1880 kamen die meisten der acht Millionen Europäer aus dem Nordwesten, aus Großbritannien, Irland, Skandinavien und Deutschland. Die 24 Millionen Einwanderer zwischen 1880 und 1930 dagegen stammten hauptsächlich aus Ost- und Südeuropa, darunter Polen, russische Juden, Italiener, Slowaken, Kroaten, Serben, Ungarn, Spanier und Portugiesen. Im gleichen Zeitraum kamen aber immer noch unzählige Menschen aus Nord- und Westeuropa, zwischen 1891 und 1930 jeweils eine Million Deutsche und Engländer.[6]

Die Flucht aus Irland erreichte ihren Höhepunkt zwischen 1847 und 1854, als 1,2 Millionen Iren in den Vereinigten Staaten landeten, der Exodus aus Deutschland war zwischen 1881 und 1892 mit 1,7 Millionen Menschen besonders hoch, und die Emigration russischer Juden stieg zwischen 1901 und 1904 auf über zwei Millionen. Im selben Zeitraum nahm der Exodus aus Polen und Italien apokalyptische Ausmaße an, zwischen 1900 und 1914 kamen insgesamt mehr als drei Millionen Italiener, das heißt jedes Jahr durchschnittlich 200.000 Menschen, in die Vereinigten Staaten. Nach dem Krieg setzte sich die Auswanderungswelle fort; 1921 kamen, bevor die USA die Zuwanderung stoppten, noch 222.000 Emigranten ins Land[7].

Jede dieser ethnischen Gruppen hatte andere Gründe für die Auswanderung. Die Kartoffelkrankheit vertrieb die Iren

6 Stephen Steinberg, *The Ethnic Myth. Race. Ethnicity and Class in America*, Boston 1989, S. 35

7 U. S. Bureau of the Census, *Historical Statistics of the United States*, a.a.O., S. 105 f.

aus ihrer Heimat, die Süditaliener verließen nach 1860 das Land, weil die Einigung Italiens den Süden in Armut stürzte. Die Böhmen verließen nach der Niederschlagung der Erhebungen von 1848 gegen die habsburgische Herrschaft ihre Heimat in Richtung Illinois. Aber auch die Tat eines nihilistischen Anarchisten, der 1881 Zar Alexander II. Romanow tötete, konnte der Auslöser für die Flucht von zweieinhalb Millionen Menschen sein: Die russische Regierung nahm das Attentat zum Vorwand für eine massive Unterdrückung der russischen Juden. Mit dem alten Vorwurf, die Juden töteten beim jüdischen Osterfest kleine Kinder, wurde die Bevölkerung zu *Pogromen* aufgehetzt, was im Russischen so viel wie »Ruin« oder »Zerstörung« heißt. Für die Juden begann eine neue »Flucht aus Ägypten« nach Amerika. Die große Auswanderungswelle aus Polen begann, als Bismarck nach der Reichsgründung eine rigorose Germanisierungspolitik in den Ostprovinzen des Reiches einleitete. Das Leben von Millionen Menschen wurde durch zufällige, scheinbar unbedeutende Ereignisse, die sich Tausende von Kilometern entfernt abspielten, völlig verändert und in die gleiche Richtung getrieben. Wie in der Chaos-Dynamik der Lüfte ein Windhauch am anderen Ende des Pazifik einen Hurrikan erzeugen kann, so veränderte die Gewaltherrschaft europäischer Potentaten die ethnische Zusammensetzung einer Großstadt jenseits des Atlantik.

Wollte man beim Streit zwischen einem Polen und einem Italiener der Ursachenkette nachgehen, so würde man sich also in einem Gewirr aus politischen Verwicklungen, Dekreten eines deutschen Reichskanzlers und dem Attentat eines nihilistischen russischen Anarchisten verlieren. Es ergeht einem ähnlich wie Leibniz bei der Begründung seiner Monadenlehre: »Es gibt eine Unendlichkeit von Gestalten und Bewegungen – gegenwärtige und vergangene –, die sich in der Ursache meiner gegenwärtigen Schrift vereinigen, und es gibt eine Unendlichkeit von kleinen Dispositionen und Neigungen in meiner Seele – gegenwärtige und vergangene –, die sich in dem Finalgrund vereinigen. Und weil nun jede dieser *Besonderheiten* nur andere vorangehende oder noch besondere Zufälligkeiten einschließt, von der jede eine ähnliche Analyse nötig hätte, um ihren Grund anzugeben, so ist man damit nicht weitergekommen.« Man muß also nach einem »zureichenden Grund« suchen.[8]

*

Was kann der zureichende Grund dafür sein, daß sich Millionen von Menschen aufgemacht haben, den Atlantik zu überqueren und sich in der Prärie und in einem Sumpfgebiet an einem See niederzulassen, der im Winter von Eis bedeckt ist und im Sommer von Stechmücken heimgesucht wird. Eine wesentliche Ursache ist im Fortschritt der Medizin zu sehen, die die Kindersterblichkeit verringerte und damit eine »demographische Bombe« legte, die wir heute in der Dritten Welt lokalisieren, die aber schon damals in Europa explodiert ist. Um 1800 zählten die Vereinigten Staaten und Europa zusammen 185 Millionen Einwohner, davon 180 Millionen in Europa und 5 Millionen in den USA; 1910 hatten Europa und die USA zusammen 542 Millionen Einwohner, davon 450 Millionen in Europa und 92 Millionen in den USA, wobei die europäischen Auswanderer nach Südamerika und Ozeanien nicht mitgezählt sind. In wenig mehr als einem Jahrhundert hat sich die Bevölkerung von 185 auf 542 Millionen verdreifacht.

Die zweite wesentliche Ursache für die Wanderungsbewegungen bildet die Dampfmaschine. Wir haben bereits gesehen, wie der Einsatz der Dampfkraft Chicago mit seinen Gleisen und seinem Handel geschaffen und immer wieder nach wechselnden Erfordernissen umgeformt hat. Auf die gleiche Art hat der Einsatz der Dampfkraft in der Schiffahrt die Wanderungswellen seit dem 19. Jahrhundert hervorgebracht. In erster Linie haben die Dampfer die Auswanderung verursacht, weil durch sie der Warentransport so billig wurde, daß der Export

8 Georg Wilhelm Leibniz, *Monadologie*, Frankfurt/Main 1962, Abschnitt 36 und 37, S. 77 und 79

von amerikanischen – aber auch russischen, australischen und indischen – Rindern und Getreide Millionen von europäischen Bauern ruinierte, deren Felder nicht fruchtbar genug waren und die deshalb mit den billigen Agrarimporten nicht konkurrieren konnten. Die Einfuhr der üppigen Ernten aus den Ebenen des amerikanischen Mittelwestens machte Millionen von Bauern in Europa einfach überflüssig. Die Dampfschiffe verursachten nicht nur die Vertreibung der Bauern, sondern machten ihren Exodus überhaupt erst möglich; sie verursachten die Armut nicht nur, sondern ermöglichten auch die Flucht vor ihr. Früher dauerte eine Atlantiküberquerung viele Wochen und war unerschwinglich, mit dem Dampfschiff brauchte man nur zehn Tage und für die Deckpassage dritter Klasse nur 25–30 Dollar. Diese Summe konnte auch ein armer Tagelöhner zusammenkratzen, genauso wie heute die Flüchtlinge aus der Dritten Welt das Geld für ein Flugticket sparen können.

All diese Erklärungen allein aber reichen nicht aus, denn sie sind nur »Ursachen«, aber noch keine »Gründe«, und vor allem klären sie die eine – nur scheinbar paradoxe – Frage nicht, die Stephen Steinberg in seinem grundlegenden Buch über die amerikanische Einwanderung stellt: Warum hat die Industrie des amerikanischen Nordens nach der Abschaffung der Sklaverei im Jahre 1865 nicht einfach auf das riesige, bereits vorhandene Arbeitskräftereservoir der Schwarzen des Südens zurückgegriffen, statt Millionen von Menschen aus Europa zu holen?

Um die ehemaligen Sklaven in der Industrie des Nordens einzusetzen, hätte man einen Ersatz für die Schwarzen auf den Baumwollfeldern des Südens gebraucht, die den unentbehrlichen Rohstoff für einen der wichtigsten und exportstärksten Industriezweige des Landes lieferte. Aber die europäischen Einwanderer wollten trotz ihrer Armut nicht auf den Baumwollfeldern arbeiten. Anfangs dachte man an die Chinesen, die die harte Arbeit in den Reisfeldern gewöhnt waren. Aber die Chinesen fanden meistens in den Minen und beim Eisenbahnbau im Westen Arbeit. Nur wenige ließen sich in den Süden locken, und die meisten ergriffen auch gleich wieder die Flucht wegen der harten Arbeit, der geringen Bezahlung und der grausamen Behandlung durch die weißen Grundbesitzer. Nach der Aufhebung der Sklaverei blieb den Besitzern der Baumwollplantagen so gar nichts anderes übrig, als die Schwarzen festzuhalten und ihre Sklaverei neu zu organisieren. Erst durch das Ausbleiben der Einwanderer während des Ersten Weltkriegs änderte sich diese Situation.

Wir nähern uns dem »zureichenden Grund«. In einer Phase expandierender wirtschaftlicher Entwicklung wäre in den Vereinigten Staaten ohne den massiven Zustrom von Einwanderern ein Arbeitskräftemangel entstanden, der die Löhne in die Höhe getrieben hätte. Durch die Millionen von Einwanderern dagegen wurde die Arbeit billig, und die Arbeiter machten sich beim Verkauf ihrer Arbeitskraft gegenseitig heftige Konkurrenz. Die historischen Statistiken Amerikas sind nicht ganz zuverlässig, aber es läßt sich doch sicher sagen, daß zwischen 1870 und 1910 das Pro-Kopf-Bruttosozialprodukt zwar um 250 Prozent stieg, der Durchschnittslohn zu konstanten Preisen zwischen 1860 und 1910 aber nur um 20 Prozent.

Während der von jedem einzelnen hervorgebrachte Reichtum um das Zweieinhalbfache zugenommen hatte, stieg der Lohn des einzelnen Produzenten also nur um ein Fünftel, das heißt mit anderen Worten, daß zur Produktion derselben Warenmenge die halbe Bezahlung ausreichte. Zu dieser Entwicklung trug auch der technische Fortschritt bei, aber die Millionen von Einwanderern lieferten die billige, fügsame und vor allem *mobile* Arbeitskraft dazu. Da in Amerika Mobilität als Zeichen von Freiheit gilt und als solches positive Wertschätzung genießt, bedeutet die Mobilität der Arbeit für das Kapital die Freiheit, nach Gutdünken einstellen, entlassen, Überstunden verlangen und Betriebsverlegungen an weit entfernte Orte vornehmen zu können. 1910 waren 58 Prozent der amerikanischen Industriearbeiter im Ausland geboren, und in einzelnen Industriezweigen wie der Bekleidungsindustrie und im Bergbau lag der Prozentsatz mit 76 beziehungsweise 67 Prozent noch wesentlich höher.

Um den Einsatz von europäischen Einwanderern wurde keinerlei Geheimnis gemacht. Viele wurden von amerikanischen Agenturen angeworben und hatten bei der Abreise schon einen Vertrag in der Tasche. Häufiger noch aber wurden sie als Streikbrecher angeheuert. Während des großen Streiks von 1886 holte Philip Armour, der »Metzger, der ins Paradies kommen« wollte, Tausende von Polen, Böhmen und Deutschen aus Baltimore, Philadelphia und New York.[9]

Im ganzen 19. Jahrhundert bildeten die Einwanderer immer die große Reservearmee der Arbeitgeber gegen die organisierte Arbeiterbewegung, um die Löhne niedrig zu halten und Streiks niederzuschlagen. Eine der wichtigsten Gewerkschaftsbewegungen, die Knights of Labor, kämpfte deshalb für die Durchsetzung des Chinese Exclusion Act von 1882. Mit diesem ersten Antiimmigrationsgesetz wurden die Grenzen für Chinesen geschlossen, die zu allzu niedrigen Löhnen unter allzu schlechten Bedingungen gearbeitet hatten. Daran wird deutlich, wie unsinnig die gängige Behauptung ist, daß der reaktionäre und konservative Teil der Gesellschaft fremdenfeindlich sei und deshalb die Schließung der Grenzen befürworte, während der progressive, antirassistische Teil der Gesellschaft für offene Grenzen eintrete. In Wirklichkeit nahm Amerika die größten Einwanderungswellen während der Regierung der Republikaner um die Jahrhundertwende und unter Reagan auf. Die Rechte öffnet tatsächlich die Grenzen, während sie mit Worten ihre Schließung fordert. Die besonders rassistisch eingestellten Geschäftsleute stellen schwarze Schwarzarbeiter ein. Die Fremdenfeinde holten Einwanderer ins Land, um die Löhne niedrig zu halten. Auf diese Weise wird der Rassismus bei den unteren Bevölkerungsschichten am Leben gehalten, weil die Einwanderer die Löhne drücken und zugleich eine Konkurrenz sind im Kampf um andere

9 L. C. Wade, *Chicago's Pride*, a.a.O., S. 252

knappe Ressourcen wie annehmbare Unterkünfte, Betten in überfüllten Krankenhäusern und gute Schulen für die Kinder.

Es ist vielmehr einleuchtend, warum häufig in verschiedenen Ländern Gewerkschaften und Arbeiterbewegung gegen die Einwanderung sind, denn sie verteidigen damit ihren Lebensstandard. Der Wille, die Arbeiter zu disziplinieren und die Löhne zu drücken, verwandelt den Klassenkampf in einen Kampf zwischen Nationalitäten und Rassen. Aus den gleichen Gründen stellten sich die alten Einwanderer gegen neue.

Wenn sich in den Vereinigten Staaten eine Welle von Einwanderern niedergelassen und einigermaßen integriert hatte, wenn die Arbeiter sich allmählich organisierten, bot gleich eine weitere Immigrantenwelle ihre Dienste noch billiger an. Aufschlußreich ist in dieser Hinsicht ein Leitartikel der in Chicago auf deutsch erschienenen *Illinois Staats-Zeitung* vom 11. August 1888 unter der Überschrift *Ungebetene Gäste* über die neue Welle von italienischen Einwanderern:[10]

> Die vom Kongreß über die italienischen Einwanderer angestellten Untersuchungen bringen wahrhaft abstoßende Tatsachen ans Licht. Die italienischen Einwanderer besitzen ein derart niedriges Kultur- und Bildungsniveau, daß die an ein höheres Niveau gewöhnten amerikanischen Arbeiter damit nicht konkurrieren können. Amerikaner können sich nicht auf ein solch niedriges Existenzniveau herabdrücken lassen. Die Untersuchungsbeamten des Kongreß haben zum Beispiel festgestellt, daß die Italiener von Abfällen leben, wie Tiere zusammengepfercht wohnen und nicht die geringste Ahnung von Reinlichkeit und Hygiene haben. Solche Menschen ins Land zu lassen, kann keinerlei Vorteil bringen. Sie können höchstens barbarische Verhältnisse

10 In Chicago wurden Dutzende von Zeitungen verschiedenster Nationalitäten in vielen Sprachen herausgegeben. 1940 finanzierte die Regierung eine Forschungsarbeit, die eine Anthologie der Nationalitätenpresse der Stadt zusammenstellte und ins Englische übersetzte. Daraus ging der *Chicago Foreign Language Press Survey* auf Mikrofilm hervor, dem die auch im folgenden wiedergegebenen Zitate entnommen sind.

schaffen. Wenn man noch weiter denkt, daß diese Leute in wenigen Jahren das Wahlrecht haben werden und damit an der Bestimmung der Geschicke dieses Landes teilhaben werden, kann man nur schaudern bei der Vorstellung, daß die Zukunft solchen Menschen anvertraut sein soll. Manche angloamerikanischen Zeitungen nennen die Italiener die »Chinesen des Ostens«. Ein Gesetz gegen die Einwanderung aus Italien ist genauso gerechtfertigt wie das gegen die Chinesen [...] Zugegebenermaßen hat die italienische Regierung versucht, ihre dreckstrotzenden Söhne von unseren Küsten fernzuhalten, aber diese Maßnahmen haben nur wenig Wirkung gezeigt, weil die italienischen Arbeiter Verträge erhalten und in die Vereinigten Staaten geholt werden.

Diese Passage enthält wirklich alle Elemente dieser Umwandlung des Klassenkonflikts in einen Rassen- und Nationalitätenkonflikt, angefangen von der illoyalen Konkurrenz auf dem Arbeitsmarkt über den Vergleich mit den Chinesen, den Schmutz der »Neuen«, die Forderung nach Schließung der Grenzen bis hin zu dem Eingeständnis, daß die Italiener von den amerikanischen Arbeitgebern »geholt« werden. 1864 griff eine Menge von 500 Iren im Hafen zwölf Schwarze an, die beim Löschen der Holzfrachter arbeiteten.[11]

Die Iren waren keineswegs die einzigen. Einem Italiener namens Fiepi wurde vorgeworfen, nur Sizilianer als Straßenfeger einzustellen und für jeden Arbeitsplatz drei Dollar Provision zu nehmen.[12] Der Litaue Stanley Balzekas Jr. aus Chicago erzählt, was sein Vater 1912 bei der Einwanderung in die USA erlebt hatte: »Er arbeitete als Zementmischer bei einer Firma, bei der alle Italiener waren, und als sie entdeckten, daß er aus Litauen kam, wurde er entlassen. Dann ging er nach Chicago und arbeitete als Schmied bei einer deutschen Firma, und als sie entdeckten, daß er kein Deutscher war, wurde er entlassen.

11 L. B. Pierce, a.a.O., Bd. 2, S. 26
12 *L'Italia*, 25. Juni 1904

Er ging zu einem schwedischen Schmied und wurde entlassen…«[13]

*

In einem berühmten Artikel, der den Begriff der *Marginalität* in die Soziologie eingeführt hat, hat Robert E. Park den Unterschied zwischen den antiken und den modernen Migrationen herausgearbeitet. In der Zeit der von deutschen Historikern der Romantik so ausführlich studierten Völkerwanderungen machten sich ganze Völker oder Stämme im Gefolge ihrer Fürsten oder Könige auf, während in der Moderne Individuen oder höchstens Familien aufbrechen.[14] »An die Stelle der Invasion eines Volkes, das ein anderes vertrieb oder unterjochte, trat die friedliche Durchdringung.« Im ersten Fall ist der Migrant Eindringling, der den Bewohner des Landes unterwirft wie im Fall der ersten Eroberung Amerikas. Die moderne Form der Migration dagegen »verwandelt die Völkerwanderung in individuelle Mobilität«, und das Verhältnis kehrt sich um, der Einwanderer wird »unterworfen«.

Die Wahrheit ist aber noch komplizierter. Bei den modernen Migrationen machen sich zwar Individuen auf den Weg, aber *sie kommen als Völker an.* Jedes Individuum oder jede Familie macht sich allein auf die Reise, aber wenn sie ankommen, werden sie sofort zu Italienern, Polen oder Deutschen, weil sie sich der *community* anschließen, die ihnen Schutz gewährt, die ihnen Arbeit besorgt, mit der und durch die sie sich verständigen und politisches Gewicht verschaffen können. Von Anfang an bilden sich nach Nationalitäten getrennte Hilfsvereine zur Aufnahme der Neuankömmlinge wie die German Relief and Aid Society, die Bohemian Society, die United Hebrews Charities und die Skandinavian Relief Society usw. Jede Gemeinschaft hat eigene Bestattungsunternehmen und eigene Friedhöfe, wie man auch heute noch den Todesanzeigen entnehmen kann.

13 Richard C. Lindberg, *Ethnic Chicago*, Lincolnwood (Ill.) 1994, S. 126

14 *Human Migration and the Marginal Man*, in: *The American Journal of Sociology*, Bd. XXXIII, Mai 1928, Nr. 6, S. 881–893

Jeder einzelne wird somit ganz einer »Rasse« zugerechnet, wie man damals sagte, einer »Nationalität«, wie man heute sagen würde, oder einer *community*, wie die offizielle Definition lautet. Wenn sich zwei Gemüsehändler ihren Standplatz auf dem Markt mit Stöcken streitig machen, handelt es sich um einen Streit zwischen der griechischen und der italienischen *Bevölkerung*.[15] Wenn sich auf der Straße Schweden und Italiener in die Haare kommen schreibt die italienische Zeitung *L'Italia* (18. August 1908): »Die zwei Rassen schlagen sich.« Ein Schußwechsel zwischen Deutschen und Italienern wird von der *Chicago Tribune* (15. Mai 1893) zum *race riot* erklärt.

Es ist nicht verwunderlich, daß die Neuankömmlinge einer bestimmten Volksgruppe schnell eine Zeitung in der Sprache ihrer Herkunft gründeten. Wenn es in dieser Nationalität zwei oder mehr politische Richtungen gab, entstand bald eine zweite Zeitung und mehr. Die Deutschen hatten vier Zeitungen, Schweden und Tschechen hatten drei usw. Ohne Unterlaß forderten flammende Leitartikel in Dutzenden von Sprachen mit glühendem Patriotismus zum Kreuzzug gegen den Chauvinismus der anderen auf, forderten sie, selbst intolerant, Toleranz. Jeder versucht, den anderen zu überschreien, jeder versucht, den Gebrauch der eigenen Muttersprache aufrechtzuerhalten, und jeder versucht, sich gegen die Verachtung der anderen zu verteidigen. Die Hackordnung folgt genau der Chronologie der Ankunft in Amerika: Die Ersten verachten die Zweiten, die Zweiten die Dritten usw. In dieser Hierarchie der Verachtung, in der Pyramide der Kasten finden diejenigen keinen Platz und werden zu »Kastenlosen«, die wirklich als erste Amerika besiedelt haben, nämlich die Indianer, dann die Latinos, die Mischlinge aus Spaniern und Indianern, und schließlich die Schwarzen, die als erste zusammen mit den ersten Sklavenhaltern ins Land gekommen waren. All diese Gruppen sind wirklich ausgeschlossen, sie werden bis

15 *The Greek Star*, 18. August 1908

heute nicht als Volksgruppen, als Nationalitäten, sondern als »Rassen« betrachtet.

*

Aber es geht nicht nur um die »Kastenlosen«. Die Nachkommen der englischen Siedler verachteten die Iren, die kurz nach ihnen ins Land gekommen waren, so sehr, daß man in der *Chicago Tribune* vom 26. Februar 1866 beispielsweise in einer Anzeige lesen konnte: *No Irish need apply* (Iren sollten sich nicht bewerben). Als nächste Ankömmlinge standen die Deutschen noch eine Stufe tiefer in der Hierarchie der Verachtung, sie galten als Trunkenbolde und Biertrinker. Die deutsche Presse reagierte darauf mit dem Nachweis der deutschen »Mäßigkeit« und damit, daß sie ihrerseits die Iren als Säufer brandmarkte. So berichtete die *Illinois Staats-Zeitung* am 7. März 1873 über eine »Schlacht zwischen deutschen Polizisten und *irischen Trunkenbolden*«[16]. Wenige Monate zuvor hatte die gleiche Zeitung am 17. August 1872 einen Arbeitskonflikt folgendermaßen dargestellt: »Gestern kam es in der Ziegelbrennerei Jones zu einer gewalttätigen Auseinandersetzung zwischen deutschen und irischen Arbeitern. Wie üblich konnten die Iren nicht ertragen, daß die Deutschen von den Arbeitgebern für ihren Eifer und ihre Mäßigung gelobt wurden.« In dieser Kette richtet sich die Verachtung nach unten gegen die, die später gekommen sind, und der Groll nach oben. Die Katholiken werden von den Protestanten verachtet, aber unter den Katholiken hegen die Polen ein Ressentiment gegen die Iren.

Italiener und Polen ihrerseits und ganz allgemein die Einwanderer aus Süd- und Osteuropa wurden von allen anderen verachtet. In einem Artikel vom 20. Oktober 1912 wandte sich die Zeitung *L'Italia* empört gegen Woodrow Wilson:

16 Hervorhebungen von mir

Der demokratische Präsidentschaftskandidat Woodrow Wilson macht in Band 5 seiner *History of American People* auf Seite 212 folgende bösartige Bemerkungen *(viciously)*: »Die Einwanderung ging weiter wie vorher, aber es änderte sich die Herkunft *(stock)*, wie die Experten mit Beunruhigung unterstreichen. Jahrhundertelang hatten Menschen der kräftigen Stämme aus Nordeuropa den Hauptstrom fremden Blutes ausgemacht, der jedes Jahr der vitalen Arbeitskraft des Landes zufloß, oder auch Menschen der gallo-latinischen Stämme Frankreichs und Norditaliens. Jetzt aber kommen Menschenmassen niedrigster Klasse aus Süditalien, und Menschen verächtlichster Art aus Ungarn und Polen, Menschen, die keinerlei Qualifikation, Energie, Initiative oder wache Intelligenz vorweisen können. Und sie kommen Jahr für Jahr in größerer Zahl, so als wollten sich die Länder Südeuropas vom Gewicht ihrer dumpfesten und unglücklichsten Elemente befreien. Sogar die Chinesen wären als Arbeiter, wenn schon nicht als Mitbürger, wünschenswerter als der größte Teil dieses Abschaums, der die Häfen unserer Ostküste bevölkert.«

Die Hierarchie der Verachtung zwischen den Nationalitäten spiegelt die soziale Hierarchie wider und strukturiert einen »Arbeitsmarkt nach Nationalitäten«. Im 19. Jahrhundert spielten die Irinnen in Amerika die Rolle, die heute die Philippininnen in Italien spielen: Irin war gleichbedeutend mit Hausmädchen. Von den bei der Volkszählung von 1855 in New York festgestellten 29.470 Dienstmädchen waren 23.386 Irinnen. 1900 wurden von der Einwanderungskommission 71 Prozent der irischen Einwanderinnen als »Dienstmädchen und Personal« klassifiziert; bei den Italienerinnen waren es nur 9, bei den Jüdinnen 14 Prozent. Auch damals stellten sich ernsthafte Menschen die Frage, warum gerade irische Frauen diese »Berufung« hätten. Juden und Italiener behaupteten, ihre Frauen weigerten sich aus Keuschheit, aus Anstandsgefühl und aus Familienstolz, als Dienstmädchen zu arbeiten. Daß solche Argumente an den Haaren herbeigezogen waren, zeigt die Tatsache, daß Italienerinnen in Italien sehr wohl als Dienstmädchen arbeiteten und daß in den USA viele Jüdinnen als Prostituierte verhaftet wurden. Man konstruierte eine ethnische, ja rassische Prädisposition der Irinnen für die Arbeit als Dienstmädchen.

Die eigentliche Ursache aber war viel einfacher. Wegen der durch die Kartoffelkrankheit ausgelösten Hungersnot waren die Eheschließungen stark zurückgegangen. Ein Drittel der Männer und Frauen zwischen 25 und 35 war unverheiratet, und ein Sechstel der Bevölkerung heiratete überhaupt nicht. Deshalb bildeten die Iren die einzige ethnische Gruppe, in der sehr viele *Frauen allein* auswanderten, so daß auf 100 irische männliche Einwanderer 109 Frauen kamen. Bei den Italienern kamen auf 100 Männer beispielsweise nur 27 Frauen, das heißt nur ein Fünftel der italienischen Einwanderer waren weiblich, und unter den Juden kamen 77 Frauen auf 100 Männer. 1860 lebten in New York 87.000 Iren und 117.000 Irinnen. Diese Frauen mußten sofort nach ihrer Ankunft Arbeit suchen, und am leichtesten ließ sich Haus- und Küchenarbeit finden, denn im Gegensatz zu den anderen Immigrantinnen verstanden sie Englisch. Amerikanische Arbeitsvermittlungen taten durch den gezielten Import von Irinnen ein übriges, und wohltätige englische Vereinigungen wie die London Female Emigration Society, die British Ladies Emigration Society und die Girls' Friendly Society organisierten auf der anderen Seite des Atlantiks den Export. Darin bestand das ganze Geheimnis der »Prädisposition« der Irinnen für den Dienstmädchenberuf. Wiederum ist zu sehen, wie die demographische Entwicklung und die Struktur des Arbeitsmarktes in ethnische und rassische Gegensätze übersetzt wurden.[17]

*

17 Das Problem der irischen Dienstmädchen behandelt S. Steinberg, a.a.O., S.153–166

1860 stellte die Zeitschrift *Harper's Magazine* die Behauptung auf, daß »ungefähr 75 Prozent unserer Kriminellen Iren sind und weit über 75 Prozent der Gewaltkriminalität unter uns von Iren verübt wird«. Die Diskussion über die Ursachen der alarmierenden Kriminalitätsrate unter den Iren »konzentrierte sich auf die ethnischen Merkmale, und insbesondere auf die Maßlosigkeit der irischen ›Rasse‹«[18] Die Schuld an der zunehmenden Kriminalität wurde dann an die Juden weitergegeben. 1908 machte der Polizeichef von New York, Theodore Bingham, die Juden für die Hälfte der Verbrechen in der Stadt verantwortlich:

> Bei mehr als einer Million meist russischer Juden, einem Viertel der Gesamtbevölkerung, verwundert es nicht, daß etwa die Hälfte der Verbrechen in der Stadt von dieser Rasse verübt wird. Wenn wir die Unkenntnis der Sprache bedenken, abgesehen davon, daß die Männer zu schwerer Arbeit physisch meist nicht in der Lage sind, führt dies meist auf den Weg des Verbrechens [...] Zu den geschicktesten Straßenräubern gehören die jüdischen Jungen unter sechzehn Jahren, die für ein Verbrecherleben wie geschaffen sind.[19]

Mehr als andere Einwanderer wurden jedoch die Italiener als Kriminelle abgestempelt. 1908 schrieb Arthur Train, Mitarbeiter des Distriktsverwalters von New York, daß die Norditaliener dem »Charakter Amerikas *sehr entgegenkommen,* weil sie uns sehr ähnlich sind«, und den Amerikanern zu ähneln, bedeutete, »ehrlich, sparsam, fleißig, gesetzestreu und gutmütig« zu sein.[20] Die Süditaliener dagegen seien »dumm, faul, unverschämt und abergläubisch«, darüber hinaus sei ein bemerkenswerter Prozentsatz von ihnen, vor allem in den Städten, Verbrecher«. Natürlich gab es unter den Iren, Juden

18 Ebd., S. 116
19 Ebd., S. 112 f.
20 Zit. nach dem sehr materialreichen Buch von Humbert S. Nelli, *Italians in Chicago 1880–1930. A Study in Ethnic Mobility*, New York 1970, S. 126

und Italienern Kriminelle. Berühmtheit erlangten in Chicago die irischen Gangster in der Politik wie beispielsweise John Coughlin, der im Viertel der Bordelle, Spielhöllen und Saloons gewählt worden war. Seine Partner waren der Gangsterboß »Hinky Dink« Kenna und Johnny »de Pow« Powers, Besitzer von Saloons und Spielhöllen, der sich rühmte, die Stimme eines Italieners mit einem Glas Bier kaufen zu können. Um die Jahrhundertwende hatten in der Unterwelt die Juden das Sagen, darunter Berühmtheiten wie Ike Bloom, geborene Gitelson, und Jack Guzik, die weiße Prostituierte wie Sklavinnen handelten, oder Gangster wie Davey Miller und Samuel »Nails« Morton, die als eine Art jüdischer Robin Hood galten.[21]

Unter den Italienern Chicagos waren »Diamond Jim« Colosimo, John Torrio und schließlich in den zwanziger Jahren Alphonse, genannt »Al«, Capone[22], die das moderne *Verbrechersyndikat* erfanden, berüchtigt. Bei dem berühmten Blutbad am Valentinstag (14. Februar) 1929 ermordete eine italienische Gang Al Capones in einer Garage an der North Clark Avenue sieben Mitglieder der »irischen« Gang der North Side unter George »Bugs« Moran.

Der Vorwurf der Kriminalität war also keineswegs aus der Luft gegriffen, sondern läßt sich soziologisch durchaus nachweisen; die statistische Häufigkeit wurde aber als Ausdruck eines bestimmten Nationalcharakters interpretiert. Man verfährt nach dem immer gleichen Schema: Man beschreibt ein Phänomen und beobachtet sein häufiges Auftreten. Aus der Häufigkeit wird auf die Unvermeidlichkeit geschlossen, und aus der Unvermeidlichkeit auf eine genetische Prädisposition. Eine bestimmte Konstellation wird zum Schicksal und das Schicksal zum Charakter. Individuen faßt man zu einer einzel-

21 R. C. Lindberg, *Ethnic Chicago*, a.a.O., S. 179f.

22 Biographische Informationen über John Coughlin, Michael Kenna, Alphonse Capone finden sich bei June Skinner Sawyers, *Chicago Portraits*, Chicago 1991. Das Buch enthält 250 Kurzbiographien von Cyrus McCormick bis John Belushi (dem Sohn eines albanischen Immigranten).

nen Person zusammen, aus Iren wird der Ire, aus den Juden der Jude und aus den Italienern der Italiener. Das zum Individuum komprimierte Kollektiv erhält dann noch ein Adjektiv verpaßt, und dann hat man den versoffenen Iren, den ewigen Juden, den mafiosen Italiener.

Der Zusammenhang zwischen Kriminalität und Nationalität der Einwanderer wurde als so zwingend erachtet, daß die amerikanische Einwanderungsbehörde 1911 ein Buch über *Immigrants and Crime* veröffentlichte, in dem sie ein Schema der »Rassen und Nationalitäten mit klar definierten kriminellen Eigenschaften« entwarf. Demnach besitzt jede Nationalität eine »Berufung« und *genetische Prädisposition* für bestimmte Verbrechensarten. Von den Verhafteten taten sich die Iren durch Trunkenheit und Landstreicherei hervor, Französinnen und Jüdinnen durch Prostitution. Die Italiener werden vor allem der Gewaltverbrechen bis hin zum Mord angeklagt. Für die Behörde waren »bestimmte Verbrechensarten der italienischen Rasse angeboren«[23].

Gegen solche Vorwürfe schlossen sich die Volksgruppen zusammen, wiesen sie voller Empörung zurück und versuchten nach innen jede Kritik zum Schweigen zu bringen. Typisch ist die pathetische Reaktion der Italiener. Auf der einen Seite wollten die italienischen Notablen zunächst, gegen den Vorwurf, unter der Herrschaft der Gangster der »Schwarzen Hand« zu stehen, eine »gute« Bande der »Weißen Hand« ins Leben rufen. Natürlich scheiterte dieses Unternehmen nach kurzer Zeit, wie auch die Bande der »Schwarzen Hand« bald durch das modernere Verbrechersyndikat Al Capones abgelöst wurde. Auf der anderen Seite versuchten die italienischen Zeitungen Chicagos auf geradezu komische Weise die Evidenz selbst zu leugnen. Scharf und geradezu empört schrieb die Zeitung *L'Italia* am 8. Oktober 1892: »Dieses Märchen von der italienischen Mafia ist eine unverantwortliche Dummheit, schlicht und einfach Schwachsinn [...]

23 U. S. Immigration Commission, Washington D. C. 1911, S. 2 und 209

um es kurz zu machen, existiert die Mafia weder in Chicago noch in Italien.«

An dieser Behauptung verwundert nicht so sehr die unverfrorene Lüge, sondern eher die Vorstellung, daß ihr jemand Glauben schenken könnte – wie ein Kind, das den Finger noch voller Marmelade hat, leugnet, davon gegessen zu haben. Ähnlich infantil hatte die *Illinois Staats-Zeitung* wie ein Klassenprimus die deutschen Tugenden gegenüber den Iren hervorgehoben. Der Wettstreit zwischen den Volksgruppen und das Beharren auf der nationalen Ehre erweist sich als finsterster Provinzialismus. Chicago war von seiner Gründung an eine der internationalsten Städte der Welt und vom Wesen her kosmopolitisch, gleichwohl aber provinziell bis ins Mark. Hier liegt einer der dunkelsten Punkte der Moderne: Während in der antiken Gesellschaft der Kosmopolitismus den provinziellen Geist ausrotten konnte, besteht beides in den modernen Gesellschaften nebeneinander fort, und der Provinzialismus verstärkt sich sogar noch. In New York und Paris wird man sich der Spuren der Provinzialität deutlich gewahr, und Rom, das seit dem Niedergang des römischen Reiches vor 16 Jahrhunderten niemals so kosmopolitisch war wie heute, bleibt einfach ein riesiges Provinznest. Die Städte werden immer provinzieller, weil sich in ihrem Inneren die kosmopolitischen Komponenten auseinanderdividieren.

Ein eindrucksvolles Bild der Entwicklung der verschiedenen Volksgruppen ergibt sich aus den fünf historischen Karten, die die Stadt Chicago 1976 herausgegeben hat. Für die Jahre 1840, 1860, 1870, 1920 und 1950 sind die Wohngegenden der Nationalitäten eingezeichnet. Ein solches Unternehmen wäre schon allein deshalb in keiner anderen Stadt der Welt möglich, weil keine Stadtverwaltung Geld und Energie dafür verwenden würde, die Grenzen zwischen dem ukrainischen und dem dänischen Viertel zu bestimmen und die Entwicklung dieser linguistischen Grenzen im Wandel der Zeit zu untersuchen. Vor allem aber wäre eine solche Grenzziehung effektiv kaum möglich. Außer in einigen wenigen Fällen würden die Einwanderer verschiedener Nationalitäten in denselben Vierteln ohne Trennung nach Nationalitäten wohnen. Auch in dieser Hinsicht ist Chicago die Stadt Amerikas, in der das Nationalitätenproblem am stärksten ausgeprägt ist. Hier werden Bräuche der Herkunftsländer bei Verlobungen, Hochzeiten und Begräbnissen noch mit peinlichster Genauigkeit befolgt.

Das Charakteristikum der modernen Migrationen, daß Individuen auswandern, aber Völker und Volksgruppen ankommen, bewirkt, daß Einwanderer in der neuen Heimat sowohl zur Assimilierung gezwungen als auch gleichzeitig ausgegrenzt und auf die eigene Volksgruppe zurückgeworfen werden. Der *melting pot* versagt den Dienst, und wie bei einer mißglückten Mayonnaise trennen sich die Bestandteile. Die Gesellschaft ist in gegeneinander abgegrenzte Segmente unterteilt. Das bedeutet keineswegs, daß sich die Menschen nicht als Amerikaner fühlen, ganz im Gegenteil sieht man nirgends so viele Nationalflaggen wie an amerikanischen Häusern. Die Nationalismen überlagern sich vielmehr, und der ethnische Nationalismus stärkt den amerikanischen Nationalismus, statt ihn zu schwächen. Die Amerikanisierung ist nur vollendet in Verbindung und Überlagerung mit dem Nationalismus der Herkunft. Das beste Beispiel dafür ist die Küche, die normalerweise als die Bastion der ethnischen Kulturen Amerikas gilt. Aber die Nähe zur Kultur der Herkunftsländer besteht nur noch in den Namen. Ein *pastrami* in New York hat nichts mehr mit dem Original zu tun, das die amerikanischen Juden wahrscheinlich als zu stark gewürzt empfinden würden. Die *gamberi* der italienischen Küche werden ohne Kopf und Schale serviert, was ihnen jeden Geschmack nimmt. Die *pastasciutta* hat außer dem Namen mit italienischem Essen nichts mehr zu tun, die Nudeln sind verkocht, man ißt sie als Hauptgericht, und die Soßen sind grauenhaft. Der griechische Salat enthält Zutaten, die in Griechenland überhaupt nicht anzutreffen sind, und in Frankreich würde wohl kaum jemand ein Brot essen, das in den USA *deep french* heißt. Die Gerichte der einzelnen Nationalitäten sind genuin amerikanisch, genauso wie in Quebec Schnecken als Zeichen für den genuin französischen Charakter der Provinz angeboten werden, während man die Austern mit Ketchup ißt.

Innerhalb der amerikanischen Gesellschaft entwickeln sich die Volksgruppen getrennt voneinander, sie suchen nach innerem Zusammenhalt, stehen aber untereinander in Konkurrenz. Vielleicht gibt dieses soziale Schema eine Antwort auf die Frage, warum es in den Vereinigten Staaten keinen Sozialismus gibt, die sich Werner Sombart vor 90 Jahren stellte. Nicht beantworten dagegen läßt sich die Frage, ob diese seit zwei Jahrhunderten andauernde Verschiebung des gesellschaftlichen in einen Nationalitätenkonflikt, des Klassenkampfes in Rassenkampf von der herrschenden Klasse bewußt gesteuert wurde, oder aber einer inneren Logik ohne willentliches Zutun folgte, etwa in der Weise, daß der Mechanismus eine Eigendynamik entwickelte, nachdem in den Anfängen jemand versucht hatte, billigere, gefügigere, flexiblere und weniger aufsässige Arbeitskräfte zu bekommen.

Die herrschende Klasse Amerikas, die in Europa ganz oberflächlich mit einer gewissen Verachtung behandelt wird, besitzt beachtliche Fähigkeiten. Sie hat – bisher wenigstens – einen derart explosiven Prozeß zu steuern und im ganzen gesehen doch immer in kontrollierbare Konflikte zu kanalisieren vermocht. In nur zwei Jahrhunderten hat sie aus dem, was Woodrow Wilson den »Abschaum« nannte, von dem sich Europa hatte »befreien« wollen, aus den Ärmsten und Elendsten der Alten Welt die größte Weltmacht geschaffen.

»Gebt mir einen oder besser eine Million Kanaken, und ich werde die Welt aus den Angeln heben!« So lautete die Botschaft der amerikanischen Kapitalisten um die Jahrhundertwende. Die absolute Geschlossenheit der herrschenden Kreise von Finanzwelt und Industrie steht in krassem Gegensatz zu der ethnischen Zersplitterung der übrigen Gesellschaft der USA. Aber es waren nicht nur Geschick und Weitsicht, die den Sozialismus vom Angesicht des Landes getilgt haben. Amerikas Kapitalisten verhielten sich vielmehr wie der Held Voltaires, der sich rühmte, seine Feinde mit einer ausgeklügelten Mischung aus Gebeten, Exorzismen und Arsen unausweichlich zu vernichten.

ANARCHISTEN AUS EUROPA: HAYMARKET 1886

Von oben ist nur das Dröhnen der Laster zu hören, die unterhalb der Böschung ununterbrochen auf dem Dan Ryan *expressway* dahinrollen. Auf der Straßenebene an der Kreuzung Randolph und Desplaines Street, nicht weit vom Loop entfernt, öffnet sich eine öde Fläche zwischen heruntergekommenen Häusern, die wie axial durchgeschnitten wirken, weil ein Teil der Häuser abgerissen ist, so daß nur die mit Werbung bedeckten Brandmauern zum Platz weisen. An einer Ecke hat die Caritas ihr Büro. Nichts erinnert daran, daß sich hier auf dem Haymarket, wo damals noch ein Markt abgehalten wurde, 1886 ein Drama mit unabsehbaren Folgen abgespielt hat. Nicht einmal ein kleiner Gedenkstein erinnert heute an die Ereignisse und an die Männer, derer noch Jahrzehnte danach voller Verehrung als Märtyrer der Arbeiterbewegung gedacht wurde. Nichts erinnert daran, daß hier der 1. Mai als Festtag der Arbeiter erkämpft wurde, der außer in den USA fast überall auf der Welt noch heute begangen wird.

Vergebens sucht man zwischen halbleeren Parkplätzen und einer Tankstelle auch nur den geringsten Hinweis darauf, daß hier der Anarchismus den Todesstoß erhielt. Im letzten Viertel des 19. Jahrhunderts war Chicago das Weltzentrum des Anarchismus, aber diese Zeit scheint tausend Jahre zurückzuliegen, denn heute ist kaum mehr als eine blasse Erinnerung geblieben. Vor nicht einmal 100 Jahren sah es jedoch so aus, daß die Anarchisten für den Bestand des Kapitalismus und die amerikanischen Gesellschaft eine ernsthafte Bedrohung darstellten, gegen die alle Kräfte für einen vernichtenden Schlag aufgeboten wurden. Heute ist die Erinnerung daran eher ein Kuriosum.

*

Chicago erlebte die unruhigste Zeit seiner industriellen und demographischen Entwicklung während der langen internationalen Depression zwischen 1873 und 1896, die von mehreren besonders schweren Krisenjahren 1873 bis 1878, 1882 bis 1886 und 1892 bis 1896 gekennzeichnet war. In diesen Jahrzehnten herrschte große Arbeitslosigkeit, und ganze Familien verhungerten regelrecht. Im Winter des Jahres 1885 war ein Drittel der Zimmerleute der Stadt und 39 Prozent der gesamten Arbeiterschaft arbeitslos.[1] Gerade in diesen schweren Jahren tiefster Krise kam es zu den härtesten Auseinandersetzungen zwischen Kapitalisten und Arbeitern während der Streiks von 1877, während der Bewegung für die Durchsetzung des Achtstundentages 1886 und beim Boykott der Firma Pullman 1894. In allen drei Fällen bildete Chicago das Zentrum dieses regelrechten »Klassenkrieges«, denn hier kamen trotz der Krise weiterhin Hunderttausende von Einwanderern an. Viele wurden eigens angeworben als Streikbrecher, um die Gewerkschaften zu schwächen und die Arbeiterbewegung in verschiedene Nationalitäten und Sprachen zu spalten. 1891 schrieb Karl Marx' Tochter Eleanor an den amerikanischen Gewerkschaftler Samuel Gompers: »Die dringendste Frage ist, daß unfaire Arbeit aus einem Land ins andere gebracht wird, d.h. daß Arbeiter, die die Bedingungen des Arbeitskampfes in einem bestimmten Land nicht kennen, von den Kapitalisten in dieses Land importiert werden, um die Löhne zu drücken oder die Arbeitszeit zu verlängern oder aber beides.«[2]

1 Bruce C. Nelson, *Beyond the Martyrs. A Social History of Chicago's Anarchists 1870–1900*, New Brunswick 1988, S. 11–13

2 Brief von William Thorne und Eleanor Marx-Aveling an Samuel Gompers, 25. Januar 1891, in: Marx, Engels Werke, Bd. 38, Berlin 1968, S. 569

Mit den ungeheuren Menschenmassen kamen aber auch politische Flüchtlinge. Für Theodore Draper »sind die Fortschritte, aber auch die Probleme der sozialistischen Bewegung Amerikas in hohem Maße den Einwanderern geschuldet«[3]. Einerseits war es schwierig – und fast immer unmöglich –, daß ein irischer und ein italienischer Arbeiter, ein polnischer und ein deutscher Arbeiter gemeinsam gegen die Arbeitgeber Front machten, ohne sich in endlosen, verbissenen Konkurrenzkämpfen zu verlieren. Auf der anderen Seite waren gerade unter den Einwanderern kämpferische Arbeiter, die aus Europa ein »Klassenbewußtsein« mitgebracht hatten. Die Immigranten galten deshalb nicht nur als dreckig, faul und kriminell, sondern außerdem als Umstürzler und Kommunisten, die die Existenz Gottes und des Privateigentums leugneten. Unter den Italienern waren in den zwanziger Jahren der kriminelle Alphonse Capone und die Anarchisten Niccola Sacco und Bartolomeo Vanzetti, die 1921 zum Tode verurteilt und 1927 hingerichtet wurden, berühmt und berüchtigt. In Wirklichkeit jedoch bildeten die militanten Sozialisten und Anarchisten eine verschwindende Minderheit unter der in ihrer Mehrheit entweder unpolitischen oder sogar konservativen Masse der Einwanderer. Dennoch gehörten 1915 zur Sozialistischen Partei der USA (SP) 14 Ausländer-Sektionen, und noch 1917 waren 32.894 (40 Prozent) der 80.126 Mitglieder nicht in Amerika geboren.[4]

Viele Tausende der ungefähr eine Million zwischen 1850 und 1860 eingewanderten Deutschen waren nach dem Scheitern der 48er Revolution als politische Flüchtlinge ins Land gekommen und hießen deshalb die »Achtundvierziger«. Die meisten von ihnen waren liberale Demokraten. Die kleine Gruppe deutscher Sozialisten gründete in Chicago die Zeitschrift *Der Proletarier*. Der Sozialismus spielte für die Millionen deutscher Immigranten in Amerika keine wesentliche Rolle,

3 Theodore Draper, *The Roots of American Communism*, New York 1956, S. 31
4 Ebd., S. 32

aber die Deutschen spielten eine bedeutende Rolle für die Geschichte des Sozialismus in Amerika.[5]

Wie in anderen Zentren politischer Emigration, etwa in Paris, Zürich oder Lugano, gab es auch in Chicago eine Unzahl von sozialistischen, anarchistischen und revolutionären Zeitungen in deutsch, polnisch, englisch, böhmisch usw., die, kaum gegründet, bald wieder eingestellt wurden. 1886 standen 20.000 Sympathisanten nur 2.500 aktive Mitglieder gegenüber, aber diese übten trotz ihrer geringen Zahl einen enormen Einfluß aus. Es ist heute kaum noch vorstellbar, wie lebendig ihre Zeitungen waren und welch große Wirkung sie besaßen. Wie man in den *corporations* »die Aktien nicht zählt, sondern gewichtet«, so darf man auch in politischen Bewegungen Aktive und Mitläufer nicht bloß zählen. Bewegungen mit wenigen Mitgliedern erlangen manchmal ein enormes Gewicht, während Organisationen, deren Mitglieder nach Millionen zählen, harmlos und fast ohne Einfluß sein können.

Man muß sich das Leben dieser politischen Aktivisten im Chicago des 19. Jahrhunderts mit seinen stinkenden Schlachthäusern, den rauchenden Fabriken und rußigen Eisenbahnen unter den tausend Nationalitäten und Sprachen lebendig vor Augen führen. Sie lebten von der Hand in den Mund, ihre Existenz war ständig bedroht von Geldnot, von den verfassungsmäßigen Ordnungskräften und der Polizei, von den amerikanischen Privatarmeen und zugleich von den Geheimagenten aus Europa, die sie überwachen – oder sogar töten – sollten. Sektiererisch, pedantisch und »typisch deutsch« beharrten sie auf den theoretischen Differenzen zwischen Bakunisten, Lassallianern und Marxisten. In heftigen Polemiken warfen sie sich gegenseitig Verrat vor – dabei wäre es interessant festzustellen, wer heute unter den amerikanischen Arbeitern noch Lassalle kennt. »Sie bildeten eine Sekte, das heißt eine kleine autoreferentielle Gruppe, die einer präzisen und exklusiven

5 Albert Fried (Hg.), *Socialism in America, from the Shakers to the Third International. A Documentary History*, New York 1970, S. 181. Zur Rolle der Deutschen vgl. das ganze Kapitel *The Germans*, S. 181–255

Ideologie (oder einer Glaubensrichtung) anhängt. Aber sie hielten sich nicht selbst für Sektierer [...], sondern waren ausdrücklich gegen jedes Sektierertum [...] Marxisten, Lassallianer und Anarcho-Kommunisten bekämpften alle gemeinsam den utopischen Sozialismus.« Sie versuchten die Massen zu erreichen, die Arbeiter in Bewegung zu bringen, auch wenn nicht abzustreiten ist, daß sie dazu tendierten, »dogmatisch, rigid und auch häufig für die Arbeiter, die sie ansprechen wollten, völlig unverständlich zu sein«[6].

Andererseits war jeder nur denkbare Anlaß, sogar die Schließung der Zeitschrift *The Socialist* im September 1879 für die Veranstaltung eines Picknicks recht. Beliebter aber noch waren Tanzveranstaltungen. In Chicago konnte man an den Volkstänzen aus ganz Europa teilnehmen: »Gestern Abend wurden Tänze jeglicher Art geboten: der *Bohemian dip*, der *German lunge*, der *Austrian kick*, der *Polish ramp* oder der *Scandinavian trot*. All diese Länder waren anscheinend präsent, aber man sollte hinzufügen, daß gebürtige Amerikaner, Iren oder Engländer nicht teilnahmen.«[7] Mindestens acht Chöre gehörten offiziell zur Arbeiterbewegung, und einige revolutionäre Orchester waren weithin berühmt.[8]

Diese Revolutionäre beschäftigten sich leidenschaftlich mit dem Organisieren von Festen, als wären sie schon ein kleiner Vorgeschmack auf das ganz große Freudenfest, das bald stattfinden sollte. Das wichtigste dieser Feste war die alljährliche Erinnerung an die Pariser Kommune im März. Diese *Morgenröte der Freiheit* wurde 37 Jahre lang, von 1872 bis 1909, von Tausenden von Menschen gefeiert, 1879 beispielsweise nahmen 40.000 Menschen teil; Orchester spielten, Chöre sangen, lebende Bilder politischen Inhalts wurden gestellt und Theaterstücke aufgeführt.

*

6 Ebd., S.181

7 Zit. nach B. C. Nelson, a.a.O., S. 135. Vgl. zum gesellschaftlichen Leben der Anarchisten Chicagos das Kap. 6: *Dancing and Picnicking Anarchists*, S. 127–152

8 Ebd., S. 129

Die Revolutionäre organisierten eigene Geheimgesellschaften und bewaffnete Gruppen wie die »Lehr- und Wehrvereine« mit militärischer Ausbildung. Der »Lehr- und Wehrverein« von Chicago richtete allerdings auch Picknicks aus, gestaltete Wagen mit allegorischen Darstellungen und sorgte für die Musikbegleitung bei den Festumzügen.

Es ist beeindruckend, wie die Organisationen der Unterdrückten der Gesellschaft in ihrem Emanzipationskampf die Mittel nachahmten, mit denen sich die herrschende Klasse einst selbst gegen den Adel zur Wehr gesetzt hatte. Die Leidenschaft deutscher und skandinavischer Anarchisten für Geheimgesellschaften war eine Nachahmung der bürgerlichen Zirkel. Genauso versuchten die amerikanischen Arbeiter den gewaltsamen Widerstand gegen jede Form der gewerkschaftlichen Organisierung mit der Nachbildung der Freimaurerei zu bekämpfen. 1869 gründeten neun Schneider aus Philadelphia den *Noble and Holy Order of the Knights of Labor* (K of L), den Adeligen und Heiligen Orden der Ritter der Arbeit. Er war in Logen unter der Leitung eines Meisters organisiert, und an der Spitze stand ein Großmeister der Arbeit. Die fast religiös geprägte Gemeinschaft lehnte das Lohnsystem strikt ab und konnte bis 1881 geheimbleiben. 1884 zwangen die K of L den Eisenbahnmagnaten und Prototyp des *robber baron* Jay Gould zu Verhandlungen und zur Wiedereinstellung der Streikenden. Danach nahm die Zahl der Mitglieder sprunghaft zu: Zwischen 1884 und 1886 verzehnfachte sich die Mitgliederzahl der K of L von 71.000 auf 730.000.

Dem Aufstieg der K of L entsprach der Niedergang der zweiten frühen Arbeiterorganisation der Zeit, der Federation of Organized Trades and Labor Unions, die 1881 in Pittsburgh gegründet worden war und im Dezember 1884 ihren Kongreß in Chicago abhielt. Die 25 Delegierten vertraten nicht mehr als 50.000 Arbeiter der Vereinigten Staaten, aber gerade dieser Kongreß stellte sich die Aufgabe, eine Forderung durchzusetzen, die unter der Arbeiterschaft schon breite Zustimmung gefunden hatte. Bereits 1856 hatten die Arbeiter in Melbourne in Australien die »drei Acht« gefordert: »Acht Stunden für die Arbeit, acht Stunden zur Erholung und acht Stunden für uns.« In den Vereinigten Staaten entstanden während des Bürgerkrieges 1861 bis 1865 in vielen Industriestädten Vereinigungen, die für die acht Stunden kämpften. 1866 nahm die Erste Internationale auf ihrem Kongreß in Genf diese Forderung auf: »Wir schlagen die acht Stunden als gesetzliche Höchstgrenze für den Arbeitstag vor. Die Verkürzung des Arbeitstages wird jetzt ganz allgemein von den amerikanischen Arbeitern gefordert: wir fordern sie für die Arbeiter der ganzen Welt.«[9] Am 1. Mai 1867 gingen mehr als 10.000 Arbeiter beim ersten großen Streik für den Achtstundentag in Chicago auf die Straße. In Erinnerung an diesen Streik wurde 1884 folgender Antrag angenommen: »Wir beschließen, daß der gesetzliche Arbeitstag vom 1. Mai 1886 an auf acht Stunden begrenzt sein muß, und wir empfehlen allen Arbeitsorganisationen, ihre Statuten in der vorgegebenen Zeit daran anzupassen.«[10] Am 1. Mai begann das Bauhandwerk wieder mit der Arbeit, am Tag zuvor liefen Pachtverträge in der Stadt und auf dem Land aus, und dieses Fest wurde zu einer Art »alternativem Osterfest«, eine Erinnerung der Arbeiter an die heidnischen Riten des Frühjahrs.

Nur mit dem Mut der Verzweiflung konnte man im Winter 1884, mitten in der tiefsten Rezession mit ihren zahllosen Arbeitslosen und obdachlosen Familien die Forderung nach dem Achtstundentag erheben. Empört verurteilten die Zeitungen die Forderung als »Aufstieg des finstersten Kommunismus«, der nur »Müßiggang, das Glücksspiel, das Lotterleben und die Trunksucht« fördern und den amerikanischen Arbeitern sinkende Löhne, Armut und sozialen Abstieg bringen werde.[11]

In Chicago war das soziale Klima noch härter als anderswo. Im November 1884 zog eine große Demonstration, der

9 Zit. nach Bruno Cartosio, *Da Chicago a tutto il mondo*, in: *Il manifesto*, 29. April 1994
10 P. S. Foner, *History of the Labor Movement in the United States*, New York 1955, Bd.2, S. 98
11 Ebd., S. 103

»Marsch der Armen«, an den Häusern der Reichen, bei George Pullman, Marshall Field, bei Swift und Armour vorbei. Der Anarchistenführer Albert Parsons und seine Frau Lucy Gonzales, eine farbige Mexikanerin, führten den Protestmarsch an. Der 1848 geborene Parsons, ein ehemaliger Drucker, stammte aus einer puritanischen Südstaatenfamilie, hatte in Waco, Texas, eine Zeitung herausgegeben, nach seiner Übersiedelung nach Chicago 1873 die Zeitung *The Socialist* gegründet und war dann Herausgeber der Zeitung *The Alarm* und Führer der amerikanischen Anarchisten geworden.

Im folgenden Jahr, am 4. Mai 1885, eröffnete die Nationalgarde des Staates Illinois in Lemont, in den Vororten, das Feuer auf eine unbewaffnete Menge von Steinbrucharbeitern und tötete zwei Menschen. Ende Juni brach ein Streik in der Street Car Company aus, bei dem die Arbeiter kürzere Arbeitszeiten, gleiche Entlohnung und die Beendigung der Repressalien gegen Gewerkschafter verlangten. Als Antwort entließ der Eigentümer Yerkes 16 der wichtigsten Gewerkschaftsführer. Bei dieser Gelegenheit gab der Polizeihauptmann John Bonfield den Befehl »gezielt zu schießen«. Dieser Befehl wurde in Chicago 80 Jahre später beim Einsatz gegen eine Menschenmenge wiederholt (vgl. Kap. *Prag in Illinois*). Bonfield empfahl sich damit als Verteidiger des Eigentums, er organisierte eine *red squad* (rotes Kommando) zur Infiltrierung der Arbeiterbewegung und bildete Truppen in neuen Techniken der Aufstandsbekämpfung aus.

Auch in einer anderen Fabrik in Chicago, bei dem Mähmaschinenhersteller McCormick, kam es zu Unruhen. Dort hatten die beiden Gründer, die Brüder Cyrus und Leander McCormick, 1884 die Geschäftsführung an den jungen und aggressiveren Cyrus abgegeben, der sofort eine allgemeine Lohnkürzung von 10–15 Prozent einführen wollte, obwohl das Geschäft hervorragend lief. In einer Fabrik der Gesellschaft im Stadtbezirk Pilsen brach ein Streik aus. Wie viele andere amerikanische Fabrikbesitzer rief der junge McCormick nicht nur die Polizei, sondern setzte auch die Privattruppe Pinkertons zum Schutz der Streikbrecher ein, die er zur Niederschlagung des Streiks geholt hatte.

Dieser Allan Pinkerton, »das Auge, das nie schläft«, ist zum Synonym des Privatdetektivs geworden. Aber sein Schicksal war im Grunde tragisch. 1819 als Sohn einer schottischen Industriearbeiterfamilie geboren, nahm er schon in jungen Jahren an der Chartistenbewegung teil und mußte aus politischen Gründen in die USA auswandern, um der Strafkolonie zu entgehen. In Chicago wurde er Ende der vierziger Jahre zum Sheriff von Kane County gewählt. In den fünfziger Jahren gründete er die auch heute noch existierende Pinkerton National Detective Agency, die ursprünglich hauptsächlich damit beschäftigt war, entlaufenen Sklaven die Flucht nach Kanada zu ermöglichen. Doch in kurzer Zeit wandelte sich Pinkerton zum bewaffneten Arm der großen Industriegruppen, bei denen er auch in internen Auseinandersetzungen zwischen Vanderbilt, Fisk und Gould eine Rolle spielte. Während des Sezessionskrieges wurde Pinkerton von Lincoln zum Chef des Geheimdienstes der Union Army ernannt. Nach dem Krieg verlegte sich seine Organisation fast ganz auf die Bekämpfung der Arbeiterstreiks, und diese Tradition setzten nach seinem Tod (1884) auch seine Söhne William und Robert fort. Zwischen 1933 und 1935 hatte Pinkerton nicht weniger als 1.228 Agenten in alle gewerkschaftliche Sektionen Amerikas eingeschleust.[12] Um 1890 arbeiteten 2.000 Agenten aktiv für Pinkerton, und 30.000 Leute standen für kurzfristige Einsätze bereit, der damit über mehr Menschen verfügte als das stehende Bundesheer.

Aber trotz des Einsatzes der Agentur Pinkerton konnten die Fabrikbesitzer den Streik nicht niederschlagen, weil der irische Polizeihauptmann O'Donnell im Bezirk Pilsen nicht gegen irische Arbeiter vorgehen wollte. Wieder zeigt sich hier die Verflechtung von Klassen- und Nationalitätenkonflikt. Wenige Monate später jedoch, am 16. Februar 1886, nachdem

12 J. Skinner Sawyers, *Chicago Portraits*, a.a.O., S. 208–210

O'Donnell versetzt und Bonfield zum Inspektor des Polizeihauptquartiers ernannt worden war, begann McCormick mit der Aussperrung von 1.482 Arbeitern, darunter vielen Mitgliedern der K of L. Diesmal half die Polizei von Chicago der Fabrikleitung und postierte 300 Mann vor den Fabriktoren. Am 1. März betraten Streikbrecher unter Polizeischutz das Fabrikgelände. Am anderen Tag griff die Polizei eine friedliche Demonstration von »Ausgesperrten« an und nahm viele Verhaftungen vor.

In der Zwischenzeit war überall in den Vereinigten Staaten die Kampagne für den Achtstundentag und den 1. Mai erstarkt. Die Mitglieder der K of L nahmen an den Aktionen teil. Die Arbeiter rauchten »Achtstunden-Tabak«, kauften »Achtstunden-Schuhe« und sangen das »Achtstunden-Lied«. Die Bewegung breitete sich in Windeseile aus, und die Ängste der Industriellen wuchsen in gleichem Maße. Die *New York Times* schrieb in einem Bericht über den 1. Mai in Chicago, daß am Vorabend die Mitglieder der Handelskammer der Nationalgarde von Illinois 2.000 Dollar für den Kauf eines Maschinengewehres angeboten hatten. Überall brachen Streiks aus: Am 9. April eröffnete die Polizei in East St. Louis das Feuer gegen Streikende und tötete neun Menschen. Daraufhin setzten die Arbeiter mehr als hundert Eisenbahnwaggons in Brand.

*

Der 1. Mai brach an. Im ganzen Land traten 350.000 Arbeiter in 11.562 Fabriken in den Streik. Allein in Chicago gab es 40.000 Streikende, und 80.000 zogen untergehakt in einem Demonstrationszug unter Führung von Albert und Lucy Parsons und ihren Kindern Albert Jr. und Lulu die Michigan Avenue entlang. In Detroit demonstrierten 11.000 Menschen, in New York 25.000. Der Tag verlief friedlich, und der Sieg schien errungen, denn an diesem Tag wurde in Chicago für 40.000 Arbeiter ohne Streik ein kürzerer Arbeitstag vereinbart. Man nimmt an, daß der Achtstundentag in den Vereinigten Staaten damals 180.000 von 350.000 Streikenden zugestanden wurde.[13] Aber bei McCormick …

Der 2. Mai 1886 blieb ruhig, es fanden nur wenige Demonstrationen statt. Am 3. Mai hielt August Spies, der Herausgeber der *Arbeiter Zeitung*, vor ungefähr 6.000 streikenden Holzarbeitern von einem Güterwagen in der Nähe der McCormick-Fabrik eine Rede. Viele Zuhörer waren Böhmen oder Polen und verstanden überhaupt nicht, was der Redner sagte. Um halb vier Uhr heulte die Sirene bei McCormick, und etwa 200 Zuhörer machten sich auf den Weg, um die Arbeiter vor den Fabriktoren dabei zu unterstützen, den Streikbrechern eine Abreibung zu geben. Sofort erschien Bonfield mit 200 Mann Polizei und ging zum Angriff über. Der Lärm zog noch mehr Zuhörer an, bis sich auch Spies und die gesamte Menschenmenge zu McCormick aufmachten. Sie wurden vom Gewehrfeuer der Polizei empfangen, vier Menschen starben, und zahlreiche Demonstranten wurden verletzt.

Für den folgenden 4. Mai wurde auf dem Haymarket sofort eine große Protestveranstaltung angesetzt, die von Bürgermeister Harrison auch genehmigt wurde. Um halb neun Uhr abends sprach Albert Spies, der an der Organisation nicht beteiligt gewesen war, auf einem Wagen stehend vor 3.000 Personen. Er schickte Emissäre zu Albert Parsons und Samuel Fielden, die nicht über die Versammlung informiert waren, damit sie zu der Menge sprachen. Auch der Bürgermeister war anwesend. Spies und Parsons hatten ihre Reden schon beendet und waren gegangen, als gegen zehn Uhr abends ein heftiges Gewitter die Menge auseinandertrieb, so daß nur noch etwa 300 Menschen übrigblieben. Zu diesem Zeitpunkt verließ auch der Bürgermeister den Platz und befahl, die 176 anwesenden Polizisten nach Hause oder zu ihrem normalen Dienst zu schicken. Als Samuel Fielden um halb elf Uhr die Schlußrede hielt und der Bürgermeister gerade zu Hause war, befahl Hauptmann Bonfield seinen Polizisten jedoch, die Ver-

13 P. S. Foner, a.a.O., S. 104

sammlung mit Gewalt aufzulösen und dabei die neue Taktik der Aufstandsbekämpfung einzusetzen. In diesem Augenblick wurde aus einer Seitenstraße eine Bombe unter die Polizisten geworfen, die sechs Männer tötete und mehr als 50 verletzte. Die Polizei eröffnete das Feuer, und es kam zum Kampf. Wie viele Demonstranten dabei getötet wurden, konnte nie geklärt werden. Sicher ist nur, daß es 200 Verletzte gab.

Ungeklärt blieb auch, wer die Bombe geworfen hatte und warum Bonfield mit dem Angriff wartete, bis der Bürgermeister im Bett war. Genausowenig weiß man, warum einer der Organisatoren der Versammlung auf dem Haymarket danach von der Polizei ein Gehalt bekam und als Zeuge gegen die Anarchisten aussagte. Fest steht allein, daß dies das erste Dynamit-Attentat in der Geschichte der USA war und zu dem Zeitpunkt begangen wurde, als die Bewegung für den Achtstundentag gesiegt hatte. Die Nachricht verbreitete sich in ganz Amerika und wurde maßlos aufgebläht. In Cincinnati riefen die Zeitungsjungen aus: »Anarchistische Bombenwerfer töten in Chicago 100 Polizisten!«[14]

Am Morgen des 5. Mai verhängte der Bürgermeister den Kriegszustand über Chicago. Die Polizei drang ohne Durchsuchungsbefehl in Tausende von Wohnungen ein, und Hunderte von Anarchisten wurden verhaftet. Nach Angaben der Polizei fand man ganze Bomben- und Waffenarsenale. Es war leicht, die Anarchisten der Gewaltanwendung anzuklagen, während in Wahrheit private und öffentliche Polizei sofort in die Menge schossen. 1877, als die *New York Times* über Chicago titelte: *Die Stadt in der Hand der Kommunisten*[15], hatte die Bundesregierung zur Niederschlagung des Streiks eiligst Truppen aus Dakota geholt, die gerade gegen die Indianer im Einsatz waren, die General Custer geschlagen hatten. Arbeiter waren genauso als Feinde zu bekämpfen wie Rothäute.

14 Jeremy Brecher, *Streiks und Arbeiterrevolten. Amerikanische Arbeiterbewegung 1877–1970*, Frankfurt/Main 1975, S. 55

15 Zit. nach Bruno Cartosio, *Lavoratori negli Stati Uniti. Storie e culture politiche dalla schiavitù all'I.W.W.*, Mailand 1989, S. 86

Es ist daher wenig verwunderlich, daß Albert Parsons in der im Oktober 1883 in Pittsburgh verabschiedeten Grundsatzerklärung der Anarchisten verkündete: »Nur mit Gewalt konnten sich unsere Väter aus politischer Abhängigkeit befreien, und mit Gewalt werden sich ihre Söhne aus der ökonomischen Sklaverei befreien müssen. ›Es ist deshalb euer Recht‹, sagt Jefferson, ›ja es ist eure Pflicht, zu den Waffen zu eilen.‹« Dann schloß er mit den Worten: »Zittert, Unterdrücker der Welt! Dort, wo euer kurzsichtiger Blick nicht mehr hinreicht, ist schon das Morgenrot des TAGES DES JÜNGSTEN GERICHTS auszumachen.«[16] Die Anarchisten waren keine frommen Lämmer, die sich zur Schlachtbank führen ließen, und die Presse tat sich leicht, gegen sie zu wettern. Bereits am 5. Mai 1886 empörte sich die *Chicago Tribune* über die »*socialistic, atheistic, alcoholic European classes*«. Am 15. Mai schrieb das angesehene *Albany Law Journal*:

> Es ist beunruhigend, daß das Leben guter und ehrenhafter Männer, die Sicherheit unschuldiger Frauen und Kinder, die Unversehrtheit des Eigentums in den Städten auch nur eine einzige Stunde wenigen elenden, stinkenden, wild dreinblickenden ausländischen Landstreichern ausgeliefert sind, die in ihrem ganzen Leben nicht eine einzige Stunde ehrlich gearbeitet haben, sondern wahnsinnig vor jahrelang unterdrücktem Neid auf die Reichen nun mit ein paar Bomben die Gesellschaft und ihre Unterschiede einebnen wollen [...] Es müßte ein Gesetz geben, um diese Schlangen zu zertreten, sobald sie den Kopf erheben, noch bevor sie beißen können [...] Der Stand der Dinge rechtfertigt beinahe die Wiedereinsetzung der Bürgerwehren und der Lynchjustiz.[17]

In Wirklichkeit wurden im Gefolge der Ereignisse auf dem

16 *Manifesto of the International Working People Association* (1883), in: A. Fried, *Socialism in America*, a.a.O., S. 208–212

17 Zit. nach William J. Adelman, *Haymarket Revisited*, Chicago 1976, S. 18

Haymarket nur wenige Waffen gefunden. Jahre später gab Hauptmann Frederick Ebersold, der Polizeipräsident von Chicago, sogar zu, daß die Polizei absichtlich Waffen und Bomben in den Büros der Anarchisten deponiert hatte.[18] Von den Hunderten Verhafteter wurden nur 31 unter Anklage gestellt, und nur gegen elf von diesen wurde der Prozeß auch eröffnet. Zwei traten als Kronzeugen auf, einer wurde nie gefunden, und nur acht Männer standen schließlich vor Gericht: August Spies, Louis Lingg, Samuel Fielden, Adolph Fischer, George Engel, Oscar Neebe, Michael Schwab und Albert Parsons. Die Liste der Angeklagten ist deshalb bemerkenswert, weil sie erstens fast alle führenden Köpfe der Anarchisten Chicagos umfaßt. Nicht Unbekannte saßen auf der Anklagebank, sondern Herausgeber von Zeitungen, berühmte Redner und Führer der Bewegung. Zweitens waren sieben der acht Angeklagten Ausländer; nur Parsons war Amerikaner, Fielden Engländer, die übrigen sechs waren Deutsche. Und drittens war im Augenblick des Bombenattentats außer Fielden, der gerade sprach, keiner der Angeklagten auf dem Haymarket anwesend; einige waren an diesem Tag überhaupt nicht dort gewesen.

Die Nation befand sich im Zustand äußerster Hysterie. Die Kirchen empörten sich über die Atheisten. Die Industriellen forderten eine exemplarische Bestrafung der Umstürzler. Die Karikaturisten zeichneten kleine Monster, auf die riesige Schwerter niedersausten. »Freiheit oder Tod«, lautete die Unterschrift unter blutrünstigen Bildern. »Freiheit (das Land zu verlassen, wenn die Einrichtungen unserer Republik dir nicht passen) oder (als Mörder ereilt dich der) Tod«.[19] Die lapidarste Schlußfolgerung lieferte der *Chicago Herald* am 22./23. Juli 1886: »Sie haben versucht, die Gesellschaft zu zerstören, nun muß die Gesellschaft sie zerstören.«

In seinem Plädoyer stellte der Staatsanwalt Julius Grinnell das Problem ganz unmißverständlich dar: »Recht und Gesetz stehen auf dem Prüfstand. Die Anarchie steht unter Anklage.

18 P. S. Foner, a.a.O., Bd. 2, S. 107
19 *Chicago History*, Sommer 1986, S. 44f.

Diese Männer wurden ausgewählt und von der Grand Jury angeklagt, weil sie die Anführer sind. Sie sind nicht mehr oder weniger schuldig als die Tausenden ihrer Gefolgsleute. Ehrenwerte Geschworene, verurteilt sie, statuiert ein Exempel, hängt sie auf. Nur dann werden unsere Institutionen und unsere Gesellschaft gerettet sein.«

Am 20. August fand die Urteilsverkündung statt: Alle Angeklagten wurden für schuldig befunden, sieben zum Tode verurteilt. Oscar Neebe erhielt 15 Jahre. Auf der ganzen Welt rief man Organisationen zur Rettung der Verurteilten ins Leben, in Frankreich, Holland, Rußland, Italien und Spanien fanden Demonstrationen statt. Oscar Wilde ließ eine Petition zirkulieren, William Morris und der junge Bernard Shaw sprachen auf Solidaritätskundgebungen. Reichskanzler Bismarck verbot alle Demonstrationen für die Angeklagten von Haymarket. Das französische Parlament verfaßte am 29. Oktober ein Protesttelegramm gegen die bevorstehende Vollstreckung der Todesurteile.

Unter diesem Druck wurde die Todesstrafe für Fielden und Schwab in lebenslange Haft verwandelt. Louis Lingg beging unter nie geklärten Umständen mit einer Kapsel Sprengstoff im Mund Selbstmord. Er hatte während des Prozesses erklärt: »Ich verachte euch. Ich verachte eure Ordnung, eure Gesetze und eure Autorität, die nur auf Gewalt beruht. Hängt mich deshalb auf!« Die anderen vier, August Spies, Albert Parsons, George Engel und Adolph Fischer, wurden am 11. November 1887 gehenkt. Am 13. November nahm eine halbe Million Menschen unter unzähligen schwarzen Fahnen, die von den Häusern der Polen, Deutschen und Böhmen wehten, an dem Trauerzug auf der Milwaukee Avenue teil.

Nicht nur die Märtyrer von Haymarket, wie man damals die vier Gehängten nannte, wurden bei diesem Trauermarsch zu Grabe getragen, sondern auch die anarchistische Bewegung der Vereinigten Staaten. Seitdem wurde das Wort »Anarchist« zu einer Beleidigung, zu einem unaussprechlichen Wort. Die Fabrikbesitzer nutzten die allgemeine Hysterie, um die gewerkschaftlich organisierten Arbeiter zu entlassen und schwarze Listen anzulegen für diejenigen, die von niemandem mehr eingestellt werden sollten, es begann das sogenannte *blacklisting*. Die Organisation der Knights of Labor erlebte einen Niedergang, von dem sie sich nie wieder erholen sollte. An ihre Stelle trat die American Federation of Labor (AFL) unter Führung des sehr gemäßigt konservativen Samuel Gompers.

Der Kampf für die Einführung des Achtstundentages geriet ins Stocken, auch wenn einige der Erfolge des 1. Mai 1886 aufrechterhalten werden konnten. Die AFL schickte einen Delegierten zur Hundertjahrfeier des Sturmes auf die Bastille auf dem Internationalen Arbeiterkongreß am 14. Juli 1889 in Paris, um den 1. Mai als internationalen Feiertag der Arbeit und als Erinnerungstag an die Märtyrer von Haymarket vorzuschlagen. Seither wird der 1. Mai auf der ganzen Welt gefeiert, außer in den USA und seit Margaret Thatcher auch nicht mehr in Großbritannien. Selbst Adolf Hitler ließ im ersten Jahr der Machtergreifung noch zu, daß der 1. Mai begangen wurde, um am Tag darauf (2. Mai 1933) die Gewerkschaften aufzulösen.

1889 veröffentlichte die *Chicago Times* eine Untersuchung über die Korruption in der städtischen Polizei. Die Liste der korruptesten Polizisten führten Bonfield und Michael J. Schaak an, der die Durchsuchungen unter den Anarchisten geleitet hatte. Sie verlangten Schutzgelder für Spielhöllen, Saloons und Bordelle und erhielten Geld von den Industriellen dafür, daß sie Mitglieder ihrer *red squad* in die Arbeiterbewegung einschleusten.(Ein Jahrhundert später, im Jahr 1975, wurde aufgedeckt, daß die *red squad* von Chicago Bundesmittel zur Ausspionierung und Infiltration der Linken verwendet hatte.) Bonfield versuchte, die *Chicago Times* schließen zu lassen, aber er und Schaak wurden zum Rücktritt gezwungen. Unter Führung von Field, Armour, Swift und Pullman richtete die Bourgeoisie einen mit 100.000 Dollar dotierten Fonds für die Familien der auf dem Haymarket getöteten Polizisten ein und ließ ein Denkmal für die Gefallenen errichten. Die Statue des bärtigen Polizisten wurde, vor allem in den sechziger

Jahren, mehrmals verunstaltet und schließlich vom Haymarket entfernt, um in der Eingangshalle der nahegelegenen Polizeiakademie einen sicheren Standplatz zu finden.

Die Bourgeoisie von Chicago kümmerte sich aber nicht nur um den Ruhm ihrer Polizei, sondern verfolgte auch prosaischere Ziele. Marshall Field machte den Vorschlag, daß die Handelskammer und die Union League Geld sammeln sollten, um das Heer zum schnelleren Einsatz näher am Stadtzentrum von Chicago stationieren zu können. Dieser Vorschlag wurde aufgegriffen, und die Vereinigungen kauften ein 250 Hektar großes Grundstück in Highland, 50 Kilometer nördlich von Chicago. Die Bundesregierung errichtete dort im Oktober 1887 ein Fort, das zu Ehren von General Sheridan, einem engen Freund von Field und Pullman, nach dessen Tod in Fort Sheridan umbenannt wurde und unter dem Motto stand: »Seit 1887 im Dienste der Freiheit«. In die Stadt führte eine Militärstraße, die Sheridan Avenue, damit die Truppen bei Unruhen und Demonstrationen rasch eingreifen konnten. Seither war die Ruhe der Besitzenden gesichert. Ja, viele Bürger ließen sich an der Sheridan Avenue, die in nördlicher Richtung am Michigansee aus der Stadt hinausführt, Häuser bauen, als fühlten sie sich dort besonders sicher.

Doch ein anderer Deutscher sollte diese Fabel und ihre Moral: »Ehrt die Polizei und verdammt die Anarchisten!« durcheinanderbringen. John Peter Altgeld war 1847 in Deutschland geboren worden, aber schon als Kind in die USA gekommen. Dort studierte er Jura und arbeitete seit 1875 als Rechtsanwalt in Chicago. Mit Immobilieninvestitionen brachte er es zu einem beachtlichen Vermögen. Mit dem Pamphlet *Unsere Strafmaschinerie und ihre Opfer* begann er sich seit 1884 einen Namen zu machen. In dieser Schrift wies er nach, daß die Gefängnisse nicht nur nicht zur Besserung der Gefangenen beitrugen, sondern sie im Gegenteil noch mehr verdarben: »Der größte Teil der Häftlinge [...] ist arm, unglücklich, jung und verwahrlost«, und die Opfer der Strenge des Gesetzes sind »die, die im Existenzkampf von vorneherein benachteiligt sind«[20]. 1892 kandidierte er für den Posten des Gouverneurs von Illinois und wurde als erster im Ausland geborener Gouverneur gewählt. Während seiner Amtszeit fand in Chicago 1893 die Weltausstellung statt, und im Jahr darauf kam es zu den härtesten Arbeitskämpfen in der Geschichte der USA.

Am 26. Juni 1893 unterschrieb Gouverneur Altgeld die Begnadigung für Samuel Fielden, Michael Schwab, Oscar Nebbe und die Erhängten. Er bestätigte, daß der Prozeß ungerecht und die Geschworenen so ausgesucht waren, daß sie die Angeklagten von vorneherein für schuldig befanden. In der Begnadigungsurkunde schrieb Altgeld, daß der Richter Joseph Gary den Prozeß mit »bösartiger Grausamkeit« geführt hatte. Nicht so sehr die Begnadigung selbst, als diese Begründung, die die Erinnerung an die Märtyrer von Haymarket wieder aufleben ließ, führte zu einem Sturm der Empörung in der Öffentlichkeit. Noch ziemlich nüchtern nannte die *New York Times* die Begnadigung »wahnsinnig«, andere bezeichneten Altgeld als »Nero des ausgehenden Jahrhunderts«.[21] Die Zeitung *Toledo Blade* schrieb, Altgeld habe »die Anarchie, den Raub und die Zerstörung der Kultur ermutigt«. Und die *Chicago Tribune* ging noch weiter: »Gouverneur Altgeld hat keinen Tropfen amerikanischen Blutes in seinen Adern.« Die Einwohner der kleinen Stadt Naperville veranstalteten eine Demonstration, bei der sie das Bild Altgelds verbrannten, und man sprach sogar von *impeachment*.[22]

Auch ohne daß sich Altgeld während des Streiks bei Pullman im Jahr 1894 wiederum gegen das Establishment wandte, hatte die Bourgeosie Grund genug, alles daran zu setzen, seine Wiederwahl zu verhindern. Altgeld starb 55jährig im Jahr 1902 an einem Gehirnschlag. Seinem Sarg folgten 150.000 Menschen, und die Presse, die ihn mit Worten gelyncht hatte, beklagte den Tod eines weitsichtigen Staatsmanns.

20 Russell Frazer, *John Peter Altgeld, Governor for the People*, in: *American Radicals*, New York 1965, S. 127–144. Zitat auf S. 130.
21 Ebd., S. 134
22 J. Skinner Sawyers, *Chicago Portraits*, a.a.O., S. 12

KLASSENKAMPF IM SCHLAFWAGEN

Der Gestank in South Side Chicago ist unerträglich. Aus Stahlwerken, Raffinerien, Kraftwerken und petrochemischen Anlagen steigt Rauch in verschiedenen Farben auf. Die dicken Schwaden sind blauschwarz, violett oder orangefarben und wirken so schwer, als ob sie vom Himmel fallen müßten. Hier versteht man, daß Chicago nach wie vor die größte Industriestadt der Vereinigten Staaten, der größten Industriemacht der Welt, ist. Der Horizont ist von den zylindrischen Umrissen der Tanks, von riesigen Hallen und gigantischen Silos verstellt, zwischen denen Schlote in den Himmel ragen. Die Autobahn führt auf Stützen an Fabrikschornsteinen vorbei und durch Rußwolken hindurch. Unten auf dem kleinen Calumetsee ziehen einige weiße Segelboote dahin, als wären sie in unberührter Natur.

Westlich des Sees zwischen der 111. und 113. südlichen Straße auf der Höhe Champlain Street sind die Straßen von Bäumen und Steinhäusern gesäumt, einige davon einfach, andere sehr luxuriös: seit 1975 stehen sie unter Denkmalschutz. Es gibt eine Kirche aus Stein und das prachtvolle ehemalige Florence Hotel aus dem 19. Jahrhundert. Der Stadtteil heißt Pullman Town nach jenem Pullman, der mit den Pullmansitzen geradezu zum Synonym für bequemes Reisen geworden ist. George Mortimer Pullman wurde als Sohn einer armen Familie 1831 in New York geboren und gehört zu den wenigen Kapitalisten, die ihr Vermögen mit einem *teureren Produkt* gemacht haben. Normalerweise wird im Kapitalismus das große Geld *mit billigeren Produkten* verdient, wofür Henry

Ford das Paradebeispiel liefert. Die ersten, äußerst unbequemen Liegewagen mit sehr kurzen, engen und in drei Reihen übereinander angeordneten Pritschen ohne Matratze und ohne Bettlaken wurden in den USA 1836 eingeführt. Sie waren mit Holzofen beheizt und mit Kerzen beleuchtet, und die Luft war stickig; wenn man aber das Fenster öffnete, war der ganze Waggon sofort vom Ruß der Lokomotive bedeckt. 1859 baute Pullman den Prototyp seines Schlafwagens »Pioneer« mit Abteilen, die den Kabinen der Dampfschiffe nachempfunden waren. Unten befand sich die Sitzbank und darüber ein bequemes, tagsüber gegen die Wand klappbares Bett mit Bettlaken, Decken und Kopfkissen. Dieser Schlafwagen kostete 18.000 Dollar, während die bis dahin gebauten Liegewagen 4.000 Dollar billiger waren. Außerdem war der neue Waggon 75 Zentimeter höher und 30 Zentimeter breiter als die üblichen Wagen, und deshalb hätten Brücken und Tunnel umgebaut werden müssen.

Der Pioneer wäre aus diesen Gründen wohl nur ein Kuriosum geblieben, wenn ihn die Chicago and Alton Railroad 1865 nicht mit den notwendigen Veränderungen dafür eingesetzt hätte, die Leiche von Präsident Abraham Lincoln von Chicago nach Springfield zu transportieren. Wenige Monate später änderte auch die Michigan Central Railroad ihre Brücken und Tunnel, um General Ulysses Grant das Vergnügen einer Fahrt mit dem Pioneer zwischen Detroit und Galena zu gönnen.[1] Dann führte die Chicago and Alton Railroad den Schlafwagen versuchsweise ein, aber kaum jemand glaubte an den Erfolg dieses Experiments, denn der Preis lag mit einem Aufschlag von einem halben Dollar auf den Fahrpreis sehr hoch. Aber der Schlafwagen wurde zum Erfolg, denn die Fahrgäste waren bereit, den Aufpreis zu zahlen, um im Zug schlafen zu können. Zwei Jahre später, als die Pullman Company mit einem Startkapital von einer Million Dollar gegründet wurde, waren schon 48 Schlafwagen unterwegs. Zuerst

1 Almont Lindsay, *The Pullman Strike. The Story of a Unique Experiment and of a Great Labor Upheaval*, Chicago 1942, S. 21 f.

wurde ein »Hotel-Wagen« mit Betten und Restaurant eingerichtet, dann ein Speisewagen, und schließlich 1875 der Salonwagen *(parlor car)*. 1894 besaß Pullman das Monopol für den Einsatz dieser Wagen auf einer Strecke von 200.000 Kilometern, drei Viertel der Gesamtstrecke der USA. Mit einem Aufschlag von zwei Cents pro Meile auf den normalen Fahrpreis ließ die Pullman Company ihre eigenen Wagen mit eigenem Personal rollen, hatte eigene Reparatur- und Instandhaltungswerkstätten.

Angesichts des großen Geschäftserfolgs beschloß George Pullman um 1875, die gesamte Produktion nach Chicago zu verlegen und eine »Pullman-Stadt« zu bauen. Er folgte damit dem Vorbild anderer Industrieller wie dem Wollfabrikanten Sir Titus Salt und seiner Siedlung Saltaire in England oder den Krupp mit ihrer berühmten Krupp-Siedlung in Essen. Pullman kaufte 1.600 Hektar Grund in der Nähe des Calumetsees 20 Kilometer südlich des Loop, und ließ dort 1880 die erste ganz am Reißbrett entworfene Stadt der USA errichten. Von den Ziegeln bis zu den Fensterrahmen war alles von Pullman-Arbeitern selbst hergestellt. Die 1.750 Wohnungen wurden alle aus Ziegeln mit dem Lehm aus der Gegend gebaut. 1881 zog der erste Bewohner ein, 1885 wohnten schon 8.500 Menschen hier, und 2.700 arbeiteten in der Fabrik. In ihrer Blütezeit wohnten 1893 12.600 Menschen in der Siedlung, 5.500 arbeiteten bei Pullman, der insgesamt 14.000 Menschen beschäftigte. Die Häuser hatten Wasser- und Gasanschluß, waren für die Arbeiter spartanisch, für die Angestellten mittelmäßig und für die leitenden Angestellten luxuriös ausgestattet. Die Straßen waren asphaltiert, und die Abwässer wurden zu einer Farm geleitet, wo sie zur Düngung der Felder und Wiesen Verwendung fanden, und von dort wurden dann Gemüse und Milch in der Siedlung verkauft. Es gab eine Schule, eine Kirche, das Florence Hotel, einen Supermarkt, Geschäfte und eine Bibliothek mit 8.000 Bänden, die zur »moralischen Erbauung«[2]

2 Dominic A. Pacyga, Ellen Skerret, *Chicago, City of Neighborhoods*, Chicago 1986, S. 429

der Bewohner ausgewählt waren. Neben Versammlungsräumen gab es auch das Arcade Theater, das 1883 im Beisein von Marshall Field und General P. H. Sheridan eingeweiht wurde. Parks, Gärten, Teiche, Alleen und Wiesen verschönerten das Leben in der Siedlung, so daß sie 1896 von der Jury der zweiten Internationalen Ausstellung für Hygiene und Pharmazie in Prag einen Preis erhielt. In Pullman Town gab es weder Cholera noch Gelbfieber oder Diphtherie, als Chicago von diesen Epidemien heimgesucht wurde.[3] Nicht nur der Kommunismus wollte den »neuen Menschen« schaffen, 1893 verkündete eine von Pullman auf der Weltausstellung vertriebene Schrift, daß in der Stadt ein neuer Typ von Arbeiter entstanden sei:

> In den 11 Jahren ihrer Existenz hat sich in der Pullman-Siedlung ein in seinem Äußeren, in der Reinlichkeit der Kleidung und in allen äußeren Charakteristiken der Selbstachtung deutlich unterscheidbarer Typ von Arbeiter entwickelt [...] Es ist keine Übertreibung zu sagen, daß eine repräsentative Auswahl von Pullmanarbeitern an Sparsamkeit, Benehmen und allen äußeren Kennzeichen einer gesunden Lebensweise um 40 Prozent jede beliebige repräsentative Auswahl von Arbeitern jedes beliebigen anderen Ortes übertrifft.

Pullman zeigte seine Siedlung voller Stolz vor. Während der Weltausstellung von 1893 ließen sich 10.000 Besucher bei Führungen den »neuen Menschen« zeigen. In der Stadt gab es keine Krankenhäuser, Schwerkranke wurden nach Chicago geschickt. Es gab auch kein Gefängnis, in Notfällen griff man auf das Gefängnis von Hyde Park nördlich von Pullman Town zurück. Es gab keine Bars außer im Hotel Florence, wo Fremde zu Höchstpreisen ihren Durst löschen konnten, damit die Bewohner von Pullman Town vom Alkohol ferngehalten wurden. Die Mietverträge waren bis ins Detail ausgearbeitet

3 A. Lindsay, a.a.O., S. 49

und ähnelten mit ihren kleinlichen Klauseln denen, die heute in den Privatstädten üblich sind: Es war verboten, beim Betreten und Verlassen der Gebäude Lärm zu machen, mit nassen Schuhen die Wohnungen zu betreten, auf den Stockwerken oder im Keller zu hämmern oder zu sägen, die Lampen morgens zu füllen oder zu reinigen und Asche im Ofen zu lassen ... Die wichtigste Klausel, die auch für Geschäfte und sonstige öffentliche Einrichtungen galt, betraf jedoch die »zehn Tage«. Auch wenn die Miete für ein ganzes Jahr bezahlt war, konnten die Verträge mit einer Frist von nur zehn Tagen gekündigt werden. Dadurch war es Pullman möglich, sich jeden unerwünschten »Gast«, jeden Gewerkschafter und Agitator vom Hals zu schaffen.

Merkwürdigerweise versuchen alle realisierten Utopien diese obsessive Kontrolle bis ins kleinste Detail über ihre Untertanen auszuüben. Bei den berühmten egalitären Gemeinschaften der Jesuiten in Paraguay war das Straßenniveau erhöht, damit die wohlwollenden Patres beim Spazierengehen durch die Fenster die Moral ihrer Indios kontrollieren konnten. In einem Brief an William T. Stead schrieb einer der Bewohner von Pullman Town, daß sie »die Miete an die Pullman Company zahlen, Gas von Pullman beziehen, auf Straßen Pullmans laufen und das Wasser Pullmans trinken. Sogar wenn sie für ihre Frauen auf dem Markt einen Sonnenschirm kaufen oder Zucker für den Kaffee, stammt alles von Pullman. Sie schicken ihre Kinder in Pullman-Schulen, gehen in Pullmans Kirche zum Gottesdienst. Sie sehen Pullmans Hotel und die Bar, aber sie dürfen nicht hinein, denn das ist die Grenze. Pullman verkauft ihnen keinen Grog. Dafür müssen sie auf die andere Seite der Bahngleise gehen.«[4] In Wirklichkeit ließen sich die Bewohner von Pullman Town heimlich ganze Wagenladungen Bier kommen.

Dieser Fabrikherren-Utopie wohnten zwei Widersprüche inne. Gerade zu dem Zeitpunkt, als Amerika den therapeuti-

4 W. T. Stead, a.a.O., S. 88f.

schen Wert des Hausbesitzes entdeckte, weigerte sich George Pullman, die Bewohner seiner Siedlung zu Eigentümern zu machen, um die Kontrolle über »seine« Stadt nicht zu verlieren und die Mieter nach Belieben hinauswerfen zu können. Die Bewohner konnten also nicht jenes kapitalistische Gefühl des Eigentums entwickeln, das den *homo novus pullmanianus* eigentlich hätte auszeichnen müssen, und sie konnten sich auch nicht wirklich als Teil der Siedlung fühlen.

Der zweite Widerspruch bestand darin, daß für Pullman die Siedlung zwar die Verwirklichung einer Utopie sein, aber dennoch Ertrag abwerfen sollte. Eine Investition muß Profit bringen. Die Mindestdividende war auf 6 Prozent pro Jahr festgelegt, während die Mindestdividende für die Pullman Company 8 Prozent betrug. Deshalb wurden die Kosten für die peinliche Reinhaltung der Straßen, für das Mähen des Rasens, die Pflege der Bäume und all der anderen Annehmlichkeiten, die außerhalb der Reichweite eines normalen Arbeiterlohnes lagen, auf die Mieten aufgeschlagen, die so um 30 bis 50 Prozent über den Mieten der Gegend lagen. Das Gas, das Pullman für 33 Cent bezog, verkaufte er zum stolzen Preis von 2,25 Dollar an seine Mieter. Tausend Gallonen Wasser, die er für 4 Cent von der Stadt bezog, kosteten die Mieter 10 Cent. Die Miete wurde direkt vom Lohn abgezogen. Als diese Praxis für illegal erklärt wurde, zahlte die Pullman ihren Arbeitern den Lohn in zwei Schecks aus: Der erste ging als Miete gleich an die Pullman Company, der zweite wurde dem Arbeiter ausgehändigt. Auch durften die Arbeiter nicht anderswo hinziehen, wenn sie nicht Entlassung und einen Platz auf der »schwarzen Liste« riskieren wollten.

*

1893 wurden die Vereinigten Staaten von einer besonders schweren Wirtschaftskrise heimgesucht. Drei Millionen Menschen waren ohne Arbeit. Arbeitslosigkeit aber war damals gleichbedeutend mit nacktem Elend, Hunger, Obdachlosigkeit und Not, die höchstens durch die Almosen karitativer Vereinigungen etwas gelindert wurde. Allein in Chicago gab es 200.000 Arbeitslose. Zur Kosteneinsparung senkte Pullman die Löhne um 25 bis 40 Prozent. Da aber auch die Arbeitszeit reduziert wurde, sanken die Löhne in Wirklichkeit um 30 bis 70 Prozent. Durch diese Maßnahme konnte die Pullman auch im folgenden Jahr ihren Aktionären eine Dividende von 8 Prozent ausschütten und 2,3 Millionen Dollar Rücklagen bilden. Gleichzeitig aber weigerte sich die Gesellschaft, die Mieten zu senken, denn auch Pullman Town mußte Profite abwerfen.

Mit derart niedrigen Löhnen und hohen Mieten wurde das Überleben in der Stadt der Utopie schwierig. Bei verkürzter Arbeitszeit und gekürztem Lohn fanden manche Arbeiter in ihrer Lohntüte am Ende der Woche nur noch 1,8 Dollar, so viel, wie sie ein Jahr zuvor an einem einzigen Tag verdient hatten.[5]

Am 7. Mai 1894 verlangte eine Abordnung der Fabrikarbeiter niedrigere Mieten und höhere Löhne, aber die Pullman Company lehnte ab. Als am 10. Mai drei der Delegierten entlassen wurden, war ein Streik unausweichlich. In einem Aufruf an die Chicagoer schrieben die Arbeiter von Pullman: »Die Leute bei Pullman sind in den Streik getreten gegen eine Sklaverei, die härter ist als die der schwarzen Sklaven des Südens. Die waren wenigstens gut genährt und wurden gut gehalten, während die weißen Sklaven bei Pullman trotz ihrer fleißigen Arbeit nicht einmal genug verdienten, um sich anständig zu kleiden und zu ernähren, um Körper und Seele zusammenzuhalten.«[6]

Um sich eine Vorstellung von dem Klima zu machen, in dem der Streik bei Pullman ausbrach, muß man sich vergegenwärtigen, mit welcher Gewalt in den USA der »Krieg zwischen Kapital und Arbeit«, wie es die Zeitungen nannten, aus-

5 Ebd., S. 99
6 Ebd., S. 101

getragen wurde. Zwei Jahre zuvor hatte sich in Homestead am Ohio in Pennsylvania vor den Stahlwerken der Carnegie Steel Company eine regelrechte Schlacht abgespielt. Nachdem die Gesellschaft 1892 alle gewerkschaftlich organisierten Arbeiter entlassen hatte, sperrte sie die Arbeiter aus und engagierte 300 Pinkertons zum Schutz der Fabrik und der Streikbrecher. Die Pinkertons kamen auf zwei Flößen und waren mit Winchester-Flinten bewaffnet, aber sie wurden von 10.000 Menschen empfangen, die ihrerseits mit Gewehren, Pistolen und Stöcken bewaffnet waren. Als die Pinkertons an Land gehen wollten, kam es zu einer Schießerei, bei der es auf beiden Seiten Tote und Verletzte gab. Die Pinkertons zogen sich zurück, aber die Arbeiter warfen Dynamitstäbe. Bei Sonnenuntergang ergaben sich die Agenten Pinkertons und mußten durch die wütende Menge spießrutenlaufen. Auf Seiten der Streikenden hatte es neun Tote und 40 Verletzte gegeben, bei den Pinkertons sieben Tote und 20 Verletzte durch Schüsse, über 300 Verletzte durch Stockhiebe. Der Sieg der Arbeiter war jedoch von kurzer Dauer. Zum Schutz der Streikbrecher wurde die Nationalgarde von Pennsylvania eingesetzt, und die Carnegie Steel zeigte die Gewerkschaftsführer wegen Mordes an, weitere 150 Arbeiter erhielten Anzeigen wegen kleinerer Vergehen. Nach vier Monaten war die Niederlage des Streiks durch Streikbrecher und Justiz besiegelt.

Zu Jahresbeginn 1894 brach wegen der in der Wirtschaftskrise verkürzten Arbeitszeiten und wegen der niedrigen Löhne im ganzen Land ein Bergarbeiterstreik aus. Die Fabrikbesitzer griffen so massiv zum Einsatz von Streikbrechern, daß es im ganzen Land zu heftigen Kämpfen zwischen Streikbrechern und Streikenden kam. In Duquoin, Illinois, beispielsweise leiteten Streikende ganze Frachtzüge zur Sabotage der Bergwerke um, in denen Streikbrecher die Arbeit aufgenommen hatten. Um die Lieferung von Kohle zu verhindern, verbarrikadierten die Bergarbeiter die Gleise mit Baumstämmen und brachten mit Holzschwellen und Eisenmuttern die Züge zum Entgleisen. Häufig setzten die Gouverneure die Nationalgarde gegen Streiks ein, sogar Altgeld schickte Truppen gegen Arbeiterunruhen. Nach mehr als zwei Monaten waren die Streikenden am Ende. Am 30. Mai schrieb die *New York Times*: »Die Minenarbeiter erzählen, daß ihre Frauen und Kinder kurz vor dem Verhungern sind. Sie leben nur von Löwenzahn; Mehl, Fleisch oder andere Lebensmittel haben sie nicht.«[7]

Zu diesem Zeitpunkt wurde bei Pullman seit 19 Tagen gestreikt. »Wir haben gestreikt, weil wir ohne Hoffnung waren…«[8] Die einzige Hoffnung für die Arbeiter von Pullman kam von der ARU, der American Railway Union, die erst ein Jahr zuvor von Eugene Debs, dem vielleicht beliebtesten Arbeiterführer der Geschichte der amerikanischen Arbeiterbewegung, gegründet worden war. Debs wollte die Spaltung der Eisenbahnarbeiter in verschiedene, sich untereinander befehdende Vereinigungen überwinden, die so viele Siege der großen Eisenbahngesellschaften ermöglicht hatte. Deshalb wurde in der ARU vom Lokführer über das Zugpersonal bis zum Gepäckträger jeder aufgenommen, und jeder Arbeiter einer Fabrik, die irgend etwas mit der Bahn zu tun hatte, konnte Mitglied werden. Deshalb nahm die ARU die Arbeiter von Pullman auf, die sich 1894 massenhaft heimlich einschrieben, weil in Pullman Town Gewerkschaftszugehörigkeit verboten war. Anfang Mai gab es bei Pullman 4.000 Mitglieder der ARU in 19 Sektionen.

Debs und die Führer der ARU waren gegen eine direkte Auseinandersetzung. Am 11. Mai hatten sie sich gegen den von den Sektionen bei Pullman beschlossenen Streik ausgesprochen. Einen Monat später, als die Bergarbeiter ihren Streik noch durchhielten, und der Streik bei Pullman seine größte Ausdehnung erreicht hatte, fand am 12. Juni in Chicago der erste nationale Kongreß der ARU statt. Die Delegierten gingen täglich an die Werkstore von Pullman, sprachen mit den Streikenden, sahen die Armut der Arbeiter

7 Vgl. zu den Einzelheiten der Streiks: J. Brecher, *Streiks und Arbeiterrevolten*, a.a.O., S.79
8 A. Lindsay, a.a.O., S. 128

und konnten die Übermacht der Pullman konstatieren. Debs verlangte noch einmal Verhandlungen, aber Pullman lehnte strikt ab. Daraufhin beschlossen die 400 Delegierten der 150.000 Gewerkschaftsmitglieder einen Boykottaufruf. Kein Eisenbahner des ganzen Landes sollte in einem Zug arbeiten, der einen Pullman-Wagen mit sich führte.

Am 26. Juni begann der Boykott, und die Beteiligung übertraf alle Erwartungen, so daß innerhalb zwei Tagen elf Eisenbahngesellschaften in Chicago ihren Betrieb einstellen mußten. Der Boykott wurde vom Atlantik bis an den Pazifik befolgt und erreichte wie kein anderer Arbeitskampf in der Geschichte der Vereinigten Staaten fast die Form eines Generalstreiks. Am 29. Juni stellte die *New York Times* fest, daß der Streik »die Ausmaße der größten Schlacht zwischen Arbeit und Kapital angenommen hat, die jemals in den Vereinigten Staaten stattgefunden hat«.[9]

Die ARU hatte längst nicht mehr nur Pullman gegen sich, sondern die General Managers' Association (GMA), das Kartell der großen Eisenbahngesellschaften. Nach dem Blutbad von Haymarket 1886 gegründet, vereinigte das Kartell 24 Gesellschaften mit 65.000 Kilometer Gleisen, 221.000 Angestellten und einem Gesamtkapital von 810 Millionen Dollar.

Am 25. Juni hatte der Krisenstab der GMA George Pullman seine volle Unterstützung zugesagt und versichert, daß keine Gesellschaft ohne Pullmanwagen fahren werde. Am 26. wurde beschlossen, jeden Eisenbahner zu entlassen, der sich weigern sollte, einen Pullmanwagen anzukoppeln. John M. Egan, der Koordinator der GMA, warb Detektive an, um Schwachstellen in der Gewerkschaftsorganisation zu finden. Man stand Pullman nicht nur aus Solidarität bei: »Diese Auseinandersetzung spielt sich zwischen der größten und stärksten Arbeiterorganisation der Bahnen und dem gesamten Eisenbahnkapital ab. Der Erfolg des Boykotts gegen Pullman bedeutet den Erfolg einer einzigen Organisation, die alle

9 Ebd., S. 203

Eisenbahnarbeiter vereinen kann.« (*New York Times*, 27. Juni) Deshalb schreibt Lindsay: »Alle Anstrengungen der GMA waren auf das alleinige Ziel gerichtet, die ARU völlig zu vernichten.«[10]

Der Streik war so gut organisiert, daß die Eisenbahnen ohne den Ausbruch von Unruhen lahmgelegt wurden, so daß die verschiedenen Nationalgarden keinerlei Anlaß zum Eingreifen fanden. Am 2. Juli mußte John Egan zugeben, daß »ein toter Punkt erreicht« sei. Aber die Rechtsanwälte der GMA suchten nach einem Weg, um die Regierung in Washington einzuschalten: »Die Strategie der Association zielte im wesentlich darauf, die Regierung der Vereinigten Staaten in die Auseinandersetzung hineinzuziehen, so daß es sich nicht mehr lediglich um einen Kampf zwischen Arbeitern und Eisenbahngesellschaften zu handeln schien, sondern zwischen Arbeitern und Regierung.«[11] Die Gesellschaften konnten sicher sein, bei Präsident Grover Cleveland, vor allem aber bei seinem Justizminister Richard Olney, der mit der Auseinandersetzung bei Pullman befaßt war, ein offenes Ohr zu finden. Richard Olney war jahrelang als Rechtsanwalt für die Eisenbahngesellschaften tätig gewesen, hatte in verschiedenen Aufsichtsräten, u. a. bei der New York Central, gesessen, war selbst Mitglied der GMA gewesen, war Aktionär und Aufsichtsratsmitglied der Chicago Burlington & Quincy und, zusammen mit George Pullman, an der Boston & Maine beteiligt. Diesem Mann fiel die Aufgabe zu, in der Auseinandersetzung zwischen ARU und GMA unparteiisch zu entscheiden. Wie wenig er das tat, zeigte sich schon daran, daß er als seinen Stellvertreter in diesem Konflikt in Chicago Edwin Walker, einen weiteren Anwalt der Eisenbahngesellschaften und Vertreter der Chicago Milwaukee & St. Paul und der GMA selbst, ernannte.

Als Anlaß für das Eingreifen des Weißen Hauses bot sich die Unterbrechung des Postverkehrs. Die Regierung hätte die

10 Ebd., S. 139
11 Ebd., S. 144 und 142

Post zwar in Zügen ohne Pullmanwagen transportieren können, aber das tat sie nicht, und deshalb war der Postverkehr unterbrochen. Auf Antrag Walkers erließen die Gerichte in Chicago eine Anordnung zum »Schutz« von 22 Gesellschaften gegen die »kriminelle Konspiration« der Streikenden zur Unterbrechung des Postverkehrs. Debs »und jeder anderen Person« wurde es untersagt, den Eisenbahnverkehr nach Chicago »in irgendeiner Weise zu beeinflussen, zu be- und zu verhindern«, und »Eisenbahnangestellte zu zwingen, oder mit Drohungen, Einschüchterungen, Überredung, Tätlichkeiten oder Gewalt dazu zu bringen«, die Ausübung ihrer Pflicht zu verweigern.[12] Nicht nur wer streikte, riskierte eine Gefängnisstrafe, sondern auch, wer die anderen Eisenbahner davon abhalten wollte, sich nicht als Streikbrecher mißbrauchen zu lassen. Die Anordnung forderte die »Beteiligten an der Verschwörung« dazu auf, niemanden zur Zuwiderhandlung »anzuleiten, anzustiften, zu helfen und in irgendeiner Weise Unterstützung zu leisten«.

Die American Railroad Union verweigerte jedoch dieser Anordnung den Gehorsam. Am 3. Juli befahl daraufhin Präsident Cleveland dem Kommandanten von Fort Sheridan, seine Truppen nach Chicago zu schicken, um die Anordnung der Bundesgerichte durchzusetzen. Der Präsident der Vereinigten Staaten hatte zwar das Recht, Truppen zur Abwehr von Gewalt in einen Staat zu schicken, aber er konnte dies nur nach Aufforderung durch das Parlament des jeweiligen Staates, oder wenn das Parlament nicht tagte, auf Anforderung des Gouverneurs tun. Gouverneur Altgeld aber hatte keineswegs das Eingreifen von Bundestruppen angefordert, sondern schickte im Gegenteil unverzüglich ein Protesttelegramm nach Washington.

Am 4. Juli, dem Unabhängigkeitstag der Vereinigten Staaten, marschierten die Bundestruppen in Chicago ein, um die Stadt und die Eisenbahnen zu besetzen. Die Zelte der Sol-

12 P. S. Foner, *History of the Labor Movement in the United States*, a.a.O., Bd. 2, S. 267

daten standen in den Parks und auf den Gehsteigen mitten in der Stadt. Und erst jetzt brachen die Unruhen aus, die die Soldaten niederschlagen sollten, die ihre Anwesenheit aber in Wirklichkeit erst hervorgerufen hatte. An die Gebäude der Weltausstellung und den Bahnhof der Illinois Central wurde Feuer gelegt, 700 Waggons wurden zerstört. Die Soldaten griffen zu den Waffen, und 25 Arbeiter wurden getötet, mindestens 60 schwer verletzt. In allen Teilen Amerikas kamen Truppen zum Einsatz. In Kalifornien wurde alle Züge von Soldaten eskortiert, und in ganz Amerika hatte man seit dem Bürgerkrieg nie mehr so viele Soldaten auf den Straßen gesehen.[13] Die Presse wütete gegen die Streikenden mit Überschriften wie: »Vom Streik zur Revolution.« Auch das Gespenst der Anarchie wurde wieder aus dem Schrank geholt: »Anarchisten und Sozialisten planen die Zerstörung und Plünderung der Staatskasse«; »Anarchisten aus Europa auf dem Weg in die Vereinigten Staaten«.[14] Das Titelblatt einer Ausgabe von *Harper's Weekly* sah die »Avantgarde der Anarchie« am Werk, und der *Chicago Herald* warnte am 3. Juli davor, »Anarchisten wie Debs zu tolerieren und sie die Institutionen des Landes zerstören zu lassen«.

Debs war den heftigsten Angriffen ausgesetzt. Wie vorher bei Altgeld, zitierte die *New York Times* auch gegen Debs die passenden Gutachten renommierter Ärzte, die ihm eine Geisteskrankheit bescheinigten. Und während die Bundesregierung Streikfreiheit und Redefreiheit – zugunsten des Streiks – abschaffte, malte die große Presse das Gespenst der Diktatur der Arbeiter an die Wand: »Der Traum eines Diktators«, titelte am 2. Juli der *Chicago Herald*, und die *Chicago Tribune* griff das Thema am nächsten Tag mit der Überschrift auf: »Der Diktator Debs gegen die Bundesregierung«[15]. Von den Kanzeln wetterten die Pastoren gegen die Ungläubigen. Die öffentliche Meinung bekam ein Bild vorgesetzt, als ob Chicago in Flammen

13 A. Lindsay, a.a.O., S. 16
14 P. S. Foner, a.a.O., Bd. 2, S. 269
15 A. Lindsay, a.a.O., S. 313–315

und kurz vor der Zerstörung stehe, so daß Reporter, die neu in die Stadt kamen, sich über die dort herrschende Ruhe wunderten. Zu diesem Zeitpunkt lehnte die GMA ein Angebot von Debs zur Beendigung des Streiks unter der einzigen Bedingung, die Streikenden wieder einzustellen, kategorisch ab.

Am 10. Juli wurden Debs und andere Führer der ARU verhaftet und nur gegen Kaution wieder freigelassen. Die Streikfront war, obwohl sie im ganzen Land noch unerschüttert stand, ohne Führung. Am 17. Juli wurden Debs und drei andere Gewerkschaftsführer neuerlich verhaftet, aber erst Mitte Dezember zu Strafen zwischen drei und sechs Monaten Gefängnis verurteilt; Debs erhielt sechs Monate. Am 18. Juli, einen Tag nach den Verhaftungen, hing an den Werkstoren folgende Bekanntmachung: »Diese Fabriktore werden wieder geöffnet, sobald die Zahl der Arbeitenden ausreicht, um alle Abteilungen in Betrieb zu nehmen.« Zwei Tage später verließen die Truppen Chicago und kehrten nach Fort Sheridan zurück.

Debs' Gewerkschaft wurde hinweggefegt, er selbst gründete die Sozialistische Partei (SP) und war jahrzehntelang ihr Kandidat bei den Präsidentschaftswahlen. 1897 starb auch George Pullman, der trotz seines Sieges verbittert und isoliert war. 1907 wurde Pullman Town zum Verkauf angeboten, und 1981 lief der letzte Schlafwagen vom Band. Die Arbeiterbewegung Amerikas war mit dem Streik bei Pullman nicht zu Ende, denn später gab es die 1905 in Chicago gegründete revolutionäre Gewerkschaftsbewegung der Industrial Workers of the World (IWW), die Arbeiteraufstände des »roten Sommers« 1919 und 1936–1937. Aber seit dem Streik bei Pullman war die Idee eines Generalstreiks in Amerika gestorben. Mit brutaler Deutlichkeit hatte die Bundesregierung ihre Parteilichkeit und ihre Bereitschaft gezeigt, Gesetze zu beugen und zu brechen, um das Entstehen einer starken Arbeiterbewegung in den USA zu verhindern.

Wenn man die Geschehnisse von Haymarket und den Streik bei Pullman betrachtet wie man etwa über die Geschichte des Römischen Reiches oder Chinas reflektiert, so kommt man zu dem Schluß, daß die herrschende Klasse des amerikanischen Reiches nur in einigen entscheidenden Momenten zur Gewalt gegriffen hat, dann aber ohne jeden Skrupel mit gezieltem Einsatz gegen genau bestimmte Ziele und gegen diejenigen, die sie als ihre Hauptfeinde ansah. Das waren zuerst die Knights of Labor und dann Debs und die American Railway Union. Gegen diese Feinde hat sie alle Waffen auffahren lassen, die Presse, die öffentliche Meinung, die Justiz, das Heer und das Geld, um sie zu schlagen und von den anderen Arbeitern und Gewerkschaften zu isolieren. Daher genossen alle gemäßigten Gewerkschaften stillschweigende Unterstützung. Schon 1906 hatte Werner Sombart dazu festgestellt:

> (Den Arbeiterführern) winkt ein reicherer Lohn, wenn sie der herrschenden Partei Treue schwören: ein gut besoldetes Amt vom Fabrikinspektor hinauf bis zum Staatssekretär: je nach der Bedeutung, die man dem zu Versorgenden beimißt. Es ist ein durchaus bewährtes Verfahren, daß die herrschenden Parteien seit Jahren mit bestem Erfolg zur Anwendung bringen: die einflußreichen Arbeiterführer durch Verleihung eines einträglichen Amtes »unschädlich« zu machen. Wir können diesen Entmannungsprozeß bei einer ganzen Reihe der namhaftesten Führer verfolgen.[16]

Die Beobachtung Sombarts sollte noch vielfache Bestätigung finden. Terence Powderly, der Großmeister der Knights of Labor, wurde Beamter der Einwanderungsbehörde, Hugh Frayne von der AFL Mitglied des War Industries Board, und Samuel Gompers zum Chef des Labor Committee des Nationalen Verteidigungsrates.[17] Sombart wunderte sich noch über diese typisch amerikanische Praxis, aber sie hat inzwischen

16 W. Sombart, *Warum gibt es in den Vereinigten Staaten keinen Sozialismus?*, a.a.O., S. 52
17 James Weinstein, *Ambiguous Legacy. The Left in American Politics*, New York 1975, S. 23

auch in Europa Eingang gefunden. In Italien ist ein Gewerkschaftsführer Arbeitsminister der Christdemokraten geworden. In der Regierung Berlusconi hatte ein ehemaliger Gewerkschaftsführer das Familienministerium inne. Einige Gewerkschafter sitzen in verschiedensten Ministerien, andere üben Managertätigkeiten in der Industrie aus. Gerade jetzt, wo auch die Gewerkschaften in Europa in eine scheinbar irreversible Krise geraten sind, sollte man sich vielleicht die Frage nach den Gründen der Schwäche der amerikanischen Gewerkschaftsbewegung und ihrer Niederlagen in einigen der »größten Schlachten zwischen Arbeit und Kapital« stellen.

WIE DIE FRANKFURTER ZU HOT DOGS WURDEN

Die Statistiken sprechen eine unmißverständliche Sprache, aber es fällt trotzdem schwer zu glauben, daß die Deutschen die größte Volksgruppe der Vereinigten Staaten sind, mehr als die Engländer und mehr als die Iren. Je mehr und je genauer man beobachtet, desto genauer erkennt man die Einflüsse der einzelnen ethnischen Gruppen, die Kultur der Schwarzen, die Spuren der Italiener, den Einfluß der Mexikaner, das Erbe der Iren, die starke Wirkung der Engländer, in Lousiana auch die der Franzosen, aber der Einfluß der Deutschen scheint wie ausgelöscht. Während alle anderen Gruppen im amerikanischen *melting pot* stolz ihre Besonderheit hervorheben, vom *black is beautiful* der sechziger bis zum Stolz der *white ethnic* der siebziger Jahre, scheint die deutsche Identität vollkommen assimiliert zu sein. Dieses völlige Verschwinden ist um so verwunderlicher, wenn man bedenkt, mit welcher Brutalität der deutsche Staat in diesem Jahrhundert der ganzen Welt das Problem des »Deutschtums« aufgedrängt hat. Die Zahlen aber sind eindeutig: Nach der Volkszählung leben in den USA 58 Millionen deutschstämmige Amerikaner gegenüber 39 Millionen Nachkommen irischer und 33 Millionen englischer Einwanderer, weit abgeschlagen dahinter die 14,7 Millionen Italiener, 11,6 Millionen Mexikaner, 11 Millionen Schotten, 10,3 Millionen Franzosen und 9,4 Millionen Polen. Die Deutschen bilden die größte ethnische Gruppe in allen fünf Landesteilen, in Northeast, Midwest, South, West und Pacific, und sie stehen in 29 von 50 Staaten an erster Stelle, sogar in Alaska und in allen Staaten des Mittelwestens.[1]

Dieses *Fehlen* der Deutschen verwirrt vor allem in Chicago, der deutschesten aller amerikanischen Großstädte. Während es ein polnisches, litauisches, ukrainisches, schwedisches und mexikanisches Museum gibt, existiert kein Museum der Deutschen. In Chicago kann man am *tet*, dem Neujahrsfest der Vietnamesen teilnehmen oder am großen Festumzug zum irischen *St. Patrick's Day*, die deutsche Kultur dagegen ist höchstens in Straßennamen wie Goethe und Schiller Street präsent. Chicago hatte irische, ja sogar tschechoslowakische Bürgermeister, aber niemals einen deutschen.

Dieses Verschwinden ist um so erstaunlicher, wenn man sich die außerordentliche Lebendigkeit der deutschen Kultur in Amerika im 19. Jahrhundert vergegenwärtigt. Um 1830 haben die Deutschen sogar versucht, Texas zu einem rein deutschen Staat zu machen, um die Mitte des Jahrhunderts wurde dieser Versuch im Staat Wisconsin noch einmal wiederholt, der später auch eine »deutsche Provinz« genannt wurde.[2] »Die Deutschen widersetzten sich der Amerikanisierung mit dem ganzen Stolz ihrer Kultur und Sprachtradition, und das ließ sie zu Inseln in einem Meer des Amerikanismus werden.«[3] Auf diesen Inseln las man deutsche Zeitungen, man wurde in deutschen Krankenhäusern behandelt, man lernte Deutsch in den Schulen, man lauschte deutschen Predigten in protestantischen Kirchen, man sang deutsche Lieder und spielte deutsche Musik. German-America war ein genauso fester Begriff wie Latin-America, das Deutschtum war ebenso stolz auf sich selbst, wie es von anglophoner Seite verlacht wurde. (Die Angelsachsen sprachen vom *Dachshund element*, denn diese Hunderasse galt als typisch deutsch.) Auf den deutschen Inseln gab es Sozialisten und Anarchisten, die meisten Deutschen aber waren unpolitisch, einige von ihnen wurden

1 U.S. Bureau of the Census, *Statistical Abstract of the United States 1993*, a.a.O., Tabelle 56 und 58

2 Richard O'Connor, *The German-Americans. An Informal History*, Boston 1968, S. 377

3 John A. Hagwood, *The Tragedy of German America. The Germans in the U. S. of America during the Nineteenth Century and After*, New York 1940, S. XIV

sogar zu Kapitalisten, die ihre Arbeiter besonders brutal ausbeuteten, wie etwa der Pelzhändler John Jacob Astor oder Frederick Weyerhaeuser, der ganz Amerika abgeholzt hat, der Industrielle George Westinghouse, Klaus Sperkles, der Zuckerkönig, der sich nach Hawaii zurückzog, oder die Anheuser-Busch, die großen Bierbrauer von St. Louis, denen auch heute noch die Budweiser Brauerei gehört.

In Chicago wurden im 19. Jahrhundert mehr als 30 Zeitungen in deutscher Sprache herausgegeben. Eines der besten Krankenhäuser der Stadt war das 1883 gegründete German Hospital. Das Orchester der Stadt hieß nach seinem deutschen Gründer Theodor Thomas Orchester (1890). Einer der exklusivsten Clubs der Stadt war der 1865 ins Leben gerufene Germania Club, und die deutschen Chöre hatten den besten Ruf. Wie stark der Einfluß von German-America auf seine Mitglieder war, läßt sich allein daran ablesen, daß erst 1890 in St. Louis ein protestantischer Gottesdienst in englischer Sprache gehalten wurde, und daß sogar in einer kleinen Stadt wie Belleville, Illinois, noch 1905 auch viele Schwarze und Indianer deutsch sprachen.[4]

*

Dann kam der Krieg. Bereits am 5. August 1914 forderten 10.000 Deutsche in Chicago auf einer Demonstration die Neutralität der USA. Der Krieg veränderte die Beziehungen zwischen den ethnischen Gruppen, denn die Iren sympathisierten aus antienglischen Ressentiments mit den Deutschen, die Polen dagegen waren gegen die Deutschen, weil Polen von den Mittelmächten angegriffen wurde. Unter den Engländern wuchs das Mißtrauen gegen die Deutschen. Die *Abendpost* vom 31. Dezember 1914 beklagte sich: »Wir sind deutscher Abstammung und Kultur, aber wir sind auch Bürger der Vereinigten Staaten von Amerika. Wir definieren uns selbst als German-Americans, und wir sind jeden Tag stolzer auf diesen

4 Ebd., S. 290

Namen. Uns scheint die Bezeichnung German-Americans passend und genau wie keine andere. Aber es gibt Leute, die anderer Meinung sind. Sie machen uns dieses Recht streitig. Sie lehnen den Einfluß des Deutschtums in dieser Bezeichnung ab und nennen uns *hyphenated Americans* (Bindestrich-Amerikaner), das heißt nur mit Einschränkung Amerikaner, oder Amerikaner zweiter Klasse.«[5]

Das Herz der WASP (White Anglosaxon Protestants) schlug für die Entente. Im ersten Kriegsjahr berichtete die Presse immer wieder über die »von Deutschen in Belgien begangenen Grausamkeiten« und brachte Nachrichten darüber, wie Deutsche kleinen Kindern die Hände abhackten. Von diesen »Grausamkeiten« findet sich heute in den Geschichtsbüchern keine Spur mehr.

In German-America aber sympathisierten viele mit dem Deutschen Reich oder traten wenigstens für strikte amerikanische Neutralität ein. Je mehr amerikanische Frachtschiffe auf dem Atlantik von deutschen Unterseebooten versenkt wurden, desto mehr wandte sich jedoch die öffentliche Meinung Amerikas gegen die Deutschen. Als die Vereinigten Staaten am 6. April 1917 den Mittelmächten den Krieg erklärten, warf man den German-Americans sowohl Fahnenflucht gegenüber Deutschland als auch Verrat an Amerika vor. In den USA begann die Jagd auf den inneren Feind. Bereits am 7. April wurden in Chicago in einigen Fabriken Arbeiter als Spione verhaftet. Aus Angst vor Sabotageakten wurden sogar die Schlachthöfe als »lebenswichtige Industrie« mit Stacheldraht eingezäunt. In den gleichen Tagen wurden 60 Deutsche wegen der sogenannten *Hindi*-Verschwörung verhaftet und angeklagt, in Indien einen Aufstand gegen die Engländer angezettelt zu haben.[6]

Das Gewicht der Deutschen in Chicago wurde nach der

5 Zit. nach Rudolph A. Hofmeister, *The Germans of Chicago*, Champaign (Ill.) 1976, S. 63

6 Andrew Jacke Townsend, *The Germans of Chicago*, in: *Jahrbuch der deutsch-amerikanischen historischen Gesellschaft von Illinois*, 1932, S. 99f.

Kriegserklärung deutlich, als Bürgermeister William Hale Thomson sich im April 1917 weigerte, Marschall Joffre, den Held der Marne-Schlacht und General des verbündeten Frankreich, zu empfangen: »Hier gibt es nur 3.681 gebürtige Franzosen, während Chicago nach der Zahl der Einwohner die sechstgrößte Stadt Deutschlands, die zweitgrößte Stadt Böhmens, Schwedens, Polens und Norwegens ist. Es wäre also nicht angebracht, jemanden im Namen der gesamten Bevölkerung Chicagos einzuladen.« [7]

Doch nach der Kriegserklärung sollte jede Erinnerung an Deutschland getilgt werden. Damals wurde der Name der *Frankfurter* in *hot dogs* geändert. Andere Namensänderungen waren weniger erfolgreich, denn aus dem Liberty Steak wurde nach kurzer Zeit wieder der Hamburger, und das Sauerkraut trug auch nicht lange den lächerlichen Namen Liberty cabbage. Ein besonders heftiger Propagandafeldzug richtete sich gegen die deutschsprachige Presse der German-Americans.

Ein Leser der *Chicago Tribune* äußerte in einem Brief an die Zeitung am 8. August 1917 seine Empörung folgendermaßen: »Wir wollen hoffen, daß die Regierung nicht weiter mit diesen sogenannten German-Americans ihre Zeit vergeudet *(dilly-dallying)*, sondern alle bis zum Ende des Krieges in ein Internierungslager steckt. Dadurch wird der Krieg schneller beendet werden, besonders wenn damit die vollständige Unterdrückung der deutsch-amerikanischen Presse verbunden ist.«[8] Im Juni hatte Präsident Wilson einen strengen Espionage Act verabschieden lassen, aber es war ihm nicht gelungen, die Pressezensur durchzusetzen. Daraufhin hob er für die gegen die amerikanische Politik gerichtete Presse die Ermäßigung der Postgebühren auf und ermächtigte den Superintendenten der Post, nach eigenem Ermessen alles von der Postbeförderung auszuschließen, was zu »Verrat, Aufstand

7 J. A. Hagwood, a.a.O., S. 297

8 Zit. nach Frederick C. Luebke, *Bonds of Loyalty. German Americans and the World War*, Dekalb (Ill.) 1974, S. 235

und gewaltsamem Widerstand gegen ein Gesetz der Vereinigten Staaten« aufforderte.[9]

Jeder »feindliche Ausländer«, außer er konnte nachweisen, aus Elsaß-Lothringen zu stammen, mußte sich bei den Behörden melden. Im Frühjahr 1918 hatte das Justizministerium in Chicago 14.330 *enemy aliens* registriert. Zahllose Durchsuchungen fanden statt, und viele Deutsche wurden interniert. Am 12. März 1919 schätzte die *Abendpost* die Zahl der Deutschen, darunter viele Chicagoer, die während des Krieges in den Lagern von Fort Oglethorpe (Tennessee), Fort Douglas (Utah) und Hot Springs (North Carolina) interniert waren, auf 5.000.[10] Im Gegensatz zu der Masseninternierung der Japaner im Zweiten Weltkrieg handelte es sich bei den Deutschen um eine der größten ethnischen Gruppen des Landes, deren Unterdrückung nicht ohne wirtschaftliche und politische Auswirkungen bleiben konnte.

Unter den Internierten befanden sich Musiker, Bankiers und auch Angehörige einflußreicher Familien, deren Vermögen eingezogen und niemals wieder vollständig zurückgegeben wurden. Die politischen Konsequenzen aber waren noch schwerwiegender. Im April 1917 erklärte die Sozialistische Partei (SP) von Eugene Debs auf ihrem Parteitag in St. Louis ihre Gegnerschaft gegen den Krieg: »Die amerikanische Arbeiterklasse hat keine Auseinandersetzungen mit der deutschen Arbeiterklasse […] wir klagen die Kriegserklärung unserer Regierung als ein Verbrechen gegen das Volk der Vereinigten Staaten und gegen die Nationen der Welt an […, deshalb] empfehlen wir den Arbeitern […] ständigen, aktiven und öffentlichen Protest gegen den Krieg mit Demonstrationen, Massenpetitionen und allen uns zu Gebote stehenden Mitteln.«[11]

9 James Weinstein, *The Decline of Socialism in America: 1912–1915*, in: *Monthly Review Press*, New York 1967, Neuausgabe New York 1984, S. 144

10 R. A. Hofmeister, a.a.O., S. 70f.

11 *St. Louis Manifesto of the Socialist Party* (1917), zit. nach A. Fried, *Socialism in America*, a.a.O., S. 521–526

Die amerikanische SP trat gegen den Krieg ein, und diese unbequeme Position löste eine ähnliche Hexenjagd aus wie in den fünfziger Jahren, als alle Linken der Spionage für die Sowjetunion verdächtigt wurden. In den USA war der Sozialismus immer mit den Deutschen verknüpft, und in der SP gab es viele Einwanderer. Noch 1915 hatte die Partei 14 »ausländische« Sektionen. Nach dem *St. Louis Manifesto* verließen viele Intellektuelle, darunter Upton Sinclair, die Partei und warfen ihr vor, sich an den Feind verkauft zu haben. Dadurch nahm das Gewicht der Deutschen, die in der Partei eine Zuflucht fanden, noch mehr zu. Die Regierung griff zu massiven Repressalien gegen die SP. Im letzten Kriegsjahr wurden 1.500 der 5.000 Parteisektionen aufgelöst. In Chicago wurden die *Arbeiter Zeitung*, der *Sozialdemokrat* und der Radical Book Store nach Hausdurchsuchungen geschlossen.[12] Die Gewerkschaft der Industrial Workers of the World (IWW) geriet sogar wegen ihrer Neutralität unter Druck, und die Abkürzung IWW wurde in Imperial Wilhelm's Warriors (Kaiser Wilhelms Krieger) umgemünzt. In Chicago wurden 166 Gewerkschaftsführer wegen Sabotage und Hochverrats verhaftet, 99 von ihnen verurteilt, weitere 100 in anderen Städten.

Dann hagelte es Strafen aufgrund des Espionage Act. 2.000 Personen wanderten ins Gefängnis, und auch Eugene Debs erhielt eine Haftstrafe von zehn Jahren, weil er auf einer Versammlung eine »profane, skandalöse und beleidigende« Rede gehalten hatte. Debs mußte einige Monate nach Kriegsende ins Gefängnis und wurde erst 1921 mit weiteren 23 politischen Häftlingen von Präsident Warren Harding begnadigt. Bei den Präsidentschaftswahlen von 1920 hatte der inhaftierte Präsidentschaftskandidat Debs 920.000 Stimmen erhalten. Zum wiederholten Mal waren die Arbeiter und die sozialistische Bewegung zum »inneren Feind« der Vereinigten Staaten geworden, und der Krieg gegen Deutschland diente als Rechtfertigung für das Vorgehen gegen die Arbeiterführer.

12 A. J. Townsend, a.a.O., S. 105

Hagwood faßt die Rolle der Deutschen folgendermaßen zusammen: »Zwischen 1855 und 1915 lebten die Deutschen nicht in Amerika, sondern in German-America, sie sprachen und schrieben mehr für German-America als für die USA. Der Erste Weltkrieg mit seinem Haß, seinen Verfolgungen, seiner Propaganda und seinen Zwangsmaßnahmen löste die *hyphenated* aus ihrer Verankerung. Die lange Ära der German-Americans war damit zu Ende. Die Deutschen in Amerika und die deutschstämmigen Amerikaner gerieten in ein Dilemma, daß sich ausländischen Minderheiten, die der Assimilation lange widerstanden haben, häufig stellt. Sie mußten sich teilen in ›Deutsche‹ und ›Amerikaner‹, auch wenn sie deutscher Herkunft waren. German-America war eine Anomalie, die auf Dauer nicht Bestand haben konnte.«[13]

Die Auslöschung der deutschen Identität geschah zuerst in der Form der Namensänderung. Alles, was irgendwie deutsch wirkte, wurde umgetauft. 53 Jahre nach seiner Gründung beschloß der Gemania Club am 9. Mai 1918 seine Umbenennung in Chicago Lincoln Club. Zehn Tage später wurde das Hotel Bismarck zum Randolph Hotel und der Kaiserhof zum Atlantic Hotel, die Kaiser Friedrich Gesellschaft verwandelte sich in den Wohltätigkeitsverein George Washington.[14] Das German Hospital nannte sich nunmehr Grant Hospital, und das Theodor Thomas Orchestra war zum Chicago Symphony Orchestra geworden.

Individuen und Familien mußten sich an die neue Identität eines neuen Namens gewöhnen. Die *Abendpost* vom 20. August 1918 berichtete, daß mehr als 50 Personen einen Antrag auf Namensänderung gestellt hatten, unter ihnen wollte Harry H. Feichenfeld, der Eigentümer eines Geflügelgeschäfts, zu H. H. Field werden, Otto W. Mayer wollte Mayor genannt werden, Hans Kaiser John Kern; Emma Gutmann hatte sich mit Gutman einverstanden erklärt, entschied sich aber schließlich für Goodman; Berta Griesheimer beantragte den Namen

13 J. A. Hagwood, a.a.O., S. XVIII
14 R. A. Hofmeister, a.a.O., S. 72

Gresham und Joseph Schuman, der Sohn eines Schumann, änderte seinen Namen in Shuman. Nicht zum ersten Mal wird hier deutlich, welche ungeheure Wirkung die Namensgebung und Namensänderung besitzt.

Die deutschen Zeitungen gingen ein. 70 Jahre nach ihrer Gründung und 55 Jahre, nachdem sie als Tageszeitung erschienen war, konnte die *Illinois Staats-Zeitung* nicht mehr täglich erscheinen und wurde 1925 gänzlich eingestellt. Vor 1914 hatte es in Illinois 50 deutsche Zeitungen und Zeitschriften gegeben, 1926 waren nur noch zehn übrig, darunter keine einzige Tageszeitung. Die deutsche Sprache wurde immer seltener gesprochen. Im August 1918 befahl die Große Freimaurerloge des Staates ihren sieben germanischen Logen, ihre Versammlungen nicht mehr in deutsch abzuhalten.[15] Die Chöre hielten am Samstagnachmittag keine Liederabende mehr ab, und in der Schule lernten die Kinder kaum noch Deutsch. Noch im Schuljahr 1914/15 hatten in Chicago 18.160 Kinder in 112 Schulen Deutsch gelernt. 1917 schaffte die Gemeindeverwaltung die deutsche Sprache in den Grundschulen ab, und 1929 gab es an keiner öffentlichen Schule mehr Deutschunterricht.

Die Amerikanisierung der Deutschen hatte nicht erst mit dem Ersten Weltkrieg begonnen, aber er bedeutete eine Zäsur. Die Deutschen sind die einzige ethnische Gruppe, die ihrer Nationalität abschwören und sie verleugnen mußten. Dieser Bruch wurde dadurch erleichtert, daß der Strom deutscher Einwanderer durch die restriktive Gesetzgebung der Jahre 1921 und 1924 versiegte. Der Johnson-Reed Act von 1924 sah vor, daß jede ethnische Gruppe das Recht auf die Zuwanderung von zwei Prozent der Zahl dieser Gruppe im Stichjahr 1890 hatte. Auf diese Weise wurde die Immigration abrupt gestoppt, und außerdem schloß das Stichjahr 1890 Einwanderer aus Süd- und Osteuropa aus, die erst nach 1890 massenhaft in die Vereinigten Staaten gekommen waren. Der Johnson-

15 Ebd., S. 74

Reed Act richtete sich vor allem gegen Italiener, Polen und Russen, aber die Deutschen waren der Ansicht, daß er gegen sie gerichtet war. Hagwood spricht von drastischen Restriktionen »vor allem gegen Deutschstämmige«.[16]

Aus all diesen Gründen gab es seit Mitte der zwanziger Jahre kein deutsches Problem mehr, und es konnte daher auch im Zweiten Weltkrieg nicht mehr auftauchen. Nach O'Connor war der Philogermanismus »im Gegensatz zum Ersten Weltkrieg kein Problem mehr, als das Land gegen die Achsenmächte in den Krieg eintrat. Die Hysterie richtete sich nur gegen die unschuldigen Amerikaner japanischer Herkunft. Wie hätte es anders sein können, denn ein Eisenhower stand an der Spitze der alliierten Invasionstruppen, ein Spaatz kommandierte die Bomberflotten, die Deutschland in Schutt und Asche legten, ein Nimitz befehligte die Pazifikflotte, ein Eichelberger und ein Krueger waren Kommandanten unter MacArthur.«[17]

Wenn man bedenkt, daß die Deutschen die größte ethnische Gruppe der Vereinigten Staaten bilden, dann erscheint der Zweite Weltkrieg zum Teil unter einem neuen, ungewöhnlichen Gesichtspunkt als ein Bürgerkrieg, im dem sich Deutsche aus Amerika auf der einen und Deutsche aus Deutschland auf der anderen Seite gegenüberstanden.

16 J. A. Hagwood, a.a.O., S. 298
17 R. O'Connor, a.a.O., S. 452

IM ZENTRUM VON HOBOHEMIA

Vor dem Social Security Center ragt in geradezu obszöner Weise ein vier Stockwerke hoher, schmiedeeiserner Baseballschläger empor. Gleich daneben erheben sich in der West Madison Street, zwischen Halsted Avenue und Canal Street, vier Hochhäuser mit je 52 Stockwerken, die Presidential Towers: drei Etagen mit Büroräumen, darüber 49 Etagen mit Wohnungen – insgesamt 3.000 Appartements. Die hier, hoch über der Stadt wohnenden Mieter schätzen die Lage aufgrund der Nähe zum Zentrum, zur Börse, zu den Banken. Der Bau dieser Wolkenkratzer in den achtziger Jahren kostete die amerikanischen Steuerzahler mehr als 100 Millionen Dollar – einzel- und bundesstaatliche Zuschüsse, kommunale Hilfe, Steuerbefreiung, Krediterleichterungen, Abgabe von Grundstücken zu (politischen) Vorzugspreisen, Abrißarbeiten und Infrastrukturen. Keiner der wenigen Passanten, die allesamt aussehen wie Verwaltungsbeamte, könnte sich vorstellen, daß diese Straße noch vor kaum zwanzig Jahren das Zentrum der Landstreicher Amerikas war, mit Kneipen, Second-Hand-Bekleidungsläden, kleinen Hotels, Friseursalons, Bordellen, Pfandleihern.[1]

Unglaublich, wie viele Leihhäuser – Pawnshops – es in den Vereinigten Staaten gibt. In Europa sieht man das Schild »Leihhaus« äußerst selten. Hier jedoch kann man alles verpfänden, Uhren, Schmuck, Radios, Pistolen. Was auf dem alten Kontinent wie ein unzeitgemäßes Relikt des Mittelalters

1 Charles Hoch, Robert A. Slayton, *New Homeless and Old. Community and the Skid Row Hotel*, Philadelphia 1989, S. 183 – 185

anmutet, begegnet einem in den USA, kaum daß man die unsichtbare Grenze zwischen den Stadtvierteln (und den Klassen) passiert hat, auf Schritt und Tritt: überall Schilder mit der Aufschrift *Pawnshop* und *Checks Cashed* (Scheckeinlösung), die in der Nacht wie die Lämpchen von Flipper-Automaten blinken. Die Schaufensterauslagen zeigen an, daß man den bürgerlichen Wohnbereich verlassen und in ein Arbeiter-, ein Einwanderer- oder ein »illegales« Viertel eingedrungen ist. Es dauert eine Weile, ehe man begreift, weshalb es in den USA so viele dieser Einrichtungen gibt. Doch bald wird es einem klar. Der eine kann nicht genügend Sicherheiten vorweisen, ein anderer hat allzu viele ungedeckte Schecks ausgestellt, wieder ein anderer ist mit der Darlehenszahlung im Rückstand oder ist ein »illegal alien«, ein illegaler Einwanderer: Keiner von ihnen kann im Besitz eines Bankkontos sein. Er weiß also nicht, wo er den Gehaltsscheck einreichen kann, und muß sich an eine dieser Banken wenden, an jene Kleinunternehmer in Sachen Finanzen, die – abzüglich einer Kommission – den Lohn in bares Geld verwandeln.

Kein Bankkonto zu besitzen, ist mehr als nur eine wirtschaftliche Unannehmlichkeit, es ist ein gesellschaftlicher Makel, der einem das Leben erschwert, in alltäglichen Dingen hinderlich ist; wie beim Auto: 80 Prozent der Amerikaner haben eins, doch die 20 Prozent, die keines besitzen, sind wirklich schlecht dran. Heute gibt es in der West Madison Street, der einst berühmtesten und am dichtesten bevölkerten *Skid Row* Amerikas, keine *Pawnshops* und keine *Checks Cashed* mehr.

Der Begriff *Skid Row* entstand in Seattle und bezeichnete ursprünglich die Straße, auf der der Holzhändler Henry Yesler die Baumstämme zu seinem Sägewerk am Meer transportierte (*to skid*, rutschen). Entlang dieser Straße gab es kleine Hotels, Kneipen, Restaurants, Bordelle und andere Einrichtungen für die Holzfäller. In den zwanziger Jahren jedoch wurde die *Skid Road*, wie sie anfangs hieß, zum Aufenthaltsort der Armen, der arbeitslosen Holzfäller, der

Gelegenheitsarbeiter. Im Laufe der Zeit wurde der Name zu *Skid Row* verkürzt und als abwertende, generalisierende Bezeichnung verwendet. Bald hieß in jeder amerikanischen Stadt *Skid Row* der Ort, an dem sich die Trunkenbolde aufhielten und das Straßenbild prägten. Der Begriff implizierte auch die Mobilität nach unten, den Abstieg [*skid*, rutschen] sowie ein bestimmtes soziales, physisches und wirtschaftliches Ambiente [*row*, Reihe, Rang].[2]

Jede Stadt der Vereinigten Staaten hatte eine *Skid Row*: New York die Bowery, Los Angeles die South Main Street, Boston Scollay Square, San Francisco die Third Street, Seattle *Skid Road*. Die wichtigste jedoch war die West Madison Street in Chicago zwischen Halsted Avenue und Chicago River. Hier war der Treffpunkt der Saison- und Wanderarbeiter, der Akkordarbeiter, Arbeitslosen und Vagabunden des ganzen Landes. Zu jener Zeit durchzogen in Amerika die Arbeiter das ganze Land, es herrschte eine geradezu besessene Mobilität: Zwischen 1880 und 1920 war in Boston der *turn over* so stark, daß sich alle zehn Jahre die Bevölkerung der Stadt praktisch komplett erneuerte. Doch der Inbegriff der Mobilität waren die ungeheuren Menschenströme, die sich täglich in Chicago bewegten, einer Stadt, die von 5.000 Kilometer Schienennetz durchzogen wurde. In diesem Eisenbahnknotenpunkt Amerikas wurden nicht nur Mais, Schweine und Holz entladen und rangiert, sondern auch menschliche Schicksale, Lebensbahnen. Der Bedarf an mobilen Arbeitskräften, die nach Belieben verschickt und verschoben werden konnten, brachte die moderne Gestalt des *Single* hervor, des Arbeiters ohne Familie (die entweder in weiter Ferne lebte oder gar nicht vorhanden war) und damit ohne ein Zuhause. Es entstand der Mensch »ohne Haus«, der jedoch nicht zugleich ein »Obdachloser« war, da er in Pensionen, möblierten Zimmern, kleinen Hotels wohnte.

2 Ebd., S. 88 f.

Im Schlachthofviertel (Back of the Yards) von Chicago lebten 27,3 Prozent der Bewohner in Logis: Wenn die Emigranten aus dem Zug stiegen, begaben sie sich zu ihren Landsleuten, um dort zu wohnen, und die wiederum mußten, um das Darlehen für die Wohnung bezahlen zu können, Zimmer vermieten. Doch nur selten hatte der Gast Anrecht auf ein eigenes Zimmer, ähnlich wie die Maghrebiner, die heute nach Italien auswandern, nur daß es damals die Italiener waren, die zu zehnt in einem Zimmer in Little Italy schliefen.

Aber diese Logik, mit der Arbeiter *à la carte* bestellt wurden, war potentiell subversiv, da sie einen neuen Typ des Bürgers hervorbrachte, der weder ein Haus noch eine Familie hatte und dem damit die beiden Grundpfeiler der politischen Moral fehlten. Man erinnere sich, welch wundertätigen Kräfte die Amerikaner dem Besitz eines Eigenheims zuschrieben, wodurch, wie Roosevelt sagte, die Vereinigten Staaten eine »unbesiegbare Nation« geworden seien. Dieser Kapitalismus schuf also Millionen von Arbeitern, die keinen festen Wohnsitz hatten und damit potentiell »moralisch verkommen«, »gefährlich« waren.

Dieser Widerspruch trat noch augenfälliger hervor in bezug auf einen anderen, neuen Typ von *Single*-Arbeiter, der »kein Haus, aber ein Dach über dem Kopf« hatte. Ende des 19. Jahrhunderts betrat eine neue Gestalt die gesellschaftliche Bildfläche: die alleinstehende, berufstätige Frau (die Arbeiterin, Näherin, Schneiderin, Sekretärin, Verkäuferin). Allein in Chicago verdienten sich an die 100.000 Frauen ihren Lebensunterhalt selbst. 21 Prozent von ihnen, rund 22.000, lebten in einem möblierten Zimmer[3] und wurden zum Gegenstand übler Nachrede der Wohlanständigen. Diese Arbeiterinnen zogen gerade aufgrund der größeren Intimität und Freiheit ein möbliertes Zimmer der Pension vor. In beinahe der Hälfte dieser Zimmer (49 Prozent) war es den Mieterinnen erlaubt, Herrenbesuch zu empfangen. Den Vierteln mit möblierter

3 R.A. Slayton, *Back of the Yards*, a.a.O., S. 19

Zimmervermietung haftet seither der Ruch der moralischen Verkommenheit an, da die Überzeugung immer noch weit verbreitet ist, daß ein Leben ohne Familie unweigerlich zur Perversion führt (und durch diese verursacht ist).

Der schlechte Ruf dieser Viertel scheint durch ihr abstoßendes Äußeres noch bestätigt zu werden. Manchmal ist der Arbeiter ohne Beschäftigung; manchmal findet ein Arbeitsloser keine Arbeit mehr; der Dauerarbeitslose kann zum Alkoholiker und der wiederum schrullig und exzentrisch werden. Es gibt den Typus des Menschen »ohne eigenes Haus«, der unter miserablen Umständen lebt, sich aber dennoch ein Dach über dem Kopf leisten kann; und es gibt den Penner *sans toit ni loi*, obdach- und gesetzlos. Durch die sich verschärfende Wirtschaftskrise, die Entlassungswellen, die Mieter, die mit ihrer Zahlung im Rückstand sind, die allesverschlingende Gier der Hausbesitzer, die an der Instandhaltung der Gebäude sparen, verfällt das Viertel, die Fassaden bröckeln ab, die Ladenschilder hängen schief, die Fensterscheiben zerbrechen.

So entstand in den *Skid Rows* des frühen 19. Jahrhunderts neben der anständigen Pension die Spelunke, die schäbige Unterkunft. Das Viertel fächerte sich auf, nun lebte nicht mehr nur eine einzige soziale Gruppe dort, sondern eine Gesellschaft mit ihrer ganzen Hierarchie, mit ihren eigenen Ausgestoßenen. In den *Skid Rows* bildete sich ein regelrechtes Kastenwesen heraus. An der Spitze standen die *hoboes*, die Saison- und Wanderarbeiter. Sie waren Metzger, Eishacker, Maurer, Holzfäller, Eisenbahnarbeiter. Die *hoboes* arbeiteten hart, wenn auch die Arbeit begrenzt und über den ganzen Kontinent verstreut war: vom Lachsfang im Pazifik bis zur Obsternte in Kalifornien oder der Austernernte im Atlantik.

Diese Wanderarbeiter waren es, die durch ihre Tätigkeit die Vereinigten Staaten aufbauten – ein Schriftsteller nannte sie die »Sturmtruppen der amerikanischen Expansion«. Nels Anderson, der eine Zeitlang unter *hoboes* gelebt hatte, schreibt in seiner Studie aus dem Jahr 1923: »Trotz seiner Schwächen – die ich sehr gut kenne – betrachte ich ihn als eine heroische

Gestalt der Frontier. Dank seiner Arbeit und seiner Mithilfe wurden Eisenbahnen gebaut, Bergwerksminen in abgelegenen Gebieten erschlossen, Städte als Vorposten gegründet.«[4] Der *hobo* glaubte an den Wert harter Arbeit, doch von der *middle-class*, von der »etablierten« Klasse der Fabrikarbeiter trennte ihn sein nomadisches Leben, das ihn verdächtig machte. Die scheinheiligen Spießbürger hielten die *hoboes* für Trunkenbolde und Kriminelle.[5] Doch waren die *hoboes* zugleich von einer romantischen Aura des freien Vagabundenlebens umgeben, wie es die Filme von Charlie Chaplin und die Balladen von Woody Guthrie vermittelten. Das Völkchen der Vagabunden, der Landstreicher und Nomaden wurde in den USA in Anspielung auf die *bohémiens*, die Zigeuner, »Hobohemia« genannt.

In der Hierarchie Hobohemias kamen nach den *hoboes* die *tramps*, die Vagabunden: Waren die *hoboes* Wanderarbeiter, so waren die *tramps* Wanderer, die keine Arbeit hatten (»*the hobo works and wanders, the tramp dreams and wanders*«, »der *hobo* arbeitet und zieht umher, der *tramp* träumt und zieht umher«)[6], sie lebten von Gelegenheitsarbeiten, Diebstahl, Almosen und waren stolz auf ihr Nomadendasein. Während die *hoboes* häufig gepflegt gekleidet waren, zogen die *tramps* zerlumpt wie Bettler umher. Sie waren schmutziger als die *hoboes*, die sie verachteten und ihnen verletzende Spottnamen anhängten.

Unterhalb der *hoboes* und der *tramps* rangierten die *bums*, die sich an einem festen Ort aufhielten. Jede Kaste war wiederum in Unterkasten aufgeteilt. Die *bums* unterteilten sich in solche, die arbeiteten (Tellerwäscher, Gepäckträger im Hotel, Küchenjungen), und in solche, die bettelten. Neben den Bettlern gab es weitere Unterkasten, bis hinunter zu jenen, die nicht einmal mehr bettelten, die in Kartonschachteln lebten und im

4 Nels Anderson, *The Hobo. The Sociology of the Homeless Man* (1923), Chicago 1961, S. XXI f.

5 C. Hoch, R.A. Slayton, a.a.O., S. 36–40

6 N. Anderson, a.a.O., S. 87

Abfall nach Eßbarem stöberten. Was oberflächlich betrachtet in eine einzige Kategorie – die der Randexistenzen und der gesellschaftlichen Außenseiter – fällt (»die Hungerleider sind alle gleich«), entpuppt sich bei näherem Hinsehen als eine streng und hierarchisch strukturierte Welt mit eigenen Repressionsmechanismen.

Hobohemia war eine Gesellschaft von männlichen Weißen, zumeist Amerikanern (62 Prozent von ihnen waren in den USA geboren), Singles, die lesen und schreiben konnten (nur 5 Prozent von ihnen waren Analphabeten, weitere 5 Prozent hatten sogar ein College besucht). Hobohemia war eine Welt für sich: In der *Skid Row* der West Madison Street gab es keinen Platz für die Schwarzen; sie hatten ihr eigenes Gebiet weiter südlich in der State Street zwischen der 22. und der 30. Straße. Heute befindet sich die schwarze *Skid Row* im Umkreis des Martin Luther King Drive. Es gibt keinen vernünftigen Grund dafür (denn weshalb sollte der Rassismus in Jackett und Krawatte harmloser sein?), dennoch aber gibt es keine krassere Rassensegregation als die zwischen schwarzen und weißen Landstreichern und die Trennung der Trinker entsprechend ihrer Hautfarbe.

In Hobohemia vollzieht sich in ein und derselben Straße, ja innerhalb ein und derselben Person ein fließender Übergang von der Arbeiterklasse zum Subproletariat, ein Abrutschen *(skid)* von den »Sturmtruppen der amerikanischen Expansion« zu den Ausgestoßenen, den Bettler und Trinkern. Hier erweist sich, wie schmal die Grenze zwischen Arbeitslosigkeit und Armut ist, zwischen dem *working poor* (dem Armen, der einer Arbeit nachgeht) und dem Obdachlosen.

*

»Armut«: Endlich ist es ausgesprochen, das unbequeme Wort, das so eindeutig und trotzdem so schwierig zu definieren ist. Armut, ein »natürlicher Zustand«. Man ist arm, so wie man alt oder jung ist. Aber was ist das, die »Armutsgrenze«? Wann fängt man an, arm zu sein? (Ab welchem Alter wird man alt?) »Arm« ist eine jener urtümlichen gesellschaftlichen Vorstellungen, denen man, wie Pierre Bourdieu empfiehlt, zutiefst mißtrauen sollte, da ihre Ursprünglichkeit trügerisch ist, unterschwellig eine Ideologie transportiert, eine unbewußte Weltsicht, die die Gesellschaft in uns formt. Mit »arm« verbindet sich die Vorstellung von Entbehrung, Mangel, Knappheit. Die soziologische Definition lautet folgendermaßen: »Jede Art von Armut ist auf die Tatsache zurückzuführen, daß einem gegebenen Subjekt oder einer Bevölkerungsgruppe die Fähigkeit fehlt, die Kosten für die Produktion und Reproduktion des menschlichen Lebens selbst aufzubringen.«[7] Das Verb »fehlen« verweist zwar auf einen Mangel, aber auch auf ein »Unvermögen« im Gegensatz zu einer Fähigkeit. Aber weshalb sollten so viele Subjekte und so viele Bevölkerungsgruppen »fehlerhaft« sein?

Die Amerikaner betrachteten die Armut als eine Geißel Europas. Sie entspreche, so Robert Castel, »typischen Realitäten der Alten Welt: Knappheit an Ressourcen, Überbevölkerung, Ungerechtigkeit und Irrationalität«. Aber in den Vereinigten Staaten? Zumindest in den Ostküstenstaaten mit ihrer rapiden Industrialisierung wird die Armut bereits um 1820 zu einem Problem, und sofort mehren sich die Berichte der Kommissionen über die Armut (schon damals!), aus denen hervorgeht, daß »der eigentliche Skandal nicht die Anzahl der Armen, sondern die Tatsache ihrer Existenz überhaupt ist«.[8] »Pauperismus sollte unserem Land eigentlich fremd sein«, schreibt in ihrem *Forth Annual Report* (1821) die New York Society for the Prevention of Pauperism, da »unser Territorium so ausgedehnt ist, das Land so fruchtbar und so reich an Bodenschätzen«, da die amerikanischen Institutionen so hervorragend, »die der Industrie und den Unternehmen zur

7 Luciano Gallino, *Dizionario di sociologia*, Turin 1978, Stichwort *Povertà* (Armut), S. 536

8 Robert Castel, *La »guerre à la pauvreté« aux États Unis* in: *Actes de la recherche en sciences sociales*, Nr. 19, Jan. 1978, S. 47–60, dem auch die folgenden Zitate entnommen sind.

Verfügung stehenden Möglichkeiten so umfassend, private und politische Hindernisse kaum vorhanden sind und die natürlichen oder errungenen Vorzüge in vollkommener Sicherheit genossen werden können«. »In unserem derart bevorteilten Land, in dem Arbeitskräfte gefragt sind und die Arbeit so gut bezahlt wird, in dem die Mittel zum Lebensunterhalt so leicht zu beschaffen und so billig sind, müßte und dürfte es keine Armut geben *[need not and ought not to exist]*«, schrieben die Beauftragten für die Almshouses von New York in ihrem *Annual Report for 1847*.

In den Vereinigten Staaten konnte und durfte es keine Armut geben, da die Bevölkerung klein und die Ressourcen des Landes unerschöpflich waren – das genaue Gegenteil dessen, was Reverend Robert Malthus zufolge für die Armut verantwortlich ist. Und so faßte Engels die Malthussche Bevölkerungstheorie zusammen: »Wiederholen wir kurz ihr Hauptresultat, daß die Erde stets überbevölkert sei und daher stets Not, Elend, Armut und Unsittlichkeit herrschen müsse; daß es das Los und die ewige Bestimmung der Menschheit sei, in zu großer Zahl und daher in verschiedenen Klassen zu existieren, von denen die einen mehr oder weniger reich, gebildet und moralisch, und die anderen mehr oder weniger arm, elend, unwissend und unsittlich seien.«[9] Die Malthussche Theorie skizzierte das, was später als Sozialdarwinismus bezeichnet wurde, demzufolge auch unter den Menschen ein Überlebenskampf im Gange ist. Die Menschen, so der englische Reverend Joseph Townsend (1739–1816), verhalten sich wie die Ziegen der Insel Juan Fernández, wo die Spanier ein Pärchen Ziegen aussetzten, die sich vermehrten und über die ganze Insel ausbreiteten, bis sie schließlich nicht mehr genügend zu fressen fanden. »Die Schwächsten unter ihnen gingen als erste zugrunde, und bald gab es wieder Futter im Überfluß. So lebten sie zwischen Glückseligkeit und Elend, einmal litten sie unter Nahrungsknappheit, einmal hatten sie alles im Überfluß.«

9 Friedrich Engels, *Die Lage der arbeitenden Klasse in England*, a.a.O., S. 308

Wie bei den Ziegen, »so reguliert auch bei den Menschen die zur Verfügung stehende Nahrungsmenge die Bevölkerungszahl«, und zwar durch *»Mühsal und Armut«*: »Solange es Nahrung im Überfluß gibt, wachsen die Menschen und vermehren sich, und jeder kann eine Familie ernähren oder entsprechend seinen Möglichkeiten Freunde unterstützen. Die Schwachen sind von der unsteten Großzügigkeit der Starken abhängig, und früher oder später bekommen die *Faulen* die natürlichen Auswirkungen ihrer *Trägheit* zu spüren.«[10] Hinter dieser Vorstellung von Armut steht der Gedanke, der Mensch sei von Natur aus träge: »Die Massen der faulen und ausschweifend lebenden Indianer stellten das erste Hindernis« der Zivilisation dar, schrieb Parton.[11] Wie es der Zufall will, taucht diese angeborene Faulheit in der Ideengeschichte genau in den Augenblick auf, als die Arbeit durch die industrielle Revolution streng reglementiert wird. Antonello La Vergata zeichnet die Geschichte dieses »dem Menschen angeborenen Trägheitsprinzips« zwischen dem 18. und dem 19. Jahrhundert ausführlich nach[12] – angefangen von der glücklichen Trägheit des guten Wilden bei Rousseau bis hin zur »trägen Sinnlichkeit«, in der, so Doktor Johnson, die Menschen »versinken würden, ohne sich um den anderen oder um sich selbst zu bekümmern [...], *gäbe es nicht Krankheiten und Armut*«. Armut ist der Ansporn zur Überwindung der natürlichen Indolenz: Der Mensch wird erst unter der Knute des Mangels aktiv. Das Schreckgespenst der Armut stachelt den Menschen zu »mutigem Einsatz« an, wie 1833 der schottische Calvinist Thomas Chalmers schrieb (auch er Prediger wie Malthus und Townsend).

In einer langen Denktradition, die von Joseph Townsend im 18. Jahrhundert bis zu Robert Nozick in den siebziger Jahren

10 Joseph Townsend, *A Dissertation on the Poor Laws, by a Well-Wisher to Mankind* (1786), Berkeley 1971, S. 37–40 (Hervorhebungen von mir)

11 J. Parton, *Chicago*, a.a.O., S. 330

12 Antonello La Vergata, *Nonostante Malthus. Fecondità, popolazioni e armonia della natura, 1700–1900*. Turin 1990, S. 72–80, dem auch die nachfolgenden Zitate entnommen sind.

dieses Jahrhunderts reicht, wird jegliche Unterstützung der Armen als kontraproduktiv angesehen – erneut unter Berufung auf die *perversity*, wie es Hirschman nennt. (Dieselbe These wird heute wortwörtlich in der Diskussion um die Überbevölkerung in der Dritten Welt wiederholt: Jegliche humanitäre Hilfe würde die Bevölkerung weiter vermehren und damit das Elend verschlimmern: Sollen sie doch allein sterben.) Für Nozick, der die Theorie des Minimalstaates neu formulierte, hat der Staat nicht die Pflicht, den Bedürftigen beizustehen, vielmehr wäre ein solches Eingreifen unmoralisch, da der Staat sich nicht der Güter des einen Individuums bemächtigen kann, um sie einem anderen zu geben: »Die Besteuerung von Arbeitsverdiensten ist mit Zwangsarbeit gleichzusetzen.«[13] Reverend Townsend zufolge begünstigen die Armengesetze die Übel, die sie eigentlich bekämpfen sollten, sie ermutigen Unvorsichtigkeit und Trägheit und zerstören »Hoffnung und Angst«, die »Triebfedern des Arbeitseifers«.

Am kuriosesten ist die Tatsache, daß ein Kommunist wie Engels derartige Schlußfolgerungen teilte: »Die Unterstützung begünstigt die *Trägheit* und die Vermehrung der ›überflüssigen‹ Bevölkerung. Unter den jetzigen sozialen Verhältnissen ist es ganz klar, daß der Arme gezwungen wird, Egoist zu sein, und wenn er die Wahl hat und gleich gut lebt, lieber nichts tut als arbeitet. Daraus ſolgt aber nur, daß die jetzigen sozialen Verhältnisse nichts taugen, nicht aber, daß – wie die malthusianischen Kommissäre folgerten – die Armut als ein Verbrechen nach der Abschreckungstheorie zu behandeln sei.«[14]

Zur selben Schlußfolgerung wie der Reverend Townsend und der Kommunist Engels gelangte 1795 auch der Freigeist Marquis Donatien-Alphonse François de Sade. Dolmancé, die de Sade ähnlichste Figur der *Philosophie dans le boudoir*, urteilte über die »Wohltätigkeit« so:

13 Robert Nozick, *Anarchie, Staat, Utopia*, München 1976, S. 159
14 Friedrich Engels, a.a.O., S. 310f.

Sie gewöhnt den Armen an Hilfe, die seine Energie untergräbt; er arbeitet nicht länger, wenn er sich eurer Barmherzigkeit vergewissert, und wird, sobald sie aussetzt, zum Dieb und Mörder. Von allen Seiten höre ich, wie man nach Mitteln sucht, die Bettelei zu unterdrücken, und währenddessen tut man alles, sie zu vermehren. Wollt ihr vermeiden, daß Fliegen in euer Zimmer kommen? Dann stellt keinen Honig hin, der sie anzieht. Wollt ihr, daß es keine Armen mehr in Frankreich gibt? Verteilt keine Almosen mehr und schließt vor allem eure Wohltätigkeitsanstalten. Der im Unglück geboren ist und sich dieser gefährlichen Hilfsmittel beraubt sieht, wird allen Mut zusammennehmen, den er von der Natur mitbekommen hat, um sich aus dem Zustand herauszuarbeiten, in dem er geboren wurde; er wird euch nicht länger in Verlegenheit setzen. Zerstört, reißt mitleidslos die gräßlichen Häuser nieder, in denen ihr, unverschämt, wir ihr seid, die Früchte der Libertinage des Armen verbergt, diese abscheulichen Kloaken, die jeden Tag einen widerwärtigen Schwarm neuer Kreaturen in die Gesellschaft erbrechen, die nur von der Hoffnung auf euren Geldbeutel leben.[15]

Jeder hat etwas anderes im Blick – Townsend will moralische Prinzipien einflößen, Engels die gesellschaftlichen Verhältnisse umstürzen, Dolmancé die Praktiken der »Geburtenkontrolle« (Sodomie, Masturbation und Kindesmord) neu bewerten –, alle jedoch teilen die Ansicht, daß es kontraproduktiv sei, den Armen zu helfen, daß das Individuum, das sich selbst überlassen bleibt, träge ist und nur durch die Peitsche des Mangels zum Handeln angetrieben wird: den Gedanken, Armut wirke erzieherisch, *orthopädisch*, da durch sie die Trägheit geradegebogen werde.

Auch jenseits des Atlantik wurde die Familienfürsorge als schädlich eingeschätzt. Im Jahr 1821 schreibt Josiah Quincy in

15 Donatien-Alphonse François de Sade, *La philosophie dans le boudoir* (1795), dt. *Die Philosophie im Boudoir* in: *Werke*, Basel 1965, S. 229f.

seinem im Auftrag der Kommission von Massachusetts verfaßten Bericht über die Armen[16]: »Je mehr den Armen geholfen wird, um so mehr wird ihnen auch in Zukunft geholfen werden müssen; [...] die verheerendste, kostspieligste, für ihre Sitten unheilvollste und für ihre Arbeitsgewohnheiten zerstörerischste Art der Unterstützung besteht darin, ihnen und ihren Familien behilflich zu sein.« Um so mehr, als in den Vereinigten Staaten – in den Augen der Amerikaner damals wie heute – die beste politische Regierungsform der Geschichte herrscht. Deshalb kann es nur eine Schlußfolgerung geben: »Da es trotz all der Gründe, die die Armut in den Vereinigten Staaten unmöglich machen, Arme gibt, müssen diese die Armut in sich selbst tragen« (Castel). Die Armut ist also ein moralisches Übel; das arme Individuum ist arm, es *mangelt* ihm an Geld, da es moralische *Mängel* in sich trägt, da es ihm an Tugend fehlt.

Hier also, im 19. Jahrhundert, hat jene intellektuelle Übung ihre Wurzeln, die die »würdigen« *[deserving]* Armen, die Hilfe und Unterstützung verdient haben, von den »unwürdigen« Armen trennt. In seinem Buch *The Undeserving Poor* skizziert Michael Katz die politische und soziologische Debatte, die vom »Krieg gegen die Armut« unter Lyndon Johnson in den sechziger Jahren zum »Krieg gegen den Sozialstaat« unter Ronald Reagan in den achtziger Jahren reicht. Die Dichotomie *würdig/unwürdig* taucht bereits im Jahr 1821 auf, als Josiah Quincy zwei Arten von Armen unterschied: »die ohnmächtigen Armen, zu denen auch all jene zählen, die aufgrund ihres Alters, ihrer Jugend, durch Krankheit oder Invalidität unfähig sind zu arbeiten«; und »jene [...], die fähig sind, die eine oder andere Arbeit zu verrichten, jedoch im Grad der Befähigung zur Arbeit und in der Art der Tätigkeit differieren.«[17]

Es gibt demnach also eine unvermeidbare Armut und eine

16 *Report of the Massachusetts General Court Committee on Pauper Laws*, Albany 1821, zit. bei R. Castel, a.a.O., S. 49f.

17 Zitate aus Michael B. Katz, *The Undeserving Poor. From the War to Poverty to the War on Welfare*, New York 1989, S. 12f.

solche, für die das Individuum selbst verantwortlich ist. Da es eine unvermeidbare Armut gibt und da die Mittel, sie zu lindern, begrenzt sind, wird es wichtig, die Spreu vom Weizen zu trennen und in der Gesellschaft jeden Tag den Gott des Jüngsten Gerichts in Erscheinung treten zu lassen, der die Geretteten von den Verurteilten scheidet. Philanthropen, Sozialarbeiter, Regierungen sind deshalb mit einem zermürbenden Klassifizieren beschäftigt, um die würdigen Armen von denen zu trennen, die nicht (oder nur teilweise) würdig sind, und um die Hilfe, die jeder von ihnen erhalten soll, die verschiedenen Grade der der Wohltätigkeit inhärenten Bestrafung festzulegen und um schließlich die moralischen Mittel zur Bekämpfung der moralischen Ursachen der Armut anzuwenden.

*

Da die öffentlichen Stellen es nicht wagen, »die Armen mit dem Hungertod zu bestrafen« (Engels), werden »objektive« Parameter zur Definition der Armut aufgestellt. Dieses – wie wir in Hobohemia gesehen haben – fortschreitende Abrutschen (häufig ein und derselben Person) von der Arbeiterklasse in die Marginalität, von der Arbeitslosigkeit zum Vagabundenleben muß in eine diskontinuierliche Taxonomie umorganisiert werden, in eine Klassifizierung, die die Armen von den Nichtarmen trennt. Eine »Armutsgrenze« muß festgesetzt werden. So wie das Rentenalter eine Altersgrenze festlegt und die Frage beantwortet: Ab welchem Alter ist man alt?, so wird auch hier die Frage gestellt: Unterhalb welches Einkommens ist man arm?

Den gängigen Definitionen zufolge gibt es nach Zählung des US-amerikanischen Statistischen Bundesamtes in den USA 35,7 Millionen Arme (14,5 Prozent, also jeder siebte Amerikaner). Doch würde die Armutsgrenze um 25 Prozent verschoben werden, gäbe es 47,9 Millionen Arme, das sind 18,9 Prozent der Bevölkerung. Dieser rechnerische Unterschied ist ausschlaggebend dafür, ob 12 Millionen Menschen in die bundes- und einzelstaatlichen Hilfsprogramme einbezogen werden oder nicht, ob sie Schulspeisungen, kostenlose Gesundheitsfürsorge, Lebensmittelmarken erhalten oder nicht.

Die Definition der Armutsgrenze ist ein Politikum. Je nach Definition schwankt die Zahl der Armen zwischen 35,7 Millionen und 56 Millionen.[18] Es geht dabei nicht allein um 20 Millionen Arme mehr oder weniger (das ist so viel wie die Bevölkerung von Holland und Dänemark zusammengenommen), es geht um das Bild der US-amerikanischen Gesellschaft. Im ersteren Fall gibt es im reichsten und technologisch am besten gerüsteten Land der Welt gut 35 Millionen Arme, allerdings auch 220 Millionen *Nichtarme*. Somit wäre richtig, was Präsident Hoover kurz vor der großen Krise von 1929 gesagt hat: »Die Menschheit ist heute dem Triumph über die Armut näher als jemals zuvor.« Im zweiten Fall jedoch stehen knapp 200 Millionen Nichtarme mehr als 56 Millionen Armen gegenüber. Der Unterschied ist der zwischen Erfolg und Scheitern. Die Definition der Armutsgrenze ist keine akademische Frage, was schon Josiah Quincy wußte: Sie verändert das Leben von Millionen von Menschen, definiert die Dimensionen des Sozialhilfeapparats, legt die Höhe der öffentlichen Ausgaben fest, beeinflußt die Vorstellungen, die wir uns von der Gesellschaft machen, lenkt die politische Ausrichtung der Öffentlichkeit.

Das spektakulärste Beispiel hierfür ist die Definition der Arbeitslosigkeit. Immer wieder heißt es, daß durch Flexibilität, berufliche Mobilität, Verringerung der sozialen Lasten, Kürzung der Löhne und Gehälter in den Vereinigten Staaten Millionen von Arbeitsplätzen geschaffen wurden, so daß dort die Erwerbslosenrate zwischen 6 und 7 Prozent schwankt – gegenüber 10 Prozent und mehr in Europa. Daher die Aufforderung, dem amerikanischen Modell zur Schaffung neuer Arbeitsplätze nachzueifern. Die amerikanische Definition der

18 U.S. Bureau of the Census, *Statistical Abstract of the United States 1993*, a.a.O., Tabelle 735 und 749

Erwerbslosigkeit wird somit in Europa zu einer Waffe im politischen Kampf. Der Punkt ist, daß in den USA zur Definition der Arbeitslosigkeit höchst kuriose Kriterien herangezogen werden: »Zu den Bürgern, die eine Arbeit haben, gehören all jene, die in einer bestimmten Woche *mindestens eine Arbeitsstunde* bezahlt bekommen oder 15 Stunden oder mehr pro Woche gearbeitet haben, beispielsweise als unbezahlte Arbeiter in einem Familienbetrieb.«[19] In den Vereinigten Staaten hat jemand also bereits dann einen Arbeitsplatz, ist also nicht arbeitslos, wenn er *für eine einzige Stunde in der jeweils vorausgehenden Woche* bezahlt wird! Wenn in Europa die Arbeitslosigkeit nach denselben Kriterien definiert würde, verschwänden hier schlagartig Millionen von Arbeitslosen von der Bildfläche. Diese Kriterien sind jedoch keineswegs ohne Hintergedanken. Seit dem New Deal, als 1935 unter Präsident Roosevelt der Social Security Act verabschiedet wurde, gibt es in den Vereinigten Staaten eine Arbeitslosenhilfe. Heute erhalten 10,1 Millionen Amerikaner eine solche Hilfe, und zwar durchschnittlich 170 Dollar pro Woche, was einem Budget von 25 Milliarden Dollar entspricht.[20] Wenn die Kriterien der Erwerbslosigkeit realistischer wären (wenn etwa alle einbezogen wären, die nicht mindestens 15 Stunden pro vorausgegangener Woche gearbeitet haben), würde sich die Zahl der Bezugsberechtigten für die Arbeitslosenhilfe verdoppeln. Die Devise lautet also: Man kann den Social Security Act zwar nicht abschaffen, wohl aber seinen Geltungsbereich einschränken und mit dem Geld knausern.

Der Punkt ist nicht so sehr der Geiz, sondern die Kleinkrämerei, mit der Definitionen und Subdefinitionen formuliert werden. Von außen betrachtet, erscheint dieses unermüdliche Feilen an den Kategorien fast schon als wahnhaft, beinahe wie der von Jonathan Swift geschilderte Krieg zwischen Spitzendigen und Flachendigen der Insel Liliput, wo Gulliver Zeuge von Massakern wird zwischen denen, die die Eier am

19 Ebd., S. 390
20 Ebd., Tabelle 597 (Daten von 1991)

spitzen Ende und denen, die sie am flachen Ende aufschlagen wollen. Doch wie bei jeder Grenze ist die Festlegung des Grenzverlaufes ein willkürlicher Akt, der jedoch, einmal durchgeführt, einen endgültigen Charakter erhält und ein Außen von einem Innen, das Wir vom Ihr trennt.

Einerseits besitzt diese Dichotomie nichts Reales (daß man eine Arbeit hat, wenn man für eine Stunde Arbeit pro Woche bezahlt wird), andererseits erzeugt sie eine eigene Realität: Sie trennt diejenigen, die Arbeitslosenhilfe erhalten, von denen, die keine erhalten – und die mit nur einer Stunde Arbeit pro Woche kein Recht auf Arbeitslosenunterstützung haben, sondern als *working poor* angesehen werden –, die Medicaid und Lebensmittelmarken erhalten und in die Liste für Anwärter auf eine Sozialwohnung aufgenommen werden. Eine solche ambivalente Situation würde man naiv zur Erwerbslosigkeit rechnen (und auf die entsprechenden Definitionskriterien zurückführen). Der Staat jedoch klassifiziert sie unter der Rubrik der Bedürftigkeit: Im Brennpunkt steht damit nicht mehr die Arbeitspolitik, sondern die Wohltätigkeit. Die Behörden und die öffentliche Meinung mögen solche Grauzonen nicht, in denen es weder Schwarz noch Weiß gibt, weder bedürftig noch begütert, arbeitslos oder erwerbstätig, in denen die »Schuld«-Zuweisungen nicht klar und eindeutig sind.

Hier zeigt sich ein Zustand des Mangels, der typisch ist für Hobohemia, wo das Innen und das Außen nicht mehr so eindeutig definiert sind, wo die Unterscheidung Quincys zwischen arbeitsfähig und arbeitsunfähig nicht mehr greift, wo man nicht mehr zwischen würdigen und unwürdigen Armen trennen kann.

Hobohemia erregte auch aus anderen Gründen Ärgernis. Zunächst, weil es eine Gemeinschaft bildete. Es handelte sich hier nicht mehr um den einzelnen, der an den Rand gedrängt war, um die vereinzelten Ausgeschlossenen, die buchstäblich »in alle Winde zerstreut« waren, sondern um eine Subgesellschaft mit einer eigenen Kultur, eigenen Hierarchien, sozialen

Dienstleistungen, einem – ärmlichen, aber funktionierenden – wirtschaftlichen Gefüge aus Gelegenheitsarbeiten, Kleinhandel, Tauschgeschäften und Gefälligkeiten. Die Bewohner von Hobohemia bildeten eine Gegenwelt zum amerikanischen Lebensstil, sie waren unverheiratet in einer Welt, die die Familienidylle in den Himmel hebt, sie verachteten die von der Gesellschaft vergötterten Vorstädte und lebten lieber im Stadtzentrum, wo sie sich treffen und sich Dienstleistungen zunutze machen konnten, die ihnen ansonsten nicht zur Verfügung gestanden hätten: Paradoxerweise sind es die gleichen Gründe, weshalb heute die Yuppies in den aseptischen Presidential Towers wohnen.

Aufgrund seiner Nähe zum Geschäftszentrum war Hobohemia äußerst auffällig. Und diese Auffälligkeit war mehr als alles andere ein Ärgernis. Wenn sich diese Armen wenigstens unsichtbar gemacht hätten! Dieses Ärgernis ist der eigentliche Grund dafür, weshalb die Behörden die kleinen Hotels von West Madison, die *Skid Row* von Chicago, dem Erdboden gleichgemacht und mit großem finanziellem Aufwand an deren Stelle die Presidential Towers errichtet haben. Der Wunsch, die Armen zu verstecken, trieb im Jahr 1994 den konservativen britischen Premierminister John Major jenseits des Atlantiks zu einer Attacke gegen die Bettler: ihr Anblick sei »beleidigend«, sie schadeten den Händlern und Geschäftsleuten und führten dazu, daß die Touristen die Städte mieden; und wenn sie partout nicht von der *Welfare* profitieren wollten, sollten sie ins Gefängnis gesteckt werden.[21]

Da fällt einem unwillkürlich jener von Engels zitierte[22] famose Brief ein, den eine vornehme Dame 1845 an den *Manchester Guardian* schickte:

> Herr Redakteur! Seit einiger Zeit begegnet man auf den Hauptstraßen unserer Stadt einer Menge von Bettlern, die teils durch ihre zerlumpte Kleidung und ihr krankes Aus-

21 Titelseite des *Guardian* und des *Independent* am 28. Mai 1994
22 Friedrich Engels, a.a.O., S. 302 f.

sehen, teils durch ekelhafte, offne Wunden und Verstümmelungen das Mitleid der Vorübergehenden auf eine häufig sehr unverschämte und molestierende Weise rege zu machen suchen. Ich sollte meinen, wenn man nicht nur seine Armensteuer bezahlt, sondern auch reichlich zu den wohltätigen Anstalten beiträgt, so hätte man doch genug getan, um das Recht zu haben, vor solchen unangenehmen und unverschämten Behelligungen sichergestellt zu werden; und wofür bezahlt man denn eine so hohe Steuer zum Unterhalt der städtischen Polizei, wenn diese einen nicht einmal soweit schützt, daß man ruhig in die Stadt oder heraus gehen kann?

AM TISCH DER NATUR

Es bedarf schon des Scheins lodernder Flammen, um jene eigentümliche US-amerikanische Einrichtung des »SRO Hotel« ins Blickfeld zu rücken. SRO steht für *Single room occupancy* – Unterkünfte zu äußerst niedrigen Wochentarifen für jene, die sich keine Wohnung leisten können, für den armen Arbeiter, die Rentnerin, den Arbeitslosenhilfeempfänger. Diese kleinen Hotels waren typisch für die *Skid Rows*, und das Viertel, in dem sie lagen, hieß *SRO district*. Ein Raub der Flammen werden sie immer wieder, und mit ihnen zig buchstäblich armselige Leben. Am 12. Februar 1955 brach im Barton Hotel, West Madison, ein Brand aus: 29 Menschen starben. Am 14. März 1981 wurde durch einen Kurzschluß in einer Wäscherei des Royal Bench Hotel ein Feuer ausgelöst. Aus den Trümmern wurden 19 Leichen geborgen. Am 16. März 1993 wurde das Paxton Hotel mit 130 Zimmern, nur wenige Häuserblocks von der Luxusmeile Magnificent Mile entfernt, durch Feuer zerstört. Auch hier gab es 19 Tote (und 30 Verletzte).

Die SRO scheinen besonders brandgefährdet. Ihre Feuergefährlichkeit ist so berühmt-berüchtigt, daß 1990 die bekannteste Kriminalautorin Chicagos, Sara Paretsky, einen ganzen Roman – *Burn Marks*[1] – um den Brand eines SRO herum aufbaute. Die Hauptfigur, die Privatdetektivin V. I. Warshawski, die typische Chicagoer Tochter eines Polen und einer Italienerin, geschieden und versiert in der Kunst der Selbstverteidi-

1 Sara Paretsky, *Burn Marks* (1990). Dt. *Brandstifter*, München ²1993

gung, untersucht diesen Fall vorsätzlicher Brandstiftung, da in dem Hotel ihre alte Tante gelebt hatte, die gern dem Alkohol zusprach.

Sara Paretsky greift hier einen Gemeinplatz auf: Wenn SRO Hotel mit *Skid Row* gleichzusetzen ist, dann ist *Skid Row* gleichbedeutend mit Alkoholismus. Bereits 1827 machten die Armenwächter von Philadelphia die anderen Städte aufmerksam: »Zwischen drei Viertel und neun Zehntel der Armen in unserem Land müssen ihren Verfall dem Laster der Unmäßigkeit zuschreiben.«[2] Die SRO müssen die Stigmata des Lasters und des Alkohols tragen, da sie sonst die Armut in der Form zeigen würden, die heute am meisten verabscheut wird: in der Gestalt des nackten Mangels, des schäbigen Elends, dem jede Dramatik fehlt. Armut erregt Mitleid oder Empörung nur in seiner spektakulären Form, zurechtgestutzt auf das Maß der Fernsehnachrichten, die den in Lumpen gehüllten Unglücklichen zeigen, die Landstreicherin, die erfroren unter einer Zeitung liegt. Der »extreme« *homeless*, insofern er wehrlos ist, steht für den »würdigen« Armen. Derartige Arme gibt es allerdings relativ selten. »In Chicago leben 40.000 *homeless*; zwischen 12.000 und 15.000 leben jahraus jahrein auf der Straße; fast eine Million Chicagoer hingegen leben unterhalb der Armutsgrenze«, teilte mir Charles Hoch mit: 12.000 *homeless* in einer Großstadt ist »normal«, aber eine Million Arme allein in Chicago ist eine erschreckend hohe Zahl.

In den Vereinigten Staaten insgesamt ist das Verhältnis in etwa dasselbe: ein *homeless* je 500 Einwohner, ein *homeless* je sechzig Arme. Offiziell leben 35,7 Millionen Amerikaner unter der Armutsgrenze, während die »chronischen« *homeless* den – schwierigen – Schätzungen zufolge rund eine halbe Million betragen.[3]

Erst seit 15 Jahren sind die *homeless* zum allgemeinen Symbol für das Elend geworden (der *houseless* des 19. Jahrhunderts ist heute zum *homeless* abgerutscht: ein Übergang von Lebens-

2 M. B. Katz, *The Undeserving Poor*, a.a.O., S. 13
3 Ebd., S. 187

verhältnissen »ohne Bleibe« zu Lebensverhältnissen »ohne Zuhause«): *Homeless* ist nicht nur ein Zustand, es ist auch eine Kategorie. Im Jahr 1975 gab es keine einzige soziologische Untersuchung über die *homeless* als solche; 1984 gab es 34 Publikationen zu diesem Thema, 1986 48, und 1988 umfaßte die entsprechende Bibliographie mehr als 60 eng bedruckte Seiten.[4] Wenn man die Kategorie der »verdienten Armen« allein auf die *homeless* beschränkt, läßt man die *working poors* außer acht und richtet das Augenmerk ausschließlich auf die extreme Form der Armut; bemitleidet wird, wer bereits gestrauchelt ist, wer in Gefahr ist zu straucheln, bleibt unbeachtet; es wächst der Abstand zwischen Wohltäter und Begünstigtem; insbesondere verringert sich damit auch die Zahl der »würdigen Armen«, und ein Bild der staatlichen Beihilfe als Notstandsprogramm wird erzeugt. Den *homeless* wird in der Weise geholfen, wie man den Opfern von Überschwemmungen Hilfe zuteil werden läßt: das Elend als *Natur*katastrophe.

*

Jeden Nachmittag windet sich eine lange Menschenschlange, zumeist Schwarze, auf dem Gehsteig der State Street, Ecke 10. Straße. Hier befindet sich eine der knapp 50 Obdachlosenunterkünfte *(temporary shelters)*, in denen allabendlich die *homeless* Unterschlupf suchen. Sie stellen sich frühzeitig in die Reihe, bereit, eine lange Wartezeit in Kauf zu nehmen, denn auch hier gilt die Regel der Nationalparks: »*First come, first served*«: Eine Reservierung ist nicht möglich. Deshalb wiederholt sich dieses Ritual Abend für Abend, und wenn man einmal drin ist, kann man diesen ungemütlichen Ort nicht mehr verlassen, wo es theoretisch nicht einmal erlaubt ist, ein Bier zu trinken: Beistand kann den Bedürftigen zwar nicht verweigert werden, aber die Hilfe muß mit demselben Bedacht gespendet werden, den man den unverbesserlichen »Unvorsichtigen«

4 Ebd., S. 193

einschärfen möchte. Der Beistand muß ein Element des Unbehaglichen haben, muß die Unwürdigkeit dessen, der sie erhält, herausstreichen, zur Abschreckung dienen, aus der sträflichen Trägheit aufrütteln.

Je mehr Untersuchungen man in den achtziger Jahren über die *homeless* anstellte, um so mehr nahm die Zahl der *shelters* zu; denn durch dieselben politischen Maßnahmen, die ein melodramatisches, »operettenhaftes« Bild der Armut favorisieren, steigt die Zahl der Armen; denn durch die Stadtsanierung reduzieren sich die alternativen Unterkunftsmöglichkeiten (die SRO werden abgerissen), und wenn man das Problem der Armut als Problem der Obdachlosigkeit behandelt, verkürzt sich die Hilfe auf die Bereitstellung von »Unterkünften«, von »Obdach«: Die Obdachlosenasyle Chicagos verfügten im November 1982 über knapp 700 Bettplätze, vier Jahre später waren es schon 2.000.[5] In der Reagan-Ära nahm die Zahl der *shelters* ähnlich zu wie ab 1820 die *almshouses*, die Armenhäuser. In den *almshouses* waren Bedürftige, Blinde, Alte, Waisen zusammengepfercht. In den *almshouses* fanden die Notleidenden Unterschlupf, wurden jedoch auch überwacht und bestraft.

Die *shelters* eliminieren wie die *almshouses* die Autonomie der Gäste, die sie beherbergen. SRO-Hotels gab es gehäuft in Vierteln mit einem lebendigen Eigenleben, mit einem dichten Beziehungsgeflecht der Bewohner untereinander. Die *shelters* hingegen sind über die ganze Stadt verstreut: Um das Elend besser zu verstecken, wird es in kleinste Einheiten zergliedert. Im SRO-Hotel ist der Mensch ein unabhängiges Individuum mit einer eigenen Kochstelle, er kann lesen, trinken, Besuch empfangen, er hat eine Privatsphäre. Im *shelter* ist er ein Evakuierter, der versorgt und überwacht wird. Der entscheidende Punkt ist das *Versorgt-* und Überwachtwerden, das auch im Falle der Familienbeihilfe wirksam wird. Stets geht es um »Reglementierung der Armen« – ein Phänomen, dem Frances Fox Piven und Richard Cloward eine inzwischen klassische Studie

5 C. Hoch, R. A. Slayton, *New Homeless and Old*, a.a.O., S. 224

widmeten. Mütter, die von ihren Ehemännern verlassen und deshalb auf Sozialhilfe angewiesen waren, erhielten nachts Besuch von Inspektoren *(midnight raids)*, die kontrollierten, ob der Mann nicht heimlich zu Hause übernachtete. Auf den Protest der Frauen reagierten die Gerichte mit folgendem Beschluß: »Jeder Sozialhilfeempfänger hat das volle Recht, den Inspektoren die Tür vor der Nase zuzuschlagen. Aber er riskiert damit selbstverständlich, von der Liste der Bedürftigen gestrichen zu werden.«[6] Das gleiche Risiko gingen die Mütter ein, deren Atem bei der Inspektion nach Whisky roch: Sie wurden staatlicher Beihilfe für unwürdig befunden.

Wenn die »Philanthropie zur politischen Strategie wird« (Castel), muß sie zumindest ein demütigendes Element beinhalten – und sei es noch so unscheinbar –, das als ideologisches Signal fungiert: Niemand kann leichten Herzens staatliche Hilfe beanspruchen; das wäre erzieherisch unklug und würde die sozialen Werte unterminieren. Niemand kann ungestraft Beihilfe in Anspruch nehmen, da sonst der schädlichen »körperlichen Indolenz«, von der Doktor Johnson sprach, Tür und Tor geöffnet würde. In den Supermärkten der Sozialwohnungsviertel werden *Food Stamps* (Lebensmittelmarken) akzeptiert. Im März 1994 erhielten mehr als neun Millionen Haushalte (27,9 Millionen Menschen) Lebensmittelmarken. Gutscheine für Brot oder Fleisch statt Geld – darin offenbart sich ein Mißtrauen, ähnlich wie bei den Eltern, die ihren Kindern ein Pausebrot mit in die Schule geben statt Geld, aus Angst, sie könnten es verschwenden. Die *Food Stamps* sind das perfekte Beispiel für die kleinliche, demütigende Sparsamkeit, mit der ein wachsamer Staat seine Hilfe häppchenweise verteilt. Der Kriterienkatalog für Bedürftigkeit ist minutiös, streng geregelt und wiederholt sich in jedem der tausend Hilfsprogramme. Allein im Fall der Ernährungsbeihilfe gibt es außer Lebensmittelmarken ein Ernährungsprogramm für Mütter und Kinder (im Jahr 1990 nahmen 4,5

6 Frances Fox Piven, Richard A. Cloward, *Regulating the Poor. The Functions of Welfare State*, New York 1971, S. 167

Millionen Menschen diese Hilfe in Anspruch), ein Ernährungsprogramm für ältere Menschen (3,5 Millionen). Darüber hinaus gibt es Gutscheine für die Schulspeisung, die 11,6 Millionen Kinder aus 6 Millionen Familien in Anspruch nehmen. Die Gutscheine für kostenloses Essen in der Schule unterteilen sich wiederum in drei Sparten: *breakfast*-Gutscheine, *lunch*-Gutscheine, Milch-Gutscheine. Die *Food Stamps* sind nur ein Steinchen in einem komplizierten Mosaik staatlicher Hilfsprogramme.

Entgegen geläufigen Vorurteilen geben die US-amerikanischen Stellen auf bundes- wie einzelstaatlicher Ebene enorm viel Geld für Sozialhilfeprogramme aus, und Jahr für Jahr wird es mehr. 1990 wurden für *Welfare* mehr als tausend Milliarden Dollar aufgewendet, das entspricht dem gesamten Bruttosozialprodukt Italiens und fast einem Fünftel des Bruttoinlandsprodukts der Vereinigten Staaten (einschließlich der Beihilfen und Pensionen der Social Security, der allgemeinen, beitragsorientierten Rentenversicherung). Die Steigerung der Sozialausgaben setzte sich in der Reagan-Ära fort, sie betrug zwischen 1980 und 1990 103 Prozent (gerechnet in Dollar im Nominalwert) bzw. 28 Prozent (gerechnet in Dollar im Realwert)[7]: Die Regierung mußte jene sozialen Wunden verarzten, die ihre eigene Steuer- und Ausgabenpolitik geschlagen hatte.

Diese gigantischen Ausgaben versickern jedoch in tausend Rinnsalen; sie müssen ein Loch hier und ein Loch da stopfen und eine bestimmte Bedürftigkeit mit Hilfe eines bestimmten bürokratischen Apparats mit eigenen Kriterien und Kontrollen lindern. Bei der schwierigen Suche nach objektiven, *wissenschaftlichen* Kriterien, nach rechnerisch erfaßbaren Schwellen begeht der amerikanische Sozialstaat die gleichen Fehler, deren er die Armen anklagt: Unvorsichtigkeit, kurzsichtige Planung, Verschwendung. Zwischen dem Posten *Welfare* im Haushalt der USA und einem echten Kampf gegen die Armut besteht der gleiche Unterschied wie zwischen einer *Ausgabe*

7 Ebd., Tabellen 582–584, 578, 579

und einer *Investition*: Die Ausgabe ist nur eine Belastung des Budgets, die Investition eine Planung im Hinblick auf eine langfristige Verbesserung.

*

Nicht zufällig heißt das im Zusammenhang mit der Armut am häufigsten gebrauchte Wort »lindern« – im Sinne der Linderung der Schmerzen eines Kranken. Seit dem Ende des 18. Jahrhunderts, als sich die moderne Vorstellung des lebendigen Organismus entwickelte, wurde alles mit dem menschlichen Körper verglichen: die Stadt, die Nation, die Gesellschaft. Durch den Positivismus und Auguste Comte wurde das Studium der Gesellschaft zur Physiologie des sozialen Körpers. Wie jeder Organismus, so hat auch die Gesellschaft ihre Pathologien, ganze Teile des gesellschaftlichen Organismus können erkranken; die Gesellschaft kann von Epidemien und Brand, von Lähmung und Krämpfen befallen werden. Wenn die Armut eine gesellschaftliche Krankheit ist, können Philanthropen und Regierungen lediglich die Symptome lindern. Denn Armut ist in diesem Verständnis einerseits eine unheilbare Krankheit, ein durch »Mißgeschick« ausgelöstes natürliches Phänomen, wird aber andererseits hervorgerufen durch moralische Krankheiten, durch individuelle Laster (daher der »unwürdige Arme«), und fällt damit nicht in den Zuständigkeitsbereich der Gesellschaft. Wie die Ziegen der Insel Juan Fernández sind die schwächsten und trägsten Menschen dazu bestimmt, Hunger und Not zu erleiden. Auch für den Sozialdarwinismus ist die Armut unheilbar, da sie genetisch im Erbgut angelegt ist.

Gegenüber der Theorie der moralischen Ursachen weist der Sozialdarwinismus dem armen Individuum keine Schuld mehr zu: Man ist für die Armut prädisponiert wie für Diabetes. Die Darwinisten versuchten also, die moralische (und die strafrechtliche) Verurteilung abzuschwächen, mit der die Armen belegt waren, indem sie zeigten, daß diese nicht selbst für ihre Situation verantwortlich waren. Der Sozialdarwinismus stellte gegenüber der Vorstellung der »Armut als Laster« einen Fortschritt dar. Und von einem bestimmten Blickwinkel aus betrachtet, war er das auch: Denn die Armut war nun nicht mehr ein absichtlich begangenes Verbrechen, sondern ein unbeabsichtigtes Delikt. Nur: Diese Unabsichtlichkeit hatte ihren Preis: Denn damit wurde die Armut zu etwas absolut Unkorrigierbarem – abgesehen von der eugenischen Sterilisierung, durch die sich die Menschheit ihrer »mit Gebrechen behafteten« Mitglieder entledigt. Mit dem Sozialdarwinismus ist das Individuum nicht mehr für die Armut verantwortlich, allerdings tritt nun an die Stelle des moralischen Lasters das genetische Gebrechen, das die Armut als »unabwendbare Geißel« der Menschheit reproduziert. Es ist dies ein Zyklus, der in der Soziologie immer wieder auftaucht: Mit durchaus fortschrittlichen Intentionen erarbeiten die Sozial-»Wissenschaften« eine Theorie, die die Armen entschuldigt, die erklärt, weshalb es so schwierig ist, die Armut zu bekämpfen, und die Beschränkungen (Persönlichkeit, Erbgut, Umwelt, Mentalität) benennt. Aber diese Erklärungsversuche, »weshalb der Arme arm ist«, enden letztlich erneut damit, daß dem Opfer selbst sein Unglück zur Last gelegt wird.

Dieser Mechanismus wird besonders augenfällig in der Theorie von der »Kultur der Armut«. Der Begriff wurde im Jahr 1959 von dem Anthropologen Oscar Lewis geprägt, der in den sechziger Jahren auf Grundlage der Zeugnisse von in New York lebenden Puertoricanern eine Reihe bemerkenswerter Publikationen veröffentlichte. Oscar Lewis unterscheidet zwischen objektiver Armut (wirtschaftlicher Not, Bedürftigkeit) und Kultur der Armut, die »zugleich Anpassung an und Reaktion der Armen auf ihre marginale Stellung in einer nach Klassen aufgeteilten, sehr individualistischen, kapitalistischen Gesellschaft ist«.[8] So fokussiert der von den Problemen des alltäglichen Überlebens ausgeübte Druck die Aufmerk-

8 Oscar Lewis, *La Vida. A Puerto Rican Family in the Culture of Poverty (San Juan and New York)*, New York 1966, S. XLIV

samkeit der Armen auf die Gegenwart; die mangelhaften Möglichkeiten dämpfen die Ambitionen; der mit der Armut verbundene Mangel an Anerkennung und Achtung flößt dem Armen ein Minderwertigkeitsgefühl ein; seine Unfähigkeit, für die eigene Familie zu sorgen, führt zur Herausbildung von Familienstrukturen, die um die Mütter zentriert sind *(mother-centered households)*. Ein weiteres Charakteristikum der Kultur der Armut ist das »Fehlen der Kindheit als besonders langem und beschütztem Stadium im Lebenszyklus«[9]. (Im Unterschied dazu mißt sich die Kultur des Wohlstands an der Verlängerung und dem Schutz der Kindheit über deren biologische Grenzen hinaus.)

Die Kultur der Armut ist also eine Reaktion auf den Druck der Umwelt. Aber einmal vorhanden, »tendiert sie dazu, sich von Generation zu Generation fortzusetzen – und zwar aufgrund ihrer Auswirkungen auf die Kinder. Die Kinder in den Armenvierteln haben, wenn sie sechs oder sieben Jahre alt sind, gewöhnlich bereits die Werte und Haltungen ihrer Subkultur in sich aufgenommen und sind psychisch nicht gewappnet, Veränderungen ihrer Lebensumstände oder vielfältigere Möglichkeiten in vollem Umfang zu nutzen, die sich ihnen im Laufe ihres Lebens bieten.«[10] Die Weitergabe von Generation zu Generation ist ein entscheidender Punkt in der Theorie von Oscar Lewis, da damit aus einer aktuellen *Reaktion* ein Erbe der Vergangenheit wird, das nicht ausgelöscht werden kann.

Die politisch »linke« Zielrichtung dieser Theorie ist evident: Sie will erklären, weshalb der Arme auf so große Schwierigkeiten stößt, wenn er versucht, der Armut zu entkommen – weil sich nämlich der Kreislauf des Elends selbst reproduziert, weil die rein materielle Hilfe nicht ausreicht, sondern, wie man heute sagen würde, »multidimensionale« Maßnahmen vonnöten wären. Diese Zielrichtung wird nicht nur bei Oscar Lewis deutlich, sondern auch bei einem der geistigen Väter

9 Ebd., S. XLIX
10 Ebd., S. XLV

der Linken in den Vereinigten Staaten, Michael Harrington. In seinem für die »Wiederentdeckung« der amerikanischen Armut in den sechziger Jahren grundlegenden Werk *The Other America* sind die Armen diejenigen, »die aus Gründen, die außerhalb ihrer Kontrolle liegen, nicht in der Lage sind, sich selbst zu helfen. [...] Die Armut in den Vereinigten Staaten ist eine Kultur, eine Institution, eine Lebensweise. Es gibt eine Sprache der Armen, eine Psychologie der Armen, eine Weltsicht der Armen.«[11] Dies bestätigt auch Oscar Lewis, wenn er schreibt:

> Wenn die Armen anfangen, ein Klassenbewußtsein zu entwickeln oder aktive Mitglieder von Gewerkschaftsorganisationen werden oder wenn sie eine internationalistische Sicht der Welt annehmen, sind sie nicht mehr Teil der Kultur der Armut, selbst wenn sie weiterhin in verzweifelter Armut leben. Jede Bewegung, sei sie religiös, pazifistisch oder revolutionär, die Strukturen schafft und den Armen Hoffnung gibt und die Solidarität und das Identifikationsgefühl mit größeren Gruppen auf effiziente Weise fördert, zerstört den psychologischen und sozialen Kern jener Kultur der Armut.[12]

Doch innerhalb von zehn Jahren wurde die »Kultur der Armut« ein mächtiges theoretisches Instrument in der Hand der Konservativen. Während Oscar Lewis nur 20 Prozent der amerikanischen Armen als von der Kultur der Armut durchdrungen betrachtete (er also über die verbleibenden 80 Prozent keine Angaben machte), betrachteten die Konservativen und jene, die die Demontage des Sozialstaats – soweit vorhanden – betrieben, die Kultur der Armut als den Faktor, der *erklärt*, weshalb die Armen arm sind. Die Kultur der Armut wurde als der Mechanismus betrachtet, der »ohne Zutun von

11 Michael Harrington, *The Other America. Poverty in the United States* (1962), New York 1981, S. 17f.

12 O. Lewis, *La Vida*, a.a.O., S. XLVIII

außen«, wie Daniel Moynihan sagte, *Armut produziert.* Aufgrund der von den Eltern ererbten Armut trägt erneut »der Arme die Armut in sich«. Die kulturelle Vermittlung wurde zum entscheidenden Faktor der Reproduktion von Armut. Hier wird klar, wie der moderne Konservative den Kulturbegriff verwendet. Als Identitätsfaktor tritt die Kultur an die Stelle des Bluts, des Geschlechts, der Abstammung, der Rasse. Der moderne politische Diskurs wechselt von der Rasse zur Ethnie, zur nationalen Identität als »kultureller Identität«. Die *Kultur* der Serben gegenüber der *Kultur* der Kroaten. Für Theoretiker des Sozialrassismus wie Thomas Sowell ist die Kultur so unveränderlich wie die Erbanlagen: »Gruppen, die heute durch Absentismus und Unlust geprägt sind und am Arbeitsplatz und in der Schule ständig überwacht werden müssen, sind typische Nachkommen von Menschen, die bereits vor hundert Jahren dieselben Gewohnheiten hatten. *Das kulturelle Erbe kann entscheidender sein als das biologische Erbe.*«[13]

Die »Sozialwissenschaftler« präsentieren in verschiedenen Versionen immer wieder die gleiche tautologische Erklärung: »Dem Armen mangelt es, weil es ihm mangelt.« Es mangelt ihm an Geld, weil ihm einmal die moralischen Qualitäten, ein andermal die entsprechenden biologischen Erbanlagen fehlen. Nunmehr ist der Arme deshalb arm, weil es ihm an der Kultur *fehlt,* der Armut zu entkommen, er ist kurzsichtig, resigniert, er besitzt keinen Familiensinn. Für Konservative jeglicher Couleur stellt die Kultur der Armut also ein ausgezeichnetes Mittel dar, um dem »unwürdigen« Armen intellektuelle Würde zurückzugeben und die letzte Variante dieses Typus, den allerunwürdigsten Armen der *underclass*, vorzubereiten.

*

13 Zit. bei S. Steinberg, *The Ethnic Myth*, a.a.O., S. 265f.

Durch eine Titelseite der Wochenzeitschrift *Time* vom 19. August 1977 wurde *The American Underclass* als Begriff sanktioniert. Anfangs bezog sich *underclass* auf jene Armen, die auch in Zeiten wirtschaftlichen Wachstums und sinkender Arbeitslosigkeit in Elend lebten. Dann übernahm diese *underclass* die allgemeinere Bedeutung von »sozial dysfunktionalem Verhalten«. In eine neue Terminologie gekleidet, finden wir hier Vorstellungen des 19. Jahrhunderts über das Laster wieder. Hier *Time* im Wortlaut: »Die *underclass* stellt einen im landesweiten Durchschnitt überproportional hohen prozentualen Anteil an der Jugendkriminalität, am schulischen Mißerfolg, an Drogenabhängigkeit, an Müttern, die von der Sozialhilfe leben [*welfare mothers*] sowie einen hohen Anteil an der Erwachsenenkriminalität, an zerrütteten Familien, am Verfall der Städte und an sozialer Bedürftigkeit. [...] Auf das Konto gewalttätiger Mitglieder der *underclass* geht ein Großteil der Verbrechen, die sich wie eine Epidemie im ganzen Land ausgebreitet haben« (erneut die medizinische Metapher der Epidemie). Im Jahr 1821 ließ sich der *Vierte Jahresbericht* der New York Society for the Prevention of Pauperism euphorisch aus über die rigorose Strenge der Schöpfung: »Aufgrund eines gerechten und unbeugsamen Gesetzes der Vorsehung wurde das Elend als Begleiterscheinung und Strafe für das Laster eingesetzt.«[14] Eineinhalb Jahrhunderte später bekräftigte der *US News and World Report* vom 17. März 1986 auf seiner Titelseite: Die »*underclass*-Gemeinschaften drohen zu Enklaven der beständigen Armut und des beständigen Lasters zu werden.« Mit dem Begriff *underclass* verbinden sich Laster, Kultur und Rasse zu einem unentwirrbaren Knäuel. So auch in der Zeitschrift *Fortune* im Jahr 1987: »*Underclass* beschreibt eine geistige Verfassung und einen Lebensstil. Es ist ein zumindest ebenso kulturell wie ökonomisch geprägter Zustand.«[15]

Mit dem Begriff *underclass* verschiebt sich die Kategorie des »unwürdigen« Armen auf andere Räume der Stadt und auf

14 Zit. nach R. Castel, *La ›guerre à la pauvreté‹*, a.a.O., S. 49
15 Im Artikel *America's Underclass: What to Do?*, Nr. 115, 11. Mai 1987

andere Gruppen, verlagert sich der Brennpunkt von der *Skid Row* auf das Ghetto der *inner city*, vom armen Weißen zum armen Schwarzen oder Hispanic; ebenso verschiebt sich der Schwerpunkt des Lasters von der Droge Alkohol zu Crack, Heroin, Kokain – vom Trinker zum Rauschgiftsüchtigen. Als verbinde sich die Kultur der *underclass* mit dem rassischen Erbgut zu einer Verschwörung, um Verbrechen und Elend der jungen Schwarzen oder Hispanics zu reproduzieren, die unfähig sind, eine Arbeit zu finden (oder dauerhaft auszuüben), da sie ungeeignet, faul oder ohne Qualifikationen sind; dem Armen fehlt es immer an noch etwas Zusätzlichem außer dem Geld: hier an Qualifikationen. Bei seiner Untersuchung der Schwarzenghettos von Chicago definierte William Wilson *underclass* neu unter dem Aspekt der Arbeitslosigkeit, des dauerhaften Ausgeschlossenseins vom Arbeitsmarkt: Und tatsächlich sind die Armutsviertel Chicagos identisch mit den Vierteln, in denen große Arbeitslosigkeit herrscht.[16] Unter allen (ethnischen, genetischen, kulturellen) Gründen, die zur »Erklärung« der Armut herangezogen wurden, finden an keiner Stelle die Mängel eines Wirtschafts- und Gesellschaftssystems Erwähnung, das korrigiert und reformiert, wenn nicht sogar revolutioniert werden müßte. Die Gesellschaft scheint sich gegenüber den Armen, die sie hervorbringt und verurteilt, weiterhin keiner Schuld bewußt zu sein.

Die *underclass* dient schließlich dazu, diese Unschuld zu bekräftigen, wenn sie als Brücke zwischen Kriminalität und Großstadtgangs fungiert. Die Armut ist dann nicht mehr ein soziales Problem, sondern ein Problem der Polizei. Erneut ist der Arme mit dem Straffälligen identisch. Erneut wird die Malthussche These hoffähig, derzufolge »die Armut als ein Verbrechen nach der Abschreckungstheorie zu behandeln sei« (Engels). Mit der »Etablierung« der Kategorie der *underclass* vervielfachte sich die Zahl der Häftlinge in den Vereinigten Staaten um das Fünffache auf die ungeheure Zahl von 1,5 Mil-

16 William Julius Wilson, *The Truly Disadvantaged. The Inner City, the Underclass and Public Policy*, Chicago 1987, S. 51–55

lionen. Um diesen prozentualen Anteil zu erreichen, müßten in Italien 330.000 Menschen inhaftiert sein. Es sind aber nur 40.000, ein Achtel weniger. Das Gefängnis stellt in den USA für eine wachsende Zahl von Jugendlichen ein Initiationsritual dar. In diesem Kontext müssen auch die immer wiederkehrenden Erklärungen eines »Kriegs gegen die Droge« gesehen werden. In Wahrheit sind dies Kriege gegen die Drogensüchtigen, insbesondere gegen die Bewohner der *inner cities*. Sie erzeugen die Illusion, das Drogenproblem (und das der Armen, die diese Drogen konsumieren) sei mit kriegerischen Mitteln zu lösen.

Paradoxerweise jedoch war die *underclass*, gerade weil sie sich in die Theorie des 19. Jahrhunderts von den »gefährlichen Klassen« einfügt und eine repressive Alternative zum sozialen Handeln darstellt – also gerade »aufgrund ihrer Bedrohlichkeit – eine tröstliche Entdeckung«[17] für eine Gesellschaft, die die Existenz einer Klassenstruktur weit von sich weist und dennoch eine Gruppe *unterhalb* der Klassen fordert. Die *underclass* reduziert das Problem der Armut auf ein bescheidenes Segment: Die Zahlen variieren von Experte zu Experte, aber gegenüber 35,7 Millionen Armen schwanken die Zahlen zwischen 500.000 und 8 Millionen Menschen, was immerhin einem Viertel der Armen entspräche; wahrscheinlicher sind die Angaben von ein bis vier Millionen. Die *underclass* macht die Armut zu einem Problem der Hautfarbe: Es konzentriert sich auf die Schwarzen und die Hispanics und läßt außer acht, daß es 20 Millionen weiße Arme gibt. Nicht berücksichtigt werden die *working poors*; die Armut in den Städten wird in den Mittelpunkt gerückt, die Armut in den ländlichen Regionen außer acht gelassen, die in allen Staaten der USA verbreitet ist, nicht nur im Mississippi-Delta, das nicht ohne Grund das Äthiopien Amerikas genannt wird.

So stellen *homeless* und *underclass* die beiden Seiten – eine »würdige« und eine »unwürdige« – einer Medaille dar. Die

17 M. B. Katz, a.a.O., S. 196. Zur Bewertung der *underclass* siehe S. 204 f.

komplizierte Geographie und das bunte, schrille und laute Mosaik der Armut werden vereinfacht, aufgelöst, bis aus dem Schweigen der Metropolen zwei Gestalten hervortreten: Auf der einen Seite der Obdachlose, sei es die geistig verwirrte, geschäftige alte Dame, die mit Plastiktüten bepackt ist (die *Shopping-bag Lady*) oder der spindeldürre, einzelgängerische Vierzigjährige, der mit sanftem Blick, eine Skiwollmütze auf dem Kopf, seine Habseligkeiten in einem Einkaufswagen auf der Verkehrsinsel einer Autobahn vor sich herschiebt. Auf der anderen Seite die für die Amerikaner so beunruhigende Gestalt des jungen schwarzen Halbstarken, mit einer Baseballmütze verkehrt herum auf dem Kopf, mit Turnschuhen, die seine Füße riesig erscheinen lassen, und mit einem Trikot, das ihm bis zu den Knien reicht. Jede dieser beiden Gestalten ist extrem, karikaturenhaft und bezahlt für dieses Erscheinungsbild. Der *homeless* ist zwar ein Opfer, ein Unschuldiger, verdient also staatliche Beihilfe, wird jedoch gerade deshalb als wehrlos, als »socially disabled« (man denke an die Kategorie »arbeitsunfähig«) angesehen. Das Mitglied der *underclass* ist demgegenüber in vollem Besitz seiner Fähigkeiten, es ist »able«, fähig, aber deshalb eben gefährlich, kriminell und wird unterdrückt.

Es ist unerheblich, daß diese beiden Prototypen zusammen nur einen geringen Prozentsatz (weniger als ein Drittel) der amerikanischen Armen und einen unwesentlichen Teil des Armutsproblems darstellen. Tatsache ist, daß sich in ihnen der Diskurs über die Armut erschöpft. Und zwar in der Vorstellung, dem Bild von der Armut, in dem emotionalen Potential, in der Macht der Phantasiebilder, die sie auslösen; und schließlich im sozialen Handeln, da beide eine einzige Botschaft vermitteln, die Botschaft der Fatalität, des Verurteiltseins von Natur aus. Wenn die Armut nur aus – schuldlosen, jedoch harmlosen – *homeless* und aus Angehörigen der – schuldhaften, jedoch gefährlichen – *underclass* besteht, dann gibt es keine Alternative zu dieser unerbittlichen Art der Problemstellung. Hier wird Malthus ins Feld geführt, der mit den

Worten eines Dichters sagt: Der Arme kommt zum festlichen Tisch der Natur und findet kein leeres Gedeck für sich – und hinzusetzt: und die Natur befiehlt ihm, sich zu packen *(she bids him to be gone)*, »denn er hat ja vor seiner Geburt die Gesellschaft nicht erst gefragt, ob sie ihn haben wolle«.[18]

18 Zit. bei F. Engels, *Die Lage der arbeitenden Klasse in England*, a.a.O., S. 309

DAS FASZINOSUM DER UNORDNUNG

Welch allesverzehrende Neugier, welch unermüdliches Durchstöbern und – sagen wir es ruhig – welche Anmaßung, welche Selbstüberschätzung! Seit seiner Entstehung erzählt Chicago unablässig von sich selbst, untersucht sich selbst. In den nur 160 Jahren ihrer Existenz hat sich eine schier endlose Bibliographie über diese Stadt angesammelt. Aber nicht die Quantität verblüfft, sondern die Art dieses Studiums. Diese Stadt betrachtet sich nicht als einen Ort wie tausend andere, voller Energie und Leben, gleichwohl etwas Besonderes. Auch nicht als etwas Unwiederholbares, wie sich die großen Metropolen gerne sehen wollen: Paris mit seiner Außergewöhnlichkeit, New York mit seiner Einzigartigkeit.

Nein, Chicago wurde als exemplarisch betrachtet im Sinne des Philosophen John Dewey, der zwischen 1893 und 1904 an der Universität Chicago die Grundlagen jener uramerikanischen philosophischen Strömung des Pragmatismus schuf. Für Dewey besteht die Induktion – also die Methode, die im klassischen Sinn als Schlußfolgerung aus vielen einzelnen Fällen auf eine allgemeine Gesetzmäßigkeit definiert wird – darin, aus allen Fällen »*einen* exemplarisch bedeutsamen Fall«[1] auszusondern. Für die Untersuchung der modernen Gesellschaft wurde Chicago zum Fallbeispiel par excellence.

In der Tat, was für ein ausgezeichnetes Beispiel – jene Metropole, die innerhalb von sechzig Jahren aus dem Nichts entstanden ist –, um zu untersuchen, wo sich das urbane

1 John Dewey, *Logic. The Theory of Inquiry*, New York 1948, Kap. XXI, S. 437

Leben organisiert, wie die sozialen Pathologien entstehen, in welchen Phasen sich die Einwanderer integrierten. Von Chicago und von seiner Universität aus etablierte sich die Soziologie als akademische Disziplin unter dem Namen der Chicago-Schule der Soziologie oder der »Sozialökologie«. Nicht nur entstand die Stadtsoziologie *in* Chicago, sie entstand *durch das Studium* Chicagos.

Für die Gründer dieser Schule, für William I. Thomas, Robert E. Park und Ernest W. Burgess, war diese Stadt in der Tat der repräsentative Fall im Sinne Deweys (Park und Thomas empfahlen ihren Studenten, die Philosophiekurse der Pragmatisten zu besuchen). Und zwar in erster Linie deshalb, weil – so Park – »die Stadt das Gute und das Schlechte der menschlichen *Natur* in ihren Extremen zeigt« und weil damit die Stadt »zum Laboratorium, zu einer *Klinik* wird, in der die menschliche Natur und die sozialen Prozesse am besten und mit Gewinn studiert werden können.«[2] (Man beachte den Begriff »Natur« und den medizinischen Vergleich der »Klinik.«) Weiterhin auch deshalb, weil »das herausragende Phänomen der modernen Gesellschaft die Entstehung der großen Städte ist« und weil in den Vereinigten Staaten diese Urbanisierung, »obwohl später als in Europa begonnen, [...] sich mit weitaus größerer Logik vollzogen hat«[3].

Gewiß, Chicago war ein gigantisches stadtplanerisches Experiment im Realzeitverfahren, mit seinen Immigrantenströmen, mit der industriellen Explosion, der politischen Maschine, die sich mit der Stadt ausbreitete, der Verbrecherwelt, den Arbeitslosen, den gesellschaftlichen Randexistenzen, den *hoboes*, *tramps* und *bums*. Das Material lag vor: Hier war es möglich, »die Kräfte der urbanen Gemeinschaft in Aktion zu studieren«. (»Die Wissenschaft, die sich um eine Herausarbeitung dieser Faktoren und um die Beschreibung

2 Robert E. Park, Ernest W. Burgess, Roderick D. McKenzie, *The City* (1925), Chicago 1967, Kap. I von Robert Park, *Suggestions for the Investigation of Human Behavior in the Urban Environment* (S. 1–46), S. 46

3 Ebd., Kap. II, E.W. Burgess, *The Growth of the City* (S. 47–62), S. 47

der typischen Konstellation von Institutionen bemüht, die durch das Zusammenwirken dieser Kräfte entstehen, ist das, was wir Sozialökologie nennen im Unterschied zur Pflanzen- und Tierökologie.«)[4]

Aber ein Europäer könnte neidisch werden angesichts dieser Energie, der Neugier, mit der die Chicagoer Wissenschaftler begonnen haben, ihre Stadt zu erforschen, angesichts der Beharrlichkeit, mit der diese Akademiker Asyle, Spielhöllen, Bordelle, Einwandererghettos aufsuchten. Bei ihren Analysen wandten sie die Ideen des Pragmatisten George H. Mead an. Mead zufolge ist das »Selbst« eines Individuums eine soziale Struktur, es ist die Verinnerlichung des Prozesses, mit dem Gruppen von Individuen mit anderen Gruppen interagieren. Das »Selbst« des einzelnen wird durch reziproke Interaktion gebildet. »Das individuelle Handeln kann demnach als wechselseitige Schöpfung verschiedener ›Selbst‹ in Interaktion gesehen werden. Auf diese Weise erwerben die ›Selbst‹ eine soziale Bedeutung, werden soziologische Phänomene.«[5]

Deshalb interessiert sich die Schule von Chicago dafür, wie die sozialen Akteure sich selbst sehen. Die Lügen der Befragten sind nicht weniger aufschlußreich als die Wahrheit: Beide enthüllen das »Selbst«, den sozialen Prozeß, und leiten damit jene Untersuchungsmethode ein, die Oscar Lewis dreißig Jahre später bei den puertoricanischen Familien anwandte. Deshalb sind zahlreiche Analysen Chicagos Lebensgeschichten im eigentlichen Sinne des Wortes, Sammlungen von Gesprächen, die über Jahre hinweg geführt wurden, gleichsam verifizierte Autobiographien. So zum Beispiel *The delinquent boy* (Der straffällige Junge; 1926) von John Slawson, *The professional thief* (Der Berufsdieb; 1937) von Edwin Sutherland, *The jack-roller* (Der Gelegenheitsdieb; 1930) von Clifford Shaw. Wie immer im Englischen steht der Titel im Singular, mit dem bestimmten Artikel zur Bezeichnung der Kategorie: Wir

4 R. E. Park u. a., *The City*, a.a.O., S. 1 f.

5 Alain Coulon, *L'École de Chicago* (1987), Paris[3] 1993, S. 15. Dieses Bändchen bietet die beste Einführung in die Schule von Chicago.

haben bereits *Den Hobo* (nicht *Die Hoboes* oder *Ein Hobo*) von Nels Anderson kennengelernt. Weiterhin gibt es *The unadjusted girl* (Das nicht angepaßte Mädchen; 1923) von William I. Thomas, *The marginal man* (Die Randexistenz; 1937) von Everett Stonequist. Nur daß hier manchmal dieser Singular der Kategorie auch ein Singular der Person ist: Wir haben es mit einem »Selbst« zu tun, dessen Erfahrung die soziale Gruppe einschließt, deren »exemplarischer Vertreter« es ist. Das Risiko besteht darin, daß auf diese Weise eine Situation zu einem Schicksal wird, eine Phase des Übergangs zu einem Menschentypus. Für Park ist ein Bewußtsein der »moralischen Dichotomie, des Konflikts charakteristisch für den Einwanderer in der Phase des Übergangs, wenn er die alten Verhaltensweisen abgelegt hat und die neuen sich noch nicht herausgebildet haben. Dies ist notwendigerweise eine Phase des inneren Aufruhrs.« Nur daß bei dieser »Randexistenz« »die Phase der Krise relativ dauerhaft ist. Mit dem Resultat, daß *er zu einem bestimmten Persönlichkeitstyp tendiert.*«[6] Auf diese Weise werden *die Italiener* zu *Dem Italiener*, *die Juden* zu *Dem Juden*. *Der polnische Bauer* ist der Titel der zwischen 1908 und 1918 entstandenen epochalen Studie von W. I. Thomas und Florian Znaniecki, die als das Fundament der Schule von Chicago betrachtet wird.

*

Für Burgess können »die Prozesse der Organisation und Desorganisation in reziproker Beziehung zueinander gesehen werden, als ineinandergreifend, um ein flexibles Gleichgewicht der sozialen Ordnung zu erreichen in Richtung auf ein als fortschrittlich erachtetes Ziel«; das Wachstum der Städte wird also betrachtet »als das Resultat von Organisation und Desorganisation analog zu den anabolischen und katabolischen Stoffwechselprozessen im menschlichen Kör-

6 Robert E. Park, *Human Migration and the Marginal Man* in: *The American Journal of Sociology*, Bd. XXXIII (März 1928), Nr. 6, S. 893

per«.[7] Hier wird die Naturmetapher so weit strapaziert, daß die Stadt als ein Lebewesen mit einem eigenen Stoffwechsel (die *Arterien* der Stadt) betrachtet wird. Desorganisation ist für die Schule von Chicago also eine Übergangsphase: »Die persönliche Desorganisation resultierte aus dem allzu abrupten Übergang von einer vorindustriellen ländlichen Gesellschaft in eine hochmechanisierte urbane Kultur. Nur wenige ethnische Gruppen, die diesen Übergang vollzogen haben, waren in der Lage, die schwerwiegende Desorganisation zu überwinden, doch mit der Zeit gelang es allen, davon zu genesen *[recover]*.«[8]

Die Desorganisation war jedoch nicht nur eine Übergangsphase, sondern trug auch bei zur Entstehung einer neuen, vielgestaltigeren Ordnung. Am Ausgangspunkt dieses Ansatzes steht der positivistische Evolutionismus, demzufolge sich die Gesellschaft (und die urbane Struktur) in Richtung auf ein »als positiv erachtetes Ziel« entwickelt. Für Park war das letzte Ziel der Einwanderung die Assimilation, die Integration. Die Schule von Chicago formuliert eine Soziologie des Schmelztiegels, des *melting pot*, in dem sich die Ethnien zu einer neuen Legierung verbinden. Park vertrat die Theorie eines Kreislaufs in vier Phasen, um die Beziehungen zwischen der Gemeinschaft der Einwanderer und der Gemeinschaft des Einwanderungslandes zu beschreiben: Konkurrenz, Konflikt, Anpassung und Assimilation.

1) Die Phase der *Konkurrenz*: Am Anfang, wenn die Einwanderer als bloße Arbeitskräfte an Land gehen, wenn die sozialen Beziehungen auf eine rein ökonomische Basis gegründet sind, herrscht Konkurrenz, die »Interaktion ohne soziale Kontakte«: »Die Konkurrenz ist jener Prozeß, der die Gesellschaft organisiert« und die geographische Aufteilung der Gesellschaft sowie die Arbeitsteilung determiniert. 2) Während »die Konkurrenz die Position eines Individuums in der Gemeinschaft determiniert, weist ihm der *Konflikt* einen Platz in

7 E. W. Burgess, *The Growth of the City*, in: R. E. Park u. a., *The City*, a.a.O., S. 54 und 53
8 Robert E. L. Faris, *Chicago Sociology, 1920–1932* (1967), Chicago 1979, S. 63

der Gesellschaft zu«: Die Konkurrenz ist unpersönlich und unbewußt, der Konflikt ist bewußt und persönlich und schafft eine Solidarität innerhalb der Einwanderergemeinschaft. 3) »Die *Anpassung* kann – wie eine religiöse Konversion – als eine Art Mutation betrachtet werden«: Die Gruppen bleiben potentielle Rivalen, akzeptieren aber ihre Unterschiede. 4) In der Phase der *Assimilation* »gibt es wechselseitige Durchdringung und Fusion, in deren Verlauf die Individuen sich das Gedächtnis, die Gefühle und Haltungen der jeweils anderen Gruppe aneignen und ihre Erfahrungen und ihre Geschichte miteinander teilen und sich in ein gemeinsames Kulturleben integrieren«.[9] Die letzte Phase, die Phase der Assimilation, ist nicht mit einer Amalgamierung gleichzusetzen: Die amerikanischen Juden sind heute integriert, assimiliert, aber nicht amalgamiert.

In den Vereinigten Staaten ist heute das Vertrauen in die Unvermeidlichkeit der Assimilation zum Großteil abhanden gekommen, die damals unauflöslich mit jenem Hunger nach Zukunft, jenem Sichstrecken nach der Zukunft verbunden war, das das alltägliche Handeln bestimmte. Angesichts des stürmischen Wachstums einer Stadt wie Chicago, die »morgen« ganz anders als »gestern«, eben *neu*, war, nahm vom philosophischen Standpunkt aus gesehen die Erfahrung unvermeidlich einen antizipatorischen, einen Entwurfscharakter an. Und diese geistige Grundeinstellung ist die Besonderheit des Pragmatismus. Während der englische Empirismus sich stets auf eine vergangene Erfahrung bezog, die katalogisiert und inventarisiert wurde, ist die Erfahrung im Pragmatismus antizipatorisch, bereitet die Zukunft vor. Nicht umsonst ist der Pragmatismus die philosophische Form des *demokratischen Optimismus*.

In dieser optimistischen Sicht erhält sogar jene Gestalt eine positive Färbung, die die soziologische Schule von Chicago

9 Diese Sätze aus *Introduction to the Science of Sociology* (1921) von R. E. Park und E. Burgess werden bei A. Coulon, a.a.O., S. 35–39 zitiert, dessen Formulierungen ich gefolgt bin.

am meisten faszinierte: der *marginal man*, der »Mensch am Rand zweier Kulturen und zweier Gesellschaften, die sich bisher nicht durchdrungen oder verschmolzen haben«. Für Park bringt diese Randposition größere Freiheiten mit sich: »Wenn die traditionelle Organisation der Gesellschaft im Zuge des Kontakts und der Kollision mit einer neu eindringenden Kultur zerbricht, hat dies den Effekt, daß sich der einzelne gewissermaßen emanzipiert. Die Energien, die zuvor durch Brauch und Tradition kontrolliert wurden, sind nunmehr freigesetzt. Das Individuum ist frei für neue Abenteuer, aber es ist mehr oder weniger ohne Führung und ohne Kontrolle.«[10] Hier finden wir *in nuce* die »Kultur der Armut«, da durch das Zusammentreffen zweier Kulturen Desorganisation entsteht. Und dennoch gibt es einen Unterschied zwischen der Desorganisation und der Armut, denn die »Kultur des *marginal man*« hat durchaus positive Aspekte. Der *marginal man* ist der Großstadtbewohner par excellence, wenn die Stadt der Raum ist, in dem der Mensch immer ein wenig der Fremde bleibt, wie Simmel sagte, und deshalb »freier ist, theoretisch und praktisch«.

Die Soziologen von Chicago formulierten diese Theorien über die Einwanderer zu einer Zeit, als Italiener und Griechen noch der Lynchjustiz ausgesetzt waren, als der spätere Präsident Woodrow Wilson, von den »kräftigen Stämmen« aus Nordeuropa und vom »Abschaum« aus Südeuropa sprach. Sie zerstörten damit die rassische Deutung der »urbanen Pathologien« (eine medizinische Metapher) und lieferten statt dessen eine ökologische Erklärung. Burgess sprach sogar von der »Ökologie des Verbrechens«.

Sie räumten auf mit dem Gemeinplatz, demzufolge die Kriminalität von der Unfähigkeit der Einwanderer herrührt, sich in Amerika anzupassen, und zeigten, daß im Gegenteil die Kriminalität aus der Anpassung heraus entsteht: Sie verbreitete sich erst in der zweiten Generation, unter den Jüngeren, die bereits an der neuen Kultur teilhatten, war jedoch nicht vor-

10 R. E. Park, *Human Migration and the Marginal Man*, a.a.O., S. 885

handen bei den Angehörigen der ersten Generation, bei den neuangekommenen Immigranten, die der neuen Kultur gegenüber resistent und dem alten Moralkodex verpflichtet waren. Die Soziologen von Chicago widersprachen somit den moralistischen Erklärungen für abweichendes Verhalten, was Deweys These entsprach: »Den Problemen der Menschen mit moralischem Lob und Tadel zu begegnen, mit Bosheit, Niedertracht und Tugend, stellt wahrscheinlich das größte Einzelhindernis dar für die Herausbildung geeigneter Maßnahmen im sozialen Bereich.«[11]

Doch die moralische Frage, durch die Vordertür vertrieben, kehrt durch die Hintertür zurück. Für die Schule von Chicago ist bereits die Freiheit des Individualismus ambivalent und verletzt die kollektiven Werte. Die (geistige, soziale, moralische) Unordnung übt eine unwiderstehliche Anziehungskraft auf diese Soziologen aus. Ihre Forschungen hatten stets die Desorganisation, niemals die Organisation zum Gegenstand. Die Organisation und die Kriterien, auf denen sie gründet, nahmen sie als gegeben hin. Aber auf diese Weise ist das Bild, das sie übermitteln, das allerbanalste, das angepaßteste, das man sich denken kann: Ehe ist Organisation, Scheidung Desorganisation. Unvoreingenommen gegenüber allem, außer gegenüber Vorurteilen. Das bekam auch William I. Thomas zu spüren, der 1918, mit 55 Jahren, mit einer Frau im Hotel entdeckt wurde, der Universität verwiesen und nicht wieder aufgenommen wurde (Schlimmer noch: Die ganze Episode wurde in der Geschichte der Soziologie unter den Teppich gekehrt und erst im Jahr 1966 wieder hervorgeholt).[12] Mit einem Schauder, in dem sich Furcht und Vergnügen, Abenteuerlust und Gefährlichkeit mischen, betrachtete Park die Stadt:

> Der Prozeß der urbanen Segregation führt zur Entstehung moralischer Distanzen, wodurch die Stadt zu einem Mosaik vieler kleiner Welten wird, die sich berühren, aber

11 J. Dewey, a.a.O., S. 614
12 A. Coulon, a.a.O., S. 26

nicht durchdringen. Dadurch kann der einzelne leicht und schnell von einem moralischen Raum in einen anderen wechseln und wird zu dem faszinierenden, aber gefährlichen Experiment ermuntert, gleichzeitig in mehreren unterschiedlichen, aneinander angrenzenden, jedoch strikt voneinander getrennten Welten zu leben. All das verleiht dem städtischen Leben ein flüchtiges und vorläufiges Gepräge; dadurch komplizieren sich die sozialen Beziehungen in ihrer Tendenz und produzieren neue, divergente individuelle Typen. Gleichzeitig wird ein Element des Zufälligen *[chance]* und Abenteuerlichen ins Spiel gebracht, das den Reiz des Stadtlebens erhöht und ihm für frische und junge Nerven eine besondere Anziehungskraft verleiht.[13]

Abgeschlossene kleine Welten ... Wie die verschiedenen Arten von Lebewesen sich durch Zellteilung entwickeln, so teilt sich für die Soziologen von Chicago die Stadt, je größer und komplexer sie wird, in »natürliche Bereiche« mit »jeweils eigenen natürlichen Funktionen«: Hier wird die Metapher geradezu darwinianisch (oder besser noch lamarckianisch). Die verschiedenen urbanen Räume, schrieb Park 1929, »sind das Produkt von Kräften, die beständig am Werk sind, um eine geordnete Bevölkerungs- und Funktionsaufteilung im Innern des urbanen Komplexes zu schaffen«.[14]

Wenn der wichtigste Entwicklungsfaktor der Industriestädte die Nachfrage nach Arbeitskräften, also die Einwanderung, ist, entsprechen den verschiedenen Phasen der ethnischen Beziehungen verschiedene Zonen der Stadt. Die »Invasion« der Einwanderer besitzt die Kraft einer Flutwelle, die zunächst die Einwandererkolonien, die Ankunftshäfen überschwemmt und dabei Tausende von Bewohnern vertreibt, die ihrerseits die nachfolgende Zone überschwemmen und so weiter, bis der Impuls der Welle seine Kraft in der ent-

13 R. E. Park, *Human Migration and the Marginal Man*, a.a.O., S. 40f.

14 R. E. Park, *Sociology*, in: Wilson Gee (Hg.), *Research in Social Sciences*, New York 1929, S. 29

ferntesten Zone der Stadt erschöpft hat« (man beachte die Wassermetapher).[15]

Der Wettbewerb formt die Städte nach einem Schema, das als »Burgess-Modell der konzentrischen Zonen« bekannt ist: 1) zentrale Zone: der *business district* (Loop); 2) Zone des Übergangs: Industriegebiete, Slums und Gebiete, in denen sich die neuangekommenen Einwanderer zuerst ansiedeln; 3) Zone der Arbeitersiedlungen außerhalb der Slums; 4) Wohngebiete der Reichen; und schließlich 5) die Zone der Pendler. Die Zonen verlaufen allerdings nicht in konzentrischen Kreisen, da diese durch Geographie und Verkehrswege verformt sind.

Für die Stadtökologie *ist die Stadt natürlicherweise segregierend.* Dies ist ein Kernpunkt der amerikanischen Vorstellung von Stadt. Als ich zum ersten Mal von New York aus in die Provinz reiste, übernachtete ich in Youngstown, Ohio, einem Zentrum der Stahlindustrie mit 200.000 Einwohnern. Ich suchte etwas zu essen und eine Unterkunft und begab mich als Europäer nach *downtown.* Aber die Lichter waren erloschen, alles war leer, düster. Ich mußte einen Polizeiwagen fragen und bis zur Autobahnausfahrt umkehren, wo ein Motel und ein Restaurant neben dem anderen lag. Hier bekam ich zum ersten Mal jene Funktionstrennung zu spüren, wie sie auch für Großstädte wie Denver und Minneapolis typisch ist.

Diese Separierung ist so universell, daß einen in amerikanischen Städten angesichts dieses Schubladendenkens manchmal Beklemmung erfaßt. Man fängt an zu bezweifeln, daß diese Metropolen eine Zukunft haben. Und Zweifel kommt auf angesichts der Striktheit, mit der die verschiedenen Funktionen des urbanen Lebens räumlich getrennt sind. Wo man wohnt, arbeitet man nicht; wo man arbeitet, verbringt man nicht seine Freizeit. Auf diese Weise wird das negiert, was uns das urbane Leben so attraktiv erscheinen läßt: die räumliche Nähe von Büro, Haus, Restaurant, Geschäft, Café und Kino.

15 Ernest Burgess in: *The City*, a.a.O., S. 58

Die Überlappung der Funktionen. Hier dagegen prägt deren Trennung die städtische Geographie: das nachts entvölkerte (und damit gefährliche) Geschäftszentrum; die endlosen Villenviertel ohne Kneipe, ohne Kiosk; die Malls – wie Pilze in der Wüste; und in Autobahnnähe die langen Straßen für jeweils eine Sache: eine für Gebrauchtwagen, eine für die Motels.

Auf einen europäischen Beobachter wirkt diese räumliche und funktionale Trennung wie eine Krankheit, ein trauriges Schicksal, das die Entwicklung der Vereinigten Staaten begleitet, etwas, das man erleiden und an das man sich eben gewöhnen muß. Bestenfalls wird es als eine unerwünschte Begleiterscheinung anderer Zielsetzungen wahrgenommen: ein großes Haus mit einer schönen Wiese; die Möglichkeit, mit dem Auto in kurzer Zeit Geschäfte, das Büro oder die Fabrik zu erreichen; die Konzentration der Industrien, um damit das verseuchte Gebiet möglichst klein zu halten; die Zusammendrängung der Büros, um Kontakte und damit Geschäftsbeziehungen zu fördern.

Doch bei näherem Hinsehen ist die Trennung von Räumen und Funktionen keineswegs ungewollt, sie ist theoretisch begründet, wird als »logischer« (Burgess) betrachtet: Der physische Raum fällt mit dem sozialen Raum zusammen, da sich in der Zergliederung urbaner Räume die Auflösung gesellschaftlicher, familiärer und geistiger Bindungen widerspiegelt. Wo aus der Separierung der Funktionen die Separierung von Gruppen wird, beginnen Soziologen und Städteplaner zu überlegen, daß Parks »abgeschlossene kleine Welten« (»die sich berühren, aber nicht durchdringen«) am besten auch abgeschlossen bleiben und sich nicht berühren. Denn dort, wo sie in Kontakt treten, entsteht ein Grenzbereich, eine soziale Trennungslinie, ein Riß. In jenen Zonen des Bruchs der sozialen Ordnung und damit der Desorganisation entsteht die Kriminalität, wie es Frederick M. Thrasher in seiner klassischen Studie *The Gang. A Study of 1.313 Gangs in Chicago* aus dem Jahr 1927 dargelegt hat.

Nun ist es aber keineswegs »natürlich«, daß der soziale Raum mit dem physischen Raum zusammenfällt. »Der Raum ist einer der Orte, an denen sich die Macht behauptet, an denen sie ausgeübt wird – zweifellos auf äußerst subtile Art und Weise, in Form der symbolischen als der nicht wahrnehmbaren Gewalt.«[16] Diese Macht bewirkt ein Zusammenfallen der beiden Räume. Wenn der Soziologe das Zonen-Modell formuliert, so entscheidet der Politiker über das *zoning*, den Bebauungsplan. Jackson schreibt: »Theoretisch sollte das *zoning* die Interessen aller Bürger schützen, indem es den allzu großen Andrang und die Grundstücksspekulation beschränkt [...] In der Praxis jedoch war das *zoning* ein Mechanismus, der geeignet war, die Armen und die unliebsamen Industrien von den besseren Wohngebieten fernzuhalten [...] Die Städte im Süden benutzten das *zoning*, um die Rassensegregation zu verstärken.«[17] So wurde *»eine regelrechte politische Konstruktion des Raums«* durchgeführt, die »den *Aufbau homogener Gruppen auf räumlicher Basis* begünstigte« (Pierre Bourdieu).[18] Burgess' Zonen-Modell entpuppte sich als die klassische Hypothese, die sich »auf natürliche Weise« selbst ihre Bestätigung schafft.

*

Aber vielleicht ist nun der Zeitpunkt gekommen, um diesen Begriff »Natur« genauer zu befragen, der uns auf Schritt und Tritt begegnet. Die Naturmetapher für soziale Phänomene ist im positivistischen Denken verankert: Auguste Comte zufolge untersucht der Soziologe die Gesellschaft in gleicher Weise wie der Arzt den menschlichen Körper, und er verschreibt ihr Kuren für ihre Gebrechen, wie der Arzt seinen Patienten behandelt. In den dreißiger Jahren war Chicago eine Hochburg des Positivismus: Hier wurde ab 1938 die *International*

16 Pierre Bourdieu, *Effets de lieu* in: Pierre Bourdieu u. a., *La misère du monde*, Paris 1993, S. 163
17 K. T. Jackson, *Crabgrass Frontier*, a.a.O., S. 242
18 *Effets de lieu*, a.a.O., S. 167

Encyclopaedia of Unified Science herausgegeben – unter Leitung der Bannerträger des Neopositivismus Otto Neurath, Rudolf Carnap und Charles Morris. Die Naturmetapher (in ihrer tellurischen, geologischen oder physischen Ausformung) ist auch dem Marxismus nicht fremd: soziale »Erschütterungen«, »Erdbeben«, »ausbrechende« Revolutionen; das konservative Denken hingegen bevorzugte eher die Metapher vom Organismus. Die Soziologen Chicagos benutzen beide, sie sprechen sowohl von Einwanderer-»Wellen« wie von »urbanen Pathologien«.

Aber wenn Thrasher von der »Naturgeschichte des Verbrechens« spricht – in welchem Sinn verwendet er den Begriff »Naturgeschichte«, der doch für die Museen benutzt wird, in denen Dinosaurierskelette und Schmetterlingssammlungen zu besichtigen sind? Die Antwort finden wir im *Wall Street Journal* vom 15. April 1993: »Eine Generation von Wissenschaftlern lernt augenblicklich, daß das wichtigste Naturgesetz das Gesetz von Angebot und Nachfrage ist.« Und wir waren bisher nicht dahintergekommen. Nun aber ist alles klar. »Natürlich« ist die Tendenz zur Segregation in den US-amerikanischen Städten. Die Bewohner wehren sich dagegen, daß sich der Marktwert ihrer Häuser mindert, wenn die Schwarzen in ihre Viertel einziehen. Für die Chicagoer Soziologen ist die *Konkurrenz*, »die Kraft, die die Gesellschaft organisiert« (Park), »natürlich«. Konkurrenz steht für marktwirtschaftliche Konkurrenz. Natürlich ist also die Marktwirtschaft. Natürlich der Kampf ums Eigentum. Der Natur des Menschen einbeschrieben ist der Kapitalismus mit seinen Gesetzen von Angebot und Nachfrage, die unumstößlicher sind als die Newtonschen Gesetze. Im Pragmatismus des späten Dewey wird der Akt der Erkenntnis als eine *Transaktion* definiert: Wie es im Handel Käufer und Waren nur in der Transaktion gibt, so existieren Objekt und Subjekt nur in den Prozessen der Erkenntnis.

Die Handelsaktivität als theoretisches Modell zur Beschreibung des Erkenntnisaktes! Wir haben es hier mit der Entstehung eines »Mythos« im Sinne von Roland Barthes zu tun: Als natürliches Phänomen (die »ehernen« Gesetze des Marktes) wird beschrieben, was in Wahrheit ein Produkt der Geschichte ist, und als unveränderlich (weil »natürlich«) wird betrachtet, was in Wahrheit transitorisch und konstruiert ist.[19] Das Wachstum der Städte bringt also die urbanen Ghettos in gleicher Weise hervor, wie die Jugendlichen in der Pubertät Pickel bekommen.

Die »Sozialökologie« wurde anfangs als fortschrittlich betrachtet, da sie Vorurteile und Gemeinplätze zerstörte: Wenn die Großstadtghettos mit dem »natürlichen« Wachstum der Städte entstehen, sind an ihrem Niedergang nicht die Bewohner schuld. Die Schule von Chicago befreite das abweichende soziale Verhalten, die Gewalt der Großstadtbanden, die jugendlichen Subkulturen aus dem Griff der genetischen Interpretation. Doch die Sozialökologie besaß deshalb die Kraft zur Zerstörung der genetischen Interpretation, weil sie die Unerbittlichkeit der Natur (die der Chromosomen) durch eine andere Schicksalhaftigkeit ersetzte, durch das wichtigere »Naturgesetz« des *Wall Street Journal*, das Gesetz von Angebot und Nachfrage.

Um der Wahrheit willen sei gesagt, daß die Chicagoer Soziologen die Natur und die Stadt für verbesserbar hielten, wie es auch ihre Vorschläge zu einer urbanistischen Reform zeigen. Sie waren optimistisch, was die soziale Dynamik anbelangt, wie auch Deweys Pragmatismus optimistisch war. Die Desorganisation war für sie transitorisch, ein Fegefeuer, nicht die Hölle, und von den Soziologen von heute trennt sie ein Graben, der so groß ist wie der zwischen einem *marginal man* und einem *drop out*.

Der Niedergang der Schule von Chicago ist vielleicht auf ihren allzu großen, auf Assimilation setzenden Optimismus, ihren allzu geringen Positivismus zurückzuführen. In der sozialen Wirklichkeit, in bezug auf die Schwarzenfrage, hat

19 Roland Barthes, *Mythologies*, Paris 1957, S. 193–246

sich Parks Assimilationstheorie nicht bewährt, erwies sich der kulturelle Ansatz als unzureichend. Die europäischen Einwanderer wurden diskriminiert, gelyncht, als Streikbrecher mißbraucht wie die Schwarzen. Doch, so Steinberg, während die unausgesprochene Botschaft an die Einwanderer lautet: »Ob du willst oder nicht, du wirst werden wie ich«, lautet das stillschweigende Axiom in bezug auf die rassischen Minderheiten: »Gleich, wie sehr du uns ähnlich bist, du wirst immer von uns getrennt bleiben.«[20] Und diese unvermeidliche Grenzlinie der Hautfarbe müssen wir überschreiten.

20 S. Steinberg, *The Ethnic Myth*, a.a.O., S. 42

DRITTER TEIL

BRONZEVILLE: DAS ENDE DER HOFFNUNG

In der State Street, Ecke 35. Straße, erhebt sich der strenge Bau des Institute of Technology, ein Werk Mies van der Rohes, wie ein letzter Wachtposten. Dahinter, im Süden, meilenweit Trostlosigkeit. Rechter Hand die Mietskasernen der Taylor Homes, jedes Stockwerk mit Gittern verbarrikadiert, die Fassaden brandgeschwärzt, verfallen. Linker Hand die Hochbahn, jenseits davon geschundenes Land, Eisenschrott, Autoreifen und Pappkartons, Plastiktüten, die der Wind durch die Luft trägt. Von 1950 bis heute sind zwei Drittel der Bewohner von hier weggezogen, und zwei von drei, die geblieben sind, leben unterhalb der Armutsgrenze.

Kaum zu glauben, daß seit dem Ersten Weltkrieg bis noch vor sechzig Jahren diese Gegend das pulsierende Herz des lebendigsten Schwarzenviertels war (mit dem Spitznamen *Bronzeville*). Nicht nur tagsüber, auch nachts war die State Street zwischen der 25. und der 39. Straße hell erleuchtet, und aus den Lokalen ertönte Musik. Tanzsäle wie das Palace Garden oder das Peking boten einem bunt gemischten Publikum Jazz bis in die frühen Morgenstunden.

Sieben Kinos im Umkreis wechselten täglich das Programm, und die Filme wurden von richtigen Orchestern musikalisch begleitet. In einer Woche im Herbst 1916 hatte man die Wahl zwischen *Das Mädchen aus Frisco*, *Eine Lektion des Lebens*, *Der schützende Schatten*, *Der Soldat der Kompanie K* (»alle Darsteller Schwarze«), *Verbotene Frucht*, *Die Sünden der*

Stadt.[1] Das gestrenge schwarze Wochenblatt *The Chicago Defender* und Selbsthilfeorganisationen wie die Urban League sahen sich veranlaßt, die jungen schwarzen Einwanderer vor den Verführungen der Stadt, dem Laster, den Bars, dem Tanz zu warnen.

Für die schwarze Landbevölkerung des Südens, die sich anschickte, in den Norden auszuwandern, war Chicago zu jener Zeit das *Land of Hope* (»Land der Hoffnung«) oder *The Promised Land* (»Das Land der Verheißung«), wie es in Versen besungen wurde. An dem Gegensatz zwischen dem sprühenden Leben von einst und der dumpfen Apathie von heute läßt sich das Scheitern der Hoffnungen der Schwarzen ermessen. Vielleicht gab es in den Vereinigten Staaten eine Zeit, in der das Zusammenleben zwischen Weißen und Schwarzen ein lösbares Problem war. Vielleicht gab es eine Zeit, in der die Amerikaner guten Willens es für möglich hielten, daß eines Tages ihr Volk zwar eine bräunliche Haut und leicht gelocktes Haar, sich aber miteinander vermischt haben würde. Vielleicht hegten einst Menschen diese Hoffnung, obwohl in der gesamten amerikanischen Geschichte die Schule nie einen ernsthaften Vorstoß gegen die Ideologie der Rassendiskriminierung unternahm. Diese Hoffnung ist heute grauem Fatalismus gewichen. Heute scheint das Schwarzenproblem als eine Bürde, als ein unausweichliches nationales Unglück empfunden zu werden, als eine bittere, chronische Feindseligkeit, die weder Frieden noch Krieg kennt.

Vor fünfzig Jahren schrieb Gunnar Myrdal das Standardwerk *An American Dilemma* (abgeschlossen im Januar 1943).[2]

1 *The Girl from Frisco, A Lesson from Life, The Shielding Shadow, The Trooper of Company K, Forbidden Fruit, The Sins of City*, die im *Chicago Defender* vom 7. Okt. 1916 neben weiteren 38 Filmen aufgeführt sind.

2 Gunnar Myrdal, *An American Dilemma. The Negro Problem and Modern Democracy* (1944), New York 1962 (1483 Seiten). Der Begriff Neger hatte damals noch nicht den beleidigenden Charakter (dafür verwendete man *Nigger*), den er Ende der sechziger Jahre bekam. Damals gebrauchten auch fortschrittliche Autoren wie Myrdal den Begriff Neger, wo wir heute Schwarzer sagen würden, und in den Zitaten habe ich diesen Begriff beibehalten.

Und verglichen mit jener Zeit vor fünfzig Jahren hat sich die Situation scheinbar noch verschärft, trotz des Civil Rights Act, trotz der Bürgerrechtsbewegung der sechziger Jahre, trotz der Aufstände in den Ghettos der Städte, trotz Black Panthers und Black Muslims, trotz Persönlichkeiten wie Martin Luther King, Malcolm X und Jesse Jackson. Damals schien es, als sei das Negerproblem[3] vor allem ein Charakteristikum des ländlichen Südens; heute sind davon die großen Städte des Nordens und Westens betroffen.

Wenn einen an (und in) den Vereinigten Staaten etwas verzweifeln läßt, dann ist es diese Beziehung zwischen Weißen und Schwarzen, ihre feindselige, belastende, dumpfe Trennung. Zwischen Passanten verschiedener Hautfarbe erhebt sich eine undurchdringliche Mauer des Mißtrauens, des Grolls. Das erste, was man sinnfällig wahrnimmt, ist das, was man *nicht* sieht: Und was man nicht sieht, stellt ein zweifaches Paradox dar. Man sieht nicht viele ganz Schwarze, von jener schwarzen Hautfarbe, die jeder Afrikareisende kennt, wohl aber viele hellhäutige Schwarze (die Schwarzen von Santo Domingo pflegen zu sagen, die US-amerikanischen Schwarzen seien »Weiße mit ein bißchen Farbe«).

Das bedeutet zweierlei. Zum einen, daß die »schwarze Rasse« in Amerika von der weißen Bevölkerung definiert wird: »Wer nachweislich eine Spur Negerblutes hat – unerheblich, wann in der Vergangenheit er dies erworben hat – wird als Neger eingestuft.«[4] Dies ist das genaue Gegenteil der in Afrika und in der Karibik herrschenden Einstellung, wo innerhalb ein und derselben Familie das hellhäutigere Kind bevorzugt, ja verhätschelt wird. Diese Art verinnerlichter Rassismus war in den zwanziger Jahren auch in den USA zu beobachten, wie Malcolm X bestätigt: »Die meisten schwarzen Eltern behandelten damals beinahe instinktiv hellere Kinder

3 Bewußt verwende ich hier die Begriffe »Negerproblem« und »Negerfrage« von Myrdal, auch wenn sie seit Ende der sechziger Jahre anachronistisch wirken, ähnlich wie in Italien die »questione meridionale«.

4 Arnold Rose, *Negroes in America*, New York 1948, S. 75

besser als dunklere.«[5] Nichts von alledem in der US-amerikanischen Klassifizierung der Hautfarbe. Zwar wurden bei den Volkszählungen im 19. Jahrhundert die Sklaven in »M« (Mulatten) und »B« *(black)* eingeteilt, und ab 1890 unterschied man in den Erhebungen bei den Mulatten zwischen Viertel- und Achtelgrad schwarzen Bluts (die deutschen Nazis unterschieden später bis zu einem Sechzehntelgrad jüdischen Bluts). Eine derartige Klassifizierung lief jedoch der gängigen Praxis zuwider. Bereits 1893 schrieb James Bryce: »Während in portugiesisch- und spanischsprachigen Ländern jeder, der nicht ganz offensichtlich schwarz ist, als weiß gilt, brandmarkt in den Vereinigten Staaten jede Spur afrikanischen Bluts einen Menschen als Neger und setzt ihn damit den Nachteilen aus, die mit der Zugehörigkeit zu dieser Rasse verbunden sind. In Lateinamerika ist jeder, der nicht schwarz ist, weiß; im teutonischen Amerika ist jeder, der nicht weiß ist, schwarz.«[6] Ab 1920 betrachtete das Bureau of the Census jeden als Schwarzen, der auch nur einen einzigen weit entfernten schwarzen Vorfahren hat – entsprechend dem Grundsatz des einzigen Tropfens Blut *(one-drop-rule)*.[7]

Wo die Natur bei den Hauttönungen fließende Übergänge aufweist – also keinen abrupten Wechsel von einer dunkleren zu einer helleren Hautfarbe –, schafft die Gesellschaft eine Diskontinuität in der Klassifizierung (hier die Weißen, da die Schwarzen). Derselbe Mechanismus zeigt sich in der Wirtschaft, wo der Markt – um mit *futures* handeln, um also abstrakte Rinder und zukünftige Äpfel verkaufen zu können – diskontinuierliche Definitionen von Äpfeln und Rindern an die Stelle der realen, kontinuierlichen Varietät von Weizen, Äpfeln und Rindern gesetzt hat. Und wie dort ein neuer Name für die Sache (der Apfel) die neue Sache selbst hervorgebracht hat (eine neue standardisierte Sorte Apfel), so wird mit der

5 *Malcolm X. Die Autobiographie.* Hg. u. mit einem Nachwort versehen von Alex Haley, München 1992, S. 22

6 James Bryce, *The American Commonwealth* (1893), New York 1917, Bd. 2, S. 555

7 L. Wright, *One Drop of Blood*, in: *The New Yorker*, 25. Juli 1994, (S. 46–55), S. 47 f.

Bezeichnung »schwarz« eine Person mit heller, leicht brauner Haut einer neuen schwarzen »Rasse« zugeordnet. Denn diese neue Größe, die wir Rasse nennen, ist nicht mehr durch körperliche Eigenschaften definiert – unter anderem durch das Kriterium der sehr dunklen Haut –, sondern allein durch die Tatsache, daß »einer nicht weiß ist«. In den USA leben in der Tat Hunderttausende »unbewußter Schwarzer«, Personen mit schneeweißer Haut, die *nicht wissen* und es auch nur per Zufall erfahren, daß sie aufgrund der *one-drop-rule* Schwarze sind. Erneut erleben wir heute – buchstäblich am eigenen Leib und auf der eigenen Haut – jenen Prozeß, durch den die Moderne das mittelalterliche Universalien-Problem gelöst hat: *Wirklichkeiten werden schlicht dadurch geschaffen, daß sie einen Namen bekommen.* Die Tatsache, daß die »schwarze Rasse« hier ein nur kulturell bedingtes Phänomen darstellt, nimmt ihr nichts von ihrer konkreten historischen Realität, was die Schwarzen bestätigen können, die die Auswirkungen zu spüren bekommen. Zahlreiche Wortführer der schwarzen Befreiungsbewegungen sind zur Hälfte Weiße, beispielsweise Booker T. Washington und Frederick Douglass (beide hatten weiße Väter), W.E.B. Du Bois, Malcolm X und Martin Luther King (mit einer irischen Großmutter und indianischen Vorfahren). Der Wortführer der Black Muslims, Louis Farrakhan, ein extremer Anti-Weißer, hat »kaukasische« Gesichtszüge und eine helle Haut.

Zum zweiten muß in der Vergangenheit eine häufige Vermischung der Rassen stattgefunden haben. Einer von Myrdal zitierten Umfrage zufolge hatten im Jahr 1930 71,7 Prozent der befragten Schwarzen mindestens einen entfernten weißen Vorfahren.[8] Es gab also eine Zeit, in der die beiden Rassen sich sehr oft vermischten: Dies war die Zeit der Sklaverei, und die Norm war die Vermischung zwischen dem männlichen Weißen und der schwarzen Sklavin. Man beachte, daß im Mythos

8 G. Myrdal, *An American Dilemma*, a.a.O., S. 133: Hier wird die Studie *The Anthropometry of the American Negro* (New York 1930) von Melville J. Herskovits zitiert, der 1551 Schwarze befragte.

die spiegelbildlich umgekehrte, gegenteilige Version verankert ist: Der weiße Rassismus ist geradezu besessen vom Schreckgespenst des schwarzen Vergewaltigers, der die weiße Frau mißbraucht, während es doch in Wirklichkeit jahrhundertelang der weiße Vergewaltiger war, der die schwarze Frau mißbrauchte (aufgrund desselben Mechanismus ist der Partner, der Ehebruch begeht, am eifersüchtigsten, da er sein eigenes Verhaltensmuster auf den anderen projiziert).

Die geschlechtliche Diskriminierung in den Vereinigten Staaten war also stets asymmetrisch. Das Tabu einer Verbindung weiße Frau – schwarzer Mann ist stärker ausgeprägt, die Diskriminierung einer Beziehung weißer Mann – schwarze Frau dagegen schwächer. Auf größere Widerstände trifft die Heirat; am ehesten wird noch die informelle oder heimliche Beziehung toleriert – eine Reminiszenz an die Liebesabenteuer mit Dienstmädchen. Die Folge ist, daß ganz oben in der Hierarchie der Tabus die Ehe einer weißen Frau mit einem schwarzen Mann steht. Dieses Tabu, das unter Schwarzen verbreitet ist, klingt auch in Malcolm X' Bezeichnung der weißen Frauen als »blauäugige Teufelinnen« an.

Und noch etwas ist auf der Straße nicht zu sehen: gemischte Paare, wie sie einem in zahlreichen anderen Städten mit einem hohen schwarzen Bevölkerungsanteil, in Paris und in London, begegnen. Kaum 30 Jahre sind vergangen, seit 1967 der Oberste Gerichtshof alle gesetzlichen Bestimmungen aufhob, die in den einzelnen Staaten die gemischtrassischen Ehen beschränkten: Vom Ende des Bürgerkriegs und der Abschaffung der Sklaverei bis zu diesem Zeitpunkt mußten mehr als hundert Jahre vergehen.

Ein Blick auf die Statistiken soll zeigen, ob dieser Eindruck der geschlechtlichen Rassentrennung richtig ist. Von den wenig mehr als 53,5 Millionen der in den USA registrierten verheirateten Paare sind lediglich 246.000[9], also 0,46 Prozent

9 U.S. Bureau of the Census, *Statistical Abstract of the United States 1993*, a.a.O., Tabelle 63

oder eines von 217 Paaren, weiß-schwarz gemischt, obwohl die Schwarzen 12,1 Prozent der Bevölkerung der Vereinigten Staaten ausmachen (30 von 248 Millionen; 200 Millionen sind als Weiße registriert).

Der Rassismus, der sich in diesen Zahlen niederschlägt, sticht noch mehr ins Auge, wenn man die Ehen zwischen Weißen und Angehörigen anderer Rassen (Asiaten, Hawaiianern, amerikanischen Ureinwohnern) zum Vergleich heranzieht. Obwohl die Zahl der als Angehörige dieser Rassen registrierten US-Amerikaner weniger als einem Drittel der Schwarzen entspricht (9,1 gegenüber 30 Millionen), gibt es 883.000 (gegenüber 246.000) Ehen zwischen Angehörigen dieser Rassen und Weißen: Die Weißen heiraten also 11,8 mal häufiger Asiaten als Schwarze. Tatsache ist, daß ein Kind aus einer gemischten Ehe als schwarz gilt: Die/der Weiße, die/der mit einem/einer Schwarzen ein Kind zeugt, liefert das eigene Kind dem Rassismus, der Diskriminierung aus. Der geschlechtlichen Rassentrennung inhärent ist der Gedanke, daß »die Schwarzen nicht assimilierbar« seien, obwohl sie doch seit fast vierhundert Jahren – genauso lange wie die Angelsachsen – in Amerika leben.

Seit 130 Jahren sind die Schwarzen in den Vereinigten Staaten keine Sklaven mehr, und dennoch sind sie in allen Lebensbereichen benachteiligt. Das fängt schon bei der Lebenserwartung an, die 6 Jahre niedriger ist (70 Jahre bei den Schwarzen gegenüber 76 Jahre bei den Weißen), bei der Kindersterblichkeit, die bei den Schwarzen doppelt so hoch ist (17,7 gegenüber 8,2 von tausend bei den Weißen), bei der Mordquote (im Vergleich zu den Weißen ist bei den Schwarzen die Wahrscheinlichkeit, ermordet zu werden, achtmal höher) und bei den Haftstrafen: Bei einem Bevölkerungsanteil von 12 Prozent sind 48 Prozent der Inhaftierten Schwarze. 42 Prozent der Schwarzen – gegenüber 16 Prozent der Weißen – leben unterhalb der Armutsgrenze. Auch in äußerlicher Unansehnlichkeit wirkt sich die Rassendiskriminierung aus, und die schwarzen Jugendlichen sind fettleibiger als die weißen: 41 Prozent gegenüber 28 Prozent, bei einem nationalen Gesamtdurchschnitt von 34 Prozent.[10]

Unterdrückung, Mißachtung und Rassentrennung sind so unerträglich, daß man sich fragt, weshalb die Schwarzen nicht dagegen rebellieren – nicht durch Aufstände, wie sie in den *inner cities* immer wieder stattfanden, sondern durch eine richtige Explosion. Man gewinnt den Eindruck, als habe sich in den 130 Jahren von der Abschaffung der Sklaverei bis heute die Situation sogar noch verschlechtert, als bewahrheite sich jetzt eine Prophezeiung, die Alexis de Tocqueville schon 1835 ausgesprochen hat: »Das gefährlichste aller Übel, das die Zukunft der Vereinigten Staaten bedroht, kommt von der Anwesenheit der Schwarzen in ihrem Gebiet. Forscht man nach den Ursachen der jetzigen Schwierigkeiten und der zukünftigen Gefahren der Union, so stößt man, von welchem Punkt man auch ausgeht, fast immer auf diese Grundtatsache.« Für Tocqueville lag dieser Fluch in der Natur der modernen Knechtschaft, die die Sklaverei auf eine einzige Rasse beschränkte. Im Altertum waren die Sklaven von gleicher Rasse wie die Herren, und sobald die Sklaven freigelassen waren, waren sie ihnen gleich und ununterscheidbar. Da die modernen Weißen aber die Sklaverei auf die schwarze Rasse beschränkten, lag dieser Makel auch nach ihrer Befreiung sichtbar auf den einstigen Sklaven: »Die Erinnerung an die Sklaverei entehrt die Rasse, und in der Rasse dauert die Erinnerung an die Sklaverei fort.« »Kein Afrikaner hat sich freiwillig in die Neue Welt begeben; deshalb sind alle, die sich heutzutage dort befinden, Sklaven oder Freigelassene.« Heute, eineinhalb Jahrhunderte später, erscheint Tocquevilles Urteil über die Europäer immer noch gültig: »Gegenüber dem Schwarzen haben sie erst alle Menschenrechte verletzt, und daraufhin haben sie ihn den Wert und die Unverletzlichkeit dieser Rechte gelehrt. Sie öffneten den Sklaven ihre Reihen, und als diese einzutreten suchten, jagten sie sie schmachvoll

10 Aus der Zeitschrift *Prevention*, Erhebung von Louis Harris, Sept. 1992

davon. Derweil sie die Knechtschaft wollten, ließen sie sich wider Willen oder wider ihr Wissen zur Freiheit hinreißen, ohne den Mut zu finden, entweder völlig ungerecht oder ganz gerecht zu sein«.[11] Diese Einschätzung bringt 130 Jahre später Malcolm X auf den Punkt: »Der Weiße hat an sich selbst, aber auch an dem Schwarzen einen derart gigantischen Betrug begangen, daß er sich selbst matt gesetzt hat.«[12] Dieses Dilemma wird durch das – von Saul Bellow[13] entdeckte – Beispiel der Namen zweier französischer Schiffe deutlich, die schwarze Sklaven übers Meer transportierten. Das eine Schiff hieß *Jean-Jacques* nach dem Genfer Philosophen Rousseau, dem Verkünder der ursprünglichen Gleichheit aller Menschen, das andere *Contrat social* nach seinem Hauptwerk.

*

Diesem Fluch, dieser Ursünde begegnet man Tag für Tag, auf jeder Straße, überall in den Vereinigten Staaten. Doch großmütig und wohlwollend erklärt dieses Land einen Monat im Jahr zum »Monat der Geschichte der Schwarzen«, zum *Black History Month.* Ähnlich wie die UNO ein Jahr – einmalig – als das Jahr der Erde feiert, so wird hier einer von zwölf Monaten nach den Schwarzen benannt. Hier, wo kein Präsident die 30 Millionen Afroamerikaner für das weiße Sklavenhaltertum jemals öffentlich um Entschuldigung gebeten hat: kein politischer Führer hat je eine Geste vollzogen wie Willy Brandt mit seinem Kniefall vor den Opfern des nationalsozialistischen Kriegs.

In Chicago ist der Black History Month besonders turbulent und reich an Kundgebungen. In dieser Metropole sind 59,7 Prozent der Schüler und 42 Prozent der Einwohner

11 A. de Tocqueville, *Über die Demokratie in Amerika I,* Zweiter Teil, Kapitel X: *Einige Betrachtungen über den gegenwärtigen Zustand und die wahrscheinliche Zukunft der drei Rassen im Gebiet der Vereinigten Staaten,* a.a.O., S. 394 f., S. 396, S. 420

12 *Malcolm X. Die Autobiographie,* a.a.O., S. 193

13 Saul Bellow, *Papuas and Zulus,* in: *The New York Times,* 10. März 1994

Schwarze, und bei der Rassentrennung hält Chicago den amerikanischen Rekord: Mehr als 70 Prozent der afroamerikanischen Familien leben in Vierteln, die zu 95 Prozent von Schwarzen bewohnt sind. Und Illinois bricht auch bei der schulischen Rassentrennung alle Rekorde: Gut 83 Prozent der schwarzen Schüler besuchen rassisch getrennte Schulen. In diesem Monat erinnert sich Chicago nicht nur an seine schwarze Geschichte, sondern auch daran, daß die Schwarzen die Geschichte dieser Stadt in großen Teilen mitgestalteten – angefangen mit der ersten Siedlung an der Mündung des Chicago River in den Michigansee im Jahr 1784: Es war ein Schwarzer, Jean-Baptiste Point du Sable, der die erste Hütte baute, um Pelzhandel zu betreiben. Eine Führung – 30 Dollar pro Kopf, Ermäßigung für Gruppen mit mehr als 35 Teilnehmern – verspricht eine »Wallfahrt« zu den historisch bedeutsamen Stätten der Schwarzen Chicagos. Dazu gehört etwa auch ein Rundgang durch den Bahnhof Illinois Central Railroad, wo zwischen 1910 und 1920 im Zuge der Großen Wanderung von Süden nach Norden die Schwarzen zu Tausenden aus Alabama, Mississippi, Louisiana und Georgia eintrafen. Ausgelöst wurde diese Migration durch den Ersten Weltkrieg, der den Zustrom von Emigranten aus Europa unterbrochen hatte. Meist denkt man nicht an die Fernwirkungen von Kriegen: Wir assoziieren mit dem Ersten Weltkrieg die Entstehung des Faschismus, die Oktoberrevolution in Rußland, die Giftgase, die Toten in den Schützengräben. Wir kommen gar nicht auf den Gedanken, die Schlachten an der Marne oder am Isonzo oder den Untergang des Habsburgerreichs mit dem großen Migrationsschub aus dem Süden der Vereinigten Staaten in Verbindung zu bringen, durch den sich die Städte des Nordens so grundlegend veränderten. Zwischen 1916 und 1919 verließen rund eine halbe Million Schwarze den ländlichen Süden (eine weitere Million folgte in den zwanziger Jahren). Im Jahr 1910 betrug die schwarze Bevölkerung Chicagos 44.000, im Jahr 1920 110.000 Einwohner, und bis 1930 trafen weitere 150.000 Schwarze aus dem Süden hier ein. Die Zahl der Schwarzen in New York stieg von 91 000 im Jahr 1910 auf 152.000 im Jahr 1920.[14]

Im Vergleich zu den Millionen von Schwarzen, die zwischen 1940 und 1960 den Süden verließen (in den vierziger Jahren gab der Zweite Weltkrieg erneut den entscheidenden Impuls), erscheint diese Migration dünn wie ein Rinnsal, doch unter kulturellem Aspekt war sie außerordentlich bedeutsam. Denn nun entstand in den Städten der Typus des schwarzen Proletariers oder Subproletariers, während bis dahin schwarz lediglich mit dem Neger aus »Onkel Toms Hütte« assoziiert wurde. Der Schwarze war ein bäuerlicher ehemaliger Sklave, ein Freigelassener und Tagelöhner, und die Weißen im Süden betrachteten die Schwarzen als Kinder: »Die Neger sind es müde, wie Kinder behandelt zu werden«, schrieb ein Emigrant, »in Sachen Wohnung und sanitäre Verhältnisse sind die Schwarzen hilflos wie Kinder« die *Chicago Tribune*.[15] Und im Jahr 1910 konnte man in der weltweit maßgeblichen Enzyklopädie, der *Britannica*, lesen:

> Der Neger scheint gegenüber dem Weißen auf einem niedrigeren Entwicklungsstand stehengeblieben zu sein […] Geistig ist der Neger dem Weißen unterlegen. [… Die folgenden] Beobachtungen, die auf Langzeitstudien bei amerikanischen Negern basieren, können für die gesamte Rasse als gültig betrachtet werden: »Die Negerkinder waren klug, intelligent und voller Leben, doch mit zunehmendem Alter ging eine Veränderung mit ihnen vor. Ihr Verstand schien sich zu trüben, an die Stelle der Lebendigkeit trat eine Art Lethargie, an die Stelle der Munterkeit Trägheit.« Im übrigen entspricht [ihre] geistige Verfassung der eines Kindes, das zwar gutmütig und fröhlich, jedoch plötzlichen Gemüts- und Gefühlsschwankungen unterworfen ist, in

14 James R. Grossman, *Land of Hope. Chicago, Black Southerners, and the Great Migration*, Chicago 1989, S. 4

15 Ebd., S. 37 und 169

denen es Handlungen von außerordentlicher Grausamkeit begehen kann.[16]

Alles wie gehabt: Hier findet sich die von Doktor Johnson beschworene Trägheit des Wilden und die von Parton verspottete Faulheit der Indianer wieder. Und nicht nur das; die Zeit scheint seither stillgestanden zu sein, denn mehr als achtzig Jahre später, im Herbst 1994, trug ein Harvard-Dozent die These von der geistigen Unterlegenheit der Schwarzen vor, die von den Zeitungen als fettgedruckte Schlagzeile aufgegriffen wurde: *Newsweek* vom 24. Oktober fragte sich auf der ersten Seite: »Der IQ als Schicksal?«, wobei IQ für Intelligenzquotient steht und das Fragezeichen die geistige Unterlegenheit der Schwarzen als gegeben voraussetzt. Durchaus konform schrieben deshalb die weißen Zeitungen des Südens, die Schwarzen seien, kindlich wie sie nun einmal waren, deshalb abgewandert, weil sie von einem bösen Onkel verführt und getäuscht wurden. Es verbreitete sich sogar das Gerücht, eingeschleuste deutsche Agenten hätten die Schwarzen zum Abwandern überredet. Die Weißen verstanden nicht, daß die Schwarzen mit Chicago und New York eine Hoffnung verknüpften: die Hoffnung auf bessere Löhne; die Hoffnung auf proletarische und nicht mehr knechtische Arbeitsverhältnisse; die Hoffnung auf helle Lichter, auf große Vergnügungen, die die harte Arbeit aufwogen; die Hoffnung auf eine Stadt, in der sie sich im Bus neben einen Weißen setzen konnten, ohne verprügelt zu werden (in den Südstaaten der USA war für die Schwarzen der hintere Wagenteil vorgesehen, und die Redensart »die Welt vom Rückfenster eines Autobusses aus betrachten« bedeutet soviel wie die Welt mit den Augen eines Schwarzen sehen). Da die Rassentrennung in den Bussen aufgehoben worden war, hofften die schwarzen Auswanderer, daß es in Chicago überhaupt keine Rassenschranken mehr gäbe, kein Jim-Crow-Gesetz (Jim Crow war der Spottname für den

16 Encyclopaedia Britannica (1911), Bd. 19, S. 344 f.; zit. nach S. Steinberg, a.a.O., S. 30

durch Rassenschranken ausgegrenzten Neger allgemein), das auf dem Grundprinzip »gleich, aber getrennt« basierte. Der Niedergang dieser Hoffnung ist das große Rätsel des 20. Jahrhunderts, des Jahrhunderts der amerikanischen Geschichte.

Daß im Süden viele Weiße der Abwanderung der Schwarzen feindselig gegenüberstanden, ist verständlich (manchmal hinderte die Polizei die Schwarzen sogar gewaltsam am Einsteigen in den Zug). Merkwürdiger ist, daß viele schwarze Kirchen und viele prominente Schwarze im Süden sich dem Exodus entgegenstellten. Es ist dies die enigmatische Welt des schwarzen Konservatismus, der eine lange Tradition besitzt und nicht erst mit Colin Powell hervorgetreten ist, dem Obersten Generalstabschef der Vereinigten Staaten im Golfkrieg gegen den Irak 1991, oder mit Clarence Thomas, der 1991 von Präsident George Bush zum Richter am Obersten Gerichtshof ernannt wurde, da er die Bundeskommission für Chancengleichheit faktisch als eine Behörde der Rassentrennung geleitet hatte.

Der schwarze Konservatismus erklärt sich zum Teil aus der Situation, mit den Weißen verhandeln zu müssen: Willfährigkeit gegenüber deren traditionellen Werten kann größere Zugeständnisse bewirken. Davon war beispielsweise Booker T. Washington überzeugt. Weiterhin gibt es den Schwarzen, der deshalb konservativ ist, weil er auf diese Art von den Weißen als Sprecher der Schwarzen eher ernstgenommen wird. Darüber hinaus gibt es den separatistischen Konservatismus des Wochenblatts *Chicago Defender*, dessen Sitz ebenfalls Teil der Sightseeing-Tour im *Black History Month* ist. Der *Chicago Defender* war 1905 mit einem Kapital von 25 Cent von Robert Abbott gegründet worden; mit dem Weltkrieg wurde das Blatt zur meistgelesenen schwarzen Zeitung der Vereinigten Staaten, zwei Drittel der Auflage wurden außerhalb Chicagos verkauft. Abbott lehnte die Bezeichnungen *Negro* und *Black* strikt ab; für ihn war das schwarze Volk *the Race*, die Rasse, und die Schwarzen *the Race men* oder *the Race members*, die Angehörigen der Rasse.

Der *Defender* spielte bei der Großen Wanderung eine Schlüsselrolle, da er das rosige Bild eines blühenden, nichtrassistischen Chicago zeichnete, die Weißen des Südens attackierte und ihre Lynchjustiz anprangerte. Der *Defender* propagierte eine Ideologie der Arbeit, des beruflichen Erfolgs, mit einem Wort: konformes Verhalten.

Die schwarzen, um Wohlverhalten bemühten Konservativen machten sich die Vorurteile der Weißen zu eigen. Für die alteingesessenen Schwarzen von Chicago, die *Old Settlers*, waren die schwarzen Neuankömmlinge aus dem Süden schmutzig und ungebildet, ähnlich wie den *alteingesessenen* deutschen Einwanderern die *neuen* italienischen Einwanderer ein Greuel waren. Auf einer tieferen Ebene entsprechen die Vorbehalte vieler Schwarzer gegen die Schwarzen exakt den Vorstellungen, die die Weißen auf die Schwarzen projizieren – so wie auch das Bild der Frau von männlichen Vorstellungen von Weiblichkeit diktiert wurde.

Aber kann man je wissen, wo das Bewußtsein der eigenen Identität aufhört und die Abgrenzung gegenüber anderen bzw. die Vorstellung von »ethnischer Reinheit« anfängt? Hier ist der Ort der Debatte, die in den USA über *Politically Correct* entbrannt ist. Die »PC«-Befürworter fordern, daß das kulturelle Erbe der ethnischen, rassischen und geschlechtlichen Minderheiten und nicht nur des »DEWM« *(Dead european white male)* Lehrstoff sein müsse: An den amerikanischen Universitäten wird nur das gelehrt, was die »toten europäischen weißen Männer« gedacht, geschrieben, gemalt und komponiert haben.[17] Den Zusammenhang zwischen Identität und Abgrenzung veranschaulichte William Boone durch Parallelen zur jüdischen Kultur. Grossman schreibt: »Wie die deutschen Juden, die Ende des 19. Jahrhunderts befürchteten, daß durch den Zustrom ihrer Glaubensbrüder aus Osteuropa ihr geringfügiger, aber substantieller Rückhalt im Chicago der

17 Zur Beziehung zwischen *Politically Correct* und Politik der Identitäten vgl. den Beitrag von Barbara Epstein im Band *Beyond PC, toward a Politics of Understanding*, hg. und eingeleitet von Patricia Aufderheide, Saint Paul (Minn.) 1992, S. 148–155

Nichtjuden bedroht sei, sahen auch die schwarzen *Old Settlers* eine Gefährdung durch die Klischeebilder, die die sichtlich fremdartig aussehenden Neuankömmlinge hervorrufen würden.«[18]

Noch heute werden die Juden als Beispiel für die legitime Bewahrung der eigenen ethnischen und religiösen Traditionen zitiert und als – wenn auch ambivalenter – Vergleich herangezogen. Zwar sind sie gegenüber den Goyim, den Nichtjuden, diskriminiert, aber aufgrund ihrer Hautfarbe gegenüber den Schwarzen begünstigt. Die (antisemitische) Publizistik der Nation of Islam benutzt häufig den Begriff »Holocaust«: »600 Millionen Schwarze sind im ›schwarzen Holocaust‹ der vergangenen 6000 Jahre ums Leben gekommen«, erklärte im Frühjahr 1994 ein Vertreter der Black Muslims. Diesem Vergleich liegt ein ganz bestimmter Anspruch zugrunde: Wenn die Juden ihre Kultur verteidigen und es vorziehen, unter Juden zu leben, weshalb sollen dann nicht auch wir den Separatismus anstreben?

Der schwarze Separatismus besitzt also eine lange konservative Tradition und hat erst durch die politischen Bewegungen der sechziger Jahre einen Linksruck erfahren. Der konservative Aspekt der Rassentrennung hat nicht zuletzt auch schichtspezifische Hintergründe. Beträchtliche Teile der (ohnehin verschwindend kleinen) bürgerlichen Schicht wären durch eine Integration geradezu in ihrer Existenz bedroht, da sie Einkommen, Arbeit, Prestige und Macht allein aus der Tatsache der Rassentrennung beziehen: In integrierten, also nicht nach Rassen getrennten Krankenhäusern wären die schwarzen Ärzte weißen Chefärzten unterstellt oder sähen zumindest ihren beruflichen Nischenplatz in Gefahr. Dasselbe gilt für die Schulen – die Existenz schwarzer Colleges garantiert die Anstellung schwarzer Lehrer – sowie für die schwarze Presse, für deren Redakteure die Getrenntheit der Leserschaft gewissermaßen einen Sicherheitsfaktor darstellt. Myrdal

18 J. R. Grossman, *Land of Hope*, a.a.O., S. 144

sprach in diesem Zusammenhang von »den Vorteilen der Nachteile«: So sind beispielweise die Gangs, die die schwarzen Ghettos der *inner cities* unsicher machen, separatistisch und konservativ, weil ihnen allein der Status quo ihre Machtposition sichert.

Der Rassentrennung liegt allerdings noch etwas anderes zugrunde – das Bedürfnis nämlich, wenigstens im sozialen Leben der Mehrheit und nicht der Minderheit anzugehören. Dies erklärte man mir an der Clark University in Atlanta auf meine Frage, was schwarze Studenten dazu veranlaßt, sich trotz Stipendien für Elite-Universitäten wie Harvard und Cornell in Atlanta einzuschreiben: Es ist »das Gefühl, in der Klasse einer schwarzen Mehrheit anzugehören, die Regel und nicht die Ausnahme, die Norm und nicht die Abweichung von der Norm zu sein.« Und genau darin liegt der Doppelsinn: Die »positive« Wertigkeit eines Verhaltens ist mit dessen negativen, zerstörerischen Konnotationen unauflöslich verquickt.

Noch doppelsinniger ist der schwarze Konservatismus auf politischer Ebene. Die abgewanderten Schwarzen träumten davon, vom Wahlrecht Gebrauch zu machen: Im Süden hatten sich im Zuge der Wahlreformen Ende des Jahrhunderts die Registrierungsbestimmungen derart verschärft, daß die Schwarzen praktisch von der Wahl ausgeschlossen waren – dies änderte sich erst vor dreißig Jahren mit der Bürgerrechtsbewegung. Der Staat Illinois, zu dem Chicago gehört, war die Heimat des republikanischen Präsidenten Abraham Lincoln, der gegen einen Süden gekämpft hatte, in dem die weißen Sklavenhalter mehrheitlich Demokraten waren: Aus dem Süden stammten die letzten demokratischen Präsidenten Jimmy Carter (1977–1981) aus Georgia und Bill Clinton aus Arkansas. Deshalb waren die Schwarzen, die nach Chicago einwanderten, Anhänger der Republikanischen Partei und unterstützten – auch nach den Vorgaben des *Defender* und seines Herausgebers Abbott – den republikanischen Bürgermeister William Hale Thompson, der obszöne und rassistische Bemerkungen über die Katholiken machte. Sie waren die zahlenmäßig stärkste Gruppe der weißen Einwanderer (Iren, Polen, Slowenen und Italiener), die massiv für die Demokraten stimmten (der erste katholische Präsident der Vereinigten Staaten war 1961 der Demokrat John F. Kennedy).[19]

In den Vereinigten Staaten überwand erst Präsident Franklin Delano Roosevelt mit dem New Deal und der Schaffung eines neuen »historischen Blocks« – und auch dann nur mit Mühe – diese strikt nach Rassen getrennte politische Parteibildung: Noch 1932 wählten die Schwarzen mehrheitlich die Republikaner, und die öffentlichen Bauaufträge des Tennessee Valley verschafften ausschließlich weißen Beschäftigungslosen Arbeitsplätze. 1934 jedoch kippte diese Ordnung, und Arthur Mitchell, ein schwarzer Demokrat aus Illinois, schlug den bisherigen Abgeordneten, den Republikaner Oscar De Priest, der 1929 als erster Schwarzer aus dem Norden in den Kongreß der Vereinigten Staaten gelangt war. 1936 gingen drei Viertel der schwarzen Wählerstimmen an Roosevelt. Doch erst ab den sechziger Jahren formierte sich eine Riege schwarzer demokratischer Politiker, angefangen mit Jesse Jackson bis zum Chicagoer Bürgermeister Harold Washington (1983 gewählt) und der Senatorin von Illinois, Carol Moseley Braun, die 1992 als erste Schwarze in den Senat gewählt wurde. Und der schlechte Ruf als korrupte Politkarrieristen ging von den schwarzen Republikanern auf die schwarzen Demokraten über. 1917 wurde Oscar De Priest aufgrund seiner Verwicklungen in Glücksspiel- und Schmiergeldaffären in der *Chicago Tribune* als »schwarzer König des Lasters« bezeichnet – fast wörtlich wie siebzig Jahre später der demokratische Bürgermeister von Washington, Marion Barry, der 1990 wegen Kokainkonsums und -handels verurteilt wurde.

Das Pendant zum politischen Konservatismus ist die Parteinahme in sozialen Konflikten. In Europa kann man sich kaum vorstellen, welch große Bedeutung das Rassenproblem in der

19 Ebd., S. 176f.

Geschichte der amerikanischen Arbeiterbewegung hatte. Wir haben bereits gesehen, daß europäische Einwanderer als Streikbrecher in die Vereinigten Staaten geholt wurden. Die ethnischen Rivalitäten und den Rassenhaß zu schüren, war stets ein gezielt eingesetztes Mittel des amerikanischen Unternehmertums, die fixen Kosten zu senken, die Gehälter zu kürzen und den Protest der Arbeiter niederzuschlagen. Waren die weißen Einwanderer allerdings erst einmal assimiliert, traten sie in die Gewerkschaften ein, streikten, und der Makel ihrer »Ursünde«, Streikbrecher gewesen zu sein, schwand aus ihrer Erinnerung und aus dem Gedächtnis der anderen. Für die schwarzen Streikbrecher hingegen verband sich der Makel des Streikbrechertums mit der Farbe ihrer Haut und prägte sich so unauslöschlich ein.

Da die Schwarzen als Streikbrecher eingesetzt wurden, wurden sie als *scab race*, als »räudige Rasse«, betrachtet. *Scab* heißt sowohl »Streikbrecher« wie auch »Krätze«. Der so entstandende Rassismus spaltete die Arbeiter in zwei Fronten: Die weißen Einwanderer, die Streikbrecher von gestern, schossen auf die Schwarzen, die Streikbrecher von heute. Unter diesen Umständen wurde es, wie Bruno Cartosio schreibt, schwierig, »den weißen Rassismus, der gegen die Schwarzen aufgrund ihrer Hautfarbe gerichtet war, vom Überlebenskampf der Weißen gegen die Schwarzen in ihrer Eigenschaft als Streikbrecher oder *cheap labour*, Billiglohnarbeiter, klar zu trennen.«[20]

Als im Jahr 1894 die Arbeiter in den Schlachthäusern aus Solidarität mit dem Ausstand bei Pullman Massenstreiks organisierten, ließen die *packers* zügeweise Schwarze aus dem Süden heranschaffen. 1895 töteten streikende italienische Bergarbeiter in Spring Valley eine unbestimmte Zahl von schwarzen Streikbrechern.[21] Während der Streiks in den

20 B. Cartosio, *Lavoratori negli Stati Uniti*, a.a.O., S. 46

21 William M. Tuttle Jr., *Race Riots. Chicago in the Red Summer of 1919*, New York 1970, S. 113. Zum Problem der schwarzen Streikbrecher siehe das gesamte Kapitel *Conflict and Racial Violence*, S. 109–156.

Schlachthäusern von 1904 stellten die *packers* 18.000 schwarze Streikbrecher ein (1400 davon kamen mit einem einzigen Zug)[22]: Sechs Jahre später waren von diesen Neueingestellten nur noch 365 beschäftigt. Weiterhin wurden in Chicago Schwarze als Streikbrecher beim Streik der *teamsters*, der Fuhrleute (1905), beim Streik der Zeitungsjungen (1912) sowie beim großen Streik der Stahlarbeiter der United States Steel 1919 eingesetzt, als 360.000 Arbeiter zehn Wochen lang die Arbeit niederlegten und die Unternehmer an deren Stelle dreißig- bis vierzigtausend Schwarze herbeiholten.

Die Große Wanderung der Schwarzen wurde nicht nur durch den Mangel an Arbeitskräften und die Unterbrechung der Einwandererströme aus Europa verursacht, sondern auch durch die zunehmenden Arbeiteraufstände begünstigt: Im Jahr 1916 brachen in Chicago 71 Streiks aus gegenüber 25 im Jahr zuvor.

1916 warb ein schwarzer Geistlicher der South Side in einer Nacht 300 schwarze Frauen an, um einen Streik der Zimmermädchen in den Hotels zu brechen. Die großen *packers* unterstützten mit großzügigen Geldspenden die schwarzen Politiker und Kirchen. In den zwanziger Jahren äußerte sich Archibald Carey, der Bischof der AME (African Methodist Episcopal) Church von Chicago so: »Das Interesse meines Volkes ist der Wohlstand der Nation und der weißen Bevölkerungsschicht, die darüber wacht«: Anfang des Jahrhunderts war sein Gotteshaus durch Spenden der Familien Armour und Swift vor der Schließung gerettet worden. Während des letzten großen Streiks in den Schlachthäusern 1921 wurden erneut Zigtausende Schwarze eingestellt, diesmal aber auf Dauer: Die *packers* wollten ein für allemal gegen die Streiks und Gewerkschaften der Weißen gewappnet sein.[23]

Die Beziehungen der Arbeiterschaft offenbaren also einen weiteren Aspekt dieses Circulus vitiosus, den Myrdal als Cha-

22 Ebd., S. 117

23 All dies ist J. R. Grossman, *Land of Hope*, a.a.O., Kap. 8 (*The White Man's Union*), S. 208–245 entnommen.

rakteristikum des Schwarzenproblem betrachtet: »Vorurteil und Diskriminierung der Weißen halten den Neger klein hinsichtlich Lebensstandard, Gesundheit, Bildung, Umgangsformen und Moral. Das wiederum stützt das Vorurteil der Weißen.«[24] (Myrdal sah darin durchaus einen Grund zum Optimismus: Wenn es einen Circulus vitiosus gibt, dann kann es einen ähnlichen Zirkelschluß auch im positiven Sinn geben, und Veränderungen in einem Teilbereich können sich auch auf andere Bereiche auswirken; wenn sich also die Rassenvorurteile abschwächen, verbessern sich die Lebensbedingungen der Schwarzen, wodurch sich wiederum die Vorurteile der Weißen abschwächen usw.

In den Beziehungen der Arbeiterschaft bedeutete dies: Wenn sich die Schwarzen aus wirtschaftlicher Not als Streikbrecher gebrauchen lassen, so verstärken sie damit die Rassenvorurteile der Gewerkschaften, die in der Folge ihrer Tendenz zur Rassentrennung umso ungehemmter nachgeben. So war es beispielsweise in der American Federation of Labor, deren Vorsitzender Samuel Gompers in den Augen der Schwarzen im Ersten Weltkrieg ein Symbol des gewerkschaftlichen Rassismus war. Berühmt ist sein 1901 gesprochener Satz: Der Verband »vertritt nicht unbedingt die Auffassung, daß die sozialen Schranken zwischen den Schwarzen und den Weißen aufgehoben werden können oder müssen.«[25] Diese Diskriminierung führte zu einer feindseligen Haltung der Schwarzen gegenüber den Gewerkschaften und war auch die Ursache dafür, daß die Bemühungen der Gewerkschaften um Rassenintegration scheiterten. Diese Spirale des »Kriegs im Herzen des Volkes« wurde 1935 mit dem von John L. Lewis gegründeten CIO (Committee for Industrial Organizations) und dem großen Streik von 1936 unterbrochen. Spuren davon blieben jedoch im amerikanischen Gewerkschaftswesen erhalten und sind eine der historischen Ursachen für seine Schwäche.

24 Myrdal, *Das Wertproblem in der Sozialwissenschaft*, Hannover 1965, S. 195
25 Zit. nach B. Cartosio, *Lavoratori negli Stati Uniti*, a.a.O., S. 99

Amerika hat der Schwarzenfrage ein enormes Potential an intellektueller Energie gewidmet: »Die geistige Energie«, schrieb Myrdal, »die man in Amerika auf das Negerproblem verwendet hat, hätte, auf eine Richtung konzentriert, Berge versetzen können.«[26] Doch diese geistigen Anstrengungen verpufften sinnlos. Die Schwarzenfrage wird heute geradezu als eine Obsession empfunden: »Die einzige Hoffnung auf eine Lösung des Südproblems« besteht darin, »daß die Südstaatler andere Sorgen bekommen und sich nicht mehr mit dem Negerproblem beschäftigen«, schrieb ironisch der Schriftsteller Frank Tannenbaum.[27] Eine Lösung der Schwarzenfrage hängt nicht zuletzt auch davon ab, wie Amerika die großen Schwarzenaufstände, die *race riots*, vor sich selbst darstellt, von denen dieses Jahrhundert, insbesondere in den Sommermonaten, geprägt war. Der erste blutige *race riot* in einer großen Industriestadt des Nordens brach im Juli 1917 in East St. Louis aus. Der Mythos erzählt von einem angestauten Wahnsinn, der wegen irgendeiner Belanglosigkeit ausbricht, einer Rüpelei, die irgendwo in Santa Barbara zum Sprengsatz wird. Der Zorn des schwarzen Ghettos wird mit dem Lavastrom eines Vulkans kurz vor dem Ausbruch verglichen, der Wohlstand und Sicherheit der Weißen in Gefahr bringt. Dasselbe gilt für die Unruhen, die im April 1992 in Los Angeles nach dem Freispruch der Polizisten ausbrachen, die einen Schwarzen brutal zusammengeschlagen hatten.

Leere Baracken und verfallene Industrieanlagen säumen heute den Strand von Chicago dort, wo am 27. Juli 1919 einer der ersten schwarzen Aufstände der amerikanischen Industriestädte seinen Anfang nahm. Der gängigen Version der Ereignisse zufolge war es an jenem Tag schwülheiß, und die Chicagoer strömten in Scharen ans Ufer des Michigansees. Edward Williams, ein siebzehnjähriger Schwarzer, überschwamm die imaginäre Linie, die die Schwarzen von den weißen Mädchen

26 Myrdal, *Das Wertproblem in der Sozialwissenschaft*, a.a.O., S. 116
27 Ebd., S. 120

trennte, und wurde von einem Steinhagel tödlich getroffen. Die Auseinandersetzungen griffen auf den gesamten Süden Chicagos über und dauerten vier Tage, bis zum 31. Juli. Erst am 8. August kehrte – dank eines Wolkenbruchs und des Eingreifens der Nationalgarde – Ruhe ein: In dieser Zeit wurden 38 Menschen getötet (23 Schwarze, 15 Weiße), 537 verwundet, Tausende verhaftet, über tausend verloren das Dach über dem Kopf.

Doch die »Situation war« – euphemistisch gesagt – »ein klein wenig komplizierter«.[28] Zwischen 1917 und 1919 hatten weiße Gangs in Chicago 24 Bomben auf die Wohnungen Schwarzer geworfen, die es gewagt hatten, sich in weißen Stadtvierteln anzusiedeln. 1919 hatte sich durch das Ende des Krieges die Situation noch zugespitzt. Vier Millionen Soldaten waren entlassen worden, neun Millionen, die in der Kriegsindustrie beschäftigt gewesen waren, standen ohne Arbeit da. Die *packers*, die mit Dosen und Lebensmittelrationen große Gewinne gemacht hatten, entließen jetzt 10.000 Schwarze in den Stockyards. Hinzu kamen 200.000 schwarze Kriegsheimkehrer, die auf den sowieso schon prekären Wohnungsmarkt und auf den Arbeitsmarkt drängten. Im April 1919 telegraphierte die Chicago Association of Commerce an die Handelskammern im Süden: »Braucht ihr Negerarbeiter? Hier großer Überschuß an Negern, sowohl an ausgemusterten Soldaten wie auch an Zivilisten, die sofort zur Verfügung stünden«.[29] Bei den Darstellungen der Unruhen in Chicago wird verschwiegen, daß in jenem Sommer weitere 25 Aufstände Schwarzer in anderen Städten der USA ausbrachen. In Chicago wurde die Situation noch dadurch verschlimmert, daß der republikanische Bürgermeister William Hale Thompson mit maßgeblicher Unterstützung der Schwarzen gerade wiedergewählt worden war; bei den europäischstämmigen weißen Katholiken aber war Thompson verhaßt.

28 Eine detaillierte Beschreibung des Aufstands gibt W. M. Tuttle Jr., *Race Riots*, a.a.O., insbes. S. 3–66.
29 Ebd., S. 131

Bleibt hinzuzufügen, daß nach Beginn der Zusammenstöße der Gouverneur von Illinois die Entsendung der Nationalgarde hinauszögerte (wie bereits in St. Louis im Jahr 1917); daß während der Unruhen die großen *packers* den Schwarzen ganze Ladungen an Lebensmitteln und Fleisch zur Verfügung stellten, um den Streik der Weißen zu brechen und Unordnung zu schüren. 41 Prozent der Auseinandersetzungen fanden im Viertel der Stockyards statt, in das die Schwarzen nur auf dem Weg zur Arbeit kamen. Am 7. August kehrten die Schwarzen unter Polizeischutz in die Schlachthäuser an die Arbeit zurück.

Mag sein, daß die von der Gewerkschaftszeitung *New Majority* lancierte Beschuldigung falsch ist[30], derzufolge die Rassenunruhen durch die Aktionen der *packers* verursacht wurden. Mag sein, daß es nie einen »Strategieplan des Kapitals« gegeben hat, durch den der Klassenkampf gezielt in einen Rassenkampf umgepolt werden sollte. Sicher ist, daß die Logik des Kapitals – also die Strategie, die Löhne möglichst niedrig zu halten, Proteste und Streiks niederzuschlagen und die Personalkosten zu senken – den Circulus vitiosus des weißen Rassismus und des schwarzen Streikbrechertums, der Rassenunruhen und der Rassentrennung provozierte und ausnützte. Es ist kein Zufall, daß jener Sommer 1919, der *Red Summer*, der amerikanischen Arbeiterbewegung eine schwere Niederlage brachte; daß mit jenem Sommer die Hoffnung, die so viele Schwarze aus dem Süden in den Norden geführt hatte, verblaßte und in Rassenhaß umschlug, der Chicago zur Stadt mit der striktesten Rassentrennung machte. Ist das Chicago von heute noch das *Land of Hope*? Der schwarze Humor scheint in den Vereinigten Staaten vor allem in der Bezeichnung geographischer Orte erfolgreich gewesen zu sein: Wer je im Norden Philadelphias unterwegs war (in der dortigen South Bronx), muß unwillkürlich daran denken, daß Philadelphia wörtlich »Stadt der Bruderliebe« heißt.

Jener Mechanismus, der im Sommer 1919 in Chicago in

30 Vgl. J. R. Grossman, *Land of Hope*, a.a.O., S. 223

Gang gesetzt wurde, ist in anderen Teilen der Welt noch heute wirksam. Wieder wird der Klassenkonflikt abgebogen, kanalisiert, in die Bahnen eines rassischen, ethnischen Konflikts gelenkt. Die Rasse, die Ethnie, die Nation wird »wiederentdeckt« oder »als imaginäre Größe« gehandelt – und zwar *nach* der Industrierevolution, nach der Modernisierung, nach der kapitalistischer Umgestaltung. *Race riots* stehen uns auch in Europa bevor, sie sind durchaus keine folkloristische sommerliche Yankee-Tradition.

ALLAH AM MICHIGANSEE

Was Genf für die Calvinisten, das ist Chicago für die schwarzen Muslime, die Black Muslims. Tief in der South Side Chicagos, zwischen der 73. und der 74. Straße, ragt wie eine Benzinreklame ein Halbmond empor, der einen fünfzackigen Stern umschließt. Es ist die Spitze einer Moschee, die Elijah Muhammad, der Gründer der Sekte und ihr neuer Mohammed, im Jahr 1934 hatte erbauen lassen. In Chicago findet alljährlich die *convention* der Nation of Islam (NOI) statt: 1994 strömten 12.000 Gläubige zusammen, die es sich zwischen 30 und 50 Dollar kosten ließen, ihren Wortführer Louis Farrakhan sprechen zu hören. Keiner weiß, wieviele schwarze Muslime es in den Vereinigten Staaten gibt. Die Zahl von 100.000 aktiven Mitgliedern ist etwas hochgegriffen. Dennoch haben die Black Muslims ein erhebliches politisches und moralisches Gewicht. Als Jesse Jackson im Jahr 1988 die Kampagne der Vorwahlen zu den Präsidentschaftswahlen eröffnete, mußte er sich ihrer Unterstützung versichern, um als »Schwarzer« legitimiert zu sein. Jackson handelte sich damit allerdings die Feindschaft der jüdischen Bevölkerung ein, da die Nation of Islam radikal antisemitisch geprägt ist.

Der große Einfluß der Black Muslims liegt in ihrer straffen Organisation und in ihrer Disziplin begründet. Sie haben eine eherne Ideologie und eigene Wirtschaftsunternehmen, sie besitzen eine vierzehntägig erscheinende Zeitung namens *The Final Call* (»Der letzte Aufruf«), Schulen für Krankenschwestern, eigene Krankenhäuser und eine Universität, die University of Islam. In militärischen Trainingskursen wird ein nicht gerade kleiner Trupp von Bodyguards ausgebildet, die Fruit of Islam. Hierin unterscheidet sich die Nation of Islam nicht von den zahlreichen anderen religiösen Sekten der Vereinigten Staaten, die nicht nur als Glaubensgemeinschaft, sondern auch als Wirtschaftsunternehmen, als politische Lobby, manchmal auch als Gang in Erscheinung treten. Religionen, die nicht Synoden oder Konzilien abhalten, sondern *conventions* wie die Handelsvertreter oder die Zahntechniker. Die Nation of Islam verdingt ihre paramilitärischen Kräfte als Sicherheitswache und hat sich in den letzten Jahren im Auftragsgerangel um die Bewachung und den Schutz größerer Gebäudekomplexe gegenüber öffentlichen Anbietern immer wieder durchgesetzt.

Während die Nation of Islam in den ärmsten schwarzen Ghettos und unter den Häftlingen in den Gefängnissen im Namen eines »Rassenkriegs« Anhänger gewinnt, lebt ihr Anführer Louis Farrakhan in einem integrierten Wohnviertel, reist im Begleitschutz von »Gorillas« und tritt gerne in Violinkonzerten auf. Als Antwort auf den (nicht unbegründeten) Vorwurf des Antisemitismus spielte Farrakhan 1993 in einem öffentlichen Konzert Werke des (jüdischen) Komponisten Mendelssohn Bartholdy. Seit dreißig Jahren steht Farrakhan im Verdacht, 1965 die Ermordung von Malcolm X in Auftrag gegeben zu haben – ein Verdacht, den er nie wirklich dementiert, sondern im Gegenteil noch bestärkt hat mit Äußerungen wie: »Durch Malcolm wurde jeder von uns zum potentiellen Killer. Als Malcolm diese Linie überschritt, war sein Tod unausweichlich.« Farrakhan agiert wie jene im Fernsehen auftretenden marktschreierischen Kanzelredner der *moral majority*, die seinerzeit Reagan unterstützt hatten. Und die Nation of Islam ruft beständig nach Repression, Gesetz und Ordnung.

Die Nation of Islam könnte somit also auch nur eine jener aus der Verquickung von Gerissenheit und Leichtgläubigkeit, Spitzbüberei und Gelegenheitskriminalität, Geschäftemacherei und echter Hilfsbereitschaft entstandenen Organisationen sein, die heute immer wieder wie Pilze aus dem Boden schießen, weil sie die individuelle Verzweiflung lindern. Doch birgt sie ein Rätsel: Weshalb suchten und fanden schwarze Landarbeiter aus dem Süden, die sich in der Stadt der Eisenbahnen, der Schlachthöfe, der Fließbänder ansiedelten, im Übertritt zum Islam (einem überdies höchst merkwürdigen Islamismus) eine neue Hoffnung, einen Lebenssinn, ein Mittel zur Befreiung? Wie kam es, daß sich Chicago für die Schwarzen vom *Land of Hope*, vom »Land der Hoffnung«, in eine muslimische Festung verwandelte? Was hat Allah an den zugefrorenen Ufern des Michigansees zu suchen? Weshalb erschien den Schwarzen in den Ghettos von Philadelphia und Detroit in den fünfziger und sechziger Jahren die Anbetung Allahs als eine Waffe in ihrem Befreiungskampf? Wie konnte der Muslim Malcolm X mit seiner rigorosen Sittenstrenge (keine Zigaretten, kein Alkohol, kein Glücksspiel, kein Schweinefleisch, keine geschlechtlichen Beziehungen zwischen Schwarzen und Weißen, strikte eheliche Treue) zu einer geistigen Leitfigur der permissiven und amoralischen europäischen Studentenbewegung der sechziger Jahre werden? Weshalb begibt sich in den neunziger Jahren dieses ausgehenden Jahrtausends ein Ex-Weltmeister im Boxsport der Yankees (Muhammad Ali alias Cassius Clay) in den Iran und wirft sich vor dem Grab des Ayatollah Chomeini nieder, sucht ein anderer, Mike Tyson, nach der Haftentlassung als erstes eine Moschee auf?

Der Legende nach wurde die Nation of Islam von einem gewissen Walli D. Fard 1931 in Detroit gegründet, der ein Jahr zuvor »als Seidenverkäufer« aus Mekka in die Vereinigten Staaten gekommen war. Für die Black Muslims ist Walli D. Fard eine Inkarnation Allahs: Er war halb schwarz und halb weiß, »um vom schwarzen Volk in Amerika angenommen werden zu können und um in der Lage zu sein, es zu führen. Gleichzeitig konnte er sich so aber auch unentdeckt unter den Weißen bewegen und diese Feinde der Schwarzen besser verstehen und einschätzen«[1]. Noch heute wird sein Geburtstag von den Gläubigen als Tag des Heils gefeiert. Fard gründete in

1 *Malcolm X. Die Autobiographie*, a.a.O., S. 181

Detroit die Moschee Nr. 1 und gab seine Lehre weiter an Elijah Muhammad (1897–1975), mit ursprünglichem Namen Elijah Poole, ein Nachkomme einstiger Sklaven aus Georgia. Fard verschwand auf geheimnisvolle Weise (die Geschichte der Nation of Islam ist voll von solch geheimnisvollen Abgängen), und Elijah Muhammad ließ sich in Chicago nieder, wo er 1934 die Moschee Nr. 2 erbaute, die seither das spirituelle Zentrum der Sekte ist.

Bis in die fünfziger Jahre fristete die Sekte ein eher bescheidenes Dasein, nach Angaben von Malcolm X zählte sie weniger als 1.000 Anhänger. In den fünfziger Jahren und dank des Engagements von Malcolm X baute die Nation of Islam weitere Moscheen, die Zahl der Gläubigen stieg, und die Sekte geriet ins Rampenlicht der Öffentlichkeit: 1960 erschien Eric Lincolns Buch *The Black Muslims in America*, in dem der Begriff »schwarze Muslime« zum ersten Mal auftauchte. Dann brach Malcolm X mit seinem Mentor Elijah Muhammad, distanzierte sich von der Nation of Islam und wurde ermordet. Nach dem Tod Elijah Muhammads zehn Jahre später, im Jahr 1975, spaltete sich die Sekte: in einen gemäßigteren Flügel mit Elijahs Sohn, dem Imam W. Deen Muhammad, an der Spitze, der eine Rückkehr zur orthodoxen islamischen Lehre befürwortete; und in einen von Farrakhan angeführten Flügel, der sich schließlich durchsetzte.

*

Die Stärke der Nation of Islam liegt in der Radikalität des von ihr – jedenfalls verbal – propagierten Rassenkriegs. Ihre Doktrin ist simpel und beinhaltet eine gewissermaßen empirische Wahrheit: Die christliche Religion ist falsch, weil *für die Schwarzen die Hölle* nicht erst nach dem Tod, im jenseitigen Leben der Seelen, wartet, sondern bereits *hier* ist, auf dieser Erde, in dieser Gesellschaft, und die Teufel dieser Hölle sind die Weißen. Und in der Tat, wer könnte bestreiten, daß der Weiße dem Schwarzen das Leben zur Hölle gemacht hat, angefangen mit der Sklaverei, dann mit der Lynchjustiz, den Jim-Crow-Gesetzen, dem Elend, dem Ausschluß aus der Gesellschaft. Für einen schwarzen Häftling in der Strafanstalt von Angola in Louisiana, einem der schlimmsten Gefängnisse der Welt, oder für einen Bewohner von East St. Louis oder des Nordens von Philadelphia ist der Satz »für die Schwarzen ist die Hölle auf dieser Erde, und die Weißen sind die Teufel« geradezu eine Offenbarung, die eine verblüffend einleuchtende und unbestreitbare Wahrheit in sich trägt. Allerdings ist im gewöhnlichen Sprachgebrauch der Satz »die Hölle ist hier auf dieser Erde« eine Metapher (»jemandem das Leben zur Hölle machen«, sagt man), so wie nach Jean-Paul Sartres Satz *»l'enfer c'est les autres«* für einen Rassisten »die Hölle die anderen« sind. Die Nation of Islam hingegen und ihre Kosmogonie versteht diesen Satz ganz wörtlich.

Malcolm X erzählt die Kosmogonie der schwarzen Muslime folgendermaßen: Nachdem sich der Mond von der Erde abgespaltet hatte, gründeten die ersten Menschen, die von dunkler Hautfarbe waren, die heilige Stadt Mekka. In diesem schwarzen Volk waren vierundzwanzig weise Gelehrte, von denen einer, der mit den anderen im Streit lag, den schwarzen Stamm Shabazz gründete. Dieser war besonders stark, und von ihm stammten die sogenannten »Neger« in Amerika ab. »Vor ungefähr 6.100 Jahren, als siebzig Prozent der Menschen zufrieden waren und dreißig Prozent unzufrieden, wurde unter den Unzufriedenen ein ›Mr. Jakub‹ geboren.«[2] Jakub wurde Wissenschaftler, predigte in Mekka häretische Lehren und wurde schließlich mit seinen 59.999 Anhängern auf die Insel Patmos verbannt, auf der Tausende von Jahren später der Apostel Johannes die *Offenbarung* schrieb. Erzürnt über seine Verbannung, beschloß Jakub, durch genetische Selektion eine weiße Rasse zu gründen: »Er wußte, daß die daraus hervorgehenden Menschen nicht nur hellhäutiger und schwächlicher sein würden, sondern auch anfälliger für alles Sündhafte

2 Die Zitate auf dieser Seite sind entnommen *Malcolm X. Die Autobiographie*, a.a.O., S. 178–180.

und Böse. Auf diese Weise wollte er schließlich sein Ziel erreichen und eine ausgebleichte, weiße Rasse von Teufeln erzeugen.« Die Selektion einer weißen Rasse aus der schwarzen Urrasse vollzog sich im Verlauf mehrerer Jahrhunderte, und am Ende gab es »auf der Insel Patmos nur noch diese blonden hellhäutigen Teufel mit ihren kalten blauen Augen – Wilde, die nackt, schamlos und behaart wie Tiere auf allen vieren herumliefen und auf den Bäumen lebten«. Nach weiteren sechshundert Jahren kehrte diese Rasse zu den ursprünglichen schwarzen Menschen zurück, und innerhalb von sechs Monaten hetzte »diese Teufelsrasse die Schwarzen durch Lügen dazu auf, gegeneinander zu kämpfen. Was vorher ein friedliches Paradies auf Erden gewesen war, wurde durch diese Teufelsrasse zu einer durch Streit und Kampf zerrissenen Hölle«. Doch der Prophezeiung zufolge sollte nach sechstausend Jahren, innerhalb derer die weiße Rasse Jakubs die Welt beherrschen würde, die ursprüngliche schwarze Rasse einen Menschen hervorbringen, dessen Weisheit, Wissen und Macht unendlich sein würde.

Dieser Mensch war selbstverständlich Elijah Muhammad.

*

Es wäre ein Fehler, diese Legende angesichts ihrer Ungeheuerlichkeiten zu belächeln. Nicht nur, weil Zigtausende von Menschen daran glauben, was an sich schon Grund genug wäre. Denn wer sind wir, daß wir diese Glaubensüberzeugungen abschätzig beurteilen dürfen, wo doch Jahr für Jahr Tausende von Gelähmten katholischen Glaubens in Wallfahrtsorte wie Lourdes pilgern, in einem Becken untertauchen und sich davon ein Wunder erwarten?

Doch dies ist nicht der einzige Grund. Aus dem Ghetto heraus hat diese Sekte den raffiniertesten Zweck moderner Ideologien auf den Punkt gebracht: die Geschichte neu zu schreiben als Waffe, um Geschichte zu machen. Mit der Legende der Black Muslims vollzieht sich gewissermaßen eine kopernikanische Wende. Alessandro Portelli schreibt dazu: »Mit der Behauptung, die Weißen seien eine Schöpfung der Schwarzen, erzielt die Geschichte Jakubs den nicht unerheblichen Effekt, die Schwarzen in den Mittelpunkt der Geschichte zu rücken.« Indem Malcolm X also ein unwahrscheinliches Märchen verbreitet, bewirkte er etwas sehr Reales und »trägt mehr als irgend jemand sonst dazu bei, den Blick auf die Geschichte zu verändern. Wenn es heute unmöglich geworden ist zu sagen, die Schwarzen hätten keine Geschichte und keine Vergangenheit«[3], dann dank Malcolm X. Und damit paradoxerweise dank dem Mythos von Jakub.

Doch in der Jakub-Geschichte liegt ein weiterer außerordentlich moderner Aspekt: Die Historie wird nämlich als religiöse Offenbarung umgeschrieben und ähnelt damit in mehrfacher Hinsicht den Offenbarungen moderner christlicher Sekten der Vereinigten Staaten. Die These, derzufolge die Schwarzen »die einst verlorene, nun aber zum Glauben zurückgeführte Nation des Islam hier in dieser Wüste Nordamerikas« sind, gleicht der Offenbarung des Propheten Mormon wie ein Ei dem anderen. Dieser Offenbarung zufolge, die dem Sektengründer Joseph Smith im 19. Jahrhundert durch den Engel Moroni zuteil wurde, überquerte nach dem Turmbau zu Babel einer der »verlorenen und wiedergefundenen« Stämme Israels, die Lamaniten, Vorfahren der Indianer, den Atlantik. Auch die Reinkarnation Allahs in den Vereinigten Staaten entspricht der Tradition der Mormonen, derzufolge Christus nach seiner Auferstehung in Amerika erschienen ist. Und niemandem in den Vereinigten Staaten würde es einfallen, sich über die Mormonen-Kirche lustig zu machen, die einen ganzen Bundesstaat, den Staat Utah, beherrscht und ein riesiges Wirtschafts- und Finanzimperium aufgebaut hat. Zutiefst amerikanisch ist der Gedanke einer »verlorenen und wiedergefundenen« *Identität*, die Behauptung einer verlorengeglaubten Kontinuität, die dem Vergessen entrissen und aus

3 Alessandro Portelli, *La linea del colore. Saggi sulla cultura afroamericana*, Rom 1994, S. 126 und 124, sowie das gesamte Kapitel *Malcolm X e l'uso della storia*, S. 121 – 131

dem Mahlstrom der Erinnerung gerettet worden ist. Diese Kontinuität, und sei sie noch so erdacht, bedeutet die Rettung. Sie ermöglicht es den einzelnen, sich nicht mehr als isolierte Individuen zu sehen, die wie zufällig auf diesem riesigen Kontinent verstreut leben, sondern sich als Teil einer (menschlichen, sozialen, religiösen) Gemeinschaft zu fühlen, die vorher nicht bekannt war – nicht, weil sie nicht existierte, sondern weil sie den Menschen vorenthalten worden war.

Das zweite, gleichfalls recht unislamische, jedoch sehr amerikanische Kernthema der Nation of Islam ist die Wiederkunft. Der Jakub-Geschichte zufolge ist die weiße Herrschaft nach sechstausend Jahren an ihrem Ende angelangt, und mit der Ankunft Elijah Muhammads beginnt nun die Herrschaft der Schwarzen. Das Motiv der Wiederkunft hat die Nation of Islam ebenfalls mit vielen christlichen Sekten gemeinsam. Auch die Mormonen betrachten ihre Gemeinschaft als die Stadt Zion, deren Gründung in der Neuen Welt Christus selbst in den »letzten Tagen der Schöpfung« befohlen hat. Sie nennen sich deshalb auch Kirche Jesu Christi der Heiligen der Letzten Tage *(Church of Jesus Christ of the Latter-Day Saints)*. Ähnlich bei den zahllosen Adventisten-Kirchen der Vereinigten Staaten, die das baldige Ende der Welt und die bevorstehende Ankunft des Reiches Gottes vorhersagen. Der erste geistige Führer der Adventisten, William Miller, verkündete, das Ende der Welt stehe am 21. März 1844 bevor. An diesem Tag ging die Sonne auf, die Erde drehte sich weiter, doch die Adventisten ließen sich in ihrem Glauben nicht erschüttern und verlegten das Ende der Welt auf den 22. Oktober 1844, danach wiederum auf einen anderen Termin. Und es sind nicht nur Extremisten wie David Koresh, der sich für das fleischgewordene Lamm Gottes hielt und sich im April 1993 mit hundert seiner Anhänger auf einer Farm in Waco, Texas, verbrennen ließ. Oder schlichte Geister wie jene Tausende von Koreanern und Koreanerinnen, die sich, wie ich im Oktober 1992 in Chicago beobachten konnte, in ihren Kirchen verbarrikadierten, einen Tag und eine Nacht auf den Weltuntergang warteten und dann in Tränen ausbrachen, als sie feststellten, daß sie weiterleben mußten. Keineswegs, denn in den Vereinigten Staaten kontrolliert allein die Kirche der Siebten-Tags-Adventisten (eine der vielen adventistischen Glaubensgemeinschaften) 44 Verlagshäuser, 14 Colleges, zwei Universitäten, Ausbildungsstätten für Medizin, Zahnheilkunde und Physiotherapie, 437 höhere Schulen und 4.411 Grundschulen; sie finanziert 437 Krankenhäuser und 2.435 Rundfunkstationen.[4] Ihre Anhänger sind vielleicht Fanatiker, aber sie besitzen auch einen ausgezeichneten Geschäftssinn und enorme organisatorische Fähigkeiten.

Der Glaube an eine Wiederkunft ist also tief verankert und geht weit über die Religion hinaus – sei es nun die christliche oder die islamische; er fungiert als ein Gegengewicht zum positiven Denken, jenem *positive thinking*, das für jede These sofort einen empirischen Nachweis fordert, das jeden Verzicht mit einer materiellen, greifbaren Belohnung verrechnet. Der Gedanke der Wiederkunft holt das Himmelreich auf die Erde herunter, verlegt das Jenseits ins Diesseits. Er bringt das Paradies oder das Reich Gottes auf die Erde – wie auch die Nation of Islam das Reich des Teufels, die Hölle, auf die Erde herabholt. Der Adventismus transferiert das Sinnproblem (die Frage nach dem Sinn unseres Lebens) von der Sakral- in die Profangeschichte, von den immateriellen Seelen auf die körperhaften Individuen, vom Jüngsten Tag ins Hier und Heute. Davon leitet sich die trotz aller Rückschläge immer wieder sich erneuernde Zuversicht auf ein präzises, nahe bevorstehendes Datum für das Weltende ab (*Rapture* im Englischen): um X Uhr am Tag Y im Jahr Z. Der Adventismus treibt die calvinistische Prädestinationslehre gewissermaßen auf die Spitze. Denn wer das Ende der Welt erwartet, zählt bereits zu den Auserwählten des Herrn, zu jenen, die für den Eintritt in sein Reich bestimmt sind. Wer an die Wiederkunft glaubt, erwirbt

4 Nach Frank S. Mead, *Handbook of Denominations in the United States* (1961), Nashville [9]1990, S. 19f.

die Stigmata der Heiligkeit: indem er fordert, daß die augustinische »Stadt Gottes« hier und heute erbaut wird, und zwar möglichst *getrennt* von der »Stadt der Menschen«.

*

Hier dringen wir in ein vertracktes Labyrinth ein, ins Dickicht der unentwirrbaren Verflechtung von religiösem Fanatismus und positivistischer Mentalität. Im herkömmlichen Verständnis ist die positivistische Mentalität atheistisch, skeptisch, faktengläubig, materialistisch, die religiöse hingegen das genaue Gegenteil: spiritualistisch und fideistisch. Doch der Positivismus ist seit seinen Anfängen, seit Auguste Comte, eng mit dem Fideismus verknüpft: Wer »positivistisch« argumentiert, kann trotzdem ein religiöser Fundamentalist sein. Um diesen Sprung vom positiven Faktum zum Glauben zu vollziehen, braucht man lediglich die geoffenbarte Wahrheit selbst als ein *Faktum* zu betrachten, man braucht nur den »Anweisungen« des Buches Gottes zu folgen, ähnlich wie man eine Gebrauchsanweisung für elektrische Haushaltsgeräte beachtet. Hierbei geht es um eine *wörtliche* und nicht mehr metaphorische Interpretation der religiösen Aussagen: »die Hölle auf Erden« – wörtlich verstanden; die Nation of Islam versteht den »weißen Teufel« wörtlich, ebenso wie die protestantischen Sekten die biblischen Texte wörtlich verstehen. Einer von Gallup im Jahr 1983 durchgeführten Untersuchung zufolge hegten damals 62 Prozent der Amerikaner »keinerlei Zweifel« an der Wiederkunft Christi auf Erden. Eine andere Umfrage von 1980 ergab, daß 40 Prozent der Amerikaner die Bibel als »wirkliches Wort Gottes« betrachteten, das »in allen Details wörtlich zu nehmen ist«.[5]

Eine weitere Nahtstelle zwischen positivistischem Denken und religiösem Fundamentalismus zeigt sich in der enormen rhetorischen Macht, die in den Vereinigten Staaten den *Zahlen*

5 Paul Boyer, *When Time Shall Be No More. Prophecy Belief in Modern American Culture*, Cambridge (Mass.) 1992, S. 2. Boyers Buch ist hilfreich, um die Aktualität des apokalyptischen Denkens in den Vereinigten Staaten von heute zu verstehen.

zugeschrieben wird. Die Massenkommunikation bedient sich in vielfältiger Weise der Zahlen als rhetorisches Mittel, angefangen bei der *Wiederholung* (»In 12 Tagen mit 12 Ampullen 12 Jahre wegradiert aus Ihrem Gesicht«) über die *fortlaufende Zählung* (»1 außergewöhnliches Angebot, 2 Lebensstile, 3 Vorteile«) bis zum *Doppelsinn* (»99 Dollar für 99 Reisetage«): die Zahl ist nie rein denotativ, sie ist ein sprachliches Mittel, das vielfältige Konnotationen beinhaltet.[6]

Aber in den Vereinigten Staaten steckt mehr dahinter. Die Zahl sichert gewissermaßen den Wahrheitsgehalt einer These: Reduziert auf die zählbare Quantität, wird eine These positiv, verifizierbar: *Eine Zahl ist ein Faktum.* Nur daß diese numerische Wahrheit in gänzlich unbekümmerter Weise gehandhabt wird. Die Funktion der Zahl besteht nicht darin, etwas zahlenmäßig zu *kennzeichnen*, sondern eine Zahl *zu sein.*

Bereits auf dieser Ebene erfüllt die Zahl nicht mehr eine mathematische, sondern eine *kabbalistische*, religiöse Funktion, ähnlich wie bei den christlichen Sekten, wo die Zahl 666 für das Tier oder den Antichrist steht, oder eben bei den Black Muslims, wo Jakub 59.999 Anhänger hatte. Derselbe rhetorische Effekt ist beabsichtigt, wenn Malcolm X schreibt, das Wissen der Freimaurer und des Teufels »umfaßt nur 33 Grad, während das Wissen Allahs 360 Grad umfaßt«.[7] Die *Zahl* bildet also neben der *wörtlichen Interpretation* die zweite Brücke zwischen Positivismus und fundamentalistischer Religiosität; ihr gemeinsamer Bezugspunkt ist das wörtliche Verständnis der Zahl, ist die Zeichen gewordene Wörtlichkeit.

*

Aber Jakub ist ein Wissenschaftler, ja sogar ein »verrückter Wissenschaftler«. Und auf diese Weise wird die Verflechtung

6 Die Beispiele sind dem Artikel »Rhétorique du nombre« von Jacques Durand entnommen, erschienen in der Sondernummer *Recherches rhétoriques* der Zeitschrift *Communications*, hg. von Roland Barthes, Nr. 16, 1970, S. 125–132.
7 *Malcolm X. Die Autobiographie*, a.a.O., S. 173

zwischen positivistischem Denken und Aberglauben noch klarer, noch enger. In der ursprünglichen Geschichte Elijah Muhammads erkannte Jakub vor mehr als sechstausend Jahren »die eigene Zukunft, indem er sich mit Stahl beschäftigte. Dieses Metall hatte sich seit jeher die Rasse zunutze gemacht, die er erschaffen hatte. Stahl wurde zum nützlichsten Metall. Jakub erkannte dessen magnetische Kräfte [...] und ersann ein menschliches Wesen, das zwar unwahrscheinlich, jedoch dafür geschaffen war, die anderen an sich zu ziehen, und das alle nur erdenklichen Mittel und alle möglichen Lügen kannte, um sich den ersten Schwarzen zu unterwerfen...«[8] Am Ursprung der Hölle stehen Wissenschaft und Technologie, die den *weißen Teufel* hervorbrachten.

Diese Verschmelzung von Wissenschaft und Dämonologie ist durchaus keine Besonderheit der Nation of Islam und ist auch nicht auf Chicago begrenzt. »In der Tat«, schreibt Mike Davis, »exemplifiziert das Schicksal der Wissenschaft in Los Angeles den Rollentausch zwischen praktischer Vernunft und dem, was die Disneyaner ›imagineering‹ [Imaginationstechnologie] nennen. Wo man erwarten könnte, daß die weltweit größte Konzentration von Wissenschaftlern und Technologen zur Entstehung einer aufgeklärten Gesellschaft führt, hat sich die Wissenschaft statt dessen mit der billigen Unterhaltungsliteratur, mit der Vulgärpsychologie, ja sogar mit dem Satanismus zusammengetan, um am kalifornischen Mythos weiterzubauen.«[9] Die Beziehungen zwischen Wissenschaft, Religion und Magie sind also noch komplexer.

Einerseits hat die Wissenschaft in den modernen Gesellschaften eine unbestrittene Vormachtstellung inne, andererseits herrscht in diesen Gesellschaften eine völlige Unkenntnis über die naturwissenschaftlichen Prozesse. Und dieses Unwissen wächst mit der Entwicklung der wissenschaftlichen Erkenntnisse und mit der Industrialisierung des Lebens. In

8 Elijah Muhammad, *Message to the Blackman in America*, Muhammad Mosque of Islam Nr. 2, Chicago 1965, S. 112

9 M. Davis, *City of Quartz*, a.a.O., 1990, S. 23

unserem Alltag wenden wir nicht nur keine naturwissenschaftlichen Verfahren an, wir haben auch immer weniger Ahnung, wie jene Dinge funktionieren, die wir unaufhörlich benutzen und die uns inzwischen unentbehrlich geworden sind. Auf welche Weise überträgt ein mit Löchern versehener Plastikhörer Töne über große Entfernungen hinweg? Wie funktioniert es, daß ich eine Taste drücke und aus Dunkelheit Licht wird? Keine Ahnung – werden die meisten von uns antworten –, und es interessiert mich auch nicht: Das wissen andere. Je komplizierter die technischen Produkte, um so größer wird diese Unkenntnis: Durch elektronische Rechner ist es überflüssig geworden, selbst rechnen zu können, die Folge ist eine Art mathematischer Analphabetismus.

Deshalb vor allem haben für die große Mehrheit der Menschen Naturwissenschaft und technische Produkte etwas *Magisches.* »Magie« bezeichnet heute nichts anderes als einen Vorgang, bei dem zwischen der für eine Handlung erforderlichen Anstrengung und dem Resultat dieser Anstrengung eine große Diskrepanz besteht: Es kostet keine Anstrengung, einen Satz zu sprechen, und dennoch: Wenn dieser Satz »Sesam öffne dich« lautet, kann man mit seiner Hilfe einen Felsblock von der Stelle bewegen, der den Zugang zu Ali Babas Räuberhöhle versperrt; es kostet keine Anstrengung, »magische« Formeln zu sprechen und damit Steine in Gold zu verwandeln. In diesem Sinn hat für uns heute die Naturwissenschaft etwas Magisches. Je stärker die Gesellschaft technologisiert ist, um so »magischer« ist ihre Ideologie. Technik kann weiße Magie sein, die dem Wohl der Menschheit dient, oder schwarze Magie, Zauberei, die die Hölle ökologischer Katastrophen und schrecklicher Kriege heraufbeschwört, und Wissenschaftler sind somit Zauberer – oder Verrückte, wie Jakub.[10]

Wenn weiterhin die wissenschaftliche Wahrheit die offizielle Wahrheit einer Gesellschaft ist, die die rationalen Ver-

10 Ich nehme hier Überlegungen aus meinem Aufsatz *L'abisso non sbadiglia più* auf, erschienen in dem Sammelband *Gli ordini del caos*, Rom 1991, S. 22–24

fahrensweisen der Wissenschaft nicht kennt, so *glaubt* diese Gesellschaft, daß die Wissenschaft die Wahrheit sagt. Man *glaubt* also *an die Wissenschaft.* Die moderne Gesellschaft praktiziert also die Wissenschaftsgläubigkeit. Und damit unterscheidet sich der Determinismus der wissenschaftlichen *Prognose* auch nicht mehr von der *Prophezeiung* im religiösen Sinn. Aus diesem Grund trat die Prophezeiung gesellschaftlicher Entwicklungen in den Vereinigten Staaten häufig als wissenschaftliche Prognose auf und die *Utopie* als Science Fiction, wie beispielsweise in dem Klassiker *Looking Backward* (1897) von Edward Bellamy, dem Evangelium der sogenannten »Neuen Apostel« des amerikanischen Sozialismus.

In der Überlagerung von Prognose und Prophezeiung ähnelt der strenge Determinismus der Gesetzmäßigkeiten der Mechanik immer mehr der schicksalshaften Vorherbestimmtheit der Astrologie, und die Prädestination der Sterne steht immer mehr für die Unerbittlichkeit des sozialen Schicksals. In den Jahren 1952/53 untersuchte Theodor W. Adorno, der Mitbegründer der Frankfurter Schule, die Astrologiespalte der *Los Angeles Times*:

> Da für die meisten Individuen das soziale System das »Schicksal« ist, das unabhängig von ihrem Willen und ihren Belangen ist, wird es auf die Sterne projiziert, um ihm so ein höheres Maß an Würde und Rechtfertigung zu verleihen, an dem die Individuen selbst wiederum teilzuhaben hoffen. Gleichzeitig mindert die Vorstellung, daß die Sterne, sofern man sie richtig deutet, einen Rat geben, diese Furcht vor der Unerbittlichkeit der sozialen Prozesse, die der Sterngucker selbst hegt. Diese Ambivalenzfunktion der Astrologie macht sich der »rationale« Aspekt der Astrologiespalte zunutze. Der Trost und die Hilfe, die die mitleidslosen Sterne gewähren, summieren sich zu der Vorstellung, daß nur derjenige, der sich rational verhält […] eine Chance hat, den irrationalen und widersprüchlichen Erfordernissen des Gegebenen durch Anpassung gerecht zu werden. So

drückt die Diskrepanz zwischen den rationalen und den irrationalen Aspekten der Astrologiespalte eine der gesellschaftlichen Wirklichkeit selbst inhärente Spannung aus. »Rational sein« bedeutet nicht, irrationale Gegebenheiten in Frage zu stellen, sondern für die persönlichen Belange das beste daraus zu machen.[11]

Wenn sich die wissenschaftliche Prognose von der religiösen Prophezeiung nicht unterscheidet und sich der rationalistische Determinismus mit der Schicksalhaftigkeit der Astrologie und der Unausweichlichkeit der göttlichen Vorsehung verbindet, dann wird religiösen Aussagen jene unanfechtbare *positive* Gewißheit zugeschrieben, die für die Positivisten den wissenschaftlichen Diskurs charakterisiert. Der Glaube an die Wiederkunft Christi unterscheidet sich somit nicht vom Glauben an die Maxwellschen Gleichungen, der Glaube an die Zahl des Tieres (666) nicht vom Glauben an die Avogadro-Konstante (6×10^{23}): Dies erklärt auch die Verbreitung des Kreatianismus in den Vereinigten Staaten und die immer wiederkehrenden Versuche, den Darwinismus als Lehrstoff an den Schulen zu verbieten, da die biblische Geschichte, die von der Erschaffung der Welt durch Gott vor rund fünftausend Jahren, und der Evolutionismus, der von der Entwicklung der Arten im Laufe von Milliarden von Jahren erzählt, als zwei konkurrierende *wissenschaftliche Theorien* angesehen werden, von denen die eine notgedrungen falsch sein muß.

Viele christliche Fundamentalisten nehmen ihre Kinder von der Schule, damit sie mit der Lehre des Darwinismus nicht in Berührung kommen. Die Geschehnisse vor 6100 Jahren um den verrückten Wissenschaftler Jakub erscheinen, in diesem Kontext betrachtet, weitaus weniger abstrus – rühmen sich doch – und hier soll uns wenigstens ein Schmunzeln gestattet sein – die Texaner einer derart umfassenden Undiszipliniert-

11 Theodor W. Adorno, *The Stars, Down to Earth. »The Los Angeles Times« Astrology Column. A Study in Secondary Superstition*, in: *Soziologische Schriften II, Zweite Hälfte*, Frankfurt/Main 1975, S. 25

heit, daß sie »nicht einmal dem allgemeinen Gravitationsgesetz gehorchen«.

*

Alles schön und gut, könnte man sagen, aber nur ein Idiot kann glauben, daß es vor 6.000 Jahren Stahl gab, daß man sich damals den Magnetismus zunutze machen konnte, daß die Schwarzen Mekka erbaut haben und so fort. Auch die Leichtgläubigkeit hat ihre Grenzen. Und doch ...

Dennoch – welcher Unterschied besteht zwischen dem Glauben an das Unglaubliche und geistiger Offenheit? Für das »positive Denken« ist geistige Aufgeschlossenheit, *openmindedness*, eine fundamentale Tugend: Es bedeutet die Bereitschaft, Neues zu akzeptieren, Gelegenheiten beim Schopf zu packen, keine Hypothese von vornherein auszuschließen.

In der Tat ist die Grenze zwischen Leichtgläubigkeit und geistiger Aufgeschlossenheit recht schmal: Die Vernunft wird durch die Wirklichkeit Tag für Tag auf eine harte Probe gestellt. Eines Abends beim Essen erklärt mir ein Freund – zwischen dreißig und vierzig Jahre alt, weiße Hautfarbe, fortschrittlich, ein guter Vater, der klug und umsichtig das Darlehen für sein Haus abbezahlt – in vollem Ernst, AIDS sei ein Komplott der Weißen, um die Schwarzen zu vernichten, wie der *crack*, durch den die Schwarzen in die Kriminalität, in die Armut getrieben werden, um sie unter der Fuchtel der Weißen zu halten. Mein Freund schenkte damit einer These Glauben, die unter den Schwarzen weit verbreitet ist – nicht nur innerhalb der Nation of Islam, sondern in allen *inner cities*, wo sie unter dem Namen *The Plan* bekannt ist: »Von 1980 an hat der Stoff [Rauschgift] einen richtigen Boom erlebt [...] und ich glaube, *man*, das war alles ein großer Komplott *[master plan]*. Wir, unser Volk – ich meine uns, die Schwarzen – wir waren auf dem besten Weg zu glänzen und Fortschritte zu machen [...] aber als dieser Scheiß-Stoff aufgekommen ist [...] hat er uns um fünfzig Jahre zurückgeworfen«, erklärte Rickey, ein schwarzer Junge aus Chicago, dem Soziologen Loïc Wacquant.[12] Bis 1978, vor der Ausbreitung von AIDS und *crack*, habe sich der Einkommensunterschied zwischen Schwarzen und Weißen verringert, seither sei er gestiegen, gab mein Freund zu bedenken. Er führte Statistiken an: Und langsam bekam diese »Großstadtlegende«, die ich als verschroben belächelt hatte, auch für mich eine gewisse Plausibilität.

Doch die stärksten Bedenken in diesem Zusammenhang und in bezug auf das Problem der Leichtgläubigkeit im allgemeinen wecken die Enthüllungen Ende 1993 in der amerikanischen Presse.[13] Die Regierung in Washington hat eingeräumt, daß das Militär über Jahrzehnte hinweg Hunderttausende, vielleicht Millionen von unschuldigen Menschen ohne ihr Wissen als Versuchskaninchen für Experimente mißbrauchte. In den fünfziger und sechziger Jahren schickte der amerikanische Generalstab ganze Truppendivisionen in die Nähe von Orten, an denen Atombomben gezündet worden waren, um »deren Auswirkungen zu untersuchen«, um ein umfassendes *screening* über die Konsequenzen der radioaktiven Bestrahlung zu erhalten. Schon die Nazis hatten Experimente an Menschen durchgeführt, an Fremden, Kriegsgefangenen, Juden und Zigeunern. Doch dies war eine Diktatur gewesen, ja es war die Barbarei, die die Macht an sich gerissen hatte. Hier nicht, hier handelt es sich um eine demokratisch gewählte Regierung, die Experimente an ihren eigenen Wählern durchführt. Die militärischen Forschungslabors setzten sogar chemische und bakteriologische Krankheitserreger in den U-Bahn-Waggons von New York aus, um »deren Auswirkungen« auf Hunderttausende argloser Bürger »beobachten« zu können.

Es lag ein makabrer Humor darin, daß einerseits insgeheim Radioaktivität freigesetzt wurde, während andererseits in den Schulen Übungen zum Schutz vor atomarer Bedrohung durchgeführt wurden und man den Schülern einschärfte, sich im Falle einer Atomexplosion flach auf den Boden zu legen

12 Loïc J. D. Wacquant, *The Zone*, in: P. Bourdieu u. a., *La misère du monde* (S. 181–204), hier S. 204

13 Z. B. in: *The New York Times*, etwa die Artikel vom 6., 17. und 25. Dez. 1993

und den Kopf unter der Bank zu verbergen. Den Erwachsenen wurden Atomschutzbunker verkauft, die sie im Garten ihres Hauses aufstellen konnten. Überall in den Städten wurden die gelb-schwarzen Markierungen aufgestellt, die auf Atomschutzräume in den Wohnblocks hinwiesen.[14]

Was heute am meisten beindruckt, ist die Tatsache, daß diese Enthüllungen so wenig Wirkung gezeigt haben: Ein Land, das einen Präsidenten (Richard Nixon) aus dem Amt jagt, weil er Gespräche aufgezeichnet hat, ein Land, das damit droht, einen anderen Präsidenten (Bill Clinton) aus dem Amt zu jagen, weil er ein paar tausend Dollar Steuern nicht bezahlt hat – dieses Land runzelt angesichts solcher Nachrichten nicht einmal die Stirn. Als hätten die Leute im Grunde ihres Herzens derartiges bereits geahnt, und als würde hier jene Grenzlinie gestreift, jenseits derer die Heuchelei der Demokratie nicht mehr aufrechtzuerhalten wäre: Also schweigen sie lieber. Weshalb sollte man es also nicht für möglich halten, daß dieselbe Regierung, dasselbe Land seine Bürger auch in anderen Zusammenhängen belogen hat und daß AIDS entweder der unerwünschte Nebeneffekt von Forschungsversuchen zur bakteriologischen Kriegsführung oder das Resultat einer Verschwörung gegen die Schwarzen ist? Und daß man *crack* in den *inner cities* gezielt verbreitet hat?

Aber wenn die Leute belogen wurden, wenn sie weiterhin belogen werden und wenn diese Lüge derart monströs ist – weshalb sollte man dann nicht glauben, daß sie auch in allen anderen Bereichen belogen werden, insbesondere in denen, die sich ihrer Kontrolle entziehen, also der Vergangenheit? Weshalb hätten die Weißen ihre einstigen schwarzen Sklaven nicht auch über deren Geschichte belügen sollen, wenn sie ihre eigenen weißen Bürger über deren Gegenwart belügen und deren Zukunft aufs Spiel setzen?

In den Kontext dieser ungeheuren Lüge, dieser kosmischen Verfälschung fügt sich das Phänomen des Teufels. Die Vor-

14 Bruno Cartosio, *Anni inquieti. Società media ideologie negli Stati Uniti da Truman a Kennedy*, Rom 1992, S. 153

stellung von den *weißen Teufeln* impliziert, daß sich der Teufel überall manifestieren kann, daß er allesdurchdringend ist, allgegenwärtig, omnipräsent, daß er angreift, in Versuchung führt. Auch hier steht die Nation of Islam ganz und gar nicht allein. Der Satanismus, die Angst vor dem Teufel (und der Glaube an ihn) ist im blinden Glauben an die Verfassung der Vereinigten Staaten verwurzelt. Wenn die Verfassung vollkommen ist, wenn die Menschen grundsätzlich gut sind, wie kann sich dann in diesem Land das Böse, die Ungerechtigkeit, die Bosheit ausbreiten?

> Wenn das amerikanische System versagt, wie es natürlich von Zeit zu Zeit geschieht, suchen die Amerikaner nicht nach Fehlern im System. Sie suchen die *Teufel in Menschengestalt*, die ihr perfektes System vermurkst haben [...] Die Auffassung, daß das amerikanische System perfekt sei und nicht verbessert werden könne, ist ein Ergebnis der eigentümlichen Geschichte Amerikas. Seine Gründerväter (Thomas Jefferson, George Washington und Benjamin Franklin) waren Götter oder wenn schon nicht Götter, dann zumindest Persönlichkeiten, die perfekter waren als alle, die heute leben. Sie entwickelten ein einzigartiges System, das ohne Verbesserungen für immer Bestand haben konnte. Es war – und ist – perfekt. Kein anderes Land hat Gründerväter in dem Sinne, wie die Vereinigten Staaten sie haben. Das einzige andere Land mit Gründervätern, die UdSSR mit Marx und Lenin, hat diese jüngst verstoßen, indem es Leningrad seinen ursprünglichen Namen St. Petersburg wiedergab.[15]

Auch der Laizist Lester Thurow benutzt den Begriff »Teufel in Menschengestalt«: Hier wie auch in den Debatten über die Armut und die *underclass* ist die Reaktion Erstaunen, Verblüf-

15 Lester Thurow, *Kopf an Kopf. Wer siegt im Wirtschaftskrieg zwischen Europa, Japan und den USA?* Düsseldorf 1993, S. 291 (Hervorhebung von mir)

fung: Wie ist es möglich, daß im amerikanischen System, das allen das Recht auf das Streben nach Glück zugesteht, dennoch Leid und Ungerechtigkeit existieren? Weil es den Teufel gibt. Wenn die Nation of Islam in den Weißen den Teufel erblickt, manifestiert sie damit in Wahrheit ihr Verhaftetsein im amerikanischen System, ihren Glauben an die Verfassung; dies ist ein Beweis dafür, wie in jedem sozialen System, das die Bürger nicht für verbesserungsfähig halten (wie die Amerikaner die Verfassung der Vereinigten Staaten), die Vorstellung von der Präsenz des Teufels weit verbreitet ist; denn wenn es nicht möglich ist, das System, die Ungerechtigkeit der Klassengesellschaft, die Parteilichkeit der Gesetze und Gerichte als Schuldige zu benennen, so gilt es eben, jemanden anderen zu finden, der für das Leid, das ungerechte Schicksal verantwortlich ist. Einen Teufel, Millionen, Zigmillionen Teufel.

*

Aber diese *weißen Teufel* waren »Wilde, die nackt, schamlos und behaart wie Tiere auf allen vieren herumliefen und auf den Bäumen lebten«. Ich erinnere mich an einen Franzosen, den Leiter eines Bautrupps in Senegal, der Anfang der siebziger Jahre, bequem vor seinem Drink sitzend und den Sonnenuntergang von Dakar betrachtend, räsonierte, seine schwarzen Arbeiter seien wirklich sehr tüchtig, »aber weißt du, sie sind gerade erst von den Bäumen heruntergeklettert, *ils sont à peine descendus des branches*«. Für den weißen Rassisten sind die Schwarzen gerade erst von den Bäumen heruntergekletterte Primaten. In gleicher Weise sind für die Nation of Islam die Weißen behaarte Tiere, die auf allen vieren herumlaufen und auf dem Bäumen leben.

Weshalb es einem in Zusammenhang mit den schwarzen Muslimen angst und bang wird, hat seinen Grund darin, daß die Nation of Islam im gleichen Augenblick, in dem sie den Stolz auf ihr »Negersein« auf ihre Fahnen schreibt, sich unterordnet, wie es schon Myrdal beschrieben hat. Unterordnung in bezug auf die Wiederkunft (des Reiches der Schwarzen statt des Reiches des *weißen und blonden* Jesu Christi), in bezug auf die Chronologie (die sechstausend Jahre Jakubs statt der fünftausend Jahre der Bibel), in bezug auf die Rolle der Wissenschaft (der schwarze Wissenschaftler erschafft den Weißen, statt: Technologie der Weißen, die die Schwarzen kolonialisiert und versklavt hat), in bezug auf die Farbe des Teufels (im weißen europäischen Mythos ist *der Teufel schwarz*). Die Nation of Islam gibt dem Weißen seine Schmähungen zurück, aber gleichsam wie von unten, in einer ärmlichen, lächerlichen Version. Ihr Islamismus, als Antithese gegenüber dem weißen Christentum beschworen, ist ein christianisierter Islamismus. Als sei er die armselige – und schwarze – Spielart der protestantischen Sekten, enthüllt er eine ganze Menge über die Religiosität seiner Anhänger. Gleichzeitig umreißt die Nation of Islam den Fundamentalismus unserer Zeit. Einen neuen, modernen Fundamentalismus, der sich aus dem Kontakt mit dem anderen wie von selbst herausbildet. Man denke etwa daran, daß die Nation of Islam in jeder Moschee ihren *Pastor* hat. Die Vorstellung vom »Pastor« (dem »Hirten«) ist vom Koran meilenweit entfernt, sie bezieht sich auf die Herde der Seelen und damit auf eine westliche Tradition, die auch die Vorstellung vom Staat als treu sorgendem Hirten mit umfaßt, den *Welfare State*, der die verirrten Schäfchen zurückführt. In Amerika gehört der Pastor überdies begrifflich in den Kontext der christlich reformierten Kirchen. Pastor in einer Moschee ist etwa so wie Rabbiner in einer Pagode. Um die Willkür des Islamismus der Nation of Islam weiter zu verdeutlichen, um zu zeigen, wie sehr er eine imaginierte Religion ist, werfen wir nochmals einen Blick auf jene Erfindung der eigenen Vergangenheit.

Willkürlich ist bereits die Namensgebung. In seinem Nachwort zur Autobiographie von Malcolm X zieht Alex Haley (der dieses Buch herausgegeben und später den Bestseller *Roots* geschrieben hat) folgende Bilanz: »Die Nacht senkte sich über die sterblichen Überreste von El-Hajj Malik

El-Shabazz, genannt Malcolm X, genannt Malcolm Little, genannt ›Big Red‹ und ›Satan‹ und ›Homeboy‹ und andere Namen mehr«.[16] Der Vater von Malcolm X hieß mit Familiennamen Little; Malcolm, groß und mit rötlichem Haar, wurde Big Red genannt, als er noch der Verbrecherwelt angehörte; später legte er seinen Familiennamen Little, den Namen eines Nachkommens von Sklaven des Mr. Little, ab und nannte sich X wie alle Mitglieder der Nation of Islam. Nach der Pilgerschaft nach Mekka und der Distanzierung von seiner Sekte wurde er zu El-Hajj vom Stamm der Shabazz. Diese Gewohnheit, einen Namen so leichthin wie ein Paar Socken abzustreifen und sich einen anderen zuzulegen, berührt einen neuralgischen Punkt und beschreibt zugleich eine Grundhaltung. Der neuralgische Punkt ist die Rolle, die der Name in der Übermittlung von Ideologien spielt. Wenn der französische Philosoph Louis Althusser schreibt, daß »eine Ideologie die Individuen als Subjekte anruft«[17], meint er, daß ein Individuum in die Ideologie eintaucht, sobald es angerufen wird (»He, Sie da!«), sobald es beim Namen gerufen wird, sobald es »benannt« wird. Dieser Name transportiert also die Ideologie, der die Subjekte unterworfen sind. Deshalb berührt die Namensänderung einen zentralen Punkt.

Doch dieser Gestus von Malcolm X bringt eine Mentalität zum Ausdruck, in der es denkbar scheint, den Namen und damit auch die Ideologie zu ändern; eine Mentalität, in der man sich die Freiheit nimmt, sich einen eigenen Namen zuzulegen. Diese Mentalität war das konstitutive Element, der Ursprung des europäischen Kolonialismus. Tzvetan Todorov zeigt dies meisterhaft in seiner Darstellung der – wie er sagt – »Benennungswut« des Christoph Kolumbus, die anhand von dessen Bordbuch deutlich wird:

16 *Malcolm X. Die Autobiographie*, a.a.O., S. 469

17 Louis Althusser, *Idéologie et Appareils idéologiques d'État* in: *Positions*, Paris 1976, bes. S. 110–116; dt. *Ideologie und ideologische Staatsapparate*, Hamburg und Berlin 1977, bes. S. 140–145

Colón begeisterte sich daran, für die jungfräuliche Welt vor seinen Augen Namen auszuwählen; und wie bei ihm selbst müssen diese Namen motiviert sein. [...] »Der ersten dieser Inseln [...] gab ich den Namen *San Salvador* zum Gedächtnis an die Allerhöchste Majestät, deren Großherzigkeit ich alles verdanke. Die zweite der Inseln benannte ich *Santa María de la Concepción*, der dritten gab ich den Namen *Fernandina*, die vierte taufte ich *Isabella* und die fünfte Insel *Juana*.«
Colón weiß also sehr wohl, daß diese Inseln bereits Namen haben, die in gewisser Weise natürlich sind (allerdings in einer anderen Bedeutung des Begriffs); die Wörter der anderen interessieren ihn jedoch wenig, und er will die Orte gemäß der Funktion ihres Ranges, den sie im Rahmen seiner Entdeckung einnehmen, neu benennen, ihnen *richtige* Namen geben; das Benennen kommt überdies einer Besitznahme gleich [...]
Die Dinge müssen Namen haben, die ihnen entsprechen. An manchen Tagen treibt dieser Zwang Colón in eine wahre Benennungswut [...] Seine Begeisterung scheint so groß zu sein, daß er an manchen Tagen demselben Ort nacheinander zwei verschiedene Namen gibt (so erhält am 6. Dezember 1492 bei Tagesanbruch eine Bucht den Namen *María* und wird in den Abendstunden zu *St. Nikolaus*); wenn ihm dagegen ein anderer beim Namengeben nacheifern will, so annulliert er dessen Entscheidung, um seine eigenen Namen durchzusetzen: Während seiner Eskapade hatte Pinzón einem Fluß seinen eigenen Namen gegeben (was der Admiral kein einziges Mal tut), doch Colón beeilt sich, ihn in »Gnadenstrom« umzutaufen.[18]

Nirgendwo auf der Welt hatte diese Benennungswut eine so große Bedeutung wie in den Vereinigten Staaten. Man braucht sich nur einen x-beliebigen Ort herauszugreifen. Nehmen wir

18 Tzvetan Todorov: *La conquête de l'Amérique. La question de l'autre.* Paris 1982, dt. *Die Eroberung Amerikas. Das Problem des Anderen.* Frankfurt/Main 1985, S. 38f.

beispielsweise den Staat New York, das Gebiet um die Cornell University, die in der Kleinstadt Ithaca (die ägäische Insel und Heimat des Odysseus) liegt; diese Stadt liegt 44 Meilen von Syracuse (eine sizilianische Stadt) entfernt. Ithaca wiederum ist 63 Meilen von Manchester entfernt (eine englische Stadt), die ihrerseits 73 Meilen von Palmyra (eine Stadt in der syrischen Wüste) entfernt ist, und diese wiederum liegt 73 Meilen von Warsaw (die polnische Hauptstadt) entfernt. Richtung Westen, in Ohio, liegt Canton (China), das 17 Meilen von Dover (England), und Dover, das 2 Meilen von Straßburg (Frankreich) und 38 Meilen von Ravenna (Italien) entfernt ist. Noch weiter westlich, in Indiana, stößt man nacheinander auf die Ausfahrten nach Angola, Syracuse, Warsaw, La Paz und Bremen.

Erneut begegnet hier die Beziehung zwischen den Namen und den Dingen, hier allerdings in Form jener Benennungswut, die deutlich zeigt, in welcher Weise in den Vereinigten Staaten die *Anmaßung von Freiheit* zum Ausdruck kommt: Ihre Bewohner, allesamt neue Christoph Kolumbusse, nehmen für sich die Freiheit in Anspruch, sich an einem Ort niederzulassen, ihn in Besitz zu nehmen, indem sie ihm einen Namen geben. Und indem sie diese Freiheit der Namensgebung ausüben, berauben sie sie ihres Sinns, machen sie abstrakt. Sie schaffen eine virtuelle Geographie, in der Antiochia an Valparaiso vorbeiführt, das wiederum gleich in der Nähe von Warschau liegt. Diese Freiheit schiebt überdies dem Begriff »Antiochia« vier Ranchen im Mittleren Westen unter; Paris, die raffinierte *ville lumière*, wird zu Paris in Idaho, einem hübschen und heiteren 800-Seelen-Dorf.

Und weiter: Diese Freiheit wird zwar ausgeübt, jedoch als ein Zwang, das Alte zu wiederholen. Ein Einwanderer legt 9.000 Kilometer zurück, überquert einen Ozean und einen halben Kontinent, um jenes Ravenna wiederzufinden (sich neu zu erschaffen), von dem er aufgebrochen ist. Diese Freiheit bringt also Myriaden von »verlorenen und wiedergefundenen Stämmen« hervor, nicht nur den Stamm Israel oder den Stamm

Shabazz, sondern den verlorenen und wiedergefundenen Stamm Berlin, den verlorenen und wiedergefundenen Stamm Genua, München etc. Hier enthüllt sich diese vermeintliche Freiheit als das, was sie wirklich ist: das Ergebnis eines Zwangs, einer Verpflichtung, die es einem auferlegt, sich selbst zu suchen, sich den »verlorenen und wiedergefundenen« Stamm neu zu erschaffen. Auch auf die Gefahr hin, beim Bemühen um Befreiung vom Joch des Christentums der weißen Sklavenhändler – wie Malcolm Little – am Ende den Namen eines jener zahllosen arabischen Kaufleute zu tragen, die mit schwarzen Sklaven handelten.

CABRINI-GREEN, WO EINST DAS PARADIES WAR

Man zeigt uns die Einschußlöcher der Gewehrkugeln im Mauerwerk, die Patronenhülsen. Dies sind keine Spuren des Zweiten Weltkriegs, es sind die Zeichen des täglichen Bandenkriegs, der in den Mietskasernen Cabrini-Green tobt. Innerhalb eines Jahres wurden drei Kinder getötet.

Schwester Francis Cabrini[1] war Nonne, die erste in Amerika geborene Heilige, William Green war Gewerkschaftsführer. Von außen macht diese Wohnanlage keinen schlechteren Eindruck als Sarcelles bei Paris oder Tor Bella Monaca in Rom. Zwanzigstöckige Hochhäuser, schmucklos, im Stil der fünfziger, sechziger Jahre, ringsum kümmerliche Rasenflächen, deren Bäumchen, von fortschrittlichen Architekten gepflanzt, auf die Mühsal des Wachsens verzichtet haben. Nur daß hier der Mittelteil der Gebäudefassaden mit den Etagengängen vom ersten bis hinauf zum letzten Stock durch Stahlnetze vergittert ist. Man sieht die Leute in den einzelnen Stockwerken herumgehen, sich unterhalten, dasitzen, jedoch hinter Gittern, in einem Käfig. Die Fenster hängen nach Explosion oder Brand schief in den Angeln. Im Innern die Wände mit Graffiti, mit Schmutz beschmiert, Rahmen und Einfassungen aufgerissen, abbröckelnd. Auf den Gehsteigen Teenager mit federndem Gang in ihren wuchtigen Turnschuhen, den langen Kapuzentrikots, den Baseballmützen (Schild im Nacken), auf denen 1992 ein X prangte – nach dem Film *Malcolm X* von

1 I. Cutler (a.a.O., S. 99) nennt Schwester Cabrini (1850–1917) eine der beiden »*Italian immigrants*«, die Weltruhm erlangten (»*world renowned*«); als zweiten nennt er den Physiker Enrico Fermi.

Spike Lee – und 1994 die Initialen OJ nach O. J. Simpson, dem schwarzen Ex-Footballspieler, der des Mordes an seiner weißen Ex-Ehefrau angeklagt war.

Die Wohnblocks liegen knapp einen Kilometer von der Magnificent Mile entfernt, der exklusiven Einkaufsstraße Chicagos, unweit der letzten Wolkenkratzer mit livrierten Portiers, Sonnendächern und Samtteppichen. In Cabrini-Green mit seinen knapp 7.000 Bewohnern werden in einem »normalen« Jahr zwischen 4 und 7 Morde, zwischen 20 und 30 Vergewaltigungen, rund 300 Überfälle und mehr als 100 Diebstähle verübt. 6.991 Menschen sind in Cabrini-Green registriert – davon 90 Prozent Schwarze –, die alle unterhalb der Armutsgrenze leben: 56 Prozent sind jünger als 20 Jahre, und in den Haushalten ist zumeist die Frau das Familienoberhaupt: Ein Mann ist nicht da, er ist entweder tot oder im Gefängnis, ist entweder abgehauen oder davongejagt worden, weil er nur eine Belastung darstellte. 31 Prozent der 3.488 Appartements sind unbewohnt.

Die Geschichte von Cabrini-Green begann während des Zweiten Weltkriegs, als die Chicago Housing Authority (CHA) den ersten Cabrini-Komplex baute, 583 Wohnungen in zwei- und dreistöckigen Blocks. Die Anlage wurde 1942 von Edward J. Kelly eingeweiht (einem der zahlreichen irischstämmigen Bürgermeister von Chicago). Die ersten 581 Familien, die 1943 dort einzogen, waren zu 75 Prozent weiß und zu 25 Prozent schwarz – ein damals als ausgewogen betrachtetes Verhältnis für gemischte integrierte Gemeinschaften.

Doch das Bild Chicagos hat sich seither geändert. Bis in die vierziger Jahre konzentrierten sich die Schwarzen, die im Zuge der Großen Wanderung aus dem Süden gekommen waren, in der South Side, in »Bronzeville« ganz in der Nähe der Schlachthöfe und Stahlwerke. Doch mit dem Ausbruch des Zweiten Weltkriegs, dem Arbeitskräftemangel und dem Boom der kriegsbedingten Produktion (in Chicago insbesondere Stahl und Dosenfleisch) schwappte eine zweite, weitaus größere Welle schwarzer Zuwanderer aus dem Süden in die Stadt –

zwischen 1940 und 1960 kamen drei Millionen Schwarze in den Norden.[2] Der Schwarzenanteil der Bewohner Chicagos stieg zwischen 1940 und 1960 von 277.000 auf 812.000. Durch diesen Zustrom veränderten sich auch die Beziehungen zwischen den Rassen: Machten im Jahr 1900 die Schwarzen lediglich 1,7 Prozent der Gesamtbevölkerung aus, so waren es 1950 bereits 32,7 Prozent, heute sind es 42,2 Prozent.

Demzufolge zielten in den fünfziger Jahren die Bemühungen der Stadtverwaltung nicht mehr auf Integration, sondern auf »Resegregation«: Zu diesem Zweck lancierte der Chicagoer Bürgermeister Richard J. Daley (der inzwischen verstorbene Vater des jetzigen Bürgermeisters und gleichfalls ein Ire) in Cabrini den Bau von zwanzigstöckigen Wohnblocks (den »Green« genannten Teil des Gesamtkomplexes), in dem die schwarze, bis dahin im Stadtzentrum lebende Bevölkerung konzentriert werden sollte.

Daleys Initiative war durchaus nicht so unschuldig wie es scheint: Als Halbwüchsiger in den zwanziger Jahren war er Mitglied einer weißen Gang gewesen, die jene Schwarzen mit Bomben bedrohte, die es wagten, sich in den weißen Wohnvierteln anzusiedeln. Die irische Gemeinde von Chicago ist historisch gesehen schwarzenfeindlich eingestellt, wie im übrigen alle *white ethnics.* Cicero, ein italienisch-polnisches Wohnviertel von Chicago, wurde in den sechziger Jahren von Martin Luther King als Symbol der Apartheid im Norden der USA angeprangert; in Bridgeport, einer irischen Siedlung von Chicago, brachen 1964 Unruhen aus, weil dort ein schwarzes Gymnasium gebaut werden sollte.

Zwischen 1958 und 1962 wurden deshalb 23 sieben- bis neunzehnstöckige Blocks mit insgesamt 2.992 Appartements gebaut; 1962 wurden weitere 1.096 Wohnungen in acht fünfzehn- und sechzehnstöckigen Blocks geschaffen. Von Anfang an waren beinahe 100 Prozent der Bewohner Schwarze, auch wenn ein neu Zugezogener damals mit Blick auf seine vorhe-

2 U.S. Bureau of the Census, *Historical Statistics of the United States, Colonial Times to 1970*, Washington D.C. 1975, Teil 1, S. 95

rigen Wohnverhältnisse meinte: »Das hier ist ein Paradies.«[3] Die Bemühungen, die arme schwarze Bevölkerung zu »konzentrieren«, führte 1962 zu einem weiteren Vorstoß in den Süden der Stadt, zum Bau der größten und womöglich noch trostloseren Siedlung der Robert Taylor Homes an der State Street zwischen der 35. und der 49. Straße, dem größten Sozialbauprojekt der Vereinigten Staaten: 28 sechzehnstöckige Wohnblocks mit 4.312 Appartements. Die unverhältnismäßige Höhe der Gebäude – wodurch man Baukosten sparen wollte – erwies sich letztlich als verheerend im Hinblick auf das soziale Leben, die Instandhaltung, die Kommunikation der Nachbarn. In den achtziger Jahren waren 72 Prozent der Bewohner minderjährig, in 90 Prozent der Familien mit Kleinkindern waren die Mütter alleinerziehend, die Arbeitslosigkeit betrug 47 Prozent, und »obwohl in den Robert Taylor Homes nicht einmal 0,5 Prozent der Gesamtbevölkerung Chicagos leben, geschehen hier 11 Prozent der Morde, 9 Prozent der Vergewaltigungen und 10 Prozent der Raubüberfälle dieser Stadt«[4].

Zur Rassentrennung kommt die wirtschaftliche Diskriminierung hinzu. Als kontraproduktiv erwiesen sich selbst gutgemeinte Initiativen wie die 1969 vom republikanischen Senator von Massachusetts, Edward Brooke, vorgeschlagene Gesetzesänderung, die Miete für Sozialwohnungen auf 25 Prozent des Einkommens der dort lebenden Familien festzulegen. Dies führte dazu, daß gut verdienende Familien, die gemessen an der Qualität der Wohnungen eine zu hohe Miete bezahlten, auszogen und nur die Familien blieben, die von Sozialhilfe leben. Doch als – wie in der Reagan-Ära – die finanziellen Zuschüsse des Bundes ausblieben, fehlten die Mittel zur Instandhaltung. Die Gebäude verfielen, immer mehr Bewohner verarmten – ein wahrer Teufelskreis. Cabrini-Green steht also exemplarisch für den sozialen Wohnungsbau der Vereinigten

3 Titelseite der *Chicago Tribune* vom 15. Okt. 1962

4 Gregory D. Squires, Larry Bennett, Kathleen McCourt, Philip Nyden, *Chicago. Race, Class, and the Response to Urban Decline*, Philadelphia 1987, S. 113 f.

Staaten, der nach Anfängen, die mit denen in Europa durchaus vergleichbar waren, in der Ghettobildung endete. Die Sozialwohnungen hier haben den gleichen schlechten Ruf wie die öffentlichen Verkehrsmittel, für die gilt: »Wer über dreißig ist und mit dem Bus und nicht mit dem eigenen Wagen zur Arbeit fährt, ist eine gescheiterte Existenz.«

Jedesmal wenn wieder ein Kind getötet worden ist, wenn die Krokodilstränen über »uns Mörder an unseren eigenen Kindern« versiegt sind, wenn nach den Opfern eine Straße benannt worden ist, heißt es, man wolle Cabrini-Green endlich schließen, sanieren, neu aufbauen. In den lokalen Radiosendern verbreiten sich die Experten über die »Trockenlegung« des Sumpfes Cabrini-Green. Die wahnwitzigsten Vorschläge werden unterbreitet – bis hin zur Umsiedlung der dort wohnenden Schwarzen. Selten ist ein so vernünftiger Kommentar dabei, wie der eines Hörers, der sich gegen das Gerede von der »Trockenlegung des Sumpfes« wandte: »Das Problem sind nicht die Wohnblocks [...] letztlich sind das doch nur Gebäude, die man nur zu streichen und in Ordnung zu bringen braucht; das Problem sind die Menschen, die darin leben, die ohne Arbeit, ohne Geld dastehen. Vielleicht sollte man, statt Geld in die Häuser zu investieren, jedem Bewohner 10.000 Dollar oder jeder Familie 40.000 Dollar in die Hand drücken, dann würde sich dic Situation ändern, die Leute würden Arbeit finden, einen Laden eröffnen.«

Richtig, das Problem sind die Menschen, nicht die Häuser; aber in Wahrheit wäre auch dies keine Lösung. Sobald die Familien Geld hätten, würden sie alles daransetzen, so schnell wie möglich von Cabrini-Green wegzukommen (kein Wunder, ist es doch ein letzter Verzweiflungsakt, hier zu wohnen; zahlreiche Appartements stehen leer – trotz 40.000 *homeless* und mindestens 12.000 bis 15.000 permanent Obdachloser in dieser Stadt). Und an ihrer Stelle würden andere Schwarze einziehen, die keine Arbeit haben, halbwüchsige, alleinerziehende Mütter. Das eigentliche Problem ist die amerikanische Apartheid.

*

Von der Segregation im Wohnungssektor sind nicht nur die Arbeitslosen in den *inner cities* betroffen, sondern die gesamte schwarze Mittelschicht, die dem »amerikanischen Traum« nachhängt, dem Einfamilienhäuschen in der Vorstadt, Holzbauweise, *balloon frame*, mit einem Rasenstück vor der Tür: Darlehensanfragen für einen Häuserkauf werden häufiger abgelehnt, wenn die Antragsteller Schwarze sind. Die Schwarzen haben zwar einen Anteil von 12,1 Prozent an der Gesamtbevölkerung der Vereinigten Staaten, erhalten jedoch nur 4,8 Prozent aller Darlehen.

Erinnert sei daran, daß die Federal Housing Administration unter Berufung auf den Marktwert des zu versichernden Hauses zur Darlehenssicherung segregationistische Klauseln in die Verträge einbaute. Erinnert sei an den zentralen Stellenwert, den der Besitz eines Eigenheims im »amerikanischen Traum« innehat. Jeder nimmt hier ein Darlehen auf oder strebt es zumindest an. Ein schlecht verdienender weißer Arbeiter, der sich abrackert, um die Raten abzuzahlen, und der bei Arbeitsplatzverlust das mit einer Hypothek belastete Haus verkaufen muß, will sich nicht das Geld aus der Tasche ziehen lassen für ein Haus, dessen Wert sinkt, sobald sich Schwarze in der Gegend ansiedeln. Rassentrennung und Rassismus haben eine vorrangig wirtschaftliche Seite, sie sind zunächst einmal nicht im Herzen, sondern im Geldbeutel lokalisiert.

Die Ablehnung von Darlehensanträgen ist ein Aspekt der Segregation im Wohnungsbereich, von dem die relativ begüterten Schwarzen – noch eine kleine Minderheit – betroffen sind. Für alle anderen ist die Rassentrennung im Wohnungsbereich eine geradezu erdrückende Realität, wie Douglas S. Massey von der Universität von Chicago und Nancy A. Denton in ihrem Buch mit dem emblematischen Titel *American Apartheid* zeigen.[5] Schon 1976 kursierte ein Lied, in dem es heißt: »Chocolate city with vanilla suburbs« – ein Folge der Flucht in die Vorstädte, die unter Roosevelt begann und in den

5 Douglas S. Massey, Nancy A. Denton, *American Apartheid. Segregation and the Making of the Underclass*, Cambridge (Mass.) 1993

vierziger und fünfziger Jahren beschleunigt wurde, als mit der schwarzen Zuwanderung aus dem Süden die »Schokoladenseite« einen braunen Anstrich bekam: Die Automobilkultur ging eng einher mit der »Verstädterung« der Apartheid. Dabei zeigte sich die Segregation in zweifacher Weise: Die Schwarzen konzentrierten sich zunächst in den Städten und wurden später in ein bestimmtes Viertel zusammengedrängt. Von den 11,5 Millionen Bewohnern des Staates Illinois sind 1,7 Millionen Schwarze. Von diesen leben 1,5 Millionen in Cook County, dem Verwaltungsbezirk, zu dem auch die Stadt Chicago gehört; von diesen leben wiederum 1,4 Millionen in der Kommune Chicago im engeren Sinn. Die Schwarzen machen also 16 Prozent der Bevölkerung des Staates aus, 29 Prozent der Einwohner des Verwaltungsbezirkes und 42 Prozent der Einwohner der Kommune.

Dieser Mechanismus der Rassentrennung wiederholt sich innerhalb der Stadt, in den einzelnen Stadtvierteln und Häuserblocks. Massey und Denton haben in ihrem Buch erschreckende Daten über das Ausmaß der Rassentrennung in den Großstädten der Vereinigten Staaten zusammengetragen: In Chicago, der Stadt mit der eklatantesten Rassentrennung der gesamten USA, leben 90 Prozent der Schwarzen in Gebieten, die zu über 90 Prozent von Schwarzen bewohnt werden. Aber die Quote der Segregation ist auch anderswo erschreckend hoch: 77 Prozent sind es in Detroit, 75 Prozent in Atlanta und in Memphis, 72 Prozent in Baltimore, 70 Prozent in Philadelphia.[6]

Verheerend sind die Auswirkungen auf die Steuer- und Sozialpolitik. Da steuerlich eine Art »Kirchturmpolitik« herrscht und die sozialen Einrichtungen (Schulen, Krankenhäuser, öffentliche Verkehrsmittel etc.) zum Teil durch die lokalen Steuern finanziert werden (auf Schul-, Stadt-, Verwaltungsbezirksebene), fehlt es den Vierteln und Zonen, die am bedürftigsten sind, an Geld, um ihre Projekte zu realisieren.

6 Ebd., Tabelle S. 77

Andererseits sind bezüglich der Bundes- und der einzelstaatlichen Mittel zur Finanzierung des »Sozialstaats« die Besserverdienenden von den Armen durch die Segregation räumlich getrennt – in die Steuerzahler auf der einen und die Nutznießer der öffentlichen Gelder auf der anderen Seite. Die Segregation bestärkt die »Steuerzahler« in den guten Wohnvierteln in ihrer Überzeugung, daß sie für die erbrachten Leistungen nichts zurückbekommen. Dadurch wird wiederum eine staatsfeindliche Einstellung gefördert nach dem Motto: »Wir werden abkassiert, die anderen leben von unserem Geld.« Somit erweist sich die Segregation als bester Nährboden aller Anti-Steuer-Ideologien. Die berühmte »Proposition 13« (»Laßt uns weniger Steuern zahlen!«), ein in den siebziger Jahren in Kalifornien lancierter Volksentscheid, bildete das Wahlprogramm Reagans und wird heute von der italienischen Lega wieder aufgegriffen. Die großen, trostlosen Sozialwohnungskomplexe Cabrini-Green und Taylor Homes sind nur Extrembeispiele der Rassen- und Klassentrennung, konkrete Ausprägungen eines Ghetto-Wohnungsbaus.

*

Durch die Segregation drängt sich der Vergleich der Vereinigten Staaten mit dem südafrikanischen Apartheid-System geradezu auf; der vielleicht treffendere Vergleich jedoch, der jedem, der einmal Indien besucht hat, spontan einfällt, ist das Kastensystem. Gunnar Myrdal verwendete als erster den Begriff der »Kaste« zur Analyse der sozialen Stellung der Schwarzen in den USA. Aus der Tatsache, daß die Menschen entweder weiß oder schwarz oder gelb oder *natives* (Indianer) oder Bewohner der Pazifikinseln waren, ergab sich ein multiples, dem Kastenwesen ähnelndes System. Nicht zufällig ist der Begriff Kaste nicht in Indien entstanden, sondern von den Europäern importiert worden; die Portugiesen bezeichneten mit dem lateinischen Wort *castus*, »rein«, die Brahmanen, und in einem erweiterten Sinn wurde der Begriff dann auf das gesamte System angewandt. Wenn man wissen will, welcher Kaste jemand angehört, fragt man ihn nach seinem Namen. Da ist es wieder, das Problem des Namens: einmal als Akt des Benennens, einmal als Akt des Benanntwerdens. In Indien wird zur Festlegung der Kaste traditionell das Farbenspektrum des Regenbogens herangezogen. In den USA handelt es sich um eine andere Farbe. Die Kaste überlagert die Klasse – genau wie die Rasse. In Indien gibt es Angehörige niedriger Kasten *(backward castes)*, ja sogar Unberührbare, Menschen außerhalb des Kastensystems *(scheduled castes)*, die reich sind, sowie Brahmanen, die arm sind. Genau wie es in den USA eine wohlhabende schwarze Minderheit gibt, der eine Mehrheit der armen Schwarzen gegenübersteht. Die Kaste ist dem Menschen durch seine früheren Leben auferlegt, der Kaste kann man nicht entrinnen, ebensowenig wie man der Rassenzugehörigkeit entrinnen kann. Die einzige Hoffnung, dem Kasten- und Rassenschicksal zu entkommen, liegt im kommenden Leben, in der nächsten Reinkarnation (in Indien) bzw. im religiösen Jenseits (in den Vereinigten Staaten). Daher auch der schwarze religiöse Fundamentalismus, die »Hölle auf Erden« der *Black Muslims*, und daher die massenhafte Konversion zu Buddhismus und Christentum, wodurch die indischen Kastenlosen ihrem Paria-Schicksal entrinnen wollen. Die Kaste ist das Produkt einer agrarwirtschaftlichen Gesellschaft, wie die Sklaverei in den USA, doch sie erfuhr im modernen Indien eine Veränderung, eine Anpassung an das urbane Leben. Das Kastenwesen in Indien durchdringt alle Bereiche, ist »ansteckend« wie das Rassenwesen in den Vereinigten Staaten: Religionen, die ursprünglich keine Kasten kannten wie Christentum und Islam, haben sehr rasch eine eigene Kastenstruktur entwickelt, sobald sie in den indischen Subkontinent und den indischen Kulturraum eindrangen. Das Kastenwesen basiert auf einer Hierarchie von Tabus (im Bereich der Ernährung, der Sexualität und des Verhaltens) und von Vorurteilen. Der Rassismus in den USA kennt eine ganze Skala von konkreten Verhaltenstabus, die in der »Unberührbarkeit der weißen Frau« gipfeln. Doch die Schwarzen in den USA werden in einem weitaus subtileren, deshalb aber nicht weniger dramatischen Sinn zu *Unberührbaren* (das heißt, sie machen den »unrein«, der sie berührt): Sie sind »finanziell« unberührbar, da sie das entwerten, mit dem sie in Kontakt treten; der Wert der Immobilie, die sie bewohnen, sinkt. Sie stellen eine neue Kategorie von Parias dar, die *ökonomischen Parias.*

Identisch ist auch die offizielle Handhabung zweier Probleme, die jeweils formal gesetzlich geregelt sind: in Indien sind die Kasten per Verfassung abgeschafft, wie auch in den USA die Schwarzen durch Beschluß des Obersten Gerichtshofs als Bürger rechtlich gleichgestellt sind. Doch die Verlogenheit dieses Formalismus wird durch die Tatsache enthüllt, daß in Indien wie in den USA *affirmative actions* für notwendig erachtet werden. Immer wieder kommt es zu neuen »positiven Diskriminierungen«, wie etwa der Quotenregelung für Minderheiten bei der Zuteilung von Arbeitsplätzen in Schulen und Behörden. Die Anwendung der Quotenregelung, wie sie in den Vereinigten Staaten in zahlreichen staatlichen Stellen in bezug auf die Schwarzen angewandt wird, wurde in Indien von der Mandal Commission für die niederen Kasten und die Unberührbaren gefordert. Doch diese *affirmative actions* bewirken nur wenig, da sie den in großen Teilen der Bevölkerung verbreiteten Vorurteilen nicht entgegenwirken können. In Indien gibt es seit der Unabhängigkeit nach dem Willen Gandhis einen Minister aus der Kaste der Unberührbaren und Minister aus den niederen Kasten. Heute gibt es Dichter, die Paria sind, Musiker, ja sogar Bankiers aus den niederen Kasten. Doch die Kluft der Armut und der Marginalisierung ist unverändert groß. In gleicher Weise gibt es in den USA unter den Schwarzen Generäle, Senatoren, Richter am Obersten Gerichtshof, Kongreßabgeordnete, Bürgermeister, Filmdivas und schwerreiche Sportler. Doch all dies konnte nicht verhindern, daß die Durchschnittseinkommen einer weißen und einer schwarzen Familie – nach einer Phase der Angleichung zwischen 1945 und 1950 – seit 1978 wieder weit auseinanderklaffen. Die Einkommensunterschiede zwischen Weißen und Schwarzen sind heute ebenso groß wie im Jahr 1957, also vor fast vierzig Jahren.

Es gibt weitere Ähnlichkeiten: In den USA war es seit jeher unmöglich, eine schwarze politische Partei zu gründen, und auch in Indien ist jeder Versuch gescheitert, eine Partei der niederen Kasten und der Kastenlosen zu gründen: Das Kastenprinzip ist wie das Rassenprinzip ein »Spaltelement«, da es trennt und neue Unterkasten schafft. Wobei der Kasten- wie der Rassenhaß von den Herrschenden geschürt wird. Wie jede in Kasten aufgeteilte Gesellschaft ist auch die multirassische Gesellschaft der Vereinigten Staaten multirassistisch und generiert ihre eigenen Hierarchien. Die Kaste der Weißen unterteilt sich in die Kaste der weißen Protestanten und die der weißen Katholiken (die Orthodoxen sind diesen beiden untergeordnet). Die weißen Katholiken ihrerseits unterteilen sich in Nordeuropäer (Deutsche und Iren), Romanen und Osteuropäer (Polen, Kroaten etc.). Im Kastensystem der gelben US-Amerikaner stehen die Koreaner ganz unten: vielleicht erklärt sich daraus der starke Rassenhaß zwischen Koreanern und Schwarzen. Innerhalb der Schwarzen wiederum werden die Puertoricaner von den Haitianern als Paria betrachtet (denen sie sogar die Einreise verweigern, da sie sie als »AIDS-infiziert« ansehen).

Auch die Vorurteile nehmen zu: Wie im orientalischen Rassismus der Weiße stinkt, so ist im weißen Rassismus der stinkende Schwarze ein gängiges Vorurteil. Und bei den Schwarzen gilt, wie Malcolm X schreibt, die Bemerkung, »die erst kürzlich [...] ein schwarzer Bruder mir gegenüber« machte: »Haste schon mal von denen [den weißen Frauen] eine gerochen, wenn sie *feucht* war?«.[7] Die Vereinigten Staaten haben demnach das Kriterium der ethnischen Zugehörigkeit durch das Kriterium der Zugehörigkeit zu einer Kaste ersetzt, indem sie eine Vielzahl von Kasten geschaffen haben – wie

7 *Malcolm X. Die Autobiographie*, a.a.O., S. 288

Indien mit seinen mehr als 3.000 Kasten, in die die fünf ursprünglichen Gruppen – Brahmanen, Krieger, Handwerker, Bauern und Unberührbare – zerfallen sind.

In der Diskussion, die seit ewigen Zeiten in den Vereinigten Staaten darüber im Gange ist, welcher Faktor vorrangig für die Situation der Schwarzen verantwortlich ist – die »Rasse« oder die »Klasse« –, zögern die amerikanischen Wissenschaftler, den Begriff der »Kaste« zu verwenden. Denn auf diese Weise würde ein fundamentaler Mythos der Vereinigten Staaten in Frage gestellt: der Mythos der sozialen Mobilität und damit des Fehlens einer strikten Klassenstruktur der Gesellschaft. Die US-Amerikaner waren stets stolz darauf, ein »klassenloses Land« zu sein. Doch diese soziale Mobilität kollidiert mit dem »Kasten«-System der ethnischen (mehr noch rassischen) Herkunft, dem niemand entrinnen kann. Die Sache ist um so paradoxer, als das Kastensystem ein holistisches System ist, in dem der westliche Individualismus keinen Raum hat. Darauf hat Louis Dumont[8] hingewiesen und dargestellt, in welchen Phasen und auf welche Weise das nachmittelalterliche Europa den Begriff des Individuums als unabhängiges Subjekt der Geschichte entwickelt hat. Gewiß gab es in der menschlichen Gemeinschaft zu allen Zeiten Individuen im eigentlichen Wortsinn, aber in vielen Kulturen war nicht dieser einzelne der geschichtlich Handelnde. In Indien ist das historische Subjekt die Kaste, bei vielen Völkern war es der Stamm, im alten Rom war es die *gens*, die ihren Mitgliedern einen »Namen« gab (schon wieder der Name). Erst der moderne Westen hat eine Gesellschaftsvorstellung entwickelt, in der das Individuum Subjekt der Geschichte ist. Dumont zeigt weiterhin, wie falsch die Gegenüberstellung von Gleichheitsstreben und Verteidigung der individuellen Freiheit, die Antithese von Egalitarismus und Individualismus ist. Diese Antithese ist deshalb falsch, weil sich die traditionellen Gesellschaften nie mit dem Problem der Ungleichheit beschäftigten; denn sie waren auf

8 *Homo Aequalis. Genèse et épanouissement de l'idéologie économique*, Paris 1977

hierarchischen Prinzipien gegründet, wogegen *Gleichheit* nur zwischen *Individuen* bestehen kann. »Gleichheit« und »Individuum« kommen erst mit dem Kapitalismus auf, mit der Apotheose des Arbeitgeber-, Unternehmer-, Kapitalisten-Individuums, der über untereinander gleiche Individuen verfügen können muß, die gleich sind als Arbeiter, als Käufer und als Bürger.

Amerika, nach Sombarts Definition für den Kapitalismus das »Land der Verheißung«, hat heute den Individualismus und die formale Gleichheit an ihre äußerste Grenze gebracht. Doch die inneren Notwendigkeiten des Kapitals haben ein neues Kastensystem geschaffen und genährt, eine Aufsplitterung in geschlossene Untersysteme, aufgrund derer ein Individuum in den Vereinigten Staaten nicht einfach nur ein Individuum ist; es ist zunächst einmal »schwarz«, dann hat es einen »Namen«. Das Kastensystem der Rasse wurde zunächst durch die Sklaverei, dann durch die Einwanderer – mobile und gefügige, streikbrechende Arbeitskräfte –, später durch die in den Norden geholten Schwarzen reproduziert, die ihrerseits dazu benutzt wurden, die Streiks der eingewanderten Arbeiter niederzuschlagen; später hat der Immobilienmarkt die Segregation gefördert, da der Geldwert der Häuser durch das Rassenvorurteil determiniert wird und dieses seinerseits verstärkt. Die Logik des Kapitals erscheint in diesem Sinn kannibalisch, da sie aufgrund ihrer inneren Notwendigkeiten Grundwerte der kapitalistischen Ideologie untergräbt und zerstört – Grundwerte, die den »Geist des Kapitalismus« im Sinne Max Webers konstituieren.

DIE FARBE DER PANTHER

Es war noch dunkel in der West Side Chicagos an jenem 4. Dezember 1969, um genau vier Uhr dreißig, als in der Wohnung im ersten Stock, West Monroe Street 2337, Schüsse zu hören waren, dann erneut Schüsse. Später wurden an die hundert Patronenhülsen gefunden. Sobald die Waffen schwiegen, begann es auf der Straße von Polizisten zu wimmeln. Zwei Tote und fünf Verwundete wurden mit Krankenwagen abtransportiert. Es kamen ums Leben Fred Hampton, 21 Jahre alt, Vorsitzender der Black Panther Party von Illinois, und Mark Clark, 23 Jahre alt, Führer der Black Panthers von Peoria. Drei Personen wurden verhaftet, vier verwundet: zwei junge Männer (Ronald Satchel, 19 Jahre alt, und Blair Anderson, 18 Jahre alt) und zwei Mädchen (Brenda Harris, 18 Jahre alt, und Vernlin Brewer, 17 Jahre alt). Von den 14 Polizisten (davon fünf Schwarze), die am Einsatz beteiligt waren, hatte sich einer an einer zerbrochenen Fensterscheibe verletzt, ein anderer hatte einen Beinschuß erlitten.

Der offiziellen Version zufolge hatte am 2. Dezember ein Informant dem FBI mitgeteilt, daß sich in jenem Haus, der Zentrale der Black Panthers von Chicago, ein illegales Waffenlager befinde. Für diese Auskunft erhielt der Informant 300 Dollar. Als die Polizei die Wohnung stürmte, so wurde im Fernsehen verbreitet, beschossen die Bewohner die Tür, worauf die Polizei das Feuer erwiderte. Die Polizei habe die Bewohner mehrmals aufgefordert, das Feuer einzustellen, hieß es, aber von drinnen sei weitergeschossen worden. Hampton wurde mit zwei Gewehrkugeln im Kopf tot im Bett gefunden.

Der Staatsanwalt kündigte an, die sieben überlebenden Panther wegen versuchten Mordes vor Gericht zu stellen.

Am 8. Dezember forderte die Gewerkschaft United Auto Workers (UAW), die National Association for the Advancement of Colored People (NAACP) sowie ein Dutzend weiterer Organisationen den Einsatz einer Kommission zur Untersuchung des Mordes an den Panthern. Jeden Tag standen Menschen vor dem Haus in der West Monroe Street Schlange, um den Tatort zu besichtigen. »Junge Leute, Arbeiter in lackbespritzten Arbeitsanzügen, Frauen mittleren Alters mit blumengeschmückten Hüten, gut gekleidete Angestellte, ältere Menschen, Postangestellte in ihrer grauen Dienstuniform [...] am Nachmittag ist die Schlange größer, wenn sich Schüler in leuchtfarbenen Jacken anstellen.«[1] Junge Panther zeigten, daß im Bereich der Wohnungstür keine Einschußspuren zu sehen waren, dagegen aber zahlreiche Schußlöcher in der Wand oberhalb der Betten, wo die Toten und Verletzten gefunden wurden.

Am 19. Dezember setzte das Justizministerium der Vereinigten Staaten ein großes Geschworenengericht, eine Grand Jury, ein: Der republikanischen Regierung Richard Nixon war die Gelegenheit nicht unlieb, dem demokratischen Bürgermeister von Chicago, Richard Daley, eins auszuwischen. Am 15. Mai 1970 verkündete das große Geschworenengericht sein Urteil: Die Polizei hatte mehr als 90 Schüsse abgegeben, während von innen nur ein einziges Mal geschossen worden war, der Staatsanwalt hatte gelogen, die Polizei von Chicago hatte gelogen, ebenso das kriminologische Untersuchungslabor.[2] Die Black Panthers erhoben Anklage gegen Stadtverwaltung und Bundesregierung. Jahre vergingen. 1982 dann beschloß der Cook County Board die Zahlung einer Entschädigung von 1,85 Millionen Dollar – zu je einem Drittel (616.333 Dollar) von der Bundesregierung, dem Verwaltungs-

1 *The New York Times*, 10. Dez. 1969

2 Mike Royko, *Boss. Richard J. Daley of Chicago* (1971), New York 1976, S. 212

bezirk Cook und der Stadt Chicago aufgebracht – wegen Verschwörung zur Vernichtung der Black Panther Party und der Verletzung der Bürgerrechte der Mitglieder dieser Partei. Dreizehn Jahre später wurde gerichtlich bestätigt, daß Hampton und Clark im Schlaf erschossen worden waren. Doch das interessierte zu diesem Zeitpunkt schon niemanden mehr. Die Black Panthers hatten sich aufgelöst, und seit 1971 stellten sie keine Bedrohung mehr dar. Die Zeiten hatten sich geändert.

1969 aber waren die Black Panthers für die Regierung der Feind Nummer eins. Wie es im März 1968 der FBI-Boß J. Edgar Hoover ausdrückte: »Sie stellen die größte Gefahr für die innere Sicherheit der Vereinigten Staaten dar.« Zum Zeitpunkt, als Fred Hampton erschossen wurde, befand sich bereits kein einziger ihrer nationalen Führer mehr auf freiem Fuß. Der letzte, der siebenundzwanzigjährige David Hilliard, Chef des Parteistabs der Black Panthers, war am Tag zuvor in San Francisco verhaftet worden. Eldridge Cleaver, der Ideologe der Black Panthers, hatte sich ins Ausland geflüchtet. Im Gefängnis saßen auch Bobby Seale und Huey Newton, die drei Jahre vorher, 1966, in Oakland die Black Panther Party als Instrument der Selbstverteidigung gegründet und dafür das Symbol der schwarzen Raubkatze von einer Bürgerrechtsgruppe aus Alabama (der Lowndes County Freedom Organization) übernommen hatten.

Um dieser Bedrohung entgegenzuwirken, scheute das FBI weder Kosten noch das Mittel der Infiltration noch Gewehrkugeln. Am 6. April 1968 wurden sieben Panther, darunter Cleaver und Hilliard, von mindestens 48 Polizisten angegriffen. Cleaver ergab sich, indem er sich splitternackt auszog. Sein Begleiter, der siebzehnjährige Bobby Hutton, trat unbewaffnet, mit erhobenen Armen, jedoch in seiner Black-Panther-Kleidung, heraus und wurde von Gewehrkugeln durchsiebt. Am 5. August wurden in Los Angeles drei Panther getötet. Im September wurde Newton wegen fahrlässiger Tötung verurteilt. 1969 wurden zwei Panther in Denver, 21 in New York, Dutzende in New Haven und fast 300 in Los Angeles verhaftet. Die Parteizentralen der Black Panthers im ganzen Land – von Boston bis Indianapolis und Denver – wurden mit Panzerwagen und Helikoptern angegriffen. Im September 1969 wurde auch Bobby Seale zusammen mit sieben weiteren Vertretern der neuen amerikanischen Linken unter Anklage der »Verschwörung zum Aufruhr« während des Parteitags der Demokraten in Chicago 1968 verhaftet und zu einer Gefängnisstrafe verurteilt.

> Seit der Gründung der Partei sind fast dreißig Panther umgebracht worden. Im ersten Jahr der Nixon-Regierung wurden über 400 Panther auf Grund verschiedener Anklagen verhaftet. In Los Angeles, Oakland, Chicago, Des Moines und fünfzehn anderen Städten wurden die Büros der Panther von der Polizei angegriffen. Nahezu alle Mitglieder des Zentralkomitees wurden umgebracht, ins Gefängnis gesteckt oder mußten ins Exil gehen. Im Justizministerium gibt es eine Spezialabteilung für die Verfolgung der Panther; das FBI sieht in ihnen die größte Gefahr für die nationale Sicherheit; mindestens zwei Kongreßausschüsse und mehrere Grand Jurys sind mit Ermittlungen über sie beschäftigt.[3]

Nun waren die Black Panthers durchaus keine Waisenknaben. Sie waren fasziniert von der öffentlichen Inszenierung des politischen Kampfes, die sie für ihre Zwecke ausnutzen wollten – mit ihrer typischen Kleidung, den schweren Schuhen, schwarzen Lederjacken und der Baskenmütze nach Art Che Guevaras. Schon ihr Name erinnerte mehr an einen reißerischen Filmtitel als an eine politische Partei und war so suggestiv, daß er eine ganze Flut von Raubkatzen-Gruppierungen jeglicher Couleur auslöste. White Panthers nannte sich in den sechziger Jahren eine Gruppe von Hippies. In den siebziger

3 Tom Hayden, *Trial*, New York 1970, dt. *Der Prozeß von Chicago*, Frankfurt/Main 1971, S. 112

Jahren gab sich ein Senioren-Schutzbund den Namen Graue Panther. »La Pantera« nannte sich 1990 eine italienische Studentenbewegung. Im übrigen hatte auch der Aufstieg der Black Panthers mit einer spektakulären Aktion begonnen: Am 2. Mai 1967 drangen dreißig bewaffnete Panther in voller Montur in das kalifornische Kongreßgebäude in Sacramento ein und zwangen den damaligen Gouverneur Ronald Reagan, sich zu verstecken.

Das war jedoch nicht alles. In jenen Jahren übten die offensichtlich siegreichen Guerilla-Taktiken eine starke Faszination aus, schienen sie doch in der Lage, die gewaltige amerikanische Kriegsmaschinerie in Vietnam in die Knie zu zwingen. Fred Hampton wurde zwar im Schlaf getötet, doch viele Panther kamen bei bewaffneten Auseinandersetzungen ums Leben. Ihr Bestreben war schon von Anfang an, seit 1966, Gewehre und Pistolen zu kaufen und ihre Anhänger im Umgang damit zu schulen; so dokumentiert es etwa der Film *Seize the Time* (1970). Mit einer gewissen Eitelkeit brüstete sich 1968 George Murray, der Erziehungsminister der Partei, daß »in den ersten beiden Augustwochen in den Vereinigten Staaten 38 Polizisten erschossen wurden, besonders viele in einer Region, in der Parteimitglieder organisiert waren; in Cleveland (Ohio) wurden in einem Hinterhalt drei Polizisten getötet und 27 weitere verwundet. [...] Wir haben weiterhin das Vergnügen, euch mitzuteilen, daß die Genossen, die diesen Hinterhalt organisierten, schwarze ehemalige Soldaten waren, die in Vietnam dem amerikanischen Imperialismus gedient hatten. Nach ihrer Rückkehr in die Vereinigten Staaten erhielten sie eine politische Schulung und schlossen sich dem Guerillakampf an.«[4]

Der Bezug zum Guerillakampf ist keineswegs zufällig. Unter dem Einfluß von Paul Sweezy, Leo Huberman und Malcolm X in den Jahren vor seiner Ermordung betrachteten die

4 Zit. nach Valerio Evangelisti, *Sinistre eretiche. Dalla banda Bonnot al sandinismo*, Mailand 1985, S. 85 f.

Panther die schwarzen Ghettos der Vereinigten Staaten als eine »Binnenkolonie«, die im Großstadtdschungel einen eigenen Befreiungskrieg führen müsse, wie Giap im Dschungel am Mekong oder wie die Iren in Belfast. Durch die Segregation in den schwarzen Ghettos fühlten sie sich als isolierte Untertanen in einer Kolonie oder – in der Sprache der südafrikanischen Apartheid ausgedrückt – in einem Bantustan. Die Beziehungen zu den Ordnungshütern waren kolonialistisch geprägt: Die Polizei betrat (und betritt) die *inner city*, als sei es besetztes Gebiet. Daher das Dritte-Welt-Bewußtsein der Black Panthers und die Berufung auf Frantz Fanon und Ernesto »Che« Guevara (nicht nur durch die Baskenmütze). Die Panther betrachteten sich also als »Partei«, als militärische Organisation und nicht als Sekte, als Religion. Daher auch ihr Marxismus. Ein höchst merkwürdiger Marxismus allerdings – mit geistigen Anleihen nicht nur bei Mao Zedong, sondern auch beim koreanischen Diktator Kim Il Sung –, der auf eine Partei abzielte, die in bizarrer Analogie zur Arbeiterklasse das schwarze *Lumpenproletariat* organisieren sollte: »Marx und Lenin würden sich wahrscheinlich im Grabe umdrehen, wenn sie sehen könnten, wie die lumpenproletarischen Afro-Amerikaner die Ideologie der Black Panther Party zustande gebracht haben«, schrieb Bobby Seale.[5] Aber dieser Marxismus war nicht verschrobener als der Islamismus von Malcolm X. Die Dritte-Welt-Ausrichtung der Black Panthers wurde belohnt durch weltweite Popularität. So bot der Vietcong an, amerikanische Kriegsgefangene im Austausch gegen die politischen Häftlinge Seale, Newton und andere Panther freizulassen.[6]

*

Der kalte Krieg, die internationalen Beziehungen und der Vietnamkrieg können allerdings nur teilweise erklären, wes-

5 Bobby Seale, *Seize the Time*, New York 1970, dt. *Wir fordern Freiheit. Der Kampf der Black Panther*, Frankfurt/Main 1971, S. 7
6 Ebd., S. 317

halb das FBI die Panther als eine derart massive Bedrohung empfand (wie im Ersten Weltkrieg die Deutschen und in der McCarthy-Ära die Sowjets – Dissidenten im Innern wurden stets als die fünfte Kolonne des Auslands angesehen); wenn Edgar Hoover von Kommunismus reden hörte, sah er buchstäblich rot. Und dennoch haftet dieser unmäßigen Furcht etwas Diffuses an. Einen ersten Hinweis liefert uns die innere Organisationsstruktur der Panther. Seale war Vorsitzender, Newton Verteidigungsminister, Cleaver Informationsminister, Hilliard Chef des Parteistabs, Ray »Masai« Hewitt und später George Murray waren Erziehungsminister. Stokely Carmichael war eine Zeitlang Premierminister des *kolonisierten Afro-Amerika*. Kann man diese Bezeichnungen gerade noch ernstnehmen, so kann man sich einer gewissen Skepsis nicht erwehren angesichts eines »stellvertretenden Verteidigungsministers von Illinois« – ein Posten, den Bobby Rush bekleidete – oder eines »Feldmarschall«, wie es Dan Cox war. Der Chef des Parteistabs Hillard war 26 Jahre alt. Der »Präsident der Partei von Illinois«, Fred Hampton, war 21, als er erschossen wurde, und mit ihm wurde Ronald Satchel, 19 Jahre alt und »stellvertretender Gesundheitsminister von Illinois«, verwundet. Diese Bezeichnungen wären nur lächerlich, wären dafür nicht Menschen bereit gewesen, zu sterben und zu töten.

Das Aufgebot des amerikanischen Staates gegen diese »Bedrohung« erscheint übertrieben: Der gesamte gigantische technologische Apparat des FBI wird mobilisiert gegen eine Bande Halbstarker – wie man von außen meinen konnte –, die in ihrer besten Zeit zwischen 2.000 und 5.000 Mitglieder hatte (inklusive die Hunderte von Spitzeln der verschiedenen Polizeieinheiten). Demgegenüber zählte allein in Chicago die schwarze Gang der Blackstones im Jahr 1968 an die 2.000 Mitglieder; die Crips und die Bloods, die beiden größten Banden von Los Angeles, haben unter den Jugendlichen Tausende von Anhängern. Und diese Banden waren und sind ebenso gut bewaffnet wie die Panther, und in ihren Depots werden nicht nur Maschinengewehre, sondern auch Panzerfäuste gefunden.

Nichts, weder das Alter noch die Anhängerschaft noch das Waffenarsenal der Panther waren besonders furchterregend. Es gibt also nur zwei Möglichkeiten: Entweder war die Furcht Edgar Hoovers instrumentalisiert und diente dem Zweck, die Black Panthers bedrohlicher aussehen zu lassen, als sie waren, um dadurch andere Feinde zu treffen – wie etwa 1886 nicht die Anarchisten, sondern die Gewerkschaft der Knights of Labor getroffen werden sollte oder 1917 das eigentliche Ziel nicht die Deutschen, sondern die Wobblies waren, die Gewerkschaft der Industrial Workers of the World.

Oder: Hoover glaubte tatsächlich an die Bedrohung durch die Panther, und dann muß man die tieferen Gründe dieser Furcht vor den Panthern zu verstehen suchen und warum im Gegensatz dazu die Blackstones nicht als bedrohlich angesehen wurden.

Ein Grund liegt vielleicht im politischen Bewußtsein der Panther. Die traditionelle Gang *bleibt an ihrem Platz*, während die Panther alles andere taten. So stellte die *Chicago Tribune* mit Genugtuung fest: »Die Straßengangs, auch die Blackstones Nation und die Vice Lords, stehen den Panthern in offener Konfrontation gegenüber. Sie wollen mit den maoistischen Lehren, den prokommunistischen Philosophien und der restriktiven Disziplin der Panther nichts zu tun haben. Dies hat immer wieder zu offener Feindseligkeit geführt«[7] – als sei gegenüber einem Kommunisten der Dealer geradezu ein Engel.

Während die anderen Gangs in und von der Kultur der Armut leben, zählen die Black Panthers zu jener Kategorie, von der auch Oscar Lewis gesprochen hat, sie waren Teil jener »religiösen pazifistischen oder revolutionären Bewegung, die Strukturen schafft und den Armen Hoffnung gibt« und die daher »den psychologischen und sozialen Kern jener Kultur der Armut zerstört«. In diesem Sinn sind die Panther, Martin Luther King und Malcolm X miteinander verbunden – nicht

7 *The Chicago Tribune*, 14. Dez. 1969

nur durch das gemeinsame Schicksal der physischen Vernichtung, sondern weil sie »Strukturen schufen und Hoffnung gaben«. Der Verlust der Hoffnung ist in der Tat für die Situation der Schwarzen im heutigen Amerika symptomatisch; aber diese Hoffnung ging nicht per Zufall oder Schicksal verloren: Zum Teil wenigstens wurde sie buchstäblich umgebracht.

Die Panther flößten Angst ein, weil sie als Gang politisch waren und als politische Partei wie eine Gang auftraten. Denn ihre Gründer waren ja Kinder des Ghettos, und sie hätten genausogut eine Gang anführen wie eine Partei gründen können. Newton war Bandenmitglied im Ghetto von Oakland gewesen, Seale war wegen Disziplinlosigkeit aus der Navy entlassen worden; Eldridge Cleaver verbrachte seine Jugend in Besserungsanstalten und Gefängnissen, wie er in seiner Autobiographie *Soul on ice (Seele auf Eis)* beschreibt. Huey wollte »die schwarzen Brüder für einen richtigen revolutionären Kampf mit Gewehren« gegen die »pigs«, die »Polizistenschweine«, organisieren, die Brüder, »die sich auf dem Gebiet der politischen Bildung zusammenfanden.«[8] »Um 1968/69 sah es eine Zeitlang so aus, als könnten die Panther die ultimative revolutionäre Gang werden.«[9] Als Gang sprachen die Panther die Sprache des Ghettos, als Partei setzten sie dessen Forderungen in allgemeingültige Form um. Sie waren das Sprachrohr, über das sich das marginalisierte Subproletariat der *inner cities* als *Hauptklasse* artikulierte. Die Biographie Cleavers ähnelt noch im Detail der von Malcolm X: Beide waren Zugkellner gewesen, und beide hatten jahrelang im Gefängnis gesessen.

Das Scheitern der Hoffnung bedeutete die Rückkehr zur Normalität. Statt bei den Black Panthers Politik zu machen, kehrte man ins Räderwerk der alten Parteienmaschinerie zurück, um etwa als Stadtrat Karriere zu machen. Oder zu den

8 B. Seale, *Wir fordern Freiheit*, a.a.O., S. 83 und 64
9 M. Davis, *City of Quartz*, a.a.O., S. 298

Gangs. Das Ende der Panther führte Anfang der siebziger Jahre zu einem Erstarken der Gangs. Doch das Ende der Hoffnungen bedeutete auch, daß die Panther selbst in gewissem Sinn wieder zur Gang wurden. Eldridge Cleaver, zunächst Mitglied der Mormonen-Kirche und Anhänger der Moon-Sekte, wurde wegen Konsum und Verkauf von *crack* immer wieder verhaftet. Aber nichts bringt diese Entwicklung besser auf den Punkt als das Ende Huey Newtons, der am 22. August 1989 im Ghetto von West Oakland auf offener Straße erschossen wurde, kokainabhängig, in den Kreislauf des Drogendeals verstrickt. Denn entgegen allen Klischeevorstellungen sind die Gangs ein Grundpfeiler der sozialen Ordnung.

GRIECHISCHE HELDEN UND LUMPENKAPITALISTEN

Wir befinden uns im Herzen von Gangland, dem Territorium der Gangs. An den Mauern überlagern sich wütende Graffiti. Bissige Kritzeleien, Zahlengigantographien, lackgesprühte Riesenhände, Explosionen aus Spraydosen, blutrote Flecken, blaue Bahnen wie von Leuchtspurgeschossen. Hieroglyphen einer untergegangenen Sprache. Diese Graffiti sind sichtbarer Ausdruck dessen, was Chicagoer Soziologen als soziale Desorganisation, als *Unordnung* bezeichneten. In jenen urbanen Zwischenräumen, wo, so scheint es, die soziale Vernunft dem Unwägbaren, die Zivilisation der nackten Wut gewichen ist. Wo die Menschen Tiere und die Tiere Bestien sind. So jedenfalls wird es in Zeitungsartikeln, Filmserien, Videofilmen dargestellt. Wo der Haß ziellos, die Grausamkeit grenzenlos und die Gegenwart ohne Zukunft ist.

Doch für ein geübtes Auge, für einen Insider, sprechen diese Zeichen, diese sich überlagernden Phantasiegebilde, die dem Außenstehenden als schwachsinniger Wirrwarr erscheinen, eine deutliche Sprache. Sie markieren, wo das Territorium einer Gang beginnt und wo es endet. Manchmal zeigen sie einen Waffenstillstand oder eine Kriegserklärung an (die Graffiti anderer zu zerstören, gilt als Angriff). Oder sie erzählen: vom Tod eines Mitkämpfers, von der Absetzung eines Anführers, von der Verhaftung eines Jugendlichen. Oder sie machen Mitteilung. Manche sagen, man könne sogar Warnungen darin lesen, Mordkontrakte, die den Gang-Mitgliedern auf diese Weise bekanntgegeben werden. Aus Lärm wird Klang, aus Gekritzel Sprache, unterhalb der Unordnung tritt eine Ordnung zutage; unterhalb der Desorganisaton eine filigrane Struktur.

*

Kein anderer Begriff ist so schillernd wie der Begriff Gang. Wer Gang sagt, denkt an jugendliche Banden, halbwüchsige Gewalttäter, an Grausamkeit – doch wie können Kinder grausam sein: ein Häufchen moderner romantischer Briganten und Straßenräuber auf ihren Harley Davidsons. Heute sitzen in den USA auf den Motorrädern die Fünfzigjährigen mit Schmerbauch, Relikte aus den sechziger Jahren. Ergrauende *Easy Riders*, deren Hondas bisweilen sogar einen lächerlich wirkenden Gepäckanhänger dabeihaben. In Wirklichkeit ist dies alles nur eine Reprojektion des Mythos der Gang, wie er sich aus diversen Filmen eingeprägt hat, aus der *West Side Story* in den fünfziger Jahren, *The Warriors* in den siebziger, *Colors* in den achtziger Jahren sowie aus zig anderen Filmen *(The Bronx, Fort Apache...)* – eine Mischung aus Cowboy-Nostalgie und *Clockwork Orange*-Irrwitz.

Manche Gangs jedoch haben Tausende von Mitgliedern, etwa die berühmten Crips (und ihre Gegenspieler, die Bloods) von Los Angeles. Allein in Chicago zählen die Vice Lords Tausende von Anhängern. Ihr Führer ist dreiundvierzig Jahre alt (nicht gerade ein Halbwüchsiger), und wenn er aus dem Gefängnis entlassen wird, erwarten ihn riesige Limousinen (abgekürzt *limos*), in Pelz gehüllte, juwelengeschmückte Damen, Herren in Lederanzug und mit Schuhen aus Eidechsenleder.[1] Der Mythos jugendlicher Romantik gerät ins Wanken. Um so mehr, da manche Gangs schon seit mehreren Generationen bestehen wie die Vice Lords. Andere haben sich neue Namen zugelegt: Die Blackstone Rangers von Chicago zählten schon in den siebziger Jahren 2.000 Mitglieder, heute nennen sie sich El Rukns. In Los Angeles waren viele Eltern in derselben Gang wie heute ihre Kinder. Manche Familien kön-

1 *The Chicago Tribune*, 30. Dez. 1992

nen die Mitgliedschaft in einer Gang über vier Generationen hinweg zurückverfolgen[2], und viele Väter ermuntern ihre Söhne, ebenfalls einer Gang beizutreten.

Anfang der achtziger Jahre gründeten die Vice Lords und die Gangsters Disciples von Chicago Ableger (oder »Kapitel«, wie es bei den Kirchen heißt) in Minneapolis; die Bloods und die Crips aus Los Angeles zogen nach und erweiterten sich nach Minnesota[3]: Man stelle sich vor, die Gangs von London und Paris würden Dependancen in Stockholm eröffnen.

Das alles hat gewissermaßen amtlichen Charakter, einen offiziellen Anstrich und scheint zu der ursprünglichen Vorstellung von jugendlichen Banden nicht so recht zu passen. Der Begriff Gang deckt also ein ungeahnt breites Bedeutungsspektrum und einen überraschend großen historischen Rahmen ab. Ursprünglich bedeutete Gang soviel wie »Mannschaft«, Arbeitstrupp: Es waren Gangs, die im Westen der Vereinigten Staaten Brücken und Eisenbahnen bauten, und ihre Mitglieder hießen *gangers* (nicht *gangsters*). Andererseits gilt alles, was mit Arbeit zu tun hat, als verächtlich. Ist der Arbeitstrupp eine Gang, so ist die Mannschaft, die Brigade, die *Crew* die Bande, die sich zusammenfindet, um eine Aktion, einen Angriff zu starten; sie bildet keine organisierte Gang. Der Begriff Gang bezeichnet sowohl aus ein paar Halbwüchsigen bestehende Banden, die sich nach wenigen Jahren wieder auflösen, als auch regelrechte Truppen von Jugendlichen und Erwachsenen, die Waffenarsenale, Dependancen besitzen und eine über Jahrzehnte hinweg stabile Organisationsstruktur aufbauen.

Ebenso weitgespannt ist der zeitliche Horizont der modernen amerikanischen Gangs, die inzwischen auf eineinhalb Jahrhunderte Geschichte zurückblicken. Die Gangs in den Vereinigten Staaten entstanden im Zuge der Verstädterung und der europäischen Einwanderung. Schon um 1840 sollen die Bowery Boys und die Dead Rabbits der Schrecken des

2 Martín Sánchez Jankowski, *Islands in the Streets. Gangs and American Urban Society.* Berkeley 1991, S. 180f.

3 *The Wall Street Journal*, 29. April 1993

Bürgertums gewesen sein – junge Iren, denen die Ehre zukommt, die moderne Straßengang in den Slums der Bowery, von Five Points und Paradise Alley erfunden zu haben.[4] Von Anfang an gaben sich die Gangs Namen voll schwarzen Humors oder auch Tiernamen (»tote Kaninchen«, »gespensterhafte Schatten«). Die Gang als Mannschaft, das Leben als Sport: Wie es im Football die Cowboys von Dallas gibt, so gibt es in Chicago die Gang der Rangers. Umgekehrt kommt es in einer gewaltbereiten Gesellschaft wie der amerikanischen nicht zu gewaltsamen Ausschreitungen in den Sportstadien, wie es in Europa der Fall ist. Der Begriff Gang deckt ein derart breites Bedeutungsspektrum ab, daß er unbrauchbar zu sein scheint – allenfalls geeignet als Stoff für Großstadtlegenden, als Phantom unserer kollektiven Ängste: Der Mythos der Gang als reines Destillat der *underclass* wird auf dem Markt der Phantasiewelten teuer gehandelt. In der Wirklichkeit haben die amerikanischen Gangs eine Reihe von Gemeinsamkeiten. Zunächst, daß jede von ihnen als Basis ein bestimmtes Territorium eines Stadtviertels besitzt, in dem gewöhnlich das Einkommen extrem niedrig ist.

Frederic Thrasher, der in seinem Buchklassiker *The Gang* (1927) die 1.313 Gangs von Chicago aufzählt, betrachtet als das Land der Gangs die Zwischenzonen der Stadt (»die intramurale Grenze des *gangland*«), dic Bruchstellen der sozialen Werte. Die soziale Desorganisation von heute allerdings beschränkt sich keineswegs auf die Zwischenzonen, jene Viertel, in denen die Brüche in der sozialen Ordnung zutage treten; vielmehr ist die Stadt ein einziger Bruch der sozialen Ordnung, und die Zwischenzone hat das gesamte urbane Strukturgefüge aufgesogen; denn in Chicago und in den anderen amerikanischen Großstädten lebt heute die überwiegende Mehrheit der Bewohner des Zentrums in Slums oder Ghettos (»Chocolate city with vanilla suburbs …«). In der *inner city* herrscht nicht eine soziale, von Inseln des Chaos durchsetzte

4 M. Davis, *City of Quartz*, a.a.O., S. 315

Ordnung, sondern allenfalls ein Meer des Chaos mit Inseln der Ordnung. Das »Ghetto« ist heute eine grenzenlos sich ausdehnende Fläche der Stadt mit Hunderttausenden von Bewohnern, ein Gebiet, das »nicht unter ›sozialer Desorganisation‹ leidet, sondern eine eigene Welt mit genauen Differenzierungen und Hierarchien darstellt und nach festen Prinzipien geordnet ist«[5]. Hier, so Thrasher, wo »die normalen Primärstrukturen wie Familie, Schule, Kirche verschwinden, entsteht die Gang als *Ersatzinstitution*«[6]. Die Gang ist also eine Institution; und als solche spiegelt sie die Prinzipien, nach denen das Leben jener Menschenmassen hierarchisiert ist, die in den *inner cities* leben.

Und hier die erste Überraschung: Diese Prinzipien weichen in keiner Weise von den in der Gesellschaft allgemein herrschenden Grundsätzen ab. Es sind exakt dieselben, nur daß sie hier in einer Situation äußersten Mangels wirken. Während also die Gesellschaft ringsherum dem Malthusianismus als Theorie huldigt, ist für die Ghettobewohner die Welt, in der sie leben, malthusianisch, nicht etwa, weil sie überbevölkert wäre, sondern weil ihre Ressourcen knapp sind; das private Kapital ist geflüchtet, staatliche Gelder fließen nur spärlich: Es gibt keine Banken, sondern nur *Checks Cashed* und *Pawnshops.*

Wie die Gesellschaft, die es umgibt, so ist auch das Ghetto selbst nach dem Wettbewerbsprinzip organisiert. Aber da es hier um die Aufteilung knapper Ressourcen geht, ist der Wettbewerb auf die Spitze getrieben, steigert sich zum Krieg aller gegen alle. In der *inner city* ist die Normalsituation jene, die Thomas Hobbes so beschrieben hat: »Jeder ist eines jeden Feind […], die Menschen haben keine andere Sicherheit als diejenige, die ihnen ihre eigene Stärke und Erfindungskraft bietet […] und es herrscht, was das Schlimmste von allem ist, beständige Furcht und Gefahr eines gewaltsamen Todes – das menschliche Leben ist einsam, armselig, ekelhaft, tierisch und

5 L. J. D. Wacquant, *The Zone*, in: P. Bourdieu u. a., *La misère du monde*, a.a.O., (S. 181–204), hier S. 188

6 Zit. bei R.E.L. Faris, *Chicago Sociology 1920–1932*, a.a.O., S. 74

kurz.«[7] In diesem Kampf kann jeder sich nur auf sich selbst verlassen und entwickelt deshalb das, was Martín Sánchez Jankowski *mißtrauischen Individualismus* nennt. Nichts bringt dieses Mißtrauen besser zum Ausdruck als die unglaubliche Vielzahl von Riegeln und Vorhängeschlössern in den Elendsvierteln. In den Supermärkten ist die Ecke der alkoholischen Getränke mit Gittern verbarrikadiert, die Fort Knox alle Ehre machen würden. Nicht weniger abgeschottet die Apotheken. Ganze Kettensortimente an den Wohnungstüren. Häufig können sich die Menschen im Brandfall nicht mehr rechtzeitig in Sicherheit bringen, da sie sich in ihren Wohnungen derart verbarrikadiert haben. Das Mißtrauen nimmt die Gestalt von Vorhängeschlössern an.

Wenn jedoch der Wettbewerb das Ordnungsprinzip der Ghetto-Gesellschaft darstellt, dann herrscht auch in der *inner city* der *Sozialdarwinismus*: die Vorstellung, daß im natürlichen Ausleseprozeß der menschlichen Gattung nur die Stärksten überleben. An den beiden äußersten Enden der sozialen Stufenleiter – in den reichen Vorstädten der Weißen und in den Slums der Schwarzen – begegnen wir jener Hobbesschen Vision der Gesellschaft als Schauplatz des täglichen Kampfes ums Überleben, den nur die Allerbesten gewinnen.

Aber wie können ausgerechnet die Besiegten an den Sozialdarwinismus glauben, demzufolge der Sieger nicht nur herrscht, sondern auch der Beste ist? Wie können sie sich nicht nur als Verlierer, sondern auch als die wirklich Schlechteren sehen? Niemand kann sich selbst als der Abschaum betrachten (da doch im Christentum die Letzten von heute die Ersten von morgen und die Unterdrückten selig sein werden, wenngleich erst in der anderen Welt). Die einzige Möglichkeit, mit dieser Niederlage fertigzuwerden, sich damit abzufinden und dennoch den Glauben an den Sozialdarwinismus weiterhin aufrechtzuerhalten, besteht darin, das Ganze als ein betrügerisches Spiel zu betrachten. So erklärt sich die große

7 Thomas Hobbes, *Leviathan*, Leipzig 1978, Teil I, Kapitel 13, S. 107

Verbreitung, die die These des *Plan* gefunden hat, die These einer weißen Verschwörung, um die Farbigen in den Slums durch Drogen krank zu machen. Die Mannschaft des Ghettos ist immer der Verlierer, weil der Wettkampf auf Betrug gegründet ist; eine Partei spielt falsch, nicht alle erhalten die gleichen Chancen. Ein Chicano aus Los Angeles drückt dies folgendermaßen aus: »Die reichen Anglos [...] sind bestens organisiert, sie picken sich das Beste heraus und überlassen uns, den Asiaten und Schwarzen, den Rest, um den wir uns die Köpfe einschlagen.« Und ein neunzehnjähriger Ire aus Boston meint: »Alle Jungs wissen, daß diese reichen Bastards und Eierköpfe zusehen, wie wir, die Neger und die *spics*, uns um die Scheißjobs prügeln.«[8]

*

Die Gangs sind also Organisationen (»Ersatzinstitutionen«), die in den *inner cities* entstehen, um ihren Mitgliedern jene Segnungen zuteil werden zu lassen, von denen das Ghetto als ganzes ausgeschlossen ist. Viele Jugendliche schließen sich einer Gang an, um nicht resignieren zu müssen, um nicht in jener sozialen Sackgasse zu landen, auf jenem Abstellgleis, auf dem ihre Eltern und Angehörigen dahindämmern. So paradox es scheinen mag, es sind die Gang-Mitglieder in den Ghettos, die den amerikanischen Traum hochhalten, die am stärksten an die Eigeninitiative glauben, an den Mythos vom risikofreudigen Privatunternehmer, der aus Armut zu Reichtum emporsteigt. Aber was könnte ein potentieller Unternehmer aus der *inner city* als Einsatz bieten?

Sicherlich kein Wirtschaftskapital, kein Geld, denn das Hobbessche Universum ist ein »Kapitalismus ohne Geld«. In den Armenvierteln sind die Arbeitsplätze rar, schlecht bezahlt und unsicher. Den wirtschaftlichen Lebensnerv bildet neben den wenigen legalen Möglichkeiten eine breitgefächerte

8 M. Sánchez Jankowski, *Islands in the Street*, a.a.O., S. 85 f.

Schattenwirtschaft – von halblegalen bis hin zu offen kriminellen Aktivitäten, von der Erschleichung staatlicher Unterstützung (Ehemänner, die zum Schein ihre Frauen verlassen, damit diese die staatliche Beihilfe für alleinerziehende Mütter erhalten) bis zum Handel mit Lebensmittelmarken *(Food Stamps)*, von Blutspenden gegen Geld über Wucher (die *loan sharks*, Kredithaie) bis zu Drogenhandel und Mord auf Bestellung.

Unser hypothetischer Unternehmer könnte ebensowenig Fachkenntnisse oder Bildung ins Feld führen, denn die Schule hier ist der erste Kreis der sozialen Hölle. Wenn die Schule die Lehrmeisterin des Lebens sein soll, so bereitet die Schule der *inner city* auf die Niederlage vor: Der schulische Mißerfolg ist die erste der zahlreichen Niederlagen, die das Erwachsenenleben begleiten. Die Marginalisierung beginnt mit dem Abbruch der Schulausbildung, mit dem Rausschmiß (*drop out*) aus einer B-Schule. Keiner der letzten fünf Bürgermeister von Chicago (auch nicht der schwarze Bürgermeister Harold Washington) schickte seine Kinder in eine staatliche Schule. B-Schule deshalb, weil die Schulbezirke der Vereinigten Staaten durch die lokalen Steuern finanziert werden, die wiederum auf dem Wert der Immobilien des jeweiligen Viertels basieren. In Wohngegenden, deren Häuser einen hohen Wert haben, sind die Steuern und damit der Etat der Schulen hoch, die Räumlichkeiten gut ausgestattet, die Lehrer gut bezahlt. Wo die Steuern niedrig sind, weil die Häuser wenig wert sind, werden die Lehrer schlecht bezahlt, verfallen die Gebäude. Je ärmer das Ghetto, desto beschissener sind die Schulen, und desto ärmer wird wiederum das Ghetto. Diese niederschmetternde Bilanz kommt in der schlagfertigen Bemerkung eines Jugendlichen aus der South Side Chicagos treffend zum Ausdruck: »Bald wird es soweit kommen, daß man, um bei McDonald's Hamburger zu grillen, ein Ingenieurdiplom in Luft- und Raumfahrt vorweisen muß.«[9]

9 L. J. D. Wacquant, *The Zone*, a.a.O., S. 185

Man braucht sich also nicht zu wundern, wenn diese Kleinunternehmer des Ghettos das einzige ins Rennen führen, was sie als Einsatz zu bieten haben: *sich selbst*, ihr Leben oder ihre Freiheit. Kraft, Geschicklichkeit im Umgang mit Schußwaffen, Geübtheit in Schlägereien sind oft die einzigen Trumpfkarten, die diese Verfechter des amerikanischen Traums ausspielen können. Hier »ist Gewalt das Zahlungsmittel des Lebens, sie wird zur Valuta der Gang-Wirtschaft«[10]. Gewalt erweist sich also nicht als – sadistischer und zielloser – Gefühlsausbruch, auch wenn es im Mythos der Gang häufig so dargestellt wurde, sondern als ein rationales Instrument in einer Welt, wie sie von Hobbes beschrieben wird: »So liegen also in der menschlichen Natur drei hauptsächliche Konfliktursachen: erstens Konkurrenz, zweitens Mißtrauen, drittens Ruhmsucht. Die erste führt zu Übergriffen der Menschen des Gewinnes, die zweite der Sicherheit und die dritte des Ansehens wegen.«[11] Die Konkurrenz bedient sich der Gewalt, um sich die materiellen Güter anzueignen, und des Mißtrauens, um diese Güter zu verteidigen (auf den Aspekt der Ruhmsucht kommen wir später zurück).

War über Jahrzehnte hinweg das Auto der Motor für die Entwicklung der Weltwirtschaft, so sind Drogen der wirtschaftliche Antrieb in den Großstadtghettos. Als »politische Drogenwirtschaft« oder »politische Crack-Wirtschaft« ist der heutige Welthandel mit der *Droge* dem venezianischen, holländischen und englischen Handel mit *Drogen* (mit Gewürzen, Pfeffer, Kardamom, Zimt, aber auch Opium) durchaus vergleichbar. Eric Hobsbawm zog Parallelen zwischen dem Drogenkartell von Medellín und der East Indian Company.[12] Wenn es stimmt, daß in Los Angeles »schätzungsweise 10.000 Gang-Mitglieder sich durch den Drogenhandel ihren Lebensunterhalt verdienen, dann ist *crack* in der Tat der Arbeitgeber

10 M. Sánchez Jankowski, *Islands in the Street*, a.a.O., S. 139

11 T. Hobbes, *Leviathan*, a.a.O., S. 106

12 In: *New York Review of Books*, 20. Nov. 1987, S. 35

Nummer eins, das Äquivalent mehrerer großer Autofabriken und McDonald's-Ketten«[13]. Seit mehr als fünfzehn Jahren ist das Drogengeschäft »der einzige Arbeitgeber auf Wachstumskurs, der im Zentrum der amerikanischen Großstädte allen ohne Unterschiede die gleichen Erfolgschancen einräumt«, resümiert der Soziologe Philippe Bourgois am Ende seiner außergewöhnlichen Schilderung einer Nacht in einem *crack house* in New York:

> Die Jungs in meinem Haus sind weder apathisch noch desorganisiert. Ganz im Gegenteil, sie sind nur allzu gut organisiert [...] Die entschlossensten, erfolgreichsten, unerbittlichsten von ihnen haben ein weitgespanntes Verkaufsnetz aufgebaut, in dem täglich Tausende von Dollar umgesetzt werden. Und sie sind nicht einmal 18 Jahre alt [...] Müßig ist die Frage, was sie dazu bringt, Arbeit im privaten Sektor abzulehnen, die ihnen kein Ansehen verschafft, wo sie doch Kokain- oder *crack*-Firmen aufziehen können, wobei ihre Identität [...] kein Handicap mehr darstellt, sondern einen Trumpf. Wie jeder gute Amerikaner glauben die Drogenhändler unerschütterlich an den »amerikanischen Traum«: von den Lumpen zu den Dollarmillionen dank privaten Unternehmertums. Gewiß, der Großteil von ihnen wird dieses Ziel nicht erreichen. Sie werden vernichtet trotz ihrer Anstrengungen, und höchstwahrscheinlich verfallen sie dem Heroin oder der Depression. Das hindert jedoch jene, die es bis zum Mercedes, Jaguar oder Porsche bringen, nicht daran, ihren Wagen am Hydranten an der nächsten Straßenecke abzustellen und von den Drogensüchtigen waschen und polieren zu lassen und aus zehn Meter Entfernung stolz die Kinder des Viertels zu beobachten, die den »Schlitten« mit den Augen verschlingen.[14]

13 M. Davis, *City of Quartz*, a.a.O., S. 314

14 Philippe Bourgois, *Une nuit dans une »shooting gallery«. Enquête sur le commerce de la drogue à East Harlem*, in: *Actes de la recherche en sciences sociales*, Nr. 94, Sept. 1992, (S. 59 – 78), hier S. 78

Der Schlüsselbegriff hier heißt »Kokain-Firmen«, ähnlich wie man von Wäschefirmen oder Keksfabriken spricht. Eine *crack*-Firma aufzuziehen, eröffnet verlockende Perspektiven. In diesem Sinn kann man den Marxschen Begriff des »Lumpenproletariats« umkehren und mit Mike Davis von »Lumpenkapitalismus« sprechen: »Die Crips werden zu Lumpenkapitalisten und gleichzeitig gesetzlosen Proletariern.«[15]

Die Gang ist also eine Gesellschaft des tertiären Sektors; sie bietet Dienstleistungen an, die zumeist illegal sind, da im legalen Sektor die Straßenkultur ein Handikap darstellt (während sie im illegalen Geschäft ein Trumpf ist). Wenn die – dennoch zahlreichen – Versuche der Gangs, legale Geschäfte zu machen, Immobilien zu kaufen und zu vermieten, meist schiefgehen, so florieren Schwarzbrennereien, gesetzlich nicht erlaubte Lotterien, Hahnenkämpfe mit Wetteinsätzen. Die Aktivitäten der Protektion und Demolition werfen hohe Gewinne ab. Die Geschäftsleute werden geschützt (oder auch erpreßt); Immobilien oder Betriebe werden demoliert (angezündet) – sei es im Auftrag von Spekulanten, die widerborstige Mieter aus ihren Wohnungen jagen wollen, sei es im Auftrag von Unternehmern, die ganze Areale räumen wollen, oder von Wucherern (»Kredithaien«), die säumige Schuldner unter Druck setzen wollen. Durch derartige Dienstleistungen arbeiten die Gangs mit der legalen Wirtschaft, den Kapitalisten in Anzug und Krawatte, Hand in Hand.

*

Bei ihren lumpenkapitalistischen Unternehmungen werden die Gang-Mitglieder immer wieder verhaftet und landen im Gefängnis. Ist die staatliche Schule Lehrmeisterin des Scheiterns, so ist das Gefängnis der Lehrmeister des sozialen Erfolgs. Und zwar aufgrund jenes klassischen Mechanismus, den Michel Foucault beschrieben hat: Das Gefängnis betritt ein

15 M. Davis, *City of Quartz*, a.a.O., S. 310

Rechtsbrecher, das Gefängnis verläßt ein Krimineller. »Diese andere Person, die der Straf- und Besserungsapparat dem verurteilten Rechtsbrecher *[l'infracteur condamné]* unterschiebt, ist der *Delinquent.*«[16] Was zunächst nur eine Episode im Leben war, wird zum Schicksal, ja zur Berufung.

In den vergangenen fünfzehn Jahren ist ein Gefängnisaufenthalt zu einer gängigen Erfahrung so vieler geworden, daß Haftstrafen ihre abschreckende Wirkung teilweise verloren haben. In diesen fünfzehn Jahren seit Beginn der Reagan-Ära erlebten die Vereinigten Staaten eine beispiellose Inhaftierungswelle, und die Zahl der Häftlinge hat sich mehr als verdreifacht. Die in Gefängnissen der USA einsitzenden Häftlinge lassen sich in drei Kategorien einteilen: 1) Häftlinge in den bundes- und einzelstaatlichen Gefängnissen (im Slang *pen* genannt); 2) Häftlinge in den lokalen Strafanstalten (*jails*, in denen Haftstrafen bis zu einem Jahr verbüßt werden) – durchschnittlich gut die Hälfte der in bundes- und einzelstaatlichen Gefängnissen Einsitzenden; 3) die Minderjährigen in den Erziehungsheimen. Um ein umfassendes Bild der im Strafvollzug stehenden Personen zu gewinnen, muß zu diesen drei Kategorien noch eine vierte hinzugerechnet werden: Häftlinge mit Haftstrafen auf Bewährung oder bedingter Strafaussetzung.

Während vierzig Jahre lang (1930 – 1970) die Zahl der Häftlinge in den bundes- und einzelstaatlichen Gefängnissen um die 100 je 100.000 Einwohner betrug, waren es im Jahr 1990 311 je 100.000 Einwohner und im Jahr 1994 sogar 406 je 100.000 Einwohner. Noch eindrucksvoller in absoluten Zahlen: die Zahl der Inhaftierten stieg von weniger als 200.000 im Jahr 1970 auf mehr als eine Million im Jahr 1994. Die Zahl der Häftlinge in den *jails* betrug im Jahr 1990 426.000, neuesten Statistiken zufolge sind es inzwischen mehr als eine halbe Million, so daß die Gesamtzahl der Häftlinge in den USA eineinhalb Millionen übersteigt. Das sind gut 600 je 100.000 Einwohner. Zählt man jene hinzu, deren Haftstrafe zur

16 Michel Foucault, *Surveiller et punir. Naissance de la prison.* Paris 1975; dt. *Überwachen und Strafen. Die Geburt des Gefängnisses*, Frankfurt/Main 1994, S. 323

Bewährung ausgesetzt ist oder die sich in Hafturlaub befinden, so betrug im Jahr 1990 die Gesamtzahl der im Strafvollzug stehenden Personen 4,3 Millionen, 1994 waren es knapp fünf Millionen. Das bedeutet, daß jeden Augenblick in den Vereinigten Staaten zwei von hundert Personen von der Justiz erfaßt werden. Die Zahl der Inhaftierten stieg proportional zur Zahl der Bedürftigen, der Entlassungen, der Steuersenkungen, der Einsparungen im Sozialbereich und der entsprechend steigenden Strafmaße und immer häufigeren Verhängung von Freiheitsstrafen. Angesichts des Scheiterns dieser Politik forderte die Öffentlichkeit immer höhere Freiheitsstrafen, und die Behörden handelten dementsprechend. Dies ist eine Lösung im Sinne des Fundamentalismus, demzufolge das System nicht deshalb nicht funktioniert, weil an ihm etwas falsch ist, sondern weil seine Prinzipien nicht mit der größtmöglichen Konsequenz angewendet wurden. Etwa so, als vertrete man den Standpunkt, Terror sei deshalb wirkungslos, weil er nicht stark genug ausgeübt wird. Die mächtigste und reichste Gesellschaft ist zugleich jene, die die meisten Leute ins Gefängnis steckt.

Der Häftlingsboom [17]

Jahr	Häftlinge in bundes- und einzelstaatlichen Gefängnissen (in Tausend)	Häftlinge je 100.000 Einwohner
1930	127	103,3
1940	174	131,8
1950	166	109,9
1960	213	118,9
1970	196	96,5
1980	316	139,8
1990	774	310,8
1994	1034	406,2

17 Die Daten sind entnommen dem U.S. Bureau of the Census, *Historical Statistics of the United States, Colonial Times to 1970*, Tabelle H 1135–1143, S. 420, und ebd., *Statistical Abstract of the United States 1993*, Tabelle 54 und 343 sowie (für die im Text wiedergegebenen Daten) Tabelle 342 und 347.

Paradoxerweise ist die Zahl der Inhaftierten weitaus niedriger, als sie aufgrund der gesetzlich vorgesehenen Strafmaße eigentlich sein müßte: Um in den überquellenden Gefängnissen Platz zu schaffen, erfinden viele Richter in den Vereinigten Staaten kreative Formen der Sanktionierung, wie etwa, den Leuten ein Schild um den Hals hängen, auf dem steht, welches Verbrechen sie begangen haben: eine moderne Variante des Prangers. Viele Verurteilte treten ihre Gefängnisstrafe gar nicht erst an – »wegen Überfüllung« – oder werden entlassen, bevor sie ihre Haftstrafe vollständig verbüßt haben, um nachrückenden, gefährlicheren Häftlingen Platz zu machen. Es gibt eine Art Warteliste, ein *Stand by* auch für das Gefängnis. Dies alles führt dazu, daß in den Vereinigten Staaten einer von vier jungen Schwarzen im Alter zwischen 18 und 25 Jahren im Gefängnis landet und daß in manchen Stadtvierteln mehr als die Hälfte der Bewohner von der Justiz überwacht wird.[18]

Das Gefängnis wird zu einem vertrauten Teil des Alltagslebens, es erhält den Stellenwert eines Initiationsrituals, eines offiziellen Schulungskurses für die Gangs. Dabei gibt es verschiedene Grade des sozialen Ansehens, und der höchste Grad wird demjenigen zuerkannt, der am längsten, am häufigsten im Gefängnis war und von dort aus am effektivsten die Gang organisieren konnte. Mit Bewunderung lauschen die Jüngeren den Schilderungen der Veteranen, deren Erfahrungen im Gefängnis, im *pen* oder in der *pinta*, wie es bei den Latinos heißt. Gewiß ist es besser, das Gefängnis wo immer möglich zu vermeiden: Ein Drittel der von Martín Sánchez Jankowski untersuchten Gangs verfügen über einen eigenen Anwalt. Oft werden Minderjährige für strafbare Handlungen eingesetzt, weil bei ihnen das Strafmaß milder ausfällt: Die Jugendkriminalität ist somit also weniger ein Zeichen der Verrohung als vielmehr ein wohlkalkuliertes Instrument, um das Gefängnisrisiko des lumpenkapitalistischen Unterneh-

18 Loïc J. D. Wacquant, *Le gang comme prédateur collectif*, in: *Actes de la recherche en sciences sociales*, Nr. 101 – 102, März 1994, 88 – 100, S. 97 Anmerkung

mens zu minimieren. Die Gangs überlassen den Drogendeal aus denselben Gründen den Kindern wie die Unternehmer des 19. Jahrhunderts die Kinder in den Bergwerken arbeiten ließen: um Kosten zu sparen.

*

Der Aktionsradius der Gangs erschöpft sich jedoch nicht in lumpenkapitalistischem Unternehmertum und kriminellen Wirtschaftsaktivitäten. Durch ein zweites sind die Gangs charakterisiert: Sie sind alle auf ethnisch-rassischer Basis organisiert. In der amerikanischen Geschichte gab es irische, italienische, jüdische, griechische, chinesische, koreanische, vietnamesische, schwarze, puertoricanische, dominikanische Gangs. Wie die Bevölkerung ethnisch getrennt ist, so ist auch die Gewalttätigkeit der Gangs ethnisch aufgefächert. Territoriale Basis: ein bestimmtes Stadtviertel; soziale Basis: eine ethnisch-rassische Gruppe. Beide Faktoren zusammen ergeben in den Vereinigten Staaten die *community* (Gemeinschaft). Nicht nur entsteht die Gang in einer Gemeinschaft; ohne den Rückhalt der Gemeinschaft, ohne ihr Informationsnetz, ohne das in ihr herrschende Gesetz des Schweigens wäre sie weder lebens- noch wachstumsfähig. Unterstützung, Verschwiegenheit, Informationen erhält die Gang jedoch nur, wenn sie ihrerseits der Gemeinschaft nützlich ist. Dieses Geben und Nehmen ist allerdings asymmetrisch, da die Gang die Gemeinschaft in größerem Maße braucht als die Gemeinschaft die Gang: Während die Gemeinschaft auch ohne die Gang überlebt, übersteht die Gang die Feindseligkeit der Gemeinschaft nicht. Deshalb schützt die Gang häufig die Mitglieder der Gemeinschaft, verteidigt sie gegenüber den Immobilienspekulanten, vereitelt die Machenschaften der Unternehmer, bietet Schutz vor der Gier der Wucherer, verteidigt das Territorium gegenüber den Gangs anderer Viertel.

Jorge, ein neunundfünfzigjähriger Maurer aus Los Angeles, meint: »Die Leute draußen verdammen die Gangs in Grund und Boden, sehen aber nicht, wieviel sie für uns tun. [...] Sie schützen uns vor denen draußen, die uns ausrauben und unsere Kinder verprügeln wollen. [...] Sie geben uns mehr Sicherheit als die Polizei.« Und Raquel, 47 Jahre alt, Mutter von fünf Kindern: »Ich weiß, daß eine Menge Leute glauben, die Gangs seien böse, aber sie sehen nicht, was sie alles Gutes für die Gemeinschaft tun.«[19]

In einer Gesellschaft, die sich private Schutztruppen hält, ist die Gang ein Mittelding zwischen inoffizieller Polizei und *pressure group* der Gemeinschaft. Die Gang übernimmt hier eine »politische« Aufgabe. Sogar noch durch ihre kriminellen Handlungen bewirkt sie, daß der Gemeinschaft mehr staatliche und öffentliche Mittel zufließen.

Es handelt sich somit um ein vielschichtiges Gefüge, zu dessen Elementen die *community*, die Gang, die repressiven Staatsorgane und die staatlichen Hilfseinrichtungen (die sogenannte *street level bureaucracy*), die Politiker und die Massenmedien gehören: Sie alle stehen in Interaktion; jede einzelne Beziehung wirkt zurück auf die anderen Beziehungen, so daß es mehrere Bezugsebenen gibt: ganz oben die zwischen der Gang und dem repressiven Apparat – eine Beziehung, die man nur als Kriegszustand definieren kann. Einerseits wird die Polizei als Invasionsmacht betrachtet, als eine fremde Gang, die »Gang der Anglos«. Ein vierzig Jahre alter Polizist aus dem Polizeidepartment von Los Angeles beschreibt diese Beziehung folgendermaßen:

> Die Gangs sind wie Tiere, und in der *community* weiß keiner irgend etwas. Da passiert etwas am hellichten Tag, aber keiner hat etwas gesehen. [...] Also nehmen wir eine Reihe von Gang-Mitgliedern mit zum Verhör. Dann frage ich in der *community* herum, und wieder weiß keiner etwas. Es ist irgendwie unheimlich, wenn man in diesen Vierteln Fragen stellt: In den Gesichtern der Bewohner spiegelt sich die

19 M. Sánchez Jankowski, *Islands in the Street*, a.a.O., S. 183 f. und 190

pure Verachtung uns gegenüber. Ähnliches habe ich nirgendwo sonst erlebt; jedenfalls nicht seit Vietnam.[20]

In diesem Vietnam im eigenen Land bietet die Gemeinschaft der Gang Schlupfwinkel vor Verfolgung, wie es der Dschungel dem Vietcong bot.

In den Städten der Vereinigten Staaten dauert dieser Krieg allerdings nun schon hundertfünfzig Jahre ohne Unterbrechung, und bisher gab es weder Gewinner noch Verlierer. Deshalb haben sich unterhalb dieser Auseinandersetzung andere Ebenen der Beziehungen, der Symbiosen, ja der gegenseitigen Abhängigkeit, des wechselseitigen, von Mißtrauen geprägten Schmarotzertums entwickelt. Die Polizei braucht die Gangs, um sich ihr Stück am Kuchen des kommunalen Haushalts zu sichern. Die Politiker brauchen die Gangs – zum einen, um zu demonstrieren, daß sie die Kriminalität bekämpfen, zum anderen, um Stimmen in den Vierteln zu erhalten, in denen die Gangs aktiv sind. Die Gangs wiederum brauchen die Politiker, um den Druck der Polizei abzufangen, und sie brauchen die Sozialdienste, damit das Viertel finanzielle Zuschüsse erhält. Die lokalen Politiker im Gangland stärken ihre Position, indem sie als Vermittler zwischen den Behörden und der Gang auftreten. Für die Massenmedien schließlich sind die Gangs eine Ware, die sie vermarkten können und die sich verkaufsfördernd auswirkt, und für die Filmindustrie ein phantastisches Mittel, um das Publikum zu unterhalten und Nervenkitzel zu erzeugen.

Die anfängliche Beurteilung der Gang hat sich nun also völlig in ihr Gegenteil verkehrt: Erschienen uns die Gangs zunächst als Bedrohung für das Weiterbestehen der Gesellschaft, so erweisen sie sich nun als wesentliches Element des urbanen Gefüges der Vereinigten Staaten. Schien es uns zunächst so, als sei ihr Verhalten von einem raubtierhaften Instinkt diktiert, erweist es sich bei genauerer Betrachtung als

20 Ebd., S. 257

das denkbar rationalste Verhalten in einer *malthusianischen* Welt, in einer *hobbesschen*, vom *Sozialdarwinismus* geprägten Situation – jener drei theoretischen Grundpfeiler also, auf denen die Politik der Gesellschaft gegenüber den Armen ruht.

Waren wir anfangs entsetzt über die Gewalttätigkeit dieser menschlichen UFOs, so beeindruckt uns nun ihr außergewöhnlicher Konformismus, der nachdenklich stimmen muß. Ende der sechziger Jahre waren die Gangs kämpferisch, in den achtziger Jahren waren sie konservativ. Anfang der siebziger Jahre wurde der Name Crips als Kürzel für Continuous Revolution in Progress verstanden, und sie selbst beriefen sich auf die Black Power-Bewegung, dann aber durchliefen sie – wie die Blackstone Nation von Chicago – eine »Management-Revolution«[21] im wahrsten Sinne des Wortes, vergleichbar der Adaption des japanischen Modells im Industriesektor. Die Entwicklung der Gangs folgt also den Entwickungslinien der übrigen Gesellschaft – eine Entwicklung, die von Che Guevara in den sechziger Jahren zu Reagan in den achtziger Jahren führt.

Auch in ihrer internen Struktur folgen die Gangs den üblichen Mustern: Die am besten organisierten Gangs haben einen Präsidenten, einen Vizepräsidenten, einen Kriegsminister *(warlord)* sowie einen Finanzminister (Schatzmeister). Der Aufstieg in diese Positionen erfolgt nach dem gleichen Schema wie in einer Partei oder in einer Gewerkschaft, es gibt Gefälligkeitsvoten (Unterstützung im Austausch für Vergünstigungen). Und um an der Macht zu bleiben, bedarf es Bedachtsamkeit im Umgang mit internem Dissens.[22] Als wirtschaftliches wie als politisches Subjekt verhält sich die Gang nicht anders als die großen Institutionen.

Verblüffend ist, in welchem Maß arme, von der Schule verwiesene, von Gefängnisstrafe bedrohte junge Leute in der Lage sind, derart rationale Strategien zu entwickeln – Strate-

21 M. Davis, *City of Quartz*, a.a.O., S. 299 f.
22 M. Sánchez Jankowski, *Islands in the Street*, a.a.O., S. 24 und 92–94

gien jedenfalls, die den von Politikern und dem Großbürgertum entwickelten so ähnlich sind, daß man meinen könnte, die der Bildung sozialer Aggregate zugrundeliegende Logik obsiege über Ausgrenzung und Unwissenheit. Beide Interpretationsmodelle erweisen sich also als unzureichend: die Elendsvariante, die die Gesellschaft der Slums lediglich unter dem Aspekt des *Hungers* betrachtet, ebenso wie die populistische Sicht, die sie als ungebändigte und urtümliche *kreative* Kraft interpretiert.

Der Konformismus manifestiert sich bis in die kleinsten Details. Die Mitglieder nennen ihre Gang *club*, einen Klub, in den man aufgenommen oder von dem man ausgeschlossen wird; ein Klub, dessen Mitglieder sich mit »Bruder« ansprechen; ein Klub, der – als armer und illegaler Verwandter – *fraternities* und *sororities* imitiert – jene Klubs an den amerikanischen Universitäten, die die Keimzelle zukünftiger Solidarität darstellen und über die sich die späteren gesellschaftlichen Karrierebahnen definieren.

In gewisser Weise sind die Gangs tatsächlich Klubs, Elitegruppen. Den von der Presse beiläufig verbreiteten Angaben zufolge gibt es in Chicago 37.000 Gang-Mitglieder, und – je nachdem, wie sehr man die Ängste schüren will – schwanken die Angaben über ihre Mitgliederzahl in Los Angeles zwischen 10.000 und 100.000.[23] Das bedeutet ein paar zigtausend in Großstädten mit mehreren Millionen Einwohnern, von denen mindestens ein bis zwei Millionen in den Slums leben: also nur eine kleine, wenn auch gut organisierte und bewaffnete Minderheit. Daraus leitet sich – insbesondere in den größeren und bekannteren Gangs – der Stolz ab, dazuzugehören, quasi Teil einer Elite zu sein. Von anderen geachtet zu werden, ist eines der stärksten Motive für den Eintritt in eine Gang. Besonders in den am meisten verachteten Gebieten der Stadt ist Achtung die wichtigste Ware – sie stellt einen Wert dar, für den man sogar sein Leben zu geben bereit ist. Verges-

23 *The Chicago Tribune*, 5. Mai 1993; M. Davis, a.a.O., S. 270

sen wir nicht, daß in diesen Vierteln das Leben »armselig, ekelhaft, tierisch und kurz« ist und der Tod überall lauert. Einer Gang anzugehören, bedeutet also, an einer Art Unsterblichkeit teilzuhaben. Als Surrogat oder als Form des *Ruhms.* »Sie glauben an ihre Unsterblichkeit, eine Vorstellung [...], die von allen Gang-Mitgliedern aufrechterhalten wird, indem sie ständig von ihren hochverehrten Vorgängern sprechen, die im Namen der Gang gefallen sind. Niemand vergißt, wer gefallen ist und zu welchem Zweck.«[24]

Diese Jugendlichen mit Turnschuhen, Baseballmütze und Bluejeans ehren ihre gefallenen Kommilitonen mit den gleichen Riten, mit denen die Krieger Homers ihren Helden opferten. Dies berichtet jedenfalls Lincoln Keiser über die Vice Lords von Chicago, die, bevor sie aus der Flasche trinken, zur Erinnerung an ihre getöteten Mitstreiter ein paar Tropfen auf den Boden gießen.[25]

24 M. Sánchez Jankowski, *Islands in the Street,* a.a.O., S. 140

25 Lincoln R. Keiser, *The Vice Lords: Warriors of the Streets,* New York 1979, S. 54, zit. bei M. Sánchez Jankowski, *Islands in the Street,* a.a.O., S. 342, Punkt 6

IM RÄDERWERK DER MASCHINE

Gewählt wird der Aufsichtsbeamte für die Wasserwerke, der *sheriff* (der oberste Polizeibeamte) der *county*, der *city clerk* (der leitende Beamte der Gemeindeverwaltung). Gewählt werden der Bezirksrat und die Verwaltungsbeamten der Universitäten, die Staatsanwälte und die Richter. Gewählt werden der Gouverneur der Einzelstaaten, der Vizegouverneur, der Schatzmeister *(treasurer)*, die Abgeordneten der Einzelstaaten und die Richter am Obersten Gerichtshof. Gewählt wird auf allen Ebenen, auf bundes-, auf einzelstaatlicher, auf Distrikt- und Kreis-*(county-)*Ebene, auf der Ebene der Stadt und des Nachbarschaftsdistrikts *(ward)*. Ja, es gibt von der Mückenplage heimgesuchte, noch unerschlossene Distrikte, die gewählte Vertreter haben.

Wenn Demokratie im Akt der Stimmabgabe besteht und wenn der Maßstab für Demokratie die Anzahl der durch Wahl besetzten öffentlichen Ämter ist, dann sind die Vereinigten Staaten zweifellos das demokratischste Land der Erde und der Geschichte. Wie es in der Medizin einen Furor des Therapierens gibt, so gibt es auch in der Politik der Vereinigten Staaten einen Furor des Wählens: Bei den Vorwahlen *(primaries)* werden sogar die Kandidaten gewählt, die man anschließend wählen wird. Diese obsessive Zelebrierung des Wahlakts läßt einen den Glauben an die Vorzüge der eigenen Lebensverhältnisse wiederfinden; hier begegnen wir erneut jenem Extremismus, den wir schon öfter kennengelernt haben – diesmal als Extremismus des Urnengangs.

Im Jahr 1906 errechnete Werner Sombart, wie oft ein amerikanischer Staatsbürger zur Wahl gehen muß, beispielsweise im Staat Ohio. Sombart kam auf 22 Wahlgänge pro Jahr. Das heißt jedoch nicht, daß der Wähler zweiundzwanzigmal zur Urne zu gehen hatte: Viele Wahlen wurden zusammengelegt.[1] Aber er mußte dennoch Jahr für Jahr mit seiner Stimme Kandidaten für 22 verschiedene Ämter auswählen. Wollte man für das Jahr 1995 die gleiche Rechnung aufmachen, so käme man zu dem Ergebnis, daß ein Chicagoer Bürger innerhalb von vier Jahren über hundert Mal zur Wahl geht[2], eingerechnet die Vorwahlen, jedoch ohne die Volksentscheide. Im Vergleich dazu wählt ein Italiener innerhalb von fünf Jahren siebenmal: Das macht, die vorgezogenen Neuwahlen miteingerechnet, nicht einmal zwei Urnengänge pro Jahr, also nicht einmal ein Zehntel dessen, was ein Amerikaner absolvieren muß.

Dieses exzessive Wahlsystem hat weitreichende Konsequenzen. In weit größerem Maß als in Europa ist das Leben von Millionen Menschen von den allgemeinen Wahlen abhängig: Zahlreiche öffentliche Ämter, die in der Alten Welt Verwaltungsposten sind (und durch Prüfungen und öffentliche Stellenausschreibung vergeben werden), müssen in der Neuen Welt durch Wahlen besetzt werden. Entgegen einem weitverbreiteten Vorurteil ist der Einfluß der Politik auf das Alltagsleben in den Vereinigten Staaten größer als in Europa. Vom Wahlausgang hängt die Wasserversorgung ab, Ernennung und Gehalt der Professoren (worüber ein gewähltes Gremium entscheidet) – Vorgänge, die in Europa bürokratischer, hier aber politischer Natur sind. Die Wählergunst entscheidet über Prestige, Einkommen und Karriere von Millionen Amerikanern.

Der Wahlakt durchdringt das gesamte Leben: Schon früh erhält man eine Art Wahlschulung. In den High Schools lernen die Jugendlichen, wie man kandidiert, wie man eine Wahlkampagne durchführt. Die Bekanntmachungen in den

1 W. Sombart, *Warum gibt es in den Vereinigten Staaten keinen Sozialismus?*, a.a.O., S. 42 f.

2 In Chicago wird – im Unterschied zu beinahe allen anderen Kommunen der Vereinigten Staaten – kein Schulrat gewählt, dafür aber drei Verwaltungsräte der (staatlichen) Universität von Illinois.

Schaukästen der Colleges werben pausenlos für irgendwelche Aktionskomitees. Studenten organisieren für Kandidaten und Kandidatinnen Versammlungen und Paraden mit Cheerleaders an der Spitze, verkaufen Trikots, um ihre Kampagne zu finanzieren, verteilen Flugblätter und stanzen Anstecknadeln.

*

Doch dieser unerschütterliche Glaube an Nutzen und Vorteil der politischen Methode zur Bestimmung der leitenden Beamten geht einher mit einer totalen Mißachtung der Politik. In den Himmel gehoben werden die Wahlen, die Gewählten genießen kein Ansehen. Die erste Regel für einen amerikanischen Politiker lautet deshalb, sich als Nichtpolitiker darzustellen, als Wortführer der Kampagne gegen die schmutzige Politik. Und in keiner anderen Stadt der Vereinigten Staaten wird die Politik mehr als ein schmutziges Geschäft betrachtet als in Chicago. Um zu sagen, daß jemand korrupt ist, vergleicht man ihn mit einem Politiker der Cook County.

Zwischen den siebziger und den neunziger Jahren wurden mehr als zwanzig der fünfzig Stadträte *(aldermen)* Chicagos wegen Bestechlichkeit verurteilt. Die *aldermen* werden wegen ihrer sprichwörtlichen Gier Grey Wolves (»graue Wölfe«) genannt. Was wohl Nikolaj Wassiljewitsch Gogol zu folgendem gesagt hätte: Im Frühjahr 1993 mußte (der polnischstämmige) Walter Kozubowski von seinem Amt als *city clerk* von Chicago (in das er gewählt worden war) zurücktreten, da er kommunale Angestellte – sozusagen tote Seelen – frei erfunden und deren Gehälter in die eigene Tasche gesteckt hatte. Und da in den Vereinigten Staaten Ämter (beispielsweise bei Justiz und Polizei), die in Europa durch öffentliche Stellenausschreibung und im Zuge eines normalen Auswahlverfahrens besetzt werden, Wahlämter, also politische Ämter sind, gehört das, was man bei uns als Veruntreuung im Amt bezeichnet, in den Bereich der politischen Bestechlichkeit.

Korruption ist ein Zeichen politischer Unterentwicklung, unzureichender Modernität. Sie wird als typisch für südamerikanische Diktaturen, für afrikanische Despoten oder auch als Kennzeichen jener politischen Systeme betrachtet, die unter einem kapitalistischen Anstrich weiterhin feudalistisch sind wie Japan oder Süditalien. Doch hier geht es um Chicago, die höchstindustrialisierte Stadt der höchstentwickelten Macht der Welt, die Metropole, die (vor kaum mehr als hundertsechzig Jahren) aus dem Nichts entstanden ist und sich in ihrer Entwicklung der Logik und den Erfordernissen des Kapitals verschrieben hat. Hier, in der Neuen Welt, für das Kapital das »Land der Verheißung«, wie Sombart sagt, herrscht eine *strukturelle* Korruption.

Das Umsichgreifen der Korruption in den Vereinigten Staaten stellt ein *Rätsel* dar – wie die Armut: Die Amerikaner führen die Armut in Europa auf das Erbe des Feudalismus zurück, auf die Enge, den Mangel an Ressourcen. Aber wie konnte hier, in einem grenzenlosen Kontinent, in einem freien und demokratischen politischen System, Armut möglich sein? So auch im Falle der Korruption: Mag sie anderswo herrschen, in der Alten Welt, in den alten Regimen, nicht aber in den Vereinigten Staaten. »Der Vorstellung zufolge, die in patriotischen Lehrbüchern immer wieder vertreten wird, gründete im Jahr 1789 eine Gruppe von weisen Männern in einer neuen Welt eine neue Regierung«; Korruption wird als eine Krankheit betrachtet, und – so Walter Lippman – »wir spüren, *daß es sie hier nicht geben dürfte* und daß wir mit ein bißchen mehr Mut und Verstand oder ähnlichem das kranke Gewebe abtrennen und dann für alle Zeiten glücklich leben könnten«.[3] Hier ist der Krankheitsbefall, die *Korruptheit des Körpers,* eine Metapher zweiten Grades, der die weitverbreitete Vorstellung des Staates als (gesundem) Organismus zugrunde liegt.

Die Wirklichkeit ist weniger harmlos. Wir sprechen hier wohlgemerkt von einer Gesellschaft, die sich nicht fragt, *wie*, sondern *ob* jemand zu Geld gekommen ist und wieviel Geld er

3 Walter Lippman, *A Theory about Corruption*, in: *Vanity Fair*, Nov. 1930, Nr. 35,3 (S. 61–90), wiederabgedruckt in: *Political Corruption, a Handbook*, hg. von F. Fox Piven u. R. A. Cloward, New Brunswick 1989, S. 569 (Hervorhebungen von mir)

besitzt. »In einem politischen System, in dem der Grundsatz gilt, ›Geld hat das Sagen‹, ist es nicht leicht auszumachen, wann die Sprecher – und das, was sie sagen – die Grenze zur Korruption überschreiten.«[4] Auch darf man die materiellen Zwänge des Lebens nicht außer acht lassen: Ein tüchtiger Polizist, der treu seine staatsbürgerlichen Pflichten erfüllt, wird (auf ehrliche Weise) niemals so viel Geld verdienen, daß er seine Kinder in ein gutes College schicken kann.

Aber der Widerspruch reicht noch tiefer. Von der Politik Selbstlosigkeit und Engagement für die Belange der Allgemeinheit zu fordern, ist eine öffentliche Meinung, die sich auf das Evangelium von Adam Smith beruft: daß sich nämlich die Gesellschaft auf den *privaten* Unternehmergeist stützt, daß der allgemeine Wohlstand, der Reichtum der Nationen auf die Statistik der Eigenliebe gegründet ist: »Nicht vom Wohlwollen des Metzgers, Brauers und Bäckers erwarten wir das, was wir zum Essen brauchen, sondern davon, daß sie ihre eigenen Interessen wahrnehmen. Wir wenden uns nicht an ihre Menschen-, sondern an ihre Eigenliebe, und wir erwähnen nicht die eigenen Bedürfnisse, sondern sprechen von ihrem Vorteil.«[5]

Wenn aber der Markt der »natürliche« Mechanismus ist, der die Gesellschaft organisiert, dann muß sich auch die Politik als Markt organisieren. Auch auf dem politischen Markt müssen Angebot und Nachfrage herrschen, Gewinn und Verlust. Der politische Kampf nimmt damit Grundzüge eines *Wettkampfes* an. Die Auseinandersetzung um die Ideen der politischen Propaganda wird zum Reklamefeldzug. Und der Wettkampf zum Wahlwettkampf. Die Wählerstimmen sind käufliche Ware und werden auch zum Kauf angeboten. Auf diesem Markt ist der Unternehmer die Partei. Und die Partei

4 Abraham S. Eisenstadt, *Political Corruption in American History* (1978), wiederabgedruckt in: *Political Corruption, a Handbook*, a.a.O., S. 547

5 Adam Smith, *An Inquiry into the Nature and Causes of the Wealth of the Nations* (1776), dt. *Der Wohlstand der Nationen. Eine Untersuchung seiner Natur und seiner Ursachen*, München 1974, 1. Buch, 2. Kapitel, S. 17

agiert wie ein Unternehmen. Ihre Aufgabe besteht nicht darin, »mit demokratischen Mitteln in Wettstreit zu treten, um die Grundlinien der Politik des Landes festzulegen«[6], sondern zu garantieren, daß die größtmögliche Anzahl der eigenen Kandidaten in die größtmögliche Anzahl von Ämtern gewählt wird.

Der Wettbewerb auf dem politischen Markt führt zur Entstehung eines Oligopols, das neuen, unbedeutenderen Mitbewerbern den Zutritt verwehrt. Wie es für ein kleines Unternehmen unmöglich ist, auf dem Waschmittelmarkt Fuß zu fassen und das Zweiermonopol von Unilever und Procter & Gamble zu brechen, so hat auf dem politischen Markt der USA das Zweiermonopol aus Republikanern und Demokraten jeder *dritten* Partei den Zutritt versperrt. Bereits im Jahr 1906 verglich man »die alten, großen Parteien mit Riesentrusts, die über ein so mächtiges Kapital verfügen, die alle Bezugs- und Absatzgebiete so ausschließlich beherrschen, daß jede Konkurrenz ›dritter‹ Parteien neben ihnen ausgeschlossen erscheint. Läßt sich ein Konkurrent blicken, so bieten die alten Parteien alles auf, ihn wegzubeißen. Sie vereinigen sich nötigenfalls auf Zeit, um den waghalsigen Mitbewerber gemeinsam aus dem Feld zu schlagen.«[7] In der politischen Geschichte der USA gab es immer wieder kurzlebige dritte Parteien, die wie Sternschnuppen auftauchten und wieder untergingen, angefangen mit der Anti-Masonic Party von 1830 über die Know-Nothing Party von 1850 bis hin zur Präsidentschaftskandidatur von Ross Perot 1992.

Wenn die Politik ein Markt ist und die Parteien Unternehmen sind, dann sind »vom Standpunkt der Partei-*Unternehmer* die Wählerstimmen die *Ressourcen*, das Mittel, um die Kon-

6 Artikel 49 der italienischen Verfassung. Im übrigen haben die Parteien in den Vereinigten Staaten keinen *verfassungsmäßigen* Status: Sie werden in der Verfassung an keiner Stelle erwähnt. In Artikel 21 des Grundgesetzes der Bundesrepublik Deutschland aus dem Jahr 1949 heißt es dagegen: »Die Parteien wirken bei der politischen Willensbildung des Volkes mit.«

7 W. Sombart, *Warum gibt es in den Vereinigten Staaten keinen Sozialismus?*, a.a.O., S. 58

trolle über die Regierungsämter zu erlangen«.[8] Die klassische Gestalt, unter der ein solches politisches Unternehmen auftritt, heißt in den Vereinigten Staaten *political machine*, »politische Maschine«. »Die politische Maschine und der politische Boß verdanken ihre Existenz der Parteipolitik. Die Parteien organisierten sich, um die Wahlen zu gewinnen. Die politische Maschine ist nur eine technische Vorrichtung *[device]*, die erfunden wurde, um dieses Ziel zu erreichen. Der Boß ist der Experte, der die Maschine lenkt. Er ist für das gute Abschneiden bei der Wahl genauso notwendig wie der Berufstrainer für den Erfolg seiner Fußballmannschaft«[9]: Schon 1920 benutzte Robert Park die Fußballmetapher für die Politik.

Mit dieser Definition stellte sich Park jedoch der gängigen Sicht entgegen. In der Maschine verkörpert sich nämlich die Verachtung für die Politik in ihrer reinsten Form: Die Maschine wird als »Krake« betrachtet, »die in einem unendlichen Prozeß der Korruption *[graft]*, der Erpressung und des skrupellosen Diebstahls ihre Tentakel in alle Taschen steckt. Dieses Maschinen-Monster regiert durch Furcht und mißachtet die legitimen Bedürfnisse und Wünsche der Bevölkerung.«[10] Die Verachtung für die Maschine spiegelt sich in der Bezeichnung ihrer Führer. Genießt ein Politiker Ansehen, ist er ein *leader*, ist er dagegen Zielpunkt der Kritik, so wird er zum *boss*, zum Anführer einer Gang: Er mutiert vom »ehrenhaften Staatsmann« zum »zwielichtigen Politikaster«.

Wie andere Maschinen, so ist auch die politische Maschine eine Erfindung des 19. Jahrhunderts; sie entstand in New York, wo um 1830 die Tammany Society in der Organisation der demokratischen Partei die Führung übernahm: Seither ist Tammany Hall (das Versammlungshaus der Tammany Society) zum Synonym für die politische Maschine geworden. Überall

8 Frances Fox Piven, Richard A. Cloward, *Why Americans Don't Vote*, New York 1988, S. 36; Hervorhebungen von mir

9 R.E. Park, E.W. Burgess, R.D. McKenzie, *The City*, a.a.O., S. 35

10 M. Johnston, *Political Corruption and Public Policy in America*, a.a.O., S. 37 und das gesamte Kapitel *The Political Machine*

entstanden Maschinen mit ihren Bossen: Abe Ruef (Republikaner) in San Francisco, James Michael Curley (Demokrat) in Boston, Edward Hull Crump (Demokrat) in Memphis. Die langlebigsten und mächtigsten jedoch waren die Maschinen von Chicago. In Chicago ist die Maschine eine mittlerweile über hundert Jahre alte Organisationsform. Sie entstand in der Stadt der von Pferden gezogenen Straßenbahnen und konnte in der Stadt der Flugzeuge und der Informatik ihre Macht beibehalten.

Die Maschine ist auf drei Grundpfeiler gegründet. Der erste ist das Patronagewesen, das zu Unrecht als ein Überbleibsel des Patriziats (in der lateinischen Bedeutung des Wortes) angesehen wird. Wie F. Fox Piven und Cloward bemerken, bedeutet »die Einführung des Patronagesystems im politischen Kampf, daß die Klientel politische Mittel in der Hand hält, die die Herrschenden entweder ausschalten oder sich geschickt zunutze machen müssen«. Es gibt keine Patronage ohne eine Demokratie, in der die Klientel über Druckmittel verfügt. Die Patronage »kann also als ein Zugeständnis an die Arbeiterklasse betrachtet werden, das der Ober- und Mittelklasse abgerungen wurde, und die Maschine als die Materialisierung des Klassenkompromisses«. Schließlich ist das Patronagesystem auch nicht praktikabel, wenn es keine Güter zu verteilen gibt, es hängt somit vom Wirtschaftswachstum ab, das »neue Ressourcen bereitstellt, um sich eine Klientel als Basis zu schaffen und neue Gruppen ins politische System einzuverleiben«.[11]

Wenn die Maschine ein politisches Unternehmen ist, wenn die Wählerstimmen das Geld sind, mit dem man öffentliche Ämter erwirbt, werden Wählerstimmen gekauft: »Diesem wird ein Dollar geliehen; jenem ein Eisenbahnbillet gratis verschafft; hier werden Kohlen an kalten Tagen verteilt; dort ein Huhn zu Weihnachten geschenkt; Kranken wird Arznei gekauft, bei Todesfällen wird ein Sarg zum halben Preis besorgt usw. Und neben all dieser Fürsorge her geht eine generöse

11 F. Fox Piven, R.A. Cloward, *Regulating the Poor*, a.a.O., S. 36, Fußnote

Traktiererei in den Destillen – den Saloons –, wo überhaupt vielleicht der wichtigste Teil des ganzen Wahlgeschäfts absolviert wird [...] der will die polizeiliche Erlaubnis für den Betrieb eines Straßenhandels oder die Eröffnung eines Saloons haben; jener hat eine Bauordnung verletzt oder sonst eine Übertretung auf dem Gewissen: alles bringt die ›Maschine‹ in Ordnung«.[12] Aber in den politischen Maschinen der USA war das eigentliche Zahlungsmittel, um sich den Konsens der Wähler zu erkaufen, stets die Zuteilung öffentlicher Ämter.

Einem hartnäckigen Vorurteil zufolge ist die staatliche Verwaltung der USA schlank und die Zahl der Angestellten im öffentlichen Dienst im Vergleich zu Europa niedrig. Eine Vorstellung, die, wie alle Gemeinplätze, falsch ist. Im Verhältnis zur Einwohnerzahl sind in den Vereinigten Staaten heute ebenso viele Personen im Verwaltungsapparat beschäftigt wie in Italien. In den USA waren im Jahr 1990 von 250 Millionen Einwohnern 20 Millionen im öffentlichen Dienst vollzeitbeschäftigt (davon 15 Millionen in regionalen und einzelstaatlichen Einrichtungen, fünf Millionen in bundesstaatlichen Einrichtungen, davon wiederum zwei Millionen beim Militär); demgegenüber waren in Italien von 56 Millionen Einwohnern vier Millionen im öffentlichen Dienst beschäftigt. Das heißt: Von 100 Einwohnern waren acht Angestellte im öffentlichen Dienst. Unter der Reagan-Administration wurde also die Zahl der Staatsbediensteten nicht reduziert, sondern vielmehr erhöht: und zwar von 18,1 Millionen im Jahr 1980 auf 20,4 Millionen im Jahr 1990. Der eigentliche Effekt bestand darin, daß sich das Verhältnis der Bediensteten auf Bundes- und auf lokaler Ebene umkehrte. Während im Jahr 1950 mehr als die Hälfte (57 Prozent) der Angestellten im öffentlichen Dienst in bundesstaatlichen Einrichtungen beschäftigt waren, machen heute die Bundesbediensteten lediglich ein Viertel der Gesamtzahl aus (25,7 Prozent). Die »Reagan-Revolution« bedeutete letztlich einen Sieg weniger für den Privatsektor als

12 W. Sombart, *Warum gibt es in den Vereinigten Staaten keinen Sozialismus?*, a.a.O., S. 49

vielmehr für die lokale Verwaltung: Personal und Ressourcen wurden der Zentralregierung entzogen und auf lokaler Ebene eingesetzt. So stärkte der Reaganismus – als typische Bewegung gegen die Maschine – die lokalen Maschinen, denen es an Ressourcen gefehlt hatte.

Aber den wirklich unerschöpflichen Bestand an Pfründen fand die Maschine in den kommunalen Posten, den lokalen Stellen, vom Polizisten bis zum Feuerwehrmann, vom Straßenkehrer bis zum Hausmeister. Dies ist der zweite Grundpfeiler der Maschine, ihre lokale Basis. Immer wieder wird darauf verwiesen, Amerika sei ein großes Land. Aber vielleicht ist es politisch gesehen ein allzu großes Land. Für den Staatsbürger klafft ein Abgrund zwischen den Geschicken Amerikas und der Kanalisation seines Stadtviertels, zwischen der Außenpolitik und der Effizienz der Feuerwehrleute, zwischen den Vereinigten Staaten als demokratischer Nation und der bescheidenen persönlichen Demokratie, in der der Bürger als Individuum auf dem beschränkten Fleckchen Erde seines Umkreises Einfluß nehmen kann. Immer wieder heißt es, Amerika sei dezentralistisch aufgrund seines politischen Föderalismus, aber es ist in erster Linie dezentralistisch aufgrund der persönlichen politischen Erfahrungen seiner Bürger.

Es verläuft ein Riß zwischen der Entscheidung, welche Straßen asphaltiert werden müssen, und den großen politischen Optionen wie rechts gegen links. Dieses Auseinanderklaffen ist die Ursache für die unpolitische Grundeinstellung der politischen Organisationen, für ihr Wesen als *Apparate* (mit der ganzen ideologischen Diffusheit, die diesem Begriff anhaftet) und damit als Maschine. Dies gilt für die politische Nachfrage. Aber auch was das politische Angebot betrifft, ist die lokale Ausrichtung für die Maschine ein fruchtbarer Boden: »Die Macht der Maschinen wurde durch den hohen Grad an Dezentralisierung des föderativen Systems ermöglicht.«[13] Staaten, Verwaltungsbezirke, Kommunen, ja Stadt-

13 F. Fox Piven, R. A. Cloward, *Regulating the Poor*, a.a.O., S. 38

viertel sind mit einer derartigen Machtfülle und mit derart umfassenden Mitteln ausgestattet, daß sich die politische Auseinandersetzung zwischen den Parteien beinahe unvermeidlich auf die lokalen Themen, ja auf Themen der *neighbourhood*, konzentriert und die großen nationalen Fragen außer acht gelassen werden.

Aber die lokale Verwurzelung der Maschine reicht noch tiefer hinein in die gesellschaftlichen Strukturen: in die Primärgruppen, in die *communities*, in das, was Park als »Wir-Gruppe« bezeichnete (im Unterschied zur »Ihr-Gruppe«). Unter den Organisationen, die »mit dem Vorsatz angetreten sind, die Stimmabgabe zu kontrollieren, ist die politische Maschine auf persönliche, lokale, also primäre Beziehungen gegründet. [...] Die politische Maschine ist in Wahrheit der Versuch, innerhalb der formalen Verwaltungsstruktur der Stadt die Kontrolle einer Primärgruppe aufrechtzuerhalten. Die Parteiorganisationen, die auf diese Weise entstanden – und ihr klassischer Prototyp ist Tammany Hall –, sind ihrem Wesen nach durch und durch *feudalistisch*. Die Beziehungen zwischen dem Boß und seinem Koordinator auf Bezirksebene *[ward captain]* sind feudalistisch geprägt: von persönlicher Loyalität einerseits und persönlicher Begünstigung andererseits. Eine solche Organisation hält alte Stammestugenden hoch wie Treue, Loyalität und unbedingte Hingabe an die Interessen des Führers und des Klans.«[14]

Aber wie kann die Maschine eine »technische Vorrichtung« sein, erfunden, um einer durchaus modernen Situation – der Wahldemokratie – gerecht zu werden, und gleichzeitig ein Relikt des Feudalismus? Wie kann die Maschine ein kapitalistischer Trust (Sombart) sein und gleichzeitig wie eine Familie strukturiert?

Wie kann eine Apparatur der *anonymen* Massendemokratie zugleich eine auf *persönlichen* Bindungen beruhende Familie sein? Die Erklärung, die angeboten wird, heißt: Die alten Ver-

14 R. E. Park, E. W. Burgess, R. D. McKenzie, *The City*, a.a.O., S. 35 f (Hervorhebungen von mir)

hältnisse bestehen fort. Die Vergangenheit lebt in der Gegenwart weiter. Etwas *Innovatives*, ein von der Moderne erfundenes Instrument, die Maschine, wird als ein *Relikt* des Feudalismus hingestellt. In dem derart umrissenen Rahmen wird ein Gegensatz zwischen Blut und Moderne, zwischen der Logik des Geldes und der Logik des Stammes, zwischen persönlichen Klientel-Beziehungen (prämodernen Primärbeziehungen) und öffentlichen, unpersönlichen Sekundärbeziehungen angenommen und vorausgesetzt. Als funktioniere Japan, das Modell technologischer Hypermodernität und kapitalistischer Übermacht, nicht dank eines Patronagesystems, einer »Maschine«, einer Zen-Ideologie. Als habe sich an der Schwelle zum Jahr 2000 der Ultrakapitalismus der *Chicago Boys* nicht auf vollkommene Weise mit der obsessiven Berufung auf die Werte der Familie verbunden und damit den Cocktail der Reagan-Ära gemischt. Als werde das Geld nicht durch die Blutsbande (durch Vererbung) weitergegeben.

Dies ist der zentrale Punkt, das entscheidende Problem. Die Moderne schafft ein Wahlsystem; das Wahlsystem macht eine politische Maschine erforderlich; um ihre Aufgabe erfüllen zu können, muß diese Maschine sich die Form einer großen Familie, eines Klans, einer »Wir-Gruppe« geben. Doch dieser ganze Vorgang wird nicht als Produkt der Moderne, sondern als Rückgriff auf die Prämoderne betrachtet, als Wiederaufleben des Feudalismus. Hier geht es nicht um wahr oder falsch, nicht darum, ob die Maschine feudale Züge trägt oder nicht. Die grundlegende Frage ist vielmehr, ob diese feudalen Züge als Relikt der Vergangenheit betrachtet werden oder als funktionelles Charakteristikum der Moderne. Die deutsche Soziologie des frühen 20. Jahrhunderts betonte die auffallende Ähnlichkeit zwischen den großen *corporations* und geistlichen Orden: Im übrigen erinnert die Verlassenheit Detroits, die Atmosphäre am Hauptsitz von General Motors stark an mittelalterliche Klöster. Dennoch käme es niemandem in den Sinn zu sagen, eine *corporation* sei ein Relikt der Vergangenheit, ein Erbe des Feudalismus. Hier geht es um eine grundlegende Vorentscheidung der Politik: die Auseinandersetzung um die Definition von Politik. Es stellt eine Waffe im politischen Kampf dar, welche Merkmale man der Gegenwart und welche man der Vergangenheit zuschreibt. Als es im 18. Jahrhundert einem Voltaire gelang, den Gegner als Relikt des »finsteren Mittelalters« (als »Obskurantisten«) und sich selbst als Befürworter des »Lichts« (der Aufklärung) darzustellen, und als diese Definition allgemein akzeptiert wurde, hatte er das Spiel gewonnen.

*

Wenn man der Maschine feudale Komponenten zuschreibt, sagt man damit zugleich, daß sie – ähnlich wie die Korruption – eine unzureichende Modernität spiegelt, daß sie den diffusen Rest einer »Stammesstruktur« darstellt, ein präkapitalistisches und präurbanes Erbe. Dies wiederum impliziert, daß man, um die Korruption und den Feudalismus der Maschine zu bekämpfen, die vollkommene Transparenz des Marktes anstreben muß. Dieser politische Rückgriff auf die Vergangenheit zeigt sich in aller Deutlichkeit im dritten Grundpfeiler, auf den sich die Macht der Maschine stützt, ihre *ethnische* Basis. Wieder sind jene Millionen Unglücklicher, Schmutziger, Hungernder die Protagonisten: die Weißen, die per Schiff aus Europa kamen, und die Schwarzen, die aus den Südstaaten zuwanderten. Jenen Massen von Landarbeitern verdanken nicht nur *trusts* und *corporations* ihre ungeheure finanzielle Macht, sondern auch die großen Parteien, die Wahlunternehmen ihre politische Übermacht. Diese Millionen von Armen und Analphabeten waren nicht nur neue Arbeitskräfte und neue Streikbrecher, sondern auch neue Wähler: »Für die politischen Unternehmer waren sie eine wahre Goldgrube, sie waren ein Heer von potentiellen Wählern in einem nie zuvor dagewesenen Ausmaß.«[15] Die Maschine kümmerte sich um sie, bot ihnen Schutz, bedrohte sie, geleitete sie zu den Wahlurnen.

15 M. Johnston, *Political Corruption and Public Policy in America*, a.a.O., S. 45

Als Stimmvieh benutzt, wurden diese »eingewanderten Rohlinge« für die »Verrohung« der Politik verantwortlich gemacht. Die Verachtung für die Einwanderer übertrug sich auf die Maschine, die dadurch in Mißkredit geriet. Bailey Aldrich definiert sie als »Despotismus des Fremden *[alien]* seitens des Fremden für den Fremden, der nur durch gelegentliche Proteste der Wohlanständigen gemildert wird«.[16] Die Bewegungen gegen die Korruption der Maschine richteten sich also gegen die Einwanderer. Hier wird jene politische Verquickung deutlich, die für die moderne Welt, für jene Bewegungen so bezeichnend ist, die für Chauvinismus, Schließung der Grenzen und Moral kämpfen. Und hier schließt sich der Kreis: Metaphorisch ist die Maschine deshalb ein Relikt der Feudalzeit, weil sie von den Stammeshorden der Einwanderer besudelt wird, die den Virus ihrer präkapitalistischen Vergangenheit in die USA einschleppen. Dies ist ein Zirkelschluß, der als solcher nicht falsifizierbar (aber auch nicht verifizierbar) ist: Korruption ist charakteristisch für feudale Regime, die Maschine ist korrupt, weil sie durch die europäischen Einwanderer geprägt ist, die aus feudalen Gesellschaften stammen. Mit scheinbar noch größerem Recht wurde diese Argumentation auf die schwarzen Politiker übertragen, da ja die Schwarzen aus einer Sklavenhaltergesellschaft stammten.

Doch das ist nur die eine Hälfte der Geschichte. Ein zweites kommt hinzu: Um die Wahlstimmen der Einwanderer zu gewinnen und sich ihrer Loyalität zu versichern, reorganisierte sich die amerikanische Politik auf ethnischer (rassischer) Basis; damit wurde die ethnische (und rassische) Trennung perpetuiert und gefestigt. In Chicago lag die Besetzung der Stelle des obersten Polizeibeamten hundert Jahre lang – bis 1960 – in den Händen der Iren. Und selbstverständlich war seit Ende des 19. Jahrhunderts die Besetzung des Postens des stellvertretenden Polizeichefs ein Vorrecht der Deutschen. Dies ist derselbe Mechanismus, der dem Kastenwesen eigen

16 Zit. bei Richard C. Wade, *The Enduring Chicago Machine*, in: *Chicago History*, Frühjahr 1986, S. 5

ist: Wie es in Indien eine Zuteilung bestimmter Regierungspositionen zu bestimmten Kasten gibt, gibt es hier eine strenge Segmentierung nach ethnischen Kriterien. Wenn der Bürgermeister von Chicago seit vierzig Jahren beinahe kontinuierlich ein Ire war, war der Posten des *city clerk* bis zur Verhaftung Walter Kozubowskis stets von Polen besetzt. Aufgrund eines ungeschriebenen Gesetzes sind die Anteile jeder Ethnie an den Regierungsämtern jeweils genau festgelegt, auf kommunaler Ebene wie im Weißen Haus, wo ein Mitarbeiterstab ohne einen Hispanic, ohne einen Schwarzen, ohne einen Italoamerikaner undenkbar ist... Denn in den großen Städten kann sich die Maschine nicht auf eine einzige Ethnie stützen, sondern braucht eine Koalition mehrerer ethnischer Gruppen.

An der Schwelle zum 21. Jahrhundert wird also auf der Grundlage ethnischer Kriterien Politik gemacht. Das erscheint ausgesprochen archaisch, ausgesprochen stammestypisch! Aber diese Sicht ist falsch. Es handelt sich hier um das jüngste politische System der Geschichte (einmal abgesehen von den kommunistischen Regimen). In keinem der alten europäischen Staatswesen gibt es eine ähnliche Aufteilung. Paris hat nicht im ersten Arrondissement einen Stadtrat aus der Auvergne, im dreizehnten einen aus dem Burgund, im neunzehnten einen *pied noir*. In Berlin sind die Posten im Senat nicht nach der Herkunft der Bewerber aus Bayern, Schwaben oder Sachsen besetzt. Das ist nicht möglich: 1) weil es schwäbische oder sächsische (oder burgundische) Viertel gar nicht gibt, 2) weil die politischen Vertreter nicht nach solchen Kriterien ausgewählt werden.

Doch Punkt 1 wird durch Punkt 2 verstärkt. Die Aufteilung der Ämter nach ethnischen Kriterien erhält, ja festigt die ethnischen Identitäten (und Antipathien) im Laufe der Jahrzehnte. Jeder Posten in der Kommune, der einem Iren vorbehalten ist, wird einem Polen verweigert, jede Begünstigung eines Italieners geht zu Lasten eines Hispanic ... Die Politik läßt die alten ethnischen Rivalitäten nicht einfach wiederaufleben, sie schafft neue: »Ein Ire, dem, als er hierher kam, nur die Engländer und die protestantischen Iren verhaßt waren, haßte bald auch Polen, Italiener und Schwarze. Ein Pole, der bei seiner Ankunft nur Juden und Russen haßte, lernte bald auch den Haß auf die Iren, die Italiener und die Schwarzen.«[17]

Dies ist ein neuer Aspekt der Identifizierung von physischem, sozialem und politischem Raum. Hier ist das Mittel der Homogenisierung die Mehrheit der Wählerstimmen für die Stadträte *(aldermen)*, Wahlbezirk für Wahlbezirk. Das Kriterium der Stimmenmehrheit ist im Wahlsystem impliziert (wer 51 Prozent der Stimmen bekommt, regiert), es wird jedoch totalitär, wenn die Wahl in diesem Mehrheitswahlsystem nicht nur dazu dient, die großen politischen Linien festzulegen, sondern auch dazu, den Verantwortlichen für die Abwasserentsorgung zu bestimmen. Theoretisch steckt dahinter die Überlegung, daß derjenige als Kommissär für die Kanalisation gewählt wird, der tüchtig ist und ein gutes Programm für die Abwasserentsorgung vorlegen kann. In der Praxis führt dies jedoch dazu, daß sich ein kompetenter Kommissär zum Sprecher der Mehrheit machen muß, um gewählt zu werden, daß er den Wählern das versprechen muß, was die Mehrheit hören möchte; beispielsweise, daß die Kanalisationsrohre – auch wenn sie brüchig sind – nicht erneuert und damit keine neuen Steuern erhoben zu werden brauchen. Der Grundsatz lautet: »Ich sage dir das, was du meiner Einschätzung nach glaubst, daß ich denken soll.« Tocqueville nannte dies die *Tyrannei der Mehrheit* (die allerdings immer noch besser ist als die *Tyrannei der Minderheit*).

Einer sich hartnäckig haltenden Denktradition zufolge, die bis zur Trilateral Commission unserer Tage reicht, ist die Demokratie schwach und ineffizient: Vor 2400 Jahren polemisierte, so Thukydides, bereits Perikles gegen dieses Denken – Sparta sei deshalb stark, weil es autoritär ist, und Athen deshalb verweichlicht, weil es demokratisch ist –, indem er sagte: »Wir [Athener] sehen nicht im Wort eine Gefahr fürs Tun.«[18]

17 M. Royko, *Boss*, a.a.O., S. 31
18 Thukydides, *Geschichte des Peloponnesischen Kriegs* (um 410 v. Chr.), Buch II, 40,2

Eine falsche Denktradition, meint Tocqueville: »Was ich der demokratischen Regierung [...] vor allem vorwerfe, ist nicht ihre Schwäche, wie sie viele Leute in Europa behaupten, sondern im Gegenteil ihre unwiderstehliche Stärke. Und was mich in Amerika am meisten abstößt, ist nicht die weitgehende Freiheit, die dort herrscht, es ist die geringe Gewähr, die man dort gegen die Tyrannei findet.« Diese Tyrannei ist um so despotischer, je mehr Bereiche von der Wahl abhängig sind:

> Erfährt ein Mensch oder eine Partei in den Vereinigten Staaten eine Ungerechtigkeit, an wen soll er sich wenden? An die öffentliche Meinung? Sie ist es, die die Mehrheit bildet; an die gesetzgebende Versammlung? Sie stellt die Mehrheit dar und gehorcht ihr blind; an die ausübende Gewalt? Sie wird durch die Mehrheit ernannt und dient ihr als gefügiges Werkzeug; an das Heer? Das Heer ist nichts anderes als die Mehrheit in Waffen; an das Geschworenengericht? Das Geschworenengericht ist die mit dem Recht zum Urteilsprechen bekleidete Mehrheit: Die Richter selbst werden in gewissen Staaten von der Mehrheit gewählt. Wie ungewollt oder unsinnig die Maßnahme sei, die euch trifft, ihr habt euch zu unterziehen.[19]

Die Tyrannei der Mehrheit herrscht auch in der Fabrik, wo man nur in eine einzige Gewerkschaft eintreten kann; am deutlichsten jedoch zeigt sie sich in der ethnischen Zusammensetzung. In einem Viertel, das zu 40 Prozent von Polen und zu 60 Prozent von Iren bewohnt wird, werden in einem Mehrheitswahlsystem die gewählten Vertreter stets die Iren sein, die wiederum anderen Iren Posten verschaffen werden, so daß der Polizist des Viertels ebenfalls ein Ire sein wird... Für die Polen ist es also ratsam, sich ihrerseits in einem Viertel anzusiedeln, in dem sie die Mehrheit bilden und ihrerseits einen polnischen *alderman* wählen können, der die Interessen

19 A. de Tocqueville, *Über die Demokratie in Amerika*, a.a.O., Erster Teil. Kapitel VII, Absatz *Tyrannei der Mehrheit*, S. 391

der Polen vertritt. Neben der Wohnungspolitik, neben den Auswahlkriterien für Darlehen auf Hypothekenbasis trägt auch das Wahlverfahren dazu bei, die *community* als eine fest umrissene, in Religion, Einkommen und ethnischer Zugehörigkeit homogene Gruppe in einem fest umrissenen Viertel zu etablieren, sie von den anderen *communities* zu trennen und durch Segregation eine eigene Identität zu schaffen. So gehen also die verschiedenen ethnischen Identitäten nicht im Schmelztiegel auf, sondern bestehen weiter, ja verfestigen sich.

*

Territoriale Zuordnung, ethnische Zusammensetzung, Beziehung zur *community*. Wir haben bereits eine Organisation kennengelernt, die diese Eigenschaften besitzt: die Gang. Wenn sich die Gang als kapitalistisches Unternehmen und als politisches Subjekt organisiert, so kann es nicht überraschen, wenn sich die politischen Subjekte als Gang organisieren. In ihren äußerlichen Aspekten: der Anführer ist der *boss*. In bezug auf den Ruf, der ihnen anhaftet: daß nämlich die Einwanderer den Virus der Korruption in die Politik eingeschleppt hätten, so wie sie auch die Gesellschaft mit Kriminalität angesteckt hätten. Wie die verschiedenen ethnischen Gruppen die Staffette des organisierten Verbrechens einander weiterreichten – von den irischen Gangs zur italienischen Mafia und den chinesischen Gangs –, so ging in den politischen Organisationen auf lokaler Ebene die Vorherrschaft von einer ethnisch-rassischen Gruppe auf die andere über – von den *white ethnics* auf die Hispanics und die Schwarzen. In den Wertvorstellungen: Park spricht von »Treue und Loyalität« als den höchsten Tugenden der politischen Maschine; Sánchez Jankowski zufolge werden die Führer der Gangs entsprechend »ihrer symbolischen Loyalität gegenüber den Freunden, ihrer Loyalität gegenüber der *community*« ausgewählt[20].

20 M. Sánchez Jankowski, *Islands in the Streets*, a.a.O., S. 75

Es gibt jedoch eine subtilere Gemeinsamkeit zwischen den politischen Maschinen und den Gangs: der Versuch, sich in einer kapitalistischen Gesellschaft zu behaupten, ohne über Kapital zu verfügen; sich zu behaupten, indem man andere Ressourcen ins Feld führt: das, was wir im Fall der Slums »Kapitalismus ohne Geld« nannten. Wenn die Maschine ein »Parteiunternehmen« ist, versucht sie, als Unternehmen außerökonomische Ressourcen – politischen Konsens und Wählerstimmen – in Macht und Geld zu verwandeln, so wie die Gang versucht, aus ihrer Herrschaft über die Straße Kapital zu schlagen. Auf einer höheren Ebene ist auch die Maschine *lumpenkapitalistisch*. Daher auch die Verachtung der echten Kapitalisten gegenüber diesen erfolglosen Kapitalisten: Keinem Politiker ist es je gelungen, durch Korruption ein großes Vermögen anzuhäufen und damit in die Reihen der Reichen Amerikas aufzusteigen. Hingegen sind zahlreiche Unternehmer durch Bestechung von Politikern zu großem Vermögen gekommen. Hier begegnet uns eine Vorstellung, die eine blendende Zukunft zu haben scheint – die Vorstellung, daß die Welt ehrlicher wäre, die Macht transparenter, wenn sie allein von den Kräften der Wirtschaft (der Logik des Marktes) beherrscht würde und nur ein kleiner Bereich der politischen Kontrolle überlassen bliebe.

Die Fackelträger einer Politik der »sauberen Hände« waren, wie wir bereits gesehen haben, häufig fremdenfeindliche Gegner der Einwanderung. Noch häufiger allerdings waren solche Kampagnen ein Mittel, um den Geltungsbereich der Politik (in dem Sinn, in dem man vom »Geltungsbereich einer mathematischen Funktion« spricht) zu beschneiden. Im Namen der Bekämpfung der Korruption wird versucht, die politische zugunsten der privaten Sphäre zurückzudrängen. Im Namen der Bekämpfung der Korruption wurden in der Geschichte der Vereinigten Staaten die antidemokratischsten Konterrevolutionen gewonnen.

Richtig ist, daß die Vereinigten Staaten unerschütterlich an Vorteil und Nutzen des Wahlsystems glauben; richtig ist, daß in den Vereinigten Staaten beharrlich gewählt wird; richtig ist aber auch, daß nur sehr wenige Amerikaner tatsächlich zur Wahl gehen. Bei den Senatswahlen 1994 lag die Wahlbeteiligung bei rund 40 Prozent der Stimmberechtigten: die Mehrheit von 51 Prozent der abgegebenen Stimmen entspricht damit einem Anteil von 21 Prozent aller Wahlberechtigten. Anders gesagt: Die Zukunft des Landes wurde durch die Anschauungen eines Fünftels seiner Bevölkerung bestimmt. Zum Furor des Wählens gesellt sich also eine Wahl-Unlust; die Amerikaner wählen sehr oft, doch nur sehr wenige Amerikaner gehen zur Wahl. Wenn der Maßstab für Demokratie die Anzahl der durch Wahl besetzten öffentlichen Ämter ist, so sind die Vereinigten Staaten das demokratischste Land der Erde und der Geschichte. Wenn aber Demokratie daran gemessen wird, in welchem Umfang die Staatsbürger an den Wahlen teilnehmen, dann sind die Vereinigten Staaten das am wenigsten demokratische Land unter jenen mit einer Wahldemokratie.

Das war jedoch nicht immer so. Vor der großen Kampagne zur moralischen Erneuerung Ende des 19. Jahrhunderts war die Zahl der Wähler sehr hoch; zwischen 1840 und 1896 lag die Wahlbeteiligung um 78 Prozent und sank nie unter 69 Prozent. Zu dieser hohen Wahlbeteiligung trugen die Maschinen bei, die die großen Massen weißer Einwanderer und Schwarzer, die inzwischen freie Bürger waren, mobilisieren konnten. Sprichwörtlich ist der Fall Philadelphia, wo im Jahr 1902 die Maschine 105 Prozent (!) der Wahlberechtigten zur Stimmabgabe mobilisieren und ihren Kandidaten mit 85,4 Prozent dieser Stimmen durchsetzen konnte. Gegen derartigen Betrug, gegen die Korruption und zur Zerschlagung der Macht der Maschinen wurde das Wahlrecht eingeschränkt: Um wählen zu können, mußte man sich in Listen eintragen lassen, und um sich eintragen zu lassen, mußte man nachweisen, daß man lesen und schreiben konnte; darüber hinaus mußte man eine Gebühr entrichten, die sich nicht jedermann leisten konnte. In den Vereinigten Staaten sank die Wahlbeteiligung bei den

Präsidentschaftswahlen von 79 Prozent im Jahr 1896 auf 49 Prozent im Jahr 1920. Seither stieg die Wahlbeteiligung nie mehr über 70 Prozent, im Gegenteil. Im Jahr 1988 gingen 45 Prozent und im Jahr 1992 50 Prozent der Wahlberechtigten zur Wahl.[21] Der Kreuzzug gegen die Korruption hatte zwar nicht das Wahlrecht, wohl aber die Wahlpraxis deutlich eingeschränkt. Auch eine sozusagen »rechte« Sicht der Korruption, ein »rechtes« Bild der Maschine kann also gelegentlich reaktiviert und benutzt werden. Eher als die Geschichte der Korruption müßte man die Geschichte des Image der Korruption nachzeichnen.

*

Die Korruption kann aber auch anders gesehen werden: nicht als *Krankheit*, sondern als ein wirksames Heilmittel. Nicht immer ist das, was illegal ist, auch schädlich. Auch ohne auf Robin Hood zurückzugreifen, gibt es häufig schreckliche, aber legale Untaten. Wie Amartya Sen sagt, kann »illegales und korruptes Handeln für die Gemeinschaft insgesamt von Vorteil sein«.[22] Die Korruption wird zu einer Form der Umverteilung des Gewinns mit Hilfe halblegaler oder illegaler Methoden; und sie ist letztlich »für weite Teile der Gesellschaft von Nutzen.«[23] Ohne die Maschine, so meinen ihre Befürworter, hätten sich die ethnischen Gruppen niemals emanzipieren können. Eine Stelle im kommunalen Dienst bedeutete für Millionen von Iren, Italienern und Polen den Schritt aus den Slums, aus Arbeitslosigkeit und Kriminalität. Nicht nur das: Ohne die Maschine, ohne den starken Konsens, den sie hervorruft, und damit ohne ihren Erfolg in dem Bemühen, den Bürgern immer schwerere Steuerlasten aufzubürden, gäbe es in den Städten weder öffentliche Projekte noch öffentliche

21 Die Zahlen in diesem Absatz sind entnommen F. Fox Piven und R. A. Cloward, *Regulating the Poor*, a.a.O., S. 30, 109 und 83 sowie dem U.S. Bureau of the Census, *Statistical Abstract of the United States 1993*, Tabelle 455.

22 Amartya Sen, *Corruzione e crimine organizzato*, in: *Politica ed Economia*, Juli 1993, S. 8

23 M. Johnston, *Political Corruption and Public Policy in America*, a.a.O., S. 174

Versorgungsbetriebe. Die städtischen Verkehrsbetriebe beispielsweise wären heute noch in privaten Händen. Es ist eine Spielart der Maschine mit ihren ethnischen Blöcken, die seit Ende der sechziger Jahre die Wahl schwarzer Bürgermeister ermöglichte und über die Besetzung kommunaler Stellen einer Minderheit von Schwarzen die Möglichkeit gab, einen Platz an der Sonne zu besetzen und allmählich in die *middle class* aufzusteigen: Zwischen 1970 und 1990 verdoppelte sich die Zahl der schwarzen Angestellten im öffentlichen Dienst und stieg von 500.000 auf mehr als eine Million.[24]

Der ethnische Charakter Chicagos, sein Industriepotential (und damit das Gewicht der Wahlstimmen der Arbeiter), die Macht seiner Mafia können das erstaunliche Fortbestehen der Maschine in ihrer klassischen Form in Chicago zum Teil erklären. Nicht, daß sich andernorts die politischen Prinzipien und Mechanismen geändert hätten – in den siebziger und achtziger Jahren errangen die Schwarzen ihre vielen Bürgermeistersitze mit denselben Mitteln, mit denen fünfzig Jahre zuvor die Italiener und hundert Jahren zuvor die Iren Bürgermeister geworden waren. Aber andernorts hat die Maschine eine neue Gestalt angenommen oder trägt einen anderen Namen. In Chicago besteht sie weiter. Royko beschreibt das System, wie es in Chicago in den siebziger Jahren unter Bürgermeister Daley (Vater) funktionierte, doch seither hat sich nicht viel daran geändert:

> Der Vorsitzende der Hausmeistergewerkschaft saß in den leitenden Ausschüssen der Polizei, der städtischen Parkanlagen, in der Kommission für die öffentlichen Bauaufträge und in anderen Einrichtungen. Der Vorsitzende der Gewerkschaft der Installateure saß in der Gesundheitsbehörde und leitete die Parade am St Patrick's Day. Der Vorsitzende der Elektriker-Gewerkschaft war Vizepräsident des Bildungsausschusses. Die Gewerkschaft der Beschäf-

24 U.S. Bureau of the Census, *Statistical Abstract of the United States 1993*, Tabelle 501

tigten in der Bekleidungsindustrie hatte ihren Vertreter im Bibliotheksausschuß. Der Boß der Gewerkschaft der städtischen Angestellten saß in der Chicago Housing Authority, die die öffentlichen Bauaufträge der Stadt vergab. Der Vorsitzende der Chicago Federation of Labor und ein Vertreter der Gewerkschaft der Lastwagenfahrer war beteiligt an der Durchführung der Programme gegen die Armut.[25]

Dies könnte den Schluß nahelegen, daß die Maschine – wenn auch gewissermaßen pervertiert – die Arbeiterklasse repräsentiert. Wenn jedoch die Wählerstimmen das Geld sind, mit dem sich die Maschine die Regierungsmacht erkauft, dann ist Geld auch das Mittel zum Erwerb von Wählerstimmen. Es gab also immer schon ein enges Bündnis zwischen Maschine und Geschäftswelt. In Chicago unterstützte die (republikanische) Tageszeitung *The Chicago Tribune* die Bürgermeisterkandidatur des Demokraten Richard M. Daley (junior), so wie die republikanische Unternehmerschaft von Chicago zwanzig Jahre lang dessen Vater Richard J. Daley unterstützt hatte. Die Finanzwelt kann sich anpassen und profitiert von dem, der die Macht innehat, über die öffentlichen Aufträge, die kommunalen Verträge, die Baugenehmigungen zu entscheiden. Die Finanzwelt kann sich die Korruptheit der Maschine zunutze machen, um die bürokratischen Entscheidungswege zu verkürzen. Sie ist aber auch, wenngleich hinter den Kulissen, eine echte Stütze der sozialen Funktion, die die Maschine erfüllt: »Häufig vollbringt die Maschine einen schwierigen Balanceakt über den Abgrund der Klassenunterschiede hinweg, indem sie von den zahlreichen Armen Stimmen und von den wenigen Reichen Geld erhält. Diese Klassen geraten zwar häufig in Streit über politische und kulturelle Fragen und wirtschaftliche Interessen, doch die Bosse können diese verschiedenen Gruppen in komplementäre Kräfte umformen, die die Maschine unterstützen. In einem solchen Prozeß tragen die

25 M. Royko, *Boss*, a.a.O., S. 74

Maschinen dazu bei, potentiell schwerwiegende Klassenkonflikte zu entschärfen.«[26] Durch ihr ständiges Verhandeln mit der Maschine weiß das Unternehmertum, daß es mit seinen Bestechungsgeldern nicht nur die schnellere und lukrativere Auftragsverteilung finanziert, sondern auch den sozialen Frieden. Die Maschine bietet »einen Weg, um die Arbeiterklassen in die Politik einzugliedern und ihre Forderungen zugleich von der politischen Tagesordnung herauszuhalten.«[27]

Die stabilisierende Funktion der Maschine liegt geradezu in ihrer Korrumpiertheit. Die Maschine ist nicht deshalb korrupt, weil der Boß Schmiergelder in die eigene Tasche steckt, sondern weil er sich die politische Gefolgschaft ganzer Gruppen erkauft, dabei aber nur wenige ihrer Mitglieder zufriedenstellt. Darin liegt die eigentliche Korruption, in der Umlenkung kollektiver Forderungen in individuelle Zugeständnisse: ein Hausmeisterposten für den, eine finanzielle Unterstützung für jenen. Die Maschine kann zwar dem einen oder anderen Gewerkschafter ein angenehmeres Leben verschaffen, erweitert aber nicht die Rechte der Arbeiter insgesamt; sie verschafft dem einen oder anderen Mitglied einer ethnischen Gruppe Arbeit, verbessert aber nicht den Status der ethnischen und rassischen Gruppe als ganzer. Die Maschine schafft sich eine schwarze Angestelltenschicht als Klientel, doch die Situation in den schwarzen Ghettos wird trotzdem immer desolater. Die schwarzen Politiker spielen innerhalb der Maschine von Chicago zwar eine große Rolle, dennoch haben sie keinen Finger gerührt, um die Hölle der Slums auch nur anzutasten. »Wenn man unter den ›Armen‹ die Armen *als Klasse* versteht, dann muß man sagen, daß die Maschine nicht auf seiten der Armen steht. Die Politiker der Maschine hatten nie die Absicht, ganze Klassen aus der Armut zu befreien, da ihnen Armut und Abhängigkeit stets halfen, ihre Macht zu sichern. Die politische Befriedung – insbesondere wenn man

26 M. Johnston, *Political Corruption and Public Policy in America*, a.a.O., S. 41
27 F. Fox Piven, R.A. Cloward, *Regulating the Poor*, a.a.O., S. 74

über die Maschine hinaus auch andere Führer der *community* mit einbezieht – macht es den armen *communities* schwer, die eigenen politischen Ressourcen frei zu nutzen.«[28]

Hier wie schon bei den Gangs wurde die anfängliche Sichtweise auf den Kopf gestellt. Die vermeintliche *Krankheit* entpuppt sich nun als eine physiologische Grundbedingung des politischen Lebens; diese Korruption, die in der Lage schien, den gesunden Organismus der Wahldemokratie zu unterminieren, erweist sich als ein stabilisierender Grundpfeiler des sozialen Gleichgewichts. Die Maschine, Zielscheibe der Verunglimpfung und Gegenstand einmütiger Verachtung, erfüllt, wie sich herausgestellt hat, lebenswichtige Funktionen, entschärft die Konflikte und trägt wesentlich zur Kompromißfindung bei. Die Kampagnen gegen Korruption und gegen die Maschine flammen deshalb immer dann auf, wenn der Preis für den sozialen Frieden allzu hoch ist, wenn der Kompromiß die Geschäftswelt allzu teuer zu stehen kommt, sei es in finanzieller, sei es in machtpolitischer Hinsicht. Wenn die Politiker nicht mehr an ihrem Platz bleiben, wenn die Maschine in fremdes Terrain eindringt, kommt es zu Kampagnen für »Saubere Hände« in der Politik. Wenn aber wieder der angemessene Preis gilt, ist die Rückkehr zur Normalität angesagt.

Einen weiteren Beweis für diesen Kreislauf erhalten wir, wenn wir uns fragen, wie viele Köpfe einflußreicher Politiker in den Vereinigten Staaten aufgrund des Korruptionsvorwurfs tatsächlich gerollt sind: sehr wenige. Eine weitaus verheerendere Wirkung und Resonanz im öffentlichen Leben der USA hatten stets Sexskandale: Hier enthüllt sich die wahre Hierarchie des Sündenregisters einer Gesellschaft, in der der Körper im Vergleich zum Geld als das größere Übel gilt und Erotik mehr verteufelt wird als Egoismus, Reichtum aber als Mittel angesehen wird, um Gutes zu tun.

Gewöhnlich werden Sexskandale immer dann ans Tageslicht gezerrt und öffentlich verurteilt, wenn jener soziale Kom-

28 M. Johnston, *Political Corruption and Public Policy in America*, a.a.O., S. 65

promiß in Gefahr ist, den die Maschine und die Korruption garantieren. Nichts zeigt besser den Konservatismus der Maschine als ihre Reaktion auf eine angebliche Bedrohung der herrschenden Ordnung. Dies zeigen auch die Ereignisse in einem Jahr Ende August in den schönen Parks von Chicago.

PRAG IN ILLINOIS

An jenem 24. August 1968 waren 250 Düsenflugzeuge der Air Force bereit zum Start von Fort Hood in Texas, Fort Riley in Kansas, Fort Sill in Oklahoma und Fort Carson in Colorado in Richtung Chicago. Ihre Zielorte waren der Flughafen O'Hare und der Luft- und Flottenstützpunkt Glenview. Diese Frachtflugzeuge vom Typ C-141 hatten 6.000 für den Antiguerilla-Kampf ausgebildete Soldaten an Bord, in Kampfanzügen und mit voller Ausrüstung. Schon koordinierten die Offiziere die Vorbereitungen in Fort Sheridan, jenem Militärstützpunkt, der im Jahr 1886 von gutbürgerlichen Chicagoern nach den alarmierenden Ereignissen auf dem Haymarket Square finanziert worden war; in jener Basis hatten sich 1894 während des Pullman-Streiks die Bundestruppen für ihren Einsatz in der Stadt formiert. Fünf Kampfhubschrauber vom Typ UH-1 Huey, dieselben, die auch in Vietnam eingesetzt wurden, standen der Truppe zur Verfügung.[1]

5.649 Soldaten der Nationalgarde von Illinois hielten sich in der Nähe des Stadtzentrums von Chicago in Bereitschaft, mit Panzerwagen und mit Maschinengewehren bewaffnet. Die 11.900 Polizisten Chicagos waren in Zwölf-Stunden-Schichten rund um die Uhr zum Dienst eingeteilt. Dazu kamen mehrere hundert Polizeibeamte von Staat und County sowie eine nicht genau feststehende Anzahl von Privatpolizisten und privaten Sicherheitswachen. Noch nie waren so viele Geheimagenten des FBI und der verschiedenen staatlichen Behörden

1 *The New York Times*, 25. Aug. 1968

in einer Stadt zusammengezogen worden, um Hotels, Pensionen, Zeitungen und öffentliche Plätze zu überwachen.

Das massive Aufgebot diente dem Schutz der *convention* der Demokratischen Partei, die am folgenden Tag, dem 25. August, in Chicago eröffnet werden sollte. Auf dieser Versammlung sollte der Präsidentschaftskandidat nominiert werden, der im Wahlkampf im Herbst gegen den Republikaner Richard Nixon antreten sollte. An sich war der Parteikonvent nicht besonders aufregend. Die beiden aussichtsreichsten Kandidaten waren nicht anwesend. Es fehlte Lyndon Baines Johnson, der scheidende Präsident, der am 31. März seinen Verzicht auf eine erneute Kandidatur bekanntgegeben hatte, unter dem Eindruck der Rückschläge, die seine Popularität nach der Eskalation des Vietnamkriegs erlitten hatte. Auch fehlte Robert Francis (Bob) Kennedy, der aus fünf der sechs Vorwahlen, an denen er teilgenommen hatte, als Sieger hervorgegangen war – die letzte in Kalifornien, wo er in der Nacht zum 5. Juni tödlich verwundet worden war.

Es zeichnete sich also eine Nominierung des von Johnson favorisierten Kandidaten Hubert Humphrey ab, einem typischen demokratischen Vertreter des Kalten Kriegs, der, wie Norman Mailer sagte, »von neun Zehntel der organisierten Demokratischen Partei, von den Schwarzen, den Gewerkschaften und der Mafia« unterstützt wurde. Seine Gegenspieler waren der unnachgiebige Eugene G. McCarthy aus Minnesota, der einen raschen Rückzug aus Vietnam befürwortete, sowie George S. McGovern aus South Dakota, ebenfalls ein – wenn auch gemäßigterer – Kriegsgegner. Das einzige leise Spannungsmoment stellte Ted Kennedy dar, der einzige der drei Kennedy-Brüder, der noch am Leben war: Würde er im letzten Augenblick in den Ring steigen? (Nein, er blieb in Deckung.) Es kam zu keinem Wettkampf, so daß drei Tage später, am 28. August, Humphrey im ersten Wahlkampf mit 1.761 Stimmen nominiert wurde, gegen McCarthy mit 601 und McGovern mit 146 Stimmen.

Da nun also alles bereits so gut wie entschieden war –

weshalb befand sich Chicago im Belagerungszustand? Warum hatte der Bürgermeister die Schließung der städtischen Parks ab 23 Uhr schärfer überwachen lassen? Ein Jahr zuvor hatte sich Richard J. Daley dafür stark gemacht, daß der Parteikonvent in *seiner* Stadt stattfand, wo sich die Demokraten seit 1956 nicht mehr versammelt hatten. Er wollte, daß die Delegierten in O'Hare landeten, *seinem* Flughafen, und die Journalisten die John Kennedy, *seine* Stadtautobahn, benutzten.

Doch innerhalb dieses Jahres hatte sich viel verändert. Am 30. Januar 1968, am Vorabend des buddhistischen Neujahrsfestes, hatten der Vietcong und die nordvietnamesischen Truppen einen Angriff gestartet (die »Tet-Offensive«): Seither schwand für die Vereinigten Staaten zusehends die Hoffnung, diesen Krieg doch noch gewinnen zu können. Im Februar lancierten pazifistische Gruppen die Idee einer großen Anti-Kriegskundgebung in Chicago während des Parteikonvents im August. Ende März zog Präsident Johnson seine Kandidatur zurück. Wenige Tage später, am 4. April, wurde Martin Luther King in einem kleinen Hotel in Memphis von einer Kugel tödlich getroffen. Unmittelbar darauf kam es in allen großen Städten der Vereinigten Staaten zu Aufständen der Schwarzen, bei denen Hunderte starben; Gebäude wurden in Brand gesteckt, es kam zu Plünderungen. In Chicago waren die Unruhen in der West Side ausgebrochen. An jenem Abend erläuterte Bürgermeister Daley im Fernsehen seine Anordnungen, die keinerlei Zweifel an seiner Position (und an seiner Diktion) ließen: »Ich habe den Polizeichef mit aller Eindringlichkeit und Entschiedenheit aufgefordert, unverzüglich einen von ihm unterzeichneten Befehl zu erlassen, daß auf jeden Brandstifter und jeden, der einen Molotow-Cocktail bei sich trägt, *gezielt geschossen wird* [...] und weiterhin ein polizeiliches Rundschreiben zu erlassen, daß jeder, der in unserer Stadt ein Geschäft plündert, zum Krüppel geschossen wird«.[2]

Anfänglich schätzten die Kundgebungsteilnehmer ihre Ge-

2 M. Royko, *Boss*, a.a.O., S. 168f.

samtzahl auf 100.000; Behörden und Zeitungen griffen diese Angaben auf und malten das Bild einer Invasion Chicagos durch Hippies, Langhaarige, Aussteiger, Homosexuelle... Kommunisten. Die Vorkehrungen der Polizei waren derart offenkundig, daß zahlreiche Organisatoren ihren Anhängern empfahlen fernzubleiben. Was die Behörden in Wahrheit fürchteten, war weniger die Friedensbewegung an sich, sondern die Verknüpfung des Protestes gegen den Vietnamkrieg mit den Aufständen in den Schwarzenghettos. Bürgermeister Daley hatte die von Martin Luther King 1966 angeführten Märsche in den weißen Vorstädten Chicagos noch gut in Erinnerung: Solange sich der Protest auf die Slums beschränkte, gab es keinen allzu großen Ärger, aber sobald die Schwarzen *nicht mehr an ihrem Platz blieben*, sah die Sache anders aus. In jenem Sommer des Jahres 1968 weihte Daley einen öffentlichen Bau für die Schwarzen nach dem anderen ein. Am ersten August ließ er eine lange Hauptverkehrsstraße in Richtung Süden in Dr. King Drive umbenennen – nach jenem Mann, den er zu dessen Lebzeiten nicht hatte ausstehen können.

Unterdessen brachte das Fernsehen täglich neue Meldungen über amerikanische Soldaten, die im Vietnamkrieg ihr Leben verloren hatten, und über die Bombenangriffe der Air Force. Vier Jahre zuvor, 1964, hatte die amerikanische Streitmacht in Vietnam lediglich 16.000 Soldaten umfaßt. Jetzt, im August 1968, hatte General Westmoreland 543.000 Soldaten unter seinem Befehl. Neben dem Vietnamkrieg und den Vorbereitungen des Parteikonvents wurden die Schlagzeilen der amerikanischen Zeitungen von der Krise in der Tschechoslowakei beherrscht: Die Sowjetunion unter Leonid Breschnew drohte mit der Invasion, um jene Entwicklung zu stoppen, die als »Prager Frühling« mit Reformbemühungen unter der Führung Alexander Dubčeks begonnen hatte. In der Nacht vom 20. auf den 21. August 1968 marschierten Warschauer-Pakt-Truppen (Streitkräfte der UdSSR, Polens und Ostdeutschlands) in die Tschechoslowakei ein.

In diesem politischen Klima begaben sich nur die paar Pazifisten nach Chicago, die es wagten, dem mächtigen Militär- und Polizeiapparat zu trotzen: »Eine Verteidigungstruppe von mindestens 25.000 Mann stand in Chicago bereit. Daley verfügte über ein größeres Heer als seinerzeit George Washington. Niemals zuvor hatten so viele so viel von so wenigen befürchtet. Es waren höchstens 5000 Demonstranten nach Chicago gekommen.«[3]

Die Pazifisten wählten sich den Lincoln Park als Ausgangspunkt. Nördlich der Magnificent Mile, zwischen Wiesen, sanften Niederungen, mächtigen Bäumen und kleinen Hügeln erstreckte sich der Lincoln Park knapp drei Meilen am Ufer des Michigansees entlang, mit kleinen Seen durchsetzt und einem Zoo. Die Bewohner der Luxushochhäuser an der Golden Coast nutzen den Park, um im Trainingsanzug zu joggen oder ihre Hunde spazierenzuführen. An Feiertagen strömen ganze Familien aus den ärmeren Vierteln in den Park, um zu grillen: Großfamilien von Hispanics und andere Grüppchen, mit Tischtüchern und Weinflaschen in Eiskübeln, lassen sich auf den Wiesen nieder. Lincoln Park wird auch von Pfadfindern bevölkert, von Gruppen, die Musik machen, picknicken und in den Sommernächten, in der vom See her wehenden Brise, draußen übernachten.

Für die jungen Leute, die von weither angereist waren, stellte der Lincoln Park daher die vernünftigste Übernachtungsmöglichkeit dar. Doch Bürgermeister Daley teilte diese Meinung nicht und behielt die strenge Schließung ab elf Uhr abends bei. Am Sonntag, dem 25. August, um Mitternacht ging die Polizei gewaltsam gegen die knapp tausend Menschen vor, die auf den Wiesen im Park geblieben waren; auch Passanten, Frauen, ältere Menschen, Journalisten und Fotografen wurden geprügelt. Ein riesiges Polizeiaufgebot war auch am Montag, dem 26., im Einsatz, als erneut unter Anwendung von brutaler Gewalt der Lincoln Park geräumt

3 Ebd., S. 182

wurde; auf einem Plakat stand zu lesen: »Willkommen in Prag«. Die Übergriffe wiederholten sich am Dienstag, dem 27., doch der Höhepunkt war Mittwochabend, der 28., als die Demonstranten im Grant Park mitten im Zentrum vor dem Hilton-Hotel, wo die wichtigen Delegierten untergebracht waren, von der Polizei niedergeknüppelt wurden. Hier, in der Michigan Avenue, schlugen Polizisten und Soldaten der Nationalgarde zu. »Wer sich in Reichweite eines Polizisten befand, wurde niedergeknüppelt. Auch wer sich so schnell wie möglich in Sicherheit bringen wollte, wurde von der Polizei von hinten geschlagen.«[4] Erneut wurden Journalisten und Fotografen grob mißhandelt und gejagt. Allein bei dieser Polizeiaktion wurden 178 Personen verhaftet. Um Mitternacht war die gesamte Michigan Avenue von Panzerwagen belagert, schwere Maschinengewehre waren aufgebaut.

An jenem Mittwoch waren die Polizeiangriffe nicht viel massiver als an den vorausgegangenen Tagen, diesmal aber wurden sie zum ersten Mal 17 Minuten lang vom Fernsehen übertragen. Zigmillionen Zuschauer verfolgten die Prügeleien der Polizisten am Bildschirm mit, während zur gleichen Zeit im Amphitheater Humphrey, ganz auf der Linie Johnsons, zum Präsidentschaftskandidaten nominiert wurde. Er befürwortete eine Fortsetzung der Bombardements in Vietnam, da »ein Rückzug vollkommen unrealistisch und katastrophal wäre«.

Am Tag darauf wurde erneut ein Demonstrationszug angegriffen, an dem auch zahlreiche Delegierte teilnahmen, 150 Demonstranten (darunter neun Delegierte) wurden verhaftet. Während des gesamten Parteikonvents wurden 668 Personen verhaftet, zumeist Einwohner Chicagos, was beweist, daß die befürchtete rote Invasion nicht stattgefunden hatte. 192 Polizisten wurden verwundet, über die Zahl der verwundeten Demonstranten gibt es keine genauen Angaben. Polizei und Zeitungen sprachen von »bergeweise Waffen«: In der Mehr-

4 Walker Report, Chicago, Okt. 1968

zahl waren dies Pflaster- und Ziegelsteine sowie Stöcke. An jenem Tag hatte die US Air Force 121 Bombenangriffe auf Nordvietnam geflogen. Mit einer Bilanz von 308 Toten und 1.134 Verletzten war dies die verlustreichste Woche für die US-amerikanische Streitmacht; die Gesamtzahl der Gefallenen in diesem Krieg stieg damit auf 27.101, die der Verwundeten auf 169.296.[5]

Der Gegensatz hätte nicht krasser sein können: auf der einen Seite der Krieg in Vietnam mit seinen Toten, auf der anderen Seite der Kleinkrieg in Chicago mit seinen Verwundeten. Ein Gegensatz jedoch auch innerhalb Chicagos: auf der einen Seite die per Flugzeug nach Fort Sheridan transportierten Kommandoeinheiten, auf der anderen Seite die versprengten Grüppchen ungepflegter junger Leute im Lincoln Park. Ein Gegensatz auch zwischen der enormen weltweiten Resonanz, die die Polizeiübergriffe auf die weißen Hippies im Grant Park hatte, und dem üblichen Schweigen angesichts der Toten, die es bei den Aufständen der Schwarzen immer wieder gab. Bei den Zusammenstößen der fünf zurückliegenden Tage hatte es keinen einzigen Toten gegeben. Im Rückblick hatte jener schwarze Jugendliche recht, der einem Reporter der *New York Times* gegenüber meinte: »Ich bin wirklich gespannt, ob die Nationalgarden sie angreifen, so wie sie uns angegriffen haben. [...] Ich glaube, sie werden auf keinen einzigen dieser weißen Jungs schießen.«[6]

Dennoch: die Bilder dieser *convention* von Chicago gingen um die Welt. Sie überlagerten gleichsam in geistiger Fotomontage jene nicht weniger berühmten Bilder von den wehrlosen Pragern, die im Schatten von Kanonen mit den sowjetischen Soldaten in ihren Panzern diskutierten. Und die deutsche Tageszeitung *Die Welt* kommentierte: »Die Russen können geltend machen, daß die Parteiversammlung der Demokraten in Chicago mit 300 Verwundeten womöglich blutiger war als ihr Staatsstreich in Prag.«

5 *The New York Times*, 30. Aug. 1968
6 Ebd., 29. Aug. 1968, S. 24

Der Gegensatz verschärfte sich im September 1969, als sieben der Organisatoren jener Demonstration wegen »Verschwörung« vor Gericht gestellt wurden, dazu gleich noch der Führer der Black Panthers, Bobby Seale. Der Prozeß fand in einer ungeheuerlichen Atmosphäre statt. Der Staatsanwalt verunglimpfte die politischen Ideen der Angeklagten als »Schwulen-Revolution«. Der Bundesrichter Julius Hoffman verweigerte Seale die Möglichkeit, sich selbst zu verteidigen, und um sicherzustellen, daß Seale nicht den Mund aufmachte, ließ er ihn für die gesamte Prozeßdauer im Gerichtssaal knebeln und am Stuhl festbinden. Nicht von ungefähr war der Schwarze Bobby Seale der einzige, der zu vier Jahren Gefängnis verurteilt wurde – nicht wegen »Verschwörung«, sondern wegen »Mißachtung des Gerichts«, während die anderen, weißen Angeklagten vom Vorwurf der »Verschwörung« freigesprochen wurden. Sie wurden lediglich wegen geringerer Vergehen verurteilt, mußten aber ihre Strafen nicht verbüßen.

*

Verschwörung – das ist das entscheidende Stichwort. Nach der offiziellen Lesart ist »Verschwörung« gewissermaßen ein Schlüsselbegriff zum Verständnis der amerikanischen Geschichte: Die Aktionen der Anarchisten 1886 waren eine Verschwörung; die Aktivitäten von Eugene Debs und den Mitgliedern der Eisenbahnergewerkschaft waren eine Verschwörung; im Ersten Weltkrieg hatten die Industrial workers of the world eine Verschwörung angezettelt. Hinter jeder Bedrohung der etablierten Ordnung steckt ein Komplott, womöglich vom Ausland gesteuert, von den Deutschen, den Sowjets oder den Vietnamesen.

Aber auch die Demonstrierenden bedienten sich der Verschwörungstheorie, um die Repression in Chicago zu erklären; ähnlich wie die Schwarzen in den Slums, die von einer großen weißen Verschwörung, *The Plan*, überzeugt sind. Eldridge Cleaver vertrat die Ansicht, eine Verschwörung, deren Ziel die Wahl Nixons war, habe die Konfrontation herbeigeführt, um die Demokraten in Verruf zu bringen und bei einer verschreckten Öffentlichkeit einen Meinungsumschwung zugunsten der Konservativen herbeizuführen.[7]

Der tiefere und offensichtlichste Grund für die polizeilichen Übergriffe lag darin, daß es eine undurchdringliche Mauer des Unverständnisses gab zwischen dem Amerika der jungen Demonstranten und dem amerikanischen Volk *(We, the people)*, das die Maschine repräsentierte. Daley verkörperte jene Emigrantengenerationen von *white ethnics*, die Arbeiter, Polizisten, kleinen Geschäftsleute, die sich gesellschaftlich hochgeboxt hatten, indem sie sich abgerackert, gebuckelt, in den sauren Apfel gebissen hatten. Sie träumten den amerikanischen Traum, sie waren die Erbauer der modernen Stadtautobahnen, Flughäfen und Wolkenkratzer. Jenes »ethnischen« Universums der Solidarität und des Rassismus, der Stahlwerke und Hochzeitsfeiern, der Blutsbande und des prosaischen Sinns für Geld, des zähen Pragmatismus und des tiefverwurzelten Aberglaubens. Daher das völlige Unverständnis gegenüber den Schwarzen (»sie bleiben in den Slums, weil sie es nicht so machen wie wir, weil sie nicht die Ärmel hochkrempeln«); daher die Verachtung für die Pazifisten. Für die Maschine, für Daley und für viele *blue collars* waren die Demonstranten Menschen von einem anderen Stern, unverständlich wie die Gedichte von Allen Ginsberg, die Lieder von Phil Ochs und Pete Seeger, die antipatriotischen Vietcong-Flaggen (und das in einem Land, in dem auf dem Rasenstück vor jedem noch so abgelegenem Häuschen die *stars and stripes* an der Fahnenstange wehen). Doch aus diesem Unverständnis heraus entstand die Furcht vor einer Welt, die den eigenen Gesichtskreis übersteigt. Nicht von ungefähr hat diese Angst vor dem Unbekannten ihre rationale Begründung stets in der Verschwörung des *Anderen*, des Fremden gesucht. Auch in der – exzessiven – Angst der herrschenden Klasse Amerikas vor den Oppositionellen liegt ein Körnchen Wahrheit: Es ist die

7 In der Einleitung des Buches *Do It* von Jerry Rubin, New York 1969

Furcht, die einen gegenüber etwas zwar Geringfügigem, jedoch Unerklärlichem befällt, die Beklemmung angesichts eines Details, das sich nicht ins Schema fügt.

Es ist wie ein systematisches spontanes Übermaß an Vorsicht, jeden Keim eines Aufstands, jeden Ansatz zum Umsturz ernst zu nehmen. Unverhältnismäßig war das Aufgebot der Kapitalisten von Chicago 1886 gegen Albert und Lucy Parsons oder 1894 die Furcht vor einer »Diktatur« von Eugene Debs. Lächerlich die immense Streitmacht, die 1968 in den Vereinigten Staaten gegen ein paar Hippies eingesetzt wurde. Es hat in der Tat etwas Lächerliches (wäre da nicht der bittere Nachgeschmack der Macht), das schon 1801 in Vincenzo Cuocos ironischer Beschreibung der Herrschenden im Königreich Neapel zum Ausdruck kommt:

> Einige Jünglinge voll Enthusiasmus, den Kopf mit den neuen Systemen angefüllt, welche die Begebenheiten der französischen Revolution in periodischen Schriften lasen, sprachen davon unter sich oder, was noch unbedeutender ist, mit ihren Mädchen und Friseurs. Sie hatten kein Verbrechen auf sich als dies, auch konnten junge Leute ohne Stand, ohne Glück und ohne Meinung nichts andres unternehmen. Es wurde ein Blutgericht unter dem Namen *Giunta di Stato* niedergesetzt, um sie gerade so zu richten, als ob sie schon den König ermordet und die Verfassung umgestürzt hätten.[8]

Die übermäßige Repression, die übertriebene Furcht verweisen auf eine Konstante moderner Regimes, gleichsam als bereiteten diese ihren eigenen Untergang vor, als wären sie sich ihrer eigenen Zerbrechlichkeit sehr bewußt. In dieser unverhältnismäßigen Reaktion zeigt sich ihr wahres Wesen – wie jene riesenhaften Kraftprotze, die den Mund öffnen, nur um eine dünne Falsettstimme ertönen zu lassen.

8 Vincenzo Cuoco, *Saggio storico sulla rivoluzione napoletana del 1799* (1801), dt. *Historischer Versuch über die Revolution in Neapel*, Berlin 1805, S. 35 f.

Man weiß allerdings nie, ob diese harte Reaktion der Paranoia oder der politischen Klugheit entspringt. Yippies und Hippies gibt es im Grunde nicht mehr, oder sie sind *Yuppies* geworden wie Jerry Rubin. Die Demonstranten von einst sind heute klüger geworden oder verzweifelter – oder sie sind tot. Das Räderwerk der Maschine dagegen dreht sich weiter. In jenem August in Chicago vollzog sich die Repression unter der völligen Indifferenz der South Side, obwohl sich unter den Demonstranten die politisierten Vertreter der Black Power und Black Panthers befanden. Die Kluft zwischen dem Protest der Weißen und der Unzufriedenheit der Schwarzen in den Slums – die bis heute besteht – wurde damit noch größer.

In jene gewalttätigen Auseinandersetzungen, die Chicago im Laufe seiner kurzen Geschichte so häufig erlebte, drangen 1968 zum ersten Mal die Massenmedien und das Fernsehen ein. Doch während noch wenige Monate zuvor, im Mai, die Bilder von den gewaltsamen Zusammenstößen im Quartier Latin in Paris zu nationaler Solidarität mit den Studenten führten (»sie verprügeln unsere Kinder«) und einen Generalstreik auslösten, blieb die Öffentlichkeit diesmal von den Fernsehbildern ungerührt, ganz im Gegenteil. Die Brutalität der Chicagoer Polizei empörte jedoch die ausländische Öffentlichkeit, die sich gewöhnlich um so mehr entrüstet, je weiter entfernt sich der Gegenstand ihres edlen Abscheus befindet. Die Amerikaner selbst verteidigten die Vorgehensweise der Polizei, wie es damalige Umfragen belegten.

Daley vertrat in der Tat das, was die vielleicht schweigende, aber gewiß gewaltbereite Mehrheit dachte. Sogar die unterschiedslose Gewalt gegen die Journalisten erwies sich letztlich als weitaus kalkulierter, als es auf den ersten Blick schien. Denn nicht zu vergessen: Die sechziger Jahre waren die einzige Epoche der amerikanischen Geschichte, in der Presse und Fernsehen eine wirklich kritische Rolle spielten, etwa in der Berichterstattung über den Vietnamkrieg. Es mag Zufall sein, aber seither, von jenen Tagen an, in denen die Journalisten niedergeknüppelt wurden, bis heute hat sich das Klima radikal geändert. Man denke nur an die Haltung der amerikanischen Massenmedien im Krieg gegen den Irak 1991. Auch wurde nie eine wirklich kritische Stimme laut gegen den Reaganismus. Nach den Knüppelschlägen der Chicagoer Polizei sind Presse und Fernsehen wieder in Reih und Glied zurückgetreten, haben sich disziplinieren lassen.

Die geistigen Fotomontagen, die damals die Weltöffentlichkeit erschütterten – die Panzer von Prag und die Übergriffe der Polizei von Chicago – enthüllen, wie trügerisch unsere Wahrnehmungen sind. Damals übermittelten die Panzer die Botschaft einer kolossalen Übermacht, die unerschütterlich, unerbittlich ist. Die Hysterie der amerikanischen Polizisten schien eine tiefe Krise anzukündigen, auch angesichts der militärischen Niederlage in Asien. Das Sowjetregime und der Warschauer Pakt schienen für alle Zeiten festgefügt, die Vereinigten Staaten hingegen von Aufständen und Revolten erschüttert. Heute, kaum fünfundzwanzig Jahre später, existiert der Warschauer Pakt nicht mehr, die Sowjetunion hat sich aufgelöst, der kalte Krieg ist zu Ende, und Richard Daleys Sohn ist bereits in zweiter Amtszeit Bürgermeister.

DIE MISSIONARE DES MARKTES, VERSCHANZT IN FORT SCIENCE

»Der kalte Krieg ist zu Ende, die Universität Chicago hat ihn gewonnen.« Mit diesen Worten würdigte die *Washington Post* 1991 in einem Leitartikel den Nobelpreisträger für Wirtschaftswissenschaften George Stigler anläßlich seines Todes.[1] Aus dem Abstand von nur wenigen Jahren betrachtet, kommt es einem merkwürdig vor, daß dem Verfasser des Artikels und seinem Publikum ein solcher Satz nicht lächerlich, sondern im Gegenteil plausibel erschien. Hatte etwa eine Gruppe von Professoren mit Hilfe von Dissertationen das nukleare Arsenal der Sowjetunion zerschlagen?

Noch mehr verwirrt es den, der in den friedlichen, riesigen Bibliotheksräumen dieser Universität studiert hat, auf den Wiesen und zwischen den neugotischen Gebäuden spazierengegangen ist, die jungen Leute gesehen hat, die im Frühling auf dem Rasen ausgestreckt lesen oder im winterlichen Chicago joggen und dabei weiße Dunstwölkchen ausatmen. Nichts könnte von schmutzigem Kriegsgetöse weiter entfernt sein als diese heitere Studieratmosphäre. Es fällt schwer, sich vorzustellen, daß in dieser Idylle der geistigen Sammlung die Chicago Boys studiert haben, jene Gruppe von Wirtschaftswissenschaftlern, die in den siebziger Jahren ins Rampenlicht der internationalen Öffentlichkeit traten, als die südamerikanischen Diktaturen die Wirtschaftspolitik ihres Landes nach deren Ideen ausrichteten: Wenn man diese liebenswürdigen, fleißigen jungen Leute so ansieht, kann man sich nur schwer

1 George F. Will, in: *The Washington Post*, 8. Dez. 1991, S. C7

ausmalen, daß sie in ein paar Jahren möglicherweise Berater eines General Pinochet sein werden.

Beim Verlassen des Quadrangle, des einladenden Clubs auf dem Campus, hatte sich ein erster Zweifel aufgedrängt: an einem sonnigen Novembertag, als ich beim Hinausgehen den Dozenten, der mich zum Frühstück eingeladen hat, frage, wo sich die nächstgelegene U-Bahnhaltestelle befinde, und er mir abrät, selbst tagsüber mit der U-Bahn zu fahren, und mir dringend empfiehlt, ein Taxi zu rufen. Weitere Bedenken kommen auf angesichts der »Notruftelefone«, 134 an der Zahl auf dem Campus und Umgebung. Sie wurden von der Universität eingerichtet und sind direkt mit dem Polizeikommissariat verbunden, das im Bedarfsfall sofort einen Wagen schickt, um jemanden abzuholen oder zu eskortieren.[2] Doch solange man sich auf dem Campus oder im Universitätsviertel Hyde Park aufhält, bleibt das Beunruhigende solcher Signale durch die Ehrfurcht gegenüber so viel Gelehrsamkeit gedämpft.

11.000 Studenten und 1.800 Dozenten (einer für jeweils sechs Studenten) studieren an dieser von John D. Rockefeller gegründeten Universität, der ihr im Jahr 1892 35 Millionen und 1910 nochmals 10 Millionen Dollar als Schenkung übergab. Hier gibt es alles, was man zum Studieren benötigt. In den Bibliotheken stehen 5,4 Millionen Bände, in den Archiven weitere 7 Millionen. An die Universität angeschlossen ist das Argonne National Laboratory. Die medizinischen Kliniken zählen zu den besten der Vereinigten Staaten. Das Verlagshaus der Universität, The University of Chicago Press, veröffentlicht 53 Zeitschriften und 250 bis 280 Bücher pro Jahr; mehr als die Hälfte der 6.000 in den letzten hundert Jahren erschienen Bände sind noch lieferbar (der Katalog umfaßt über 3.000 Titel). An der Universität Chicago hielten 64 mit dem Nobelpreis ausgezeichnete Leuchten der Wissenschaft Vorlesungen; 113 Mitglieder der American Academy of Arts and Sciences und 46 Mitglieder der National Academy of Sciences unter-

2 Serge Halimi, *L'université de Chicago, un petit coin de paradis bien protégé*, in: *Le monde diplomatique*, April 1994

richten hier. Alles ist reichlich vorhanden, damit die zukünftigen Spezialisten sich das Wissen ihres Fachbereichs in optimaler Weise aneignen können: Auf einen Studenten kommt ein Universitätsmitarbeiter.

Chicago besitzt sechs weitere Universitäten: die (katholische) Loyola University, die Roosevelt University, die De Paul University, die Chicago State University und die Illinois University in Chicago (beide staatlich) sowie die Northwestern University in Evanston. Doch im Bewußtsein der Weltöffentlichkeit gibt es nur eine einzige, die University of Chicago: Hier gründete Dewey seine Laborschule, hier entstand die *urban sociology*, die Stadtsoziologie, hier baute Fermi den ersten Atomreaktor, aus dem hiesigen wirtschaftswissenschaftlichen Institut gingen fünfzehn Nobelpreisträger hervor. Um an der Northwestern University studieren zu können, muß man nur reich sein, um aber an der University of Chicago zu studieren, muß man außerdem noch zu den Besten gehören. In ihrer Werbebroschüre verweist die Universität voller Stolz darauf, daß die Hälfte der Neueingeschriebenen zu den 5 Prozent und drei Viertel zu den 10 Prozent der besten Schulabsolventen zählen. Die Universität ist derart versnobt, daß sie – im Unterschied zu allen anderen – weder Basketball- noch Footballmannschaften hat.

Bisher haben wir nur die Schattenseiten des amerikanischen Bildungssystems kennengelernt, die staatlichen Schulen in den Sozialwohnungsvierteln, wo ein *metal detector* verhindern soll, daß die Jugendlichen Waffen in die Schule hineintragen. Die staatlichen Sekundarschulen sind ein Beispiel für das »Amerika als verkehrte Utopie«, wie Loïc Wacquant es nannte; sie geben eine *Verfallskurve* vor, die es in Europa bisher noch nicht gibt: In den *high schools* des Ghettos von Chicago machen drei Viertel der Schüler keinen Abschluß, obwohl sie keine Prüfung zur Aufnahme in die nächsthöhere Klasse ablegen müssen.[3]

3 Loïc J. D. Wacquant, *De l'Amérique comme utopie à l'envers*, in: P. Bourdieu u.a.: *La misère du monde*, a.a.O., S. 177

Die University of Chicago hingegen stellt die leuchtende Kehrseite des amerikanischen Bildungssystems dar. Sie zeigt, daß es an der Spitze ein phantastisch hohes Niveau geben kann ohne ein breites Fundament guter Qualität. Als wolle man sagen, ein Land mit einer Bevölkerung aus lauter Schwächlingen könne Spitzenathleten hervorbringen. Dies ist ein zentraler Punkt für die Beantwortung der Frage, ob die Vereinigten Staaten im Niedergang begriffen sind oder nicht: Wenn man sich die Slums, die *inner cities* und die amerikanische Apartheid näher ansieht, kommt man unweigerlich zu dem Schluß, daß die Vereinigten Staaten den Weg des Niedergangs beschritten haben. Wenn man aber das außerordentlich hohe Potential an Fachkenntnis und Kreativität der großen Universitäten betrachtet, muß man seine Meinung revidieren, ja man ist verblüfft darüber, daß diese beiden Phänomene gleichzeitig vorhanden sind: das katastrophale Elend in den Ghettos einerseits und die unschuldige Geistigkeit des *campus* andererseits.

Und hier ist diese Doppelung gleichsam mit Händen greifbar, denn das Viertel Hyde Park, in dem sich die University of Chicago befindet, ist eine kleine Enklave, die buchstäblich umzingelt ist von den äußerst verwahrlosten Schwarzenvierteln, die sich von hier aus meilenweit erstrecken: nach Norden zu die Mietskasernen der Taylor Homes, nach Westen und Süden in endloser Weite baufällige Einfamilienhäuschen. Überall Ruinen verbrannter Häuser, aufgegebene Fabriken, schwarze Fensterhöhlen, klaffend wie zahnlose Münder, Autowracks, Straßen mit tiefen Schlaglöchern. Doch die Schwarzen mit ihren Wollmützen auf dem Kopf, die ab und zu die Stille der Einsamkeit durchbrechen, überschreiten niemals die unsichtbare Linie, die sie von dem kleinen Gelehrtenparadies trennt. Umgekehrt wagen auch die Gelehrten in ihrer Enklave keine tollkühnen Eskapaden. Sie erzählen von ihrem heroischen Wagnis, auf dem Weg ins Zentrum mit dem Bus diese Hölle durchfahren zu haben.

*

Crescat scientia; vita excolatur (Es gedeihe die Wissenschaft, es vervollkommne sich das Leben) lautet der Leitspruch der Universität. Aber die Vervollkommnung, die Veredelung des Lebens ist das Privileg der Reichen, wenn ein Studienjahr hier 25.616 Dollar kostet. Vortrefflichkeit erreicht man mittels Geld: Die 40 Millionen Bedürftigen sollen nicht vergessen machen, daß wer Geld hat, in den Vereinigten Staaten gut leben, forschen und studieren kann.

25.000 Dollar ist nicht wenig, trotzdem aber machen die Studiengebühren lediglich ein Viertel der Einnahmen der Universität Chicago aus (nicht eingeschlossen die Gewinne aus den Universitätskliniken und dem Argonne Laboratory). Wenn man von diesen Studiengebühren dann noch die Stipendien abzieht, die die Universität an Hochbegabte vergibt, um das Niveau der Schule zu steigern, machen die von den Studenten gezahlten Gebühren netto weniger als ein Sechstel der Gesamtsumme aus. Wären die Kurse kostenlos und würde die Zulassung ausschließlich durch strenge Prüfungen geregelt, wäre die Qualität paradoxerweise dennoch gewährleistet und die University of Chicago verlöre nur 15 Prozent ihrer Einnahmen. Mit ihren exorbitanten Studiengebühren verfolgt die Universität jedoch andere Ziele: 1) eine finanzielle Sperre, wodurch der *middle class* der Zugang verwehrt ist und das Prestige der Universität als Bildungsstätte der Sprößlinge der herrschenden Klasse gesichert wird; 2) die Bestätigung eines ideologischen Grundsatzes: *Wissen wird auf dieselbe Weise erworben, wie Kapital angehäuft* wird; Bildung und Wissenschaft unterliegen dem gleichen Gesetz von Angebot und Nachfrage, von Kapital und Arbeit, das auch die anderen Bereiche des menschlichen Handelns bestimmt; Wissenschaft und Bildung sind den Kategorien des freien Marktes *subsumiert*, wie Kant sagen würde. Also ist die Universität ein Privatunternehmen, das Gelehrsamkeit produziert und verkauft. Mit einem Umsatz, der – einschließlich der Kliniken – an zwei Milliarden Dollar heranreicht, und mit ihren 11.000 Beschäftigten ist die University of Chicago einer der größten Arbeitgeber von Illinois.

Nicht zufällig wurde die Theorie vom »Humankapital« 1964 von Gary Becker von der University of Chicago (Wirtschaftsnobelpreis 1992) formuliert. Wissen und Kompetenz sind deshalb *Kapital*, weil sie Einkommen produzieren und höhere Verdienstmöglichkeiten garantieren. *Human*kapital deshalb, weil sie – im Unterschied zu anderen Formen des Kapitals – nicht von der konkreten Person getrennt werden können, in deren Besitz sie sind. In Bildung und Wissenschaft zu investieren, ist also eine *rationale Entscheidung*, ein *Geschäft*: Kapital wird angesammelt im Hinblick auf ein zukünftiges Einkommen.

Aber wenn Bildung eine Investition ist, wird sie in bezug auf ihre Grenzproduktivität beurteilt, danach, ob sie mehr oder weniger einbringt als andere Investitionen. Ist es für die Eltern gewinnbringender, 100.000 Dollar in das Diplom ihres Kindes an der University of Chicago zu investieren, als Aktien der DuPont de Nemours zu kaufen? Lautet die Antwort ja, werden die Eltern bei der Bank ein Universitätsdarlehen beantragen, das später mit dem Einkommen des Absolventen zurückgezahlt wird. Aber die Antwort kann auch negativ ausfallen, dann nämlich, wenn das Humankapital entwertet wird, da *zu viel* davon in Umlauf, *zu viel* davon verfügbar ist. Wenn es zu viel Bildung, zu viel Wissenschaft gibt, die dann keinen Gewinn mehr abwirft. (Eine kuriose Theorie, die von einem Überschuß an Wissen ausgeht!) Es lohnt sich nur dann, in Humankapital zu investieren, wenn es knapp ist, andernfalls kommt es zu einem Wertverfall.

Angesichts des gegenwärtigen Niedergangs und des erneuten gewaltigen Analphabetismus erscheint die Sorge Richard Freemans geradezu lächerlich, der 1976 ein Buch mit dem Titel *Der übermäßig gebildete Amerikaner*[4] schrieb. Zum Glück für die »Humankapitalisten« änderte sich mit Reagan in den achtziger Jahren die Sache grundlegend. Während sich seit den frühen siebziger Jahren die Reallöhne Jugendlicher ohne

4 Richard Freeman, *The Overeducated American*, New York 1976

höheren Schulabschluß um mehr als 30 Prozent verringerten, schnellten die Gewinne aus der Bildung in gigantische Höhen. Dies erklärt, so Gary Becker, weshalb sich immer mehr Studenten an den privaten Universitäten einschrieben, obwohl die Gebühren in erschreckendem Tempo stiegen: »Die Gewinne, die eine College-Ausbildung erbrachte, wuchsen schneller als die Kosten.«[5]

Von marktwirtschaftlichen Prinzipien wird also nicht nur die Wirtschaft, sondern werden auch Bildung und Wissenschaft regiert. Der Schule von Chicago zufolge stellt der Markt sogar die *alleinige* Quelle praktischer Vernunft dar; nach seinen Kriterien ordnen sich die rationalen Entscheidungen des einzelnen in den verschiedensten Lebensbereichen, Ehe und Familie eingeschlossen. Dieser Rationalismus ist eine unverbrämte Variante des von Bentham im 19. Jahrhundert formulierten Utilitarismus. Nicht nur wird alles Handeln vom Streben nach Gewinn diktiert, sondern Gewinn beschränkt sich hier auf den materiellen Gewinn, der sich seinerseits auf den wirtschaftlichen Nutzen und der wiederum auf den *monetären Profit* reduziert. Alles, was sich der Logik der freien Marktwirtschaft entzieht, ist irrational und somit ineffizient. Jede Interferenz in die Marktmechanismen wird als schädlich betrachtet. Doch marktgebunden ist die gesamte private Interessensphäre. Also ist alles irrational und ineffizient, wodurch das Private beschränkt wird: Jeder staatliche Eingriff ist hinderlich.

Die Chicago Boys sind also ein Synonym für den totalen Freihandel, für die *Laissez-faire*-Wirtschaft, für die Ablehnung jeglicher staatlicher Eingriffe in den Wirtschaftsprozeß. Sie stehen damit in einer Tradition, deren einflußreichster Vertreter in unserem Jahrhundert der Österreicher Friedrich von Hayek war. Zwischen 1950 und 1962 war Hayek Professor für Sozialwissenschaft und Ethik an der Universität Chicago, der er seinen Stempel aufdrückte. 1974 erhielt er den Nobelpreis

5 Gary Becker, *Human Capital Revisited*, The 1989 Ryerson Lecture, Chicago 1989, S. 4

für Wirtschaftswissenschaften zusammen mit Gunnar Myrdal, seinem wissenschaftlichen Antipoden. Die Jury erwies damit dem einen wie dem anderen gleichermaßen ihre Reverenz.

Schon einmal in der Geschichte war der Name einer Stadt verknüpft gewesen mit dem Freihandels-Extremismus, den Fundamentalisten der Marktwirtschaft: Manchester, jene Stadt, die Engels als exemplarisch für den Verlauf der industriellen Revolution im 19. Jahrhundert ansah und deren Beschreibung, wie wir gesehen haben, auch auf Chicago zutrifft. Die Stammväter der Chicago Boys waren die Anhänger des Manchester-Liberalismus, diese Kreuzritter des freien Warenaustausches, in deren Reihen auch James Wilson kämpfte, der 1843 das Wochenblatt *The Economist* gründete: Ihre beharrliche Kampagne im England des 19. Jahrhunderts zur Abschaffung der Corn Laws, der Zölle auf den Weizenimport, nahm die *deregulation* der Reagan-Ära im Amerika des 20. Jahrhunderts vorweg, als die Wettbewerbsbeschränkungen gelockert und die Preisbindung abgeschafft wurde.

Wenn alles dem Markt überlassen bliebe, würde alles besser funktionieren: Einer berühmten Passage bei Adam Smith zufolge fördert der einzelne »gerade dadurch, daß er das eigene Interesse verfolgt, häufig das der Gesellschaft nachhaltiger, als wenn er wirklich beabsichtigt, es zu tun«, denn er »strebt lediglich nach eigenem Gewinn. Und er wird in diesem wie auch in vielen anderen Fällen von einer *unsichtbaren Hand* geleitet, um einen Zweck zu fördern, den zu erfüllen er in keiner Weise beabsichtigt hat«.[6] Milliarden einzelner Mikrointeressen wirbeln im Raum der Wirtschaft, treffen aufeinander, neutralisieren und verstärken sich, werden abgelenkt wie Moleküle in der statistischen Gastheorie. Für Smith bringt diese *spontane* Statistik des individuellen Eigennutzes den kollektiven Wohlstand hervor, und zwar in weit größerem Maß als eine gezielte öffentliche Aktion (Programme, Planwirtschaft). Jede Beschränkung des freien Spiels des privaten

6 A. Smith, *Der Wohlstand der Nationen*, a.a.O., S. 371

Eigennutzes ist also ein Hindernis auf dem Weg zum Wohlstand. Deshalb muß der Staat seinen Aktionsradius auf ein Minimum begrenzen. Von den Anhängern des Manchester-Liberalismus bis zu den Reaganianern waren die Theoretiker des *laisser-faire* stets bestrebt, den Handlungsspielraum des Staates immer mehr einzuschränken. Marx faßte die Position von Richard Cobden (neben Bright Wortführer des Manchester-Liberalismus) so zusammen: »Werden die öffentlichen Ausgaben reduziert, so ist es auch möglich, die finanziellen Lasten zu reduzieren«.[7] Hundertsechzig Jahre später bestand die erste Aktion der Reaganianer darin, die Steuern (nicht jedoch die Ausgaben) zu senken.

Hinter dem Liberalismus steht also nicht nur eine präzise Vorstellung davon, was rational und was nicht rational ist, sondern auch eine ganz bestimmte Vorstellung vom Staat: der Staat als »Nachtwächterstaat«, den Nozick »Minimalstaat« nennt, der auf seine polizeilichen Aufgaben reduzierte Staat, ein Staat, der sich auf den Schutz der Individuen und deren Eigentum beschränkt. Ein solcher Staat müßte weder Krankenhäuser noch Schulen noch Infrastrukturen (Straßen, Brücken, Verkehrswege) bereitstellen. Wenn es nicht richtig ist, die Mittel zwischen den privilegierten und den benachteiligten Schichten umzuverteilen, so darf der Staat den Bedürftigen nicht beistehen. Ein solches Eingreifen hätte letztlich sogar negative Auswirkungen.

Es ist dies die *perversity*, der rhetorische Ort des reaktionären Diskurses, der uns bereits bei Hirschman begegnet ist, für den jede »progressive« öffentliche Politik kontraproduktiv wirkt: »Die Bestrebungen, Freiheit zu gewinnen, werden die Gesellschaft in die Sklaverei stürzen, das Streben nach Demokratie wird Oligarchien und Tyrannei heraufbeschwören, und die sozialen Hilfsprogramme werden die Armut verschlimmern statt verringern.«[8] So machte sich in

7 Karl Marx, Artikel in der *New York Daily Tribune*, 28. Dez. 1852, in: Gesamtausgabe, a.a.O., 1. Abteilung, Band 11, S. 448

8 A. O. Hirschman, *The Rhetoric of Reaction*, a.a.O., Kap. II, S. 12

den Vereinigten Staaten in den achtziger Jahren die Vorstellung breit, daß der Sozialstaat schädlich sei: Den Bedürftigen wird keine Hilfe gewährt, da sie ihnen sonst zur Gewohnheit wird.

Wenn es nicht die Aufgabe des Staates ist, den Bedürftigen beizustehen, so hat er noch weitaus weniger die Aufgabe, in Zeiten der Rezession der Wirtschaft zum Aufschwung zu verhelfen. Ihren entscheidenden Kampf haben die Chicago Boys gegen jene ausgefochten (und – im Augenblick – gesiegt), die eine Intervention des Staates in Zeiten der Beschäftigungslosigkeit fordern, um Arbeitsplätze zu schaffen; die es als die Aufgabe des Staates ansehen, die schlimmsten Entgleisungen im Privatsektor zu korrigieren. Der wirtschaftstheoretische Feind der Chicago Boys ist also John Maynard Keynes und der Keynesianismus, der sich zugunsten einer staatlichen Intervention, zugunsten einer Erhöhung der Staatsausgaben zur Überwindung der Rezession ausspricht. Gegen den Keynesianismus vertrat Milton Friedman (auch er Nobelpreisträger aus Chicago) den Monetarismus. Wenn der freie Markt die Fähigkeit zur Selbstregulierung hat, wie die Chicago Boys behaupten, dann ist der Kapitalismus *stabil*; wenn aber zur Überwindung der Krise staatliche Intervention nötig ist, wie Keynes meinte, ist damit impliziert, daß der Kapitalismus instabil ist: Für Friedman hat »gerade das Eingreifen des Staates die Destabilisierung zur Folge. Der Selbstregulierungsmechanismus der freien Marktwirtschaft sollte mit einem Minimum an staatlicher Intervention wirksam werden können.«[9]

Der einzige Bereich, in dem Friedman dem Staat ein Eingreifen zugesteht, ist die Geldpolitik. Dies ist eine neue Version des Polizeistaats, hier in Gestalt der Geldpolizei: Der Staat wacht darüber, daß nicht mehr und nicht weniger als eine ganz bestimmte Geldmenge in Umlauf ist. Es ist der »Minimalstaat« im Wirtschaftssektor. In dieser Konzeption verliert das *öffentliche Dienstleistungssystem* immer mehr an

9 W. Carl Biven, *Who Killed John Maynard Keynes? Conflicts in the Evolution of Economic Policy*, Homewood (Ill.) 1989, S. 58f.

Bedeutung, da Dienstleistungen nur in Form von Waren ausgetauscht werden können. Friedman plädierte dafür, daß der Staat nicht mehr Schulen zur Verfügung stellt, sondern an die Bürger *vouchers* ausgibt, Schulgutscheine, mit denen die Eltern jene Schulart kaufen können, die sie für ihre Kinder gerne haben möchten.

Hier wird der öffentliche Sektor ganz allgemein zur Disposition gestellt. »In den Arbeiten der Schule von Chicago wird die soziale Kontrolle als ineffektiv und überflüssig beschrieben, als ein Hindernis auf dem Weg zu einer vollkommeneren Wirtschaft, einer Wettbewerbswirtschaft.«[10] Selbst die sozialen Kosten einer einzelwirtschaftlichen Aktivität – »Externalitäten« oder externe Effekte genannt – werden möglichst nicht von der Allgemeinheit getragen, sondern in den Bereich der privaten Kostenrechnung verlagert. Ronald Coase erweiterte den Begriff der Transaktion so weit, bis er schließlich Akquisition und Verkauf des *Rechts, Schaden zuzufügen*, mit einbegriff.[11] Hierbei handelt es sich keineswegs um eine abstrakte Idee, sondern um eine Ware, die an der Börse von Chicago gehandelt wird, eine Ware, die wir bereits kennengelernt haben: Rechte und *futures* der Verschmutzung. Eine Industrie kauft das Recht auf Schadstoffemission. Dann werden die *futures* dieser Rechte notiert. Nicht zufällig wurde zur Einweihung der neuen Wolkenkratzer der Chicagoer Börse Milton Friedman gerufen.

Den Chicago Boys könnte man die klassische Kritik an den Theoretikern des *laisser-faire* entgegenhalten, die Schumpeter so zusammenfaßt: Sie gerieten in den Verdacht, sich für das, was sie *beschrieben, einzusetzen*.[12] Aber indem die Chicago Boys auf der Notwendigkeit bestanden, die öffentliche Sphäre zurückzudrängen, alle Aktivitäten in den privaten Bereich zu

10 Edythe S. Miller, *Economics for What? Economic Folklore and Social Realities*, in: *Journal of Economic Issues*, Juni 1989, (S. 339–356), hier S. 349

11 Ronald H. Coase, *The problem of social coast*, in: *Journal of Law and Economics*, Nr. 3, 1960, S. 1–44

12 Joseph Alois Schumpeter, *Geschichte der ökonomischen Analyse*, 2. Teilband, Göttingen 1965, S. 1083

verlagern, tun sie nichts anderes, als einen Prozeß auf die Spitze zu treiben, der schon im vergangenen Jahrhundert in Räume und Zeiten unseres Lebens eingedrungen ist. Das Reisen, der Ortswechsel als öffentlicher Akt (in öffentlichen Verkehrsmitteln, als Fußgänger auf öffentlichen Wegen) wurde zum privaten Akt, der im privaten Raum vollzogen wird, im Auto, das nach außen abschirmt und den einzelnen in einer Privatkabine isoliert. Immer mehr wird der öffentliche Platz als geselliger Ort, als Treffpunkt für Freizeit und Vergnügen, als Ort der Entspannung durch die großen Malls ersetzt, die *shopping centers*, die in allem den Plätzen ähneln, nur daß sie zu einer bestimmten Uhrzeit »schließen«, daß sie privat sind. Ein wachsender Anteil des öffentlichen Freizeitangebots wird zum Gegenstand der privaten Nutznießung. Einst konnte man ohne Musiker, das heißt, ohne sich in die Öffentlichkeit zu begeben, keine Musik hören. Heute kann man Musik zu Hause in völliger Abgeschiedenheit vor dem Radio, dem Recorder, dem CD-Player hören; die Musik wird *in Eigenbesitz übergeführt* in Form der Ware CD oder Kassette, und auf diese Weise durchdringen sich die beiden Bedeutungsebenen: das Private des Besitzes und das Private der *privacy*. Theater und Kino waren Angelegenheiten des öffentlichen Lebens; heute werden sie zunehmend durch das Fernsehen ersetzt, das es sogar ermöglicht, den modernen »ludi« beizuwohnen, ohne sich in die Arena zu begeben. Selbst die Stadt strukturiert sich, wie wir gesehen haben (Erster Teil, »Der Glaube kann auch Banken versetzen«), als private Stadt, mit einer privaten Verfassung, einer Privatpolizei; der Demokratiebegriff verengt sich so weit, bis er gleichbedeutend wird mit der Versammlung der Hauseigentümer. Der Begriff »privat« erweitert sich immer mehr und schließt Teile der großen weiten Welt mit ein. Der Begriff »öffentlich« hingegen wird zunehmend beschädigt und schrumpft bis zur Unkenntlichkeit zusammen.

Diese Ausweitung des Privaten, das die Erfahrung der Welt durchdringt und erschöpft, ist nur dann möglich, wenn sie auf eine symmetrische Omnipotenz des Individuums gegründet ist, das heißt, nur dann, wenn das »selbstverantwortliche Individuum die letzte Einheit der Sozialwissenschaften darstellt« und wenn »sich alle soziale Phänomene in Entscheidungen oder Handlungen von Individuen auflösen, die sich unter dem Aspekt überindividueller Faktoren nicht analysieren lassen oder nicht weiter analysiert zu werden brauchen«.[13] Das Individuum ist das Subjekt der »rationalen Entscheidung«. Die einzigen legitimen Motive seines Handelns sind seine Interessen. Alleiniges Subjekt der Geschichte ist das Individuum, das jeglicher sozialen Determinierung entkleidet, jeglichen historischen Erbes enthoben, frei von allen Bindungen, abstrakt im wahrsten Sinne des Wortes ist und nur danach trachtet, sich jenes *Eigentum* zu sichern, das Mittel zum Wohlstand, aber auch Selbstzweck ist.

*

»Die spinnen, die Chicago Boys«, könnte man mit Asterix sagen. Aber wie kann das sein? Sie bräuchten doch nur den Kopf aus dem Campus zu strecken, eine Straße zu überqueren, um zu sehen, ob das freie Spiel des Eigennutzes wirklich den allgemeinen Wohlstand befördert. Ist es möglich, daß ein Abstecher nach Cabrini-Green oder zu den Taylor Homes bei ihnen keinen Zweifel aufkommen läßt? Wie kann man von der Effizienz der Marktwirtschaft sprechen, wenn man die Abscheulichkeit der Slums gesehen hat? Wie können sich die Chicago Boys das abstrakte Individuum vorstellen, wenn in der nächsten Umgebung ihrer Stadt nur »Schwarze«, »Hispanics«, *»white ethnics«* leben, also einzig und allein Ethnien und Kasten? Wenn soziale Gruppen, Identitäten, historisches Erbe strikt getrennt nebeneinanderstehen und das Leben bis hin zur Postleitzahl determinieren? Die Leugnung der Wirklichkeit geht noch weiter: Die Schaffung einer nach Kasten gegliederten, nach Ethnien und Rassen segmentierten Gesellschaft entspricht der Logik des individuellen Profits. Es ist nicht die

13 Ebd., S. 1084

traditionelle, präkapitalistische Gesellschaft, die in prädefinierte Gruppen und soziale Schicksale strukturiert ist und der das Individuum nicht entrinnen kann, so sehr es sich auch darum bemüht: Man kann reich und berühmt sein, ein Schwarzer, ein Hispanic oder ein Italiener bleibt man trotzdem. Nein, es ist die Logik des individualistischen Kapitalismus, die historisch betrachtet in den Vereinigten Staaten die amerikanische Gesellschaft in geschlossenen Systemen *(communities) organisiert* hat.

Aber so viele Nobelpreisträger können doch nicht spinnen. Tatsache ist, daß der Campus und das Viertel Hyde Park in ihrer Opulenz die extremsten Formen des Freihandels zu bestätigen scheinen. Hier, so würde Mumford sagen, »kann man leben und sterben, ohne daß das Bild einer *unschuldigen Welt* durch irgend etwas getrübt wird [...] hier kann sich die Individualität entfalten, ohne sich um die Vermassung zu scheren, von der sie dennoch durchdrungen ist«.

Hier auf dem Campus und Umgebung finden sich die Symptome dessen, was Nozick den »Ultraminimalstaat« nennt: Der Minimalstaat, der Polizeistaat wäre noch allzu »umverteilerisch«, denn durch die Steuern *einiger weniger* würde die körperliche Unversehrtheit *aller* finanziert, und also würden durch die Polizei Mittel umverteilt (eine grauenhafte Vorstellung!). »Ein Ultraminimalstaat« hingegen »hat das Monopol auf alle Gewaltanwendung außer bei Notwehr und schließt damit Vergeltung [...] durch Privatpersonen [...] aus; doch er bietet Schutz- und Durchsetzungsleistungen *nur* denjenigen, die sie von ihm kaufen. Wer keinen Schutzvertrag kauft, genießt keinen Schutz.«[14] Wer auf der Straße angegriffen wird und keinen öffentlichen Schutz gekauft hat, dem kommt die Polizei nicht zu Hilfe. Für die Unversehrtheit gilt somit, was für die Gesundheit in einem privaten Gesundheitsvorsorgesystem gilt: Geheilt wird, wer zahlt. Und die Universität Chicago zahlt. Sie bezahlt eine Privatpolizei, die mit 13

14 R. Nozick, *Anarchie, Staat, Utopia*, München 1976, S. 38

Patrouillenwagen (für eine Fläche von nur drei Quadratkilometern) und allen Vollmachten der Polizei ausgestattet ist und 80 Prozent der Verhaftungen vornimmt. Selbstverständlich geschieht in diesem Viertel jährlich nur ein Mord und rund ein Dutzend Diebstähle, während draußen, jenseits der unsichtbaren Grenze in den benachbarten Ghettos zig Morde, Hunderte von Überfällen und Tausende von Diebstählen registriert werden. Man muß sich fragen, wie man auf diese Weise leben kann, im Belagerungszustand, in ständiger Angst, immer bereit, die Polizei zu rufen, bedacht darauf, die Schwelle zur Hölle nicht zu überschreiten, eingesperrt in einer eigenen *colony*, einer belagerten Festung. Welcher Bildungsbegriff sich wohl daraus ergibt? Man könnte den Glauben an die Marktwirtschaft verlieren.

Aber *Glauben* ist ja gerade der Schlüsselbegriff. Man könnte meinen, er sei im Kontext eines derart strikten Rationalismus, eines derartigen wirtschaftlichen Reduktionismus fehl am Platz. Und doch ist es der am meisten gebrauchte Begriff zur Beschreibung des schwärmerischen Vertrauens der Schule von Chicago ins *laisser-faire*. »Ein glühender Glaube an die organisierende Kraft und die Effizienz der freien Marktwirtschaft [...], nicht nur die außerordentlich starke Überzeugung von der Effizienz der Interaktion des Marktes.«[15]

Es ist das ewige Argument, mit dem jeder Fundamentalismus die Gegenargumente der Erfahrung zur Kenntnis zu nehmen sich weigert: Wenn das Wunder ausbleibt, dann deshalb, weil man nicht inbrünstig genug gebetet hat; wenn sich der Kommunismus nicht verwirklicht hat, dann, weil es zu wenig Kommunismus gab. Wenn es in einem marktwirtschaftlichen System Elend und widerliche Auswüchse gibt, dann nicht, weil etwas daran falsch ist, sondern weil es Marktwirtschaft nicht in genügendem Maße gibt, weil noch allzu viele Hindernisse der perfekten Verwirklichung des reinen, transparenten und makellosen Wettbewerbs im Wege stehen. Das Rezept

15 W. C. Biven, *Who Killed John Maynard Keynes?*, a.a.O., S. 53

jedes Fundamentalismus lautet: »*Encore un effort*...« Die Marktwirtschaft funktioniert schlecht, nun denn: mehr Marktwirtschaft. Erneut verbinden sich Reduktionismus und äußerster Positivismus mit Fideismus und Fundamentalismus. Wenn ein Iraner heute etwas wie die *Persischen Briefe* Voltaires verfassen würde, würde er die Chicago Boys als die »Ayatollahs des Kapitals« definieren, was Adorno bestätigt, indem er sagt: »Die bürgerliche Gestalt von Rationalität bedarf von je irrationaler Zusätze, um sich als das zu erhalten, was sie ist, fortwährende Ungerechtigkeit durchs Recht«.[16]

Im Evangelium nach Chicago ist das Böse die Intervention des Staates: Seine Korruption ist ansteckend. Der Kampf gegen die politische Korruption zielt nicht auf eine Verbesserung der Politik, sondern darauf, die Politik zugunsten der Transaktionen des Marktes zu reduzieren und tendenziell zu unterdrücken. Wenn es außerhalb des Campus Bedürftigkeit gibt, dann aufgrund der staatlichen Ineffizienz. Das Schreckliche, das die Universität von Chicago umgibt, wird paradoxerweise zu einem Beweis für das marktwirtschaftliche System. Unterdrückung und Ausbeutung sind die Folge der berühmt-berüchtigten Korruption der Cook County. Das Elend wird durch Verschwendung und Ineffizienz öffentlicher Mittel in gigantischer Weise verstärkt. Daß sich die Kapitalisten von solchen Argumenten leicht überzeugen lassen, liegt auf der Hand. Außergewöhnlich ist, daß die Weltöffentlichkeit diese These übernommen und sich zu eigen gemacht hat. Allgemein verbreitet hat sich die Ansicht, daß das Öffentliche unvergleichlich viel ineffizienter und korrupter ist als das Private, daß der Markt weitaus transparenter ist als die Politik und damit die Macht des Kapitals ein weniger schmutziges Geschäft ist als die Politik. In dieser Verkehrung des Gemeinsinns liegt letztlich der Sieg der Chicago Boys – ein Sieg, der über den kalten Krieg hinausreicht, da große Teile der westlichen öffentlichen Meinung *konvertiert* wurden.

16 Theodor W. Adorno, *Jargon der Eigentlichkeit. Zur deutschen Ideologie*, in: *Gesammelte Schriften*, Bd. 6, Frankfurt/ Main 1973, S. 444f.

Weder können diese Millionen von Menschen allesamt Einfaltspinsel sein, die auf den mächtigen ideologischen Apparat – Fernsehen, Kino, Zeitungen – hereingefallen sind, obwohl auch das teilweise durchaus zutrifft. Ohne auf die anarchische Utopie zurückzugreifen – die Vision einer Gesellschaft ohne Staat – oder auf die »Auflösung des Staates«, wie ihn der Marxismus anstrebt, zeigt sich in der Polemik gegen den Etatismus eine starke Freiheitssehnsucht, dieselbe, die auch zu politischem Protest antreibt, zum Kampf für Bürgerrechte, zum *Ungehorsam gegen den Staat* – so der Titel einer berühmten Schrift von Henry David Thoreau. Deren erste Zeilen lauten folgendermaßen: »Ich habe mir den Wahlspruch zu eigen gemacht: ›Die beste Regierung ist die, welche am wenigsten regiert‹; und ich sähe gerne, wenn schneller und gründlicher nach ihm gehandelt würde. Wenn er verwirklicht wird, läuft es auf dies hinaus – und daran glaube ich auch: ›Die beste Regierung ist die, welche gar nicht regiert.‹« [17]

Die erste politische Schlacht findet, wie wir bereits gesehen haben, um die politischen Definitionen statt (»ich bin ein *leader*, du bist ein *boss*«). Das marktwirtschaftliche System hat seine Schlacht gewonnen, indem es sich der *Freiheit* bemächtigte: Es heißt ja *freie Marktwirtschaft*, *freier Warenaustausch*. Ein Großteil der Menschen erlebt den Staat in der Tat Tag für Tag als Tyrannei. Und um dieser Gewalttätigkeit (und der Armut) zu entfliehen, kamen die Menschen im Zuge immer neuer Einwanderungswellen in die Vereinigten Staaten. Das Überzeugende liegt dabei eben in der Vorstellung, daß die Gesetze des Marktes (das Gesetz von Angebot und Nachfrage) ubiquitär, für alle gültig seien, während die staatliche Rechtsprechung für einige gerechter ist als für andere. Daß die Marktwirtschaft jedem eine Chance gibt, die andere Systeme nicht bieten. Daß sie eine Vorstellung von Demokratie in sich trägt, die sich in dem Menschen konkretisiert, der aus eigener Kraft etwas schafft.

17 Henry David Thoreau, *Civil Disobedience* (1849), dt. *Über die Pflicht zum Ungehorsam gegen den Staat*, Zürich 1967, S. 7

Das Vertrauen in die schöpferischen Kräfte des Marktes läßt sich weit in die Geschichte zurückverfolgen. Schon für die Vertreter des Manchester-Liberalismus brachte der Markt die moralischen Tugenden des Menschen voll zur Geltung; die menschliche Natur wurde verbessert, gestärkt und ließ andererseits nur die Starken überleben (wiederum der Sozialdarwinismus): »Das *laisser-faire* stählt den Charakter eines Menschen. Wenn das aber nicht geschieht und der Mensch zugrunde geht, ist es vermutlich sein Charakter nicht wert, gestählt zu werden.«[18] Heute bezeichnen die Studenten den Campus von Chicago als »Kloster«, und auf der Hauptstraße von Hyde Park kann man nirgends ein Bier trinken, kein einziges Lokal verkauft alkoholische Getränke.

Ein Großteil der Anhänger des Manchester-Liberalismus waren Pazifisten: »Sie glaubten, daß der freie Handelsverkehr Käufern und Verkäufern in der ganzen Welt einen derart großen wirtschaftlichen Profit verschaffen würde, daß sie Frieden halten würden, daß sie ihre Regierungen daran hindern würden, Krieg zu führen.«[19] Noch heute, so Benedict Anderson, herrscht »das Vorurteil, daß zwischen Kapitalismus und ›Frieden‹ eine unergründliche Verbindung bestehe, und zwar so sehr, daß die ›freie Marktwirtschaft‹ unbewußt nicht nur der Planwirtschaft, sondern auch dem Krieg gegenübergestellt wird«.[20] Merkwürdig, worauf wir Menschen unsere Hoffnungen richten: In jener gleichen Zeit glaubten andere Utopisten, die Saint-Simonisten, daß die Züge und die Eisenbahnen, die die Menschen einander näherbrachten, den Kriegen ein Ende setzen würden, ohne zu bedenken, daß damit im Gegenteil noch schneller Truppen und Kanonen transportiert werden konnten.

Das Vertrauen so vieler Menschen in die Gerechtigkeit der Marktwirtschaft, eines Wirtschaftssystems, in dem die Unge-

18 William D. Grampp, *The Manchester School of Economics*, Stanford (Cal.) 1960, S. 80
19 Ebd., S. 7
20 Benedict Anderson, *The New World Disorder*, in: *New Left Review*, Nr. 193, Mai/Juni 1992, (S. 3–14,) hier S. 6

rechtigkeit zum Himmel schreit, hat etwas Rührendes. Diese Selbsttäuschung erweist sich nun aber als unwiderstehliche Macht: Sie kann Berge versetzen (und auch Banken, wie wir gesehen haben), sie revolutioniert die Anthropogeographie, erschüttert die Kontinente.

Hier stoßen wir auf jene Doppelung, der wir bereits so oft begegnet sind – hier in Gestalt des doppelten Spiels der *Freiheit*: auf der einen Seite unzählige Menschen, die nichts erstreben, als nur die *Freiheit zu leben*, auf der anderen Seite das Kapital, das *freie Hand* fordert und von keiner über ihm stehenden Macht gebunden sein möchte.

*

Ein Samstag im Juli. Die vollklimatisierte Joseph Regenstein Bibliothek ist wie ausgestorben. Ihre fünf Stockwerke sind jeweils in zwei Bereiche unterteilt: den Lesesaal mit Stühlen, Tischen und Computern zum Nachschlagen und den fensterlosen Bereich, das Buchlager mit endlosen, dicht gedrängten Regalreihen und Hunderttausenden von Bänden auf jedem Stockwerk. Wenn der Benutzer den Standort eines Buches auf dem Bildschirm erfragt hat, sucht er sich selbst das entsprechende Buch im Regal. Inmitten dieser Mauern aus bedrucktem Papier kann einer leicht die Orientierung verlieren. Buchrücken an Buchrücken, sieht ein Band aus wie der andere. In dieser vollkommenen Stille hat man das Gefühl, sich auf einem riesigen Friedhof des menschlichen Denkens zu befinden, auf dem die Gebeine wie in den modernen Nekropolen wabenartig gestapelt sind. Wie Gräber, die nie jemand besucht, ruhen zahllose Bände in ewigem Frieden, intakt gehalten von der konservierenden Dunkelheit. Zwecks Energieeinsparung erlischt das elektrische Licht nach wenigen Minuten, man steht blind, allein und wehrlos da (Mord in der Bibliothek?) und stellt sich vor, daß irgendwann einmal jemand kommt und einen findet – verschrumpelt, wie ein Buch, das einem zwischen den Fingern zerbröselt.

EPILOG

UND IMMER NEUE EINWANDERERSTRÖME

Außerhalb des überfüllten Stadions hat die eisige Februarkälte die Stadt fest im Griff. Drinnen, wo das Basketball-Match der Chicago Bulls stattfindet, ist die Luft schwülheiß. Die Spieler in kurzen Hosen und Trikots sind fast alle Schwarze, Riesenkerle, geschmeidig wie Raubkatzen, wenn sie bis über den Korb hinaus hochspringen. Ein vor ein paar Jahren gedrehter Film über eine Gruppe von Ghetto-Jugendlichen aus Los Angeles, die auf der Straße Basketball spielten, trug den Titel *White Men Can't Jump*. *Jump* beinhaltet im Amerikanischen eine sexuelle Anspielung, weshalb der deutsche Titel auch *Weiße Jungs bringen's nicht* heißt.

Am Spielfeldrand die Cheerleaders, langbeinige Mädchen in tief ausgeschnittenen, paillettenbesetzten Kleidern, die die Bulls rhythmisch anfeuern. Auf der Tribüne inmitten Tausender von Zuschauern eine ausgelassen tobende Gruppe von Mädchen mit islamischen Kopftüchern. Es sind Studentinnen der University of Illinois in Chicago, Töchter muslimischer Einwanderer. Doch nicht ihre religiöse Zugehörigkeit überrascht, sondern das in sich widersprüchliche Bild, das sie abgeben – quasi die Momentaufnahme eines Paradoxes hier im Trubel der von Scheinwerferlicht ausgeleuchteten Arena. Das um Kopf und Hals geschlungene Tuch verweist auf den Respekt vor der islamischen Tradition und wird Lügen gestraft durch das, was die Korangelehrten als frenetischen Beifall von Frauen für halbnackte Männer bezeichnen würden. Wie es in Mekka inzwischen ein McDonald's gibt, so haben in Chicago die Schleier ins Sportstadion Eingang gefunden.

Es ist der 4. Juli in mittäglicher Hitze: Independence Day; in den Parks, die meilenweit den Michigansee säumen, von Lincoln bis Belmont und weiter bis Foster. Auf den Wiesen Zigtausende von Menschen, ganze Familienklans beim Picknick. Eine Dame aus dem Punjab formt mit den Fingerspitzen der rechten Hand vornehm ein Reisbällchen mit Gemüse und Dal; eine mexikanische Großfamilie drängt sich um Tacos und Burritos; eine Schar vietnamesischer Kinder jagt Drachen nach, Frühlingsrollen in der Hand. Jeder mit einem Bissen im Mund, der seine Herkunft verrät, und dennoch alle sehr amerikanisch. Nur wenige von ihnen sprechen englisch, aber alle tragen bereits die Stigmata eines Yankee: eine Leidenschaft für die abgepackt verkauften Eiswürfel, die riesigen tragbaren Kühlboxen, die allgegenwärtigen Saucen in Plastikflaschen, das unablässige Knabbern von Kartoffelchips, Popcorn, Snacks, Salzstängchen; Barbecue, aufgebaut wie ein Altar für die Hausgötter, auf dem junge Maghrebiner ein Hähnchen opfern, schwarze Jugendliche Hot Dogs darbringen, ein ernster Perser Lammkoteletts opfert.

*

Kleine Hinweise auf große Phänomene. Das erste: Die Einwanderungswelle, die nun wieder in die Vereinigten Staaten schwappt, hat erneut alle Dämme gebrochen und krempelt die Anthropogeographie des Landes um wie schon die Einwanderungswellen Ende des 19. und Anfang des 20. Jahrhunderts. Heute, hundert Jahre später, findet eine neue Völkerwanderung statt. Das zweite: Man kann US-Amerikaner und gleichzeitig Vietnamese, Sikh oder Iraner sein. Eine neue Art des Amerikanerseins also.

Zwischen 1982 und 1991 erhielten 8,6 Millionen Einwanderer die Einreiseerlaubnis, das sind fast ebenso viele wie zwischen 1900 und 1910 (8,8 Millionen Einwanderer) und mehr als in allen anderen Jahrzehnten der amerikanischen Geschichte. Weiterhin: Zwischen 1982 und 1991 kamen mehr

Einwanderer in die Vereinigten Staaten als in den vierzig Jahren zwischen 1931 und 1970. Das Novum liegt in der Tatsache begründet, daß heute der Großteil der Einwanderer nicht mehr aus Europa stammt. Zwischen 1981 und 1991 stammten von 9,1 Millionen Einwanderern nur 840.000 – also weniger als ein Zehntel – aus Europa, wogegen gut 3,2 Millionen aus Asien und 4,3 Millionen aus dem amerikanischen Kontinent (davon 2,6 Millionen allein aus Mexiko) stammten.[1]

Die Einwanderungswellen von einst werden heute überlagert von Menschenströmen aus Lateinamerika, aus Asien, aus den islamischen Ländern. Dieses neue Amerika ist nicht mehr *westlich*, ist nicht mehr eine durch Europäer mit europäischen Einwanderern aufgebaute Nation, eine weiße, aus weißen Ethnien geschaffene Kultur, die dem afrikanischen, schwarzen Anderssein grausam und feindselig gegenübersteht. Sie ist multirassistisch und multirassisch, arabisch, kambodschanisch, persisch, koreanisch.

Mit der Herausbildung einer neuen Anthropogeographie löst sich auch der Begriff des Westens auf, der sich von der griechischen Antike an mit dem Begriff des Neuen, der neuen Welt oder (um mit Vico zu sprechen) des »jungen Volkes« herausbildete: Die Griechen waren neu verglichen mit Asien, und Amerika ist die *Neue Welt*, die Vereinigten Staaten sind eine *junge Nation* (keiner käme auf die Idee, Deutschland als »junge Nation« zu bezeichnen, obwohl es jünger ist als die USA). Seit dem Ende der Steinzeit verliefen die Migrationsströme offenbar allesamt von Osten nach Westen: Die Indoeuropäer und die Mongolen zogen nach Europa, die Europäer und die Afrikaner (die deportiert wurden) nach Amerika und dort dann weiter in den Far West der USA. Heute jedoch befinden sich China und der Ferne Osten *im Westen* der Vereinigten Staaten, und der Migrationsstrom von Asien nach Amerika ist ein Migrationsstrom *Richtung Osten.*

Schon lange sind die Emigranten aus dem alten Kontinent

1 U.S. Bureau of the Census, *Statistical Abstract of the United States 1993*, a.a.O., Tabelle 5 und 8

keine Europäer mehr, sie sind Amerikaner geworden, aber westlich geblieben. Heute, da die alten Migrationsströme durch neue überlagert werden, sind auch die Vereinigten Staaten nicht mehr westlich, sondern stellen eine ganz neuartige Mischung aus Iren und Sikhs, Chinesen und Neapolitanern, Libanesen und Mexikanern dar. So erhält auch das Chicago der *white ethnics* den altertümlichen Anstrich eines Amerika von einst, das bereits unkenntlich geworden ist.

*

In den Schluchten des Grand Canyon des Colorado lese ich die Geschichte der Jahrmillionen alten geologischen Gesteinsschichten, deren jede eine andere Farbe, eine andere Beschaffenheit hat. In den Hauptverkehrsstraßen Chicagos, vom Zentrum aus in Richtung Peripherie unterwegs, lese ich die eineinhalb Jahrhunderte alten Einwanderungsschichten. Beinahe kein Viertel wird heute mehr von den Einwanderern bewohnt, deren Namen es trägt. Pilsen, so sollte man meinen, sei das Viertel der Böhmen. Weit gefehlt, es ist der *barrio* der Mexikaner. Im litauischen Viertel dasselbe wie im ungarischen Viertel von Cleveland: Die »Litauer« hier wie die »Ungarn« dort sind allesamt dunkelhäutig, mit zumeist gekräuseltem Haar und fleischigen Lippen. Auf der Clark Avenue Richtung Norden liegt der schwedische Friedhof, wo sich einst die Hochburg der Skandinavier befand – ein Viertel, das heute von Arabern bewohnt wird. In der Milwaukee Avenue erinnern noch ein paar Inschriften in polnischer Sprache an die Vergangenheit, sie werden jedoch überlagert und ausgelöscht von den Reklametafeln in spanischer Sprache: Die Polen sind weiter nach Norden gezogen, nach Avondale zwischen Central Park und Pulaski, nach »Jackowo« (benannt nach einer Kirche), wo man das Gefühl hat, man befinde sich in Krakau, und wo alles polnisch ist, von den Ladenschildern bis zu den Lebensmitteln in den Drugstores und den Zeitungen. Auf dem North Broadway ein neueres vietnamesisches Viertel;

hier sind die Mietpreise gestiegen, denn bevor die asiatische Ordnung Einzug hielt, war hier die Gangsterwelt der Hispanics zu Hause, die ihrerseits an die Stelle der Skandinavier getreten waren. Noch weiter nördlich, auf der Lincoln Avenue, befindet sich ein koreanisches Viertel, und hier sind die lateinischen Schriftzüge ganz verschwunden.

Anfang des Jahrhunderts gruppierten sich um das Zentrum (den Loop) Chicagos die einzelnen Städtchen der ethnischen *communities*, jeweils mit einer eigenen Main Street. »Nördlich des Loop lag Deutschland. Im Nordwesten Polen. Im Westen Italien und Israel. Im Südwesten Böhmen und Litauen. Und im Süden Irland«.[2] Dann kamen die Schwarzen aus dem Süden. Danach die Hispanics, deren Zahl sich zwischen 1960 und 1980 vervierfachte; im Jahr 1990 waren es 546.000. Wenn man das gesamte Stadtgebiet mit einbezieht, machen die Hispanics heute 900.000 Einwohner aus. In den siebziger und achtziger Jahren stellen die Asiaten und seit dem Ende des kalten Kriegs erneut die Polen eine erbarmungslose Konkurrenz auf dem Arbeitsmarkt dar. Sie sind bereit, für einen Hungerlohn zu arbeiten, der sogar niedriger ist als das, was die Mexikaner erhalten, die als *indocumentados*, ohne Aufenthaltserlaubnis, hier leben. Mit dem Zustrom von Neuankömmlingen zogen die alten *white ethnics* in die Vorstädte, so daß trotz der Einwanderung die Einwohnerzahl der Gemeinde Chicago immer weiter schrumpfte, während die Bevölkerungszahl im Stadtgebiet insgesamt wuchs. Heute machen Schwarze und Hispanics 60 Prozent der Bewohner der Gemeinde Chicago aus, aber nur 30 Prozent der Bevölkerung im gesamten Stadtgebiet.[3]

Daraus ergibt sich zweierlei; zum einen: Die Geschichte wiederholt sich, die neuen asiatischen und lateinamerikanischen Einwanderer durchlaufen die gleichen Prozesse wie die Europäer im 19. Jahrhundert – in einem Zyklus, in dem Ame-

2 M. Royko, *Boss*, a.a.O., S. 30

3 Angaben entnommen dem U.S. Bureau of the Census, *Statistical Abstract of the United States 1993*, a.a.O., Tabelle 42 und 46, sowie I. Cutler, *Chicago*, a.a.O., S. 134

rika nach einer Phase der Verdauung neue Bevölkerungsmassen in sich aufnimmt und neue Energien aus neuen Kontinenten aufsaugt. Hier ist also die gleiche Logik des Kapitals am Werk, die vor hundert Jahren so viele Arbeitskapazitäten angezogen hat, daß für die bereits vorhandenen Arbeitskräfte die Löhne quasi eingefroren wurden. Es ist kein Zufall, daß das Jahrzehnt der neuerlichen großen Migration zwischen 1980 und 1990 mit der Reagan-Ära zusammenfiel und – um mit der *New York Times* im 19. Jahrhundert zu sprechen – mit den schlimmsten Niederlagen der Arbeiterschaft oder den größten Siegen des Kapitals im »Krieg zwischen Kapital und Arbeit«. Wie hinter den Rassenunruhen in Chicago von 1919 der erbitterte Wettstreit zwischen Schwarzen und *white ethnics* auf dem Arbeitsmarkt zutage trat, so wurde der Aufstand in Los Angeles 1992 als Ausbruch einer neuerlichen Feindseligkeit zwischen Schwarzen und Hispanics gesehen. In *La Prensa de San Diego* vom 15. Mai 1992 stand zu lesen, daß die Massenmedien bei ihrer Interpretation der *riots* von Los Angeles nach dem Schwarz-Weiß-Schema einen entscheidenden Punkt außer acht gelassen hatten:

> Die Tumulte waren nicht gegen Weiße oder Schwarze gerichtet, sondern wurden von den Schwarzen gezielt gegen die lateinamerikanischen und asiatischen Gemeinschaften inszeniert! Dies war ein Rassenkonflikt erster Güte, da die schwarze Gemeinschaft ihren Bestand und ihren Einfluß schwinden sieht. Angesichts der fast eineinhalb Millionen Latinos, die dabei sind, die Kontrolle der *inner city* zu übernehmen, haben die Schwarzen revoltiert, zerstört und geplündert.[4]

Heute wie vor hundert Jahren werden diese Millionenmassen verschoben, durch den Weltmarkt umquartiert, den, so Benedict Anderson, seine Befürworter als »friedens- und ordnungs-

4 Jack Miles, *Blacks vs. Browns. Immigration and the New American Dilemma,* in: *The Atlantic Monthly,* Bd. 270, Nr. 4, Okt. 1992, S. 51

stiftende Kraft« ansehen, »obwohl die gesamte moderne Geschichte zeigt, daß er die subversivste Institution ist, die wir kennen«[5]. Heute wie im 19. Jahrhundert bewirkt die Logik des Kapitals, daß bei den Migrationen Individuen aufbrechen, aber Völker ankommen, daß der Klassenkampf zu rassischen Auseinandersetzungen führt.

Und das zweite ist, daß unterhalb dieser scheinbaren Kontinuität der Modus der Migrationen sich ändert. Daß sich sogar die Bedeutung des Wortes Migration verändert.

*

Die Einwanderer von heute sind anders, noch ehe sie ihre Koffer packen. Sie nehmen ihre Armut schmerzlicher, schärfer wahr. Heute ist der Reichtum dem Elend nähergerückt. Tag für Tag erreicht der Prunk des Nordens die elenden Hütten des Südens unseres Planeten; der Pariser Luxus entfaltet sich auf den Fernsehbildschirmen der afrikanischen Bidonvilles. Andererseits ist das Elend der Dritten Welt auch für die begüterten Familien zu einem alltäglichen Anblick geworden, da sie während ihrer üppigen Abendmahlzeiten in den Fernsehnachrichten verhungernde Kinder aus Bangladesh zu sehen bekommen. Durch die Massenmedien gelangt die Armut so häufig in den privaten Raum des Hauses, daß es keinen Eindruck mehr macht, ihr vor der Haustür in Fleisch und Blut zu begegnen.

Anders sind die Migranten auch, wenn sie aufbrechen, zumeist per Flugzeug. Der Revolution, die das Fliegen bewirkt hat, wird viel zu wenig Bedeutung beigemessen. Das Flugzeug tilgt die Entfernung in weitaus drastischerer Weise als Züge und Schiffe: Erneut begegnen wir hier jener »Vernichtung des Raums durch die Zeit«, die Marx zufolge die modernen Massentransportmittel hervorgebracht hat.[6] Erneut transformiert

5 B. Anderson, *The New World Disorder*, a.a.O., S. 8

6 Karl Marx, Friedrich Engels, *Gesamtausgabe*. 2. Abteilung *»Das Kapital« und Vorarbeiten*, Bd. 1, *Ökonomische Manuskripte 1857/58*, Berlin 1981, S. 424

die quantitative Veränderung (der Geschwindigkeit) auch die Qualität. Die *Entfernung* spielt inzwischen keine Rolle mehr, so daß Philippininnen ebenso einfach nach Italien, ans andere Ende der Welt, migrieren können, wie die Eritreer aus weitaus größerer Nähe dorthin reisen. Der Reisefaktor ist also bei der Festlegung, von woher und von wie weit her einer migriert, zweitrangig geworden.

Das Flugzeug ist egalitärer als das Schiff. Man braucht nur die internationalen Flughäfen, den O'Hare Airport von Chicago oder den Kennedy Airport von New York, mit Fotos vom Anfang des Jahrhunderts zu vergleichen, auf denen die Ankunft der europäischen Einwanderer mit dem Schiff in Ellis Island zu sehen ist. Es ist ein Unterschied wie der zwischen einer Gruppe von Menschen und einer Tierherde. Diese größere Gleichheit ist nicht zuletzt eine Errungenschaft des Tourismus. Bis zum Zweiten Weltkrieg waren die Fremden, die in den Vereinigten Staaten per Schiff ankamen, größtenteils Einwanderer.[7] Nach 1945 jedoch kamen in den Vereinigten Staaten zumeist Touristen an – und zwar per Flugzeug: In den acht Jahren zwischen 1984 und 1991 erhielten 110 Millionen *Nichteinwanderer* die Einreiseerlaubnis in die USA, während die Zahl der legalen Einwanderer nur 7,4 Millionen betrug, also fünfzehnmal weniger.[8] Die Flugzeuge haben den Interkontinental-Tourismus in einer Größenordnung von Hunderten Millionen Menschen ermöglicht – nicht nur, weil es sie weniger Geld, sondern vor allem, weil es sie weniger Zeit kostet, die knappste Ressource für die Lohnabhängigen von heute, Angestellte eingeschlossen. Für eine Reise per Schiff benötigte man ein üppiges Zeitpolster, man mußte

7 Im Jahrzehnt zwischen 1921 und 1930 kamen in den USA 4,1 Millionen Immigranten, aber nur 719.000 Besucher mit dem Schiff an. Im darauffolgenden Jahrzehnt, zwischen 1931 und 1940, nach den Verschärfungen der Einwanderungsbestimmungen, kamen 528.000 Einwanderer und 775.000 Besucher an. Angaben entnommen dem U.S. Bureau of the Census, *Historical Statistics of the United States*, a.a.O., Bd. I, Tabelle C 89–101 und H 941–951

8 Daten errechnet vom U.S. Bureau of the Census, *Statistical Abstract of the United States 1993*, a.a.O., Tabelle 5 und 7

Monate zur Verfügung haben. Und der Tourismus ist mit der Einwanderung durch ein dreifaches Band verknüpft:

1. Man lasse sich nicht täuschen durch herzzerreißende Bilder von Vietnamesen in Geisterschiffen, von Mexikanern, die in Lastwagen unter Gemüsekisten zusammengedrängt sitzen: Heute kommt ein Großteil der illegalen Einwanderer als Touristen ins Land, sie sind im Besitz von etwas Bargeld und einer Rückfahrkarte, nur, daß sie sie nicht benutzen und über die gültige Aufenthaltsdauer hinaus im Land bleiben. Die Schwierigkeit, die echten von den falschen Touristen zu unterscheiden, ist einer der Gründe, weshalb die illegale Einwanderung gegenüber vor hundert Jahren so stark gestiegen ist.

2. Der Tourismus gestattet eine *Überprüfung vorab.* Man kann mit eigenen Augen sehen, wie es den bereits eingewanderten Landsleuten ergeht, man kann sich sein eigenes Urteil bilden, ob das Leben dort tatsächlich so großen Wohlstand bietet. Eine derartige Vorbesichtigung war für die sizilianischen oder bayerischen Bauern des 19. Jahrhunderts schlichtweg undenkbar.

3. Doch der größte Einfluß liegt in der Möglichkeit des Einwanderers, immer wieder nach Hause zurückkehren zu können, die daheimgebliebenen Verwandten zu sich einzuladen und damit den Weg für weitere Migrationen zu ebnen. Eine häufige Rückkehr nach Europa per Schiff war nicht möglich. Oft kehrte der Auswanderer erst kurz vor seinem Tod noch zu einem Besuch in sein Heimatland zurück, erst nach der Rente, wenn der Zurückkehrende ein *Fremder* in der eigenen Heimat geworden war, die sich in der Zwischenzeit vollkommen verändert hatte. Daher dieser seelische Schmerz, das Gefühl des endgültigen Abschieds, des unwiderruflichen Bruchs mit der Vergangenheit, wodurch einst die Einschiffung nach Übersee so beklemmend wurde. Für Migranten von heute dagegen ist etwa die Rückkehr aus den Vereinigten Staaten nach Korea einmal pro Jahr nicht beschwerlicher als für einen neapolitanischen Maurer die Rückkehr aus Deutschland ans Mittelmeer, um mit den Verwandten Weihnachten zu feiern.

Für den Emigranten von heute ist der Aufbruch daher kein Abschied für immer. Er bleibt »in Verbindung«, nicht nur per Radio, sondern per Telefon, Fax, Fernsehen, E-Mail. Die Macht des Telefons: Die Einfachheit, mit der es Kontakte aufrechterhält, anstelle der mühevollen, seltenen, von unsicherer Hand geschriebenen Briefe. Wenn in der Wohnung eines Philippiners in New York das Telefon klingelt, bricht über Tausende von Meilen hinweg sein Heimatort Cebu in sein neues Zuhause ein, abends, morgens, zu jeder Tages- und Nachtzeit. Die Verbindung ist ebenso bequem herzustellen wie die zwischen einer Mutter in Hamburg und ihrer Tochter in München, zwei Städten *eines* Landes.

Das Fernsehen verhindert, daß der Einwanderer seine Muttersprache vergißt und hält ihn über die politischen Geschehnisse in seinem Land auf dem laufenden. Mittels der Parabolantenne kann der indische Immigrant die Entwicklung der Bharatya Janata Party verfolgen, wogegen der *white ethnic* von einst immer spärlichere Nachrichten erhielt und sich auch immer weniger dafür interessierte. Durch E-Mail sind die Bankkonten und damit auch die Familienbudgets in Realzeit miteinander verbunden. Die Familie ist ein *Lumpen-Multi* mit Niederlassungen in verschiedenen Ländern.

Deshalb sprechen die amerikanischen Soziologen bei der Definition der modernen Migrationen auch von *transnationalen Gemeinschaften*: Da ist nicht ein mexikanisches Nest auf der einen Seite und ein Viertel in Chicago auf der anderen Seite zweitausend Meilen entfernt. Die Gemeinschaft, durch die diese beiden Orte miteinander verbunden sind, »ist eine binationale Entität«[9]: Sie ist nicht mehr mexikanisch oder chicagoerisch, sondern etwas anderes, etwas *Neues*. Einst versuchte der Immigrant, seine Identität zu bewahren, indem er sich gegen die Einflüsse seiner Umgebung schützte und deshalb in Übersee ein Little Italy, Klein-Odessa oder Chinatown grün-

9 Douglas S. Massey u. a., *Return to Aztlán. The Social Process of International Migration from Western Mexico*, Berkeley 1990, S. 7 (Aztlán ist für die Hispanics die Grenzregion zwischen dem Norden Mexikos und dem Südwesten der Vereinigten Staaten.)

dete. Dies waren *Enklaven*, Inseln des Italienisch-, Russisch-, Chinesischseins, durch einen Ozean vom Heimatland getrennt. Und durch dieses Sichabschließen nach außen fanden sie die Hartnäckigkeit, italienisch, russisch oder chinesisch zu bleiben.

Heute ist der mexikanische *barrio* Pilsen in jeder Hinsicht (was den Geldstrom, die Sitten und Gebräuche, das Kino, die Küche, die Freundesbeziehungen, die Eheschließungen betrifft) Michoacán oder jeder beliebigen anderen mexikanischen Stadt näher als Evanston oder Park Forest. Was hier stattfindet, ist eine *Verdopplung* des Raums. Einerseits konzentriert sich die Gemeinschaft auf einen Ort, auf eine *neighbourhood* (beispielsweise der *barrio* von Chicago). Andererseits schließt sich der Raum der Gemeinschaft von seiner Umgebung ab, wird gleichsam zum Hyperraum, der weit entfernte Orte miteinander verbindet (beispielsweise Guadalajara und Chicago, Cebu und Rom, Amritsar und Vancouver).

Die Gemeinschaft macht sich von ihrem Territorium unabhängig. Also italienische Wesensart ohne das Mittelmeer, indische Wesensart ohne den Ganges. Vom Mutterboden losgelöst, ändert die Identität ihre Bedeutung: Der Pariser ohne die Seine und der Tuareg ohne die Sahara ist etwas Neues. Das Eigenartige ist jedoch nicht, daß sich die Bedeutung der Identität verändert, sondern daß eine Identität bestehen bleibt. Weit entfernt von der Heimat wird die Zugehörigkeit zu ihr abstrakter. Doch deshalb lockern sich keineswegs die Bande der Gemeinschaft – im Gegenteil, reduziert auf ihren Kern, entwickelt sich sogar ein noch stärkeres Zusammengehörigkeitsgefühl, wie bei den Nomadenvölkern, den Zigeunern oder bei den Juden in der Diaspora, dem ersten Beispiel einer transnationalen Gemeinschaft. Es ist eine neue Gemeinschaft, zwar weitaus immaterieller, doch von nicht weniger erbitterten Abneigungen erfüllt, verbunden durch elektromagnetische Wellen, optische Fasern, Telefonkabel, die Triebwerke der Jumbojets.

In Melbourne Tamile oder in San Francisco Chinese zu

sein, ist nicht mehr ein von Geburt an festgelegtes Faktum. Es ist ein semantisches Differential: »Die menschlichen Körper, die in den Strudel des Marktes geraten, sind nicht lediglich eine neue Form von Ware. Den Wegen von Getreide und Gold, Kautschuk und Textilien, Petrochemie und Siliciumchips folgend, tragen sie Erinnerungen und Traditionen mit sich, Glaubensüberzeugungen und kulinarische Gewohnheiten, Musik und sexuelle Sehnsüchte. Und diese Eigenheiten, die in ihren Ursprungsländern mit größter Selbstverständlichkeit, ja beinahe unbewußt gelebt wurden, erhalten in der Diaspora des modernen Lebens eine grundlegend andere Bedeutung.«[10]

In Tlemcen den Schleier zu tragen, ist selbstverständlich, ihn in einem Gymnasium in Sarcelles, einer *banlieue* von Paris, zu tragen, ist verboten. Im Stadion der Chicago Bulls übermittelt das islamische Kopftuch eine völlig andere Botschaft als in Isfahan. Was dort natürlich ist, wird hier zu einem willentlichen Akt, eine Selbstverständlichkeit wird zu einer bewußten Entscheidung. In diesem Sinn prägte Benedict Anderson 1983 für die modernen Nationalismen den Begriff »imaginierte Gemeinschaften«, nicht weil sie irreal wären, nein, sie sind sogar äußerst real, denn in ihrem Namen wird getötet und gemordet. Sondern weil sie als gedacht, als imaginiert ins Dasein gerufen worden sind; es sind »kulturelle Artefakte eines besonderen Typs«.[11]

*

Eine neue Gemeinschaft aufzubauen, bedeutet, ihr eine Vergangenheit zu geben, sie sich als uranfänglich, als ein Urschicksal zu denken. Italiener, Deutscher zu sein, ist Schicksal (gut, aber was heißt das, Italiener, Deutscher sein?). Die Nationalität wird als angeboren betrachtet wie die Ideen Platons. Und wie im Platonismus das Erkennen ein Erinnern ist, so ist die spezifische Art und Weise, eine Ethnie oder eine Nation zu denken, sie als ein *Erwachen* (des nationalen oder ethnischen

10 B. Anderson, *The New World Disorder*, a.a.O., S. 8
11 B. Anderson, *Imagined Communities* (1983), London 1992, S. 4

Bewußtseins) darzustellen, ein Erwachen »aus einem langen Schlaf«[12]: In den geschichtlichen Handbüchern findet man, beim 19. Jahrhundert angelangt, immer ein Kapitel *Das Erwachen der Nationen*, obwohl die Nationalismen in dieser Zeit überhaupt erst entstanden sind. Von den Beispielen Andersons beeindruckt am stärksten das des indonesischen Nationalismus: Indonesien ist eine sehr junge nationale Einheit, bestehend aus 13.000 Inseln, in denen unzählige Völkerschaften mehr als 300 Sprachen sprechen – Völker, die bis vor hundert Jahren von ihrer gegenseitigen Existenz nichts wußten. Worin besteht also die uranfängliche indonesische Identität, auf die man stolz sein, für die man kämpfen und sterben soll? Die Grenzen Indonesiens folgen exakt den durch das niederländische Kolonialreich vorgegebenen Grenzverläufen: Wenn die Niederländer auch Malaysia in Besitz genommen hätten – gäbe es dann auch in Kuala Lumpur *geborene* Indonesier?

Benedict Anderson gehört mit seinem Buch einer Forschungsrichtung an, die es sich zur Aufgabe gemacht hat, die »Erschaffung der Vergangenheit« zu analysieren, ähnlich wie in dem von Hobsbawm und Ranger herausgegebenen Band *The Invention of Tradition*. Darin wird unter anderem dargelegt, wie falsch die Vorstellung ist, derzufolge die Schotten seit undenkbaren Zeiten den von Klan zu Klan unterschiedlichen Kilt tragen. Vielmehr war der Tartan »ganz und gar keine traditionelle Highland-Tracht, sondern wurde von einem Engländer nach der Union im Jahr 1707 erfunden; die Differenzierung der Klan-Tartans sind eine noch spätere Erfindung«.[13] Und Edward Said schreibt in einem anderen Kontext, in dem er der Frage nachgeht, wie die Kategorie des »Orients« konstruiert wurde: »Der Orient war eine europäische Erfindung.«[14]

12 Ebd., S. 196

13 Hugh Trevor-Roper, in: E. Hobsbawm u.a., *The Invention of Tradition*, Cambridge 1983, S. 19

14 Edward W. Said, *Orientalism*, New York 1979, dt. *Orientalismus*, Frankfurt/Main, Berlin, Wien 1981, S. 8

Die ersten Untersuchungen zur »Erschaffung der Vergangenheit« stammen vom Anfang der achtziger Jahre – entstanden also zu einem Zeitpunkt, 1) als die Andersartigkeit der neuen Migrationen bereits offen zutage lag; 2) nachdem sich in den sechziger Jahren der schwarze Anspruch »Black is beautiful« durchgesetzt hatte und nachdem einige Schwarze sich eine eigene islamische Identität buchstäblich erfunden hatten, die Geschichte Jakubs der Black Muslims; 3) nachdem in den siebziger Jahren die *white ethnics* der Vereinigten Staaten im Kielwasser der Schwarzen (und der feministischen Bewegung) das zum Ausdruck gebracht hatten, was Gunnar Myrdal eine »romantische Ethnizität« nannte:

Die ethnischen Schriftsteller haben sich auf das abstrakte Ziel der historischen Identität konzentriert, jedoch nicht durch genaue Analysen verdeutlicht, welche kulturellen Merkmale impliziert sind, wer diese Identität will, wer sie wollen sollte und weshalb, und wie sie sich zum Ausdruck bringen sollte. Ich fürchte deshalb, daß man diese Bewegung als intellektuelle *upper-class*-Romantik bezeichnen muß.[15]

Myrdal unterschätzt die Tiefgründigkeit der *ethnischen Romantik*, die weitaus stärkere Wurzeln hat und mehr ist als eine intellektuelle Kopfgeburt. Wie oft habe ich in diesem Buch geschrieben, daß es in den USA soundsoviele Schwarze, soundsoviele Hispanics, soundsoviele Deutschstämmige gibt? Die Vereinigten Staaten veröffentlichen sehr genaue Statistiken über die ethnische und rassische Herkunft ihrer Bevölkerung. Dennoch ist – wie wir gesehen haben – schon die so bedeutende Kategorie *schwarz* genetisch betrachtet eine Illusion, da in den Volkszählungen bereits der als schwarz definiert wird, der einen *einzigen Tropfen schwarzen Blutes* hat.

Wir berühren hier einen neuralgischen Punkt, der uns zur Macht des *Benennens* zurückführt: wie schon das bloße Benennen einer Sache (sei es ein Apfel, eine Ethnie, eine Holzart) das erschafft, was benannt wird, es real macht oder dessen

15 Gunnar Myrdal, *The Case against Romantic Ethnicity*, in *Center Magazine* 1974, S. 30, zit. bei S. Steinberg, *The Ethnic Myth*, a.a.O., S. 50

Realität verändert. Diese Macht des Benennens wird hier vom Statistischen Bundesamt ausgeübt. Benedict Anderson unterstrich die Rolle, die die Volkszählungen bei der Schaffung von »imaginierten Gemeinschaften« spielen. Die Volkszählung gibt vor, die Bevölkerung in Kategorien einzuteilen, die sich nicht überschneiden (niemand gehört gleichzeitig zwei verschiedenen Kategorien an) und in denen alle Bewohner erfaßt sind (keiner bleibt außerhalb der Kategorien) – in der Algebra spricht man von Teilmenge, allerdings hier mit dem Unterschied, daß es nicht für alle Mengen einen Teil gibt. »Die Fiktion der Volkszählung besteht darin, daß jeder erfaßt wird und jeder einen – und nur einen – klaren Platz zugewiesen bekommt.«[16] Um keine Lücken entstehen zu lassen, wurde für die Volkszählungen die geniale Kategorie »Sonstige« erfunden (manchmal auch »Andere« genannt), in der all jene subsumiert sind, die außerhalb der Taxonomie stehen. Diese Kategorien, die die gesamte Bevölkerung erfassen, tauchen in den Aufnahmeformularen der Kliniken, in Krankenblättern, Schulregistern und Polizeiarchiven wieder auf und verändern auf diese Weise das Leben des einzelnen: Mit der Zeit »erhält das, was zunächst nichts als eine Ausgeburt bürokratischer Phantasie war, ein reales soziales Leben.«[17]

Nichts ist aussagekräftiger als die vom US-amerikanischen Bureau of the Census verwendeten Kategorien. Unter den Ethnien werden Litauer, Italiener, Schotten aufgelistet … Aber wie gelangt man zu der Aussage, daß es x Nachkommen von Iren, y Nachkommen von Russen gibt? Weshalb gibt es eigentlich keine polnischen Waliser, keine Frankoböhmen? Weil die Volkszählung gemischte Kategorien nicht vorsieht. Die Angaben sind freiwillig, aber wenn sie jemand macht, *muß* er, auch wenn er beispielsweise einen schwedischen Vater und eine griechische Mutter hat, zwischen Schweden und Griechenland wählen, da ist nichts zu machen. Man könnte fragen: Weshalb ist die Kategorie »Mischlinge« nicht vorgesehen?

16 B. Anderson, *Imagined Communities*, a.a.O., S. 166
17 Ebd., S. 169

Weshalb gibt es nicht auch hier die Spalte »Sonstige«? Ganz einfach: Alle würden unter die Kategorie »Sonstige« fallen, und die anderen Kategorien blieben leer, da in den Vereinigten Staaten so gut wie niemand von einer einzigen Ethnie und einer einzigen Rasse abstammt. Kurzum: Das Bewußtsein für den eigenen angeblichen ethnischen Ursprung ginge verloren. Die Volkszählungsbehörde schafft und nährt das Bewußtsein für eine Ethnie, deren Existenz zumindest problematisch ist.

Wie wichtig diese Wahlfreiheit im Falle der Rassenzugehörigkeit ist, springt ins Auge: 6 Prozent derer, die erklären, sie seien schwarz, sehen für den zählenden Beamten wie Weiße aus, während ein Drittel derer, die sich als Asiaten erklären, für den Außenstehenden entweder Schwarze oder Weiße sind. Doch die Inkongruenz ist dem Klassifikationssystem inhärent. Für die amerikanischen Statistiker gilt – zumindest seit 1973, als eine Bundeskommission die neue Rassentaxonomie festlegte[18] –, daß die Menschheit in lediglich zwei Gruppen aufgeteilt ist, eine Gruppe *hispanischen Ursprungs* und eine Gruppe *nichthispanischen Ursprungs*; darüber hinaus gibt es vier Rassen: 1) *Natives* (American Indians und Alaska Natives); 2) *Asiaten und Bewohner der Pazifikinseln*; 3) *Schwarze*; 4) *Weiße*. Aber die Kategorie *natives*, Indian Americans, schließt nicht jene anderen Millionen *natives* ein, die lateinamerikanischen Indios nämlich, die noch dazu gleicher Abstammung sind. Die Kategorie *Asiaten* wirft Philippiner und Chinesen, Koreaner und Inder in einen Topf, die sich als ganz unterschiedliche Rassen fühlen und es faktisch auch sind.

Doch die Absurdität dieser im Jahr 1977 durch die Direktive 15 des OMB (Office of Management and Budget) sanktionierten Unterteilung zeigt sich in ihrem vollen Ausmaß bei den Hispanics (die selbst die Bezeichnung *latinos* vorziehen). Unter *Hispanics* sind die bolivianischen Indios, die weißen Chilenen, die Schwarzen aus der Karibik, Portugiesischsprachige wie etwa die Brasilianer zusammengefaßt. Dies ist weder

18 L. Wright, *One Drop of Blood*, in: *The New Yorker*, a.a.O., S. 50. Wright gibt die Diskussion des Federal Interagency Committee on Education in aller Ausführlichkeit wieder.

eine Rasse noch eine Ethnie noch eine Sprache. Und trotzdem *funktioniert* diese Kategorie letztlich als Rasse, denn sie schließt die anderen Rassen aus: Für die Volkszählungsbehörde ist ein rabenschwarzer Haitianer kein Schwarzer, ebensowenig wie ein blonder, blauäugiger Argentinier ein Weißer oder ein Indio aus Yucatán ein *native* ist.

Das Ungewöhnliche besteht nun darin, daß diese Kategorien internalisiert werden und neue Gemeinschaften entstehen lassen. Ein Beispiel haben wir bereits kennengelernt: die *Prensa de San Diego*, die sich für die Gemeinschaft der Latinos stark machte und die Angriffe der Schwarzen gegen die Latinos abwehrte: Viele dieser Latinos jedoch sind Schwarze. Weiterhin: Zwischen 1960 und 1990 stieg die Zahl der American Indians von einer halben Million auf fast zwei Millionen (eine demographisch unmögliche Steigerung um 250 Prozent): Es muß also von einem bestimmten Zeitpunkt an als schick gegolten haben, sich als *native* zu definieren. Aber es ist nicht nur eine Frage des persönlichen Geschmacks, auch Geld spielt eine Rolle.

Sich zu einer genau definierten Minderheit zu rechnen, hat auch (obzwar magere) Vorteile. Im Zuge der positiven Diskriminierung werden Bundesmittel und Stellen im öffentlichen Dienst nach einem bestimmten Quotenschlüssel an die verschiedenen Minderheiten verteilt. Es ist also ein materielles Interesse damit verbunden, *native* oder asiatisch oder Hispanic zu sein. Die arabischen Einwanderer beklagen sich heute darüber, unter die Kategorie weiß subsumiert zu werden; sie möchten lieber eine eigene »Rasse« der *Araber* mit einer eigenen Quote städtischer Angestellter und finanzieller Zuwendungen sein. Sie möchten als Kaste rechtlich anerkannt werden und beispielsweise einen Sitz in der Regierung haben.

Das ist es also: Alles fängt an mit einer willkürlichen Kategorie Latino oder *native*, die keinen fest umrissenen rassischen oder ethnischen Inhalt besitzt; doch dann erwächst ein Interesse daraus, Hispanic oder Asiate zu sein, und schließlich entwickelt sich ein *Stolz* auf das Hispanic-Sein. Man wird zu *echten* Latinos, *authentischen* natives, weißen Suprematisten. Man begibt sich auf die Suche nach der eigenen *genuinen* Identität, man gräbt nach seinen Wurzeln. Je ungewisser der eigene Ursprung ist, um so verbissener wird die Suche, die sich schließlich in einer sehr amerikanischen »entfesselten Leidenschaft für die Genealogie«[19] manifestiert. In der Tat, überall in Amerika begegnet einem dieses Bemühen, die eigenen Ursprünge zu erforschen. Auf einem Campingplatz erzählt mir ein Universitätsprofessor gleich als erstes von seinem brennenden Wunsch, nach Rußland zu fahren und auf den Spuren seiner Vorfahren, Wolgadeutschen, zu wandeln. Man kann von seinen Ursprüngen aber auch enttäuscht werden, wie im Falle eines Journalisten, der mir von seiner Ernüchterung nach seinem Stettin-Besuch berichtete, von wo seine Familie vor fünfzig Jahren aufgebrochen war.

Eine noch bitterere Enttäuschung erlebten die schwarzen Soldaten des amerikanischen Expeditionskorps, das 1992 im Rahmen der Operation mit dem pompösen Namen *Restore Hope* (»Hoffnung wiederherstellen«) nach Somalia geschickt wurde. Hier, im Kontakt mit den Somalis, wurde ihre afroamerikanische Identität auf brutale Weise in Frage gestellt. Sie, Schwarze der Vereinigten Staaten, waren Amerikaner und hatten auch so gut wie gar nichts mit den Somalis gemeinsam. Und doch ist in den Vereinigten Staaten diese afroamerikanische Identität, die sich aus der Unterdrückung durch die Weißen, aus der Segregation heraus entwickelte, wirklich vorhanden.

Seltsam: Obwohl fast kein Schwarzer schwarz ist, obwohl die amerikanischen Schwarzen von den Afrikanern heute durch einen Graben getrennt sind, der tiefer ist als der Ozean, baute die US-amerikanische Gesellschaft eine *authentische* schwarze, afroamerikanische Identität auf. Dies ist ein Prozeß der »Konstruktion von Authentizität, von Eigentlichkeit«. Es

19 E.J. Hobsbawm führte diese Besessenheit in *The Invention of Tradition*, a.a.O., S. 280, zurück auf die Jahre um 1890, als die Familien ihre rassische Reinheit als *WASP* festzulegen begannen.

mag nicht im Sinne Martin Heideggers sein, daß wir in dieser Weise auf die Begriffe *Eigentlichkeit* und *Uneigentlichkeit* zurückkommen, die für sein Denken eine so zentrale Rolle spielen; dennoch hegte auch er eine nostalgische Sehnsucht nach dem »Ursprung« und verehrte die »jahrhundertelange, durch nichts ersetzbare alemannisch-schwäbische Bodenständigkeit.«[20] Und es ist symptomatisch, daß die Frage nach dem Ursprung in den Horizont des reaktionären Modernismus, der »konservativen Revolution« rückt, in dem auch Heideggers Wirken zu sehen ist.

Die Modernität dieses Verfahrens liegt in der Tatsache begründet, daß der angebliche Ursprung niemals ursprünglich gewesen, daß seine Uranfänglichkeit eine moderne Erfindung ist. Vielmehr stellt sich der Wunsch nach Zukunft als schmerzliche Rückbesinnung auf die Vergangenheit dar, als *Nostalgiesehnsucht.* Ein sekundärer Aspekt besteht darin, daß mit der Erschaffung der Vergangenheit die Karten mit den Begriffen »rechts« und »links« neu gemischt werden. Die Linke unterstützt im Interesse der Emanzipation der Minderheiten die Bestrebungen einer positiven Diskriminierung und hält demnach an den ethnischen Definitionen und Identitäten fest (man denke nur an die Auseinandersetzungen um einen Unterricht, der *politically correct* ist). Die Rechte wiederum lehnt positive Aktionen ab, und um sich der Bürde zu entledigen, befürwortet sie die Abschaffung der ethnisch-rassischen Kategorien: Um die Ungleichheiten aufrechterhalten zu können, plädiert man für mehr Gleichheit.

*

1993 wurden in Jerusalem zwei aus Palästina stammende Amerikaner aus Chicago von der israelischen Geheimpolizei Shin Bet verhaftet. Sie wurden angeklagt, die fundamentali-

20 Martin Heidegger, *Warum bleiben wir in der Provinz?* in: *Der Alemanne*, März 1934 (Hervorhebungen von mir) in: M. Heidegger, *Gesamtausgabe*, Frankfurt/Main 1983, Bd. 13, S. 11

stische Hamas finanziell unterstützt zu haben. Nicht nur jubeln die Verschleierten den Chicago Bulls zu, am Michigansee wird auch Politik für den Gazastreifen gemacht. Die palästinensischen Einwanderer sind nicht die einzigen. Der *long-distance nationalism*, wie Benedict Anderson sagt, ist ein Symptom unserer Zeit. Ein Nationalismus, der sich durch die räumliche Distanz noch verstärkt, ins Extreme gesteigert wird durch das Festhalten an einer gefährdeten Identität. Viele Punjabis, die ein unabhängiges Khalistan befürworten, leben in Chicago, viele Sikhs unterstützen ihre Landsleute von Vancouver aus, und zahlreiche Tamilen nehmen aus der Ferne, per Tamilnet, am Guerillakampf teil. Die kroatische Gemeinschaft Chicagos hat für ihre Landsleute in Europa weder an Geld noch an Waffen noch an Menschen gespart: Auch hier ist die Religion ein Element des Zusammenhalts. So wie viele Chicagoer Palästinenser sich um die Mosque Foundation versammeln, organisieren sich die Kroaten im Umkreis der Franziskaner und die Serben im Umkreis der orthodoxen Kirchen.

Cleveland, die größte slowenische Stadt der Welt (größer als Ljubljana), spielte 1991 bei der finanziellen Unterstützung der neuausgerufenen Republik Slowenien eine bedeutende Rolle – ein Teil des jugoslawischen Krieges wurde also zwischen Ohio und Illinois geführt. Mit kuriosen Kehrseiten. Der Pope einer serbisch-orthodoxen Kirche ist gleichzeitig Präsident der Tschetnik-Organisation und gab offen zu, daß die Serben aus Chicago Kriegsfreiwillige nach Jugoslawien schickten. Weiterhin berichtete er, die Serben hätten die amerikanischen Feldlazarette aus dem Golfkrieg von 1991 gekauft: Operationssäle, die die Kriegsschauplätze wechseln, vom Irak nach Bosnien.

Nichts Neues also, wird man sagen. Denn geradezu legendär ist die mehr als hundert Jahre alte Unterstützung der amerikanischen irischen Gemeinschaft für die Unabhängigkeit und, nach dem Krieg, für den Guerillakampf in Ulster. Sogar an den Wänden im Pub des Chicagoer Hilton-Hotels prangen Plakate der IRA und Proklamationen der Provisionals.

Der Unterschied besteht darin, daß die Nachkommen der Iren sich als Amerikaner mit (in der Vergangenheit liegenden) Wurzeln in Irland fühlen, wogegen sich die in Israel in Haft genommenen Geldgeber und die serbischen oder kroatischen Freiwilligen als Palästinenser, Serben und Kroaten fühlen, die »gegenwärtig« in Amerika sind. In diesem Sinn sind sie Kontra-Emigranten, sie sind Kroaten amerikanischer Herkunft, Palästinenser US-amerikanischer Herkunft. In gleicher Weise wie es Sikhs kanadischer Herkunft und Tamilen australischer Herkunft gibt. Während einst die Familiennamen der amerikanischen Politiker auf ihre Ursprünge als Einwanderer verwiesen – Eisenhower, Galtieri, Breszynski –, handelt es sich heute um eine Diaspora mit umgekehrten Vorzeichen: Die Politiker *emigrieren* aus Amerika in ihr Ursprungsland. Der erste spektakuläre Fall war Andreas Papandreou, der, als griechischer Staatsbürger geboren, amerikanischer Staatsbürger wurde und dann im rechten Augenblick zurückgerufen und erneut griechischer Staatbürger und danach griechischer Premierminister wurde. In den neunziger Jahren trat ein kanadischer Kapitalist, der Geschäftsmann für Computersysteme Stanislaw Tymiński, bei den polnischen Präsidentschaftswahlen gegen Lech Wałęsa an. Rein Taagepera, Professor an der Universität Kalifornien in Irvine, wurde bei den Präsidentschaftswahlen in Estland geschlagen. Der pensionierte Oberst der US-Armee Alexander Einseln, der mit achtzehn Jahren von Tallinn in die USA emigriert war, wurde Oberbefehlshaber der Streitkräfte im unabhängigen Estland. Der US-amerikanische Staatsbürger Milan Panić wurde serbischer Premierminister; der US-Amerikaner Mohammad Sacirbey wurde bosnischer Botschafter bei den Vereinten Nationen. Moheen Qureshi, Ex-Vizepräsident der Weltbank, wurde Interimspremier Pakistans, während er zugleich eine *green card* hatte, also einen ständigen Wohnort in den USA.[21]

21 Benedict Anderson, *Exodus*, Vorlesung, gehalten an der Universität Chicago im April 1993, S. 19f. des Manuskripts

Wieder eine Verdoppelung: Die Nationalismen brechen überall hervor, gleichzeitig aber lockern sich die Bindungen an die Nationalität, es ändert sich die Vorstellung von Nation als unauflösliche Zugehörigkeit. Man könnte die Vaterlandsliebe mit der partnerschaftlichen und die nationale Bindung mit der ehelichen Treue vergleichen. Andere Gesellschaften kannten die *synchrone* Polygamie (Polyandrie) mit mehreren Partnern gleichzeitig. Im Zuge der Ehescheidung trat in unserer Kultur an die Stelle der Monogamie eine *diachrone* Polygamie (Polyandrie): Das Individuum hat immer nur einen Ehepartner (eine Ehepartnerin), im Laufe des Lebens und zu verschiedenen Zeiten – also diachron – jedoch mehrere Ehepartner. Bezüglich der nationalen Bindung bedeuteten die Migrationen des vergangenen Jahrhunderts eine »Scheidung« vom Ursprungsland, und im Zuge der Assimilation kam es dann zu einer neuen Bindung (einer Eheschließung gewissermaßen) an das Aufnahmeland: Im Laufe seines Lebens war das Individuum Bürger zweier verschiedener Nationen, jeweils aber Bürger nur eines Vaterlandes: Wenn er die »Scheidung« verweigerte, wie die Deutschen in den Vereinigten Staaten bis zum Ersten Weltkrieg, wurde sein Widerstreben im Sinne eines patriotischen Ehebruchs verurteilt. Heute jedoch stellt die Migration bezüglich der Nationalität eine synchrone, aber *diatopische* (an verschiedenen Orten lokalisierte) Polygamie dar. Der einzelne hat mehrere Nationalitäten gleichzeitig, jedoch an verschiedenen Orten, und vor allem ist diese nationale Zugehörigkeit reversibel. Diese Umkehrbarkeit ist geknüpft an den Traum von einer »zirkulären Migration«, gleichzeitig aber nur dann möglich, wenn die Assimilation nur teilweise vollzogen wird.

Innerhalb von nur wenigen Jahrzehnten hat sich das Verhältnis zur Integration auf den Kopf gestellt: Einst beugten sich die Einwanderer dem Diktat »Ob du willst oder nicht, du wirst werden wie wir«, heute lehnen sie die Assimilation ab, sie unterziehen sich ihr als etwas Unvermeidlichem, als unerläßlichem Minimum. Es ist die Niederlage dessen, was man das französische Modell nennen könnte, das Modell der vollständigen Assimilierung, des uneingeschränkten Verzichts auf die eigenen Ursprünge zugunsten des Status eines *citoyen* – wie im Fall des Armeniers Charles Aznavour und der Italiener Yves Montand und Léo Ferré, die zum Inbegriff des französischen Chansonniers wurden.

*

Und es ist so einfach, multiple Nationalitäten in sich zu tragen. In Chicago springt es einem geradezu in die Augen. Der Koreaner, der im Sommer seine Kinder zum Studium nach Seoul schickt, will, daß »sie Amerikaner sind, gleichzeitig aber *ihr Land* nicht vergessen«: Diese Kinder werden Amerikaner sein, aber »ihr Land« wird – obwohl sie in einer Straße Chicagos zu Hause sind – weiterhin Korea bleiben.

Dennoch werden sie voll und ganz Amerikaner sein, und der koreanische wird den US-amerikanischen Nationalismus überlagern. Man kann Yankee und Palästinenser zugleich sein – mit der gleichen Einstellung, mit der die siegreiche Mannschaft der Profiliga des US-amerikanischen Basketballs (NBA) den »Weltmeister«-Titel erhält, da die Vereinigten Staaten eine ernsthafte ausländische Konkurrenz gar nicht erst in Betracht ziehen. Die amerikanische Nation stellt den Lebenshorizont dar, die palästinensische, kroatische, tamilische Nation ist das ersehnte Fernziel.

Indem dieser ungeheure Tornado des Kapitalismus, die »subversivste Kraft, die es gibt«, Millionen von Menschen von einem Kontinent auf einen anderen wirft, formt er auch den Begriff der Nation um. Die Menschen, die sich in seiner Gewalt befinden, klammern sich an ferne Identitäten, an einen Lebenssinn, der geradezu lächerlich erschiene, wären nicht viele bereit, dafür in den Tod zu gehen.

»Lebenssinn«, »Tod«: Benedict Anderson verwies auf jenes eigentümliche Emblem des modernen Nationalismus, wie es das Denkmal für den Unbekannten Soldaten ist: Andere Kulturen haben Kenotaphe errichtet, doch die Identität der Toten dieser Gräber war bekannt, es fehlte nur der Leichnam. Hier nicht: Den Kenotaph zu füllen wäre ein Sakrileg. Der in diesem Grab nicht vorhandene Körper ist die Nation: In Rom ist der Unbekannte Soldat *der Italiener*, in Paris unter dem Triumphbogen ist der leere Raum angefüllt mit dem Franzosentum. »Die kulturelle Bedeutung solcher Monumente zeigt sich noch deutlicher, wenn man versucht, sich ein – sagen wir – Grab des Unbekannten Marxisten oder einen Kenotaph der Gefallenen Liberalen vorzustellen.«[22] Gerade die Tatsache, daß die nationale Identität »imaginiert« und als schicksalhaft erlebt wird, als ein urtümliches und unveränderliches Faktum, verleiht ihr Sinn und die Nähe zum Tod – »Fragen, die evolutionistische und progressistische Denkrichtungen mit *ungeduldigem Schweigen* beantworten«[23]. Seinen Toten gegenüber ist der Nationalist für seine Taten verantwortlich. Ja, die Nation ist das, wodurch die Toten zu *unseren* Toten werden, so wie die Vice Lords *ihren* Gefallenen zu Ehren Bier opfern.

In den Straßen Chicagos trägt jeder sein bißchen Sinn, seine Götter, sein Jenseits in sich. Äußerlich löst sich die Stadt in die Vorstädte, die Villen auf, das Zentrum entvölkert sich. Doch auch innerlich organisiert sie sich neu, die Patriotismen, die Diaspora der Glaubensüberzeugungen werden umgeschichtet: zu einer Sheridan Avenue in Ho-Chi-Minh-Stadt, einer Lincoln Avenue in Seoul, einem Humboldt Park in Guadalajara. Man begegnet einem, dessen Wohnungsnachbar in Belgrad lebt, und einem anderen, der Zwiegespräche mit Kalkutta führt. Die Straßenkarte Chicagos zeichnet das feingesponnene Netz eines im Schweigen, in der kosmischen Leere unerreichbarer Sinnprojektionen verhafteten Lebens. Kein Land der Erde übermittelt mehr als die Vereinigten Staaten und keine Stadt in größerem Maß als Chicago einen metaphysischen Sinn: Hier drang auch aus den Schlachthöfen das *Schweine-*

22 B. Anderson, *Imagined Communities*, a.a.O., S. 9f.
23 Ebd., Hervorhebung von mir

quieken des Alls. Die Metaphysik ist auf die Spitze getrieben durch den Widerspruch zwischen dem Positivismus, den rationalen marktwirtschaftlichen Entscheidungen der Chicago Boys und dem sinnlosen Schwitzen, dem Sichabrackern seiner Bewohner. Die vom Glauben durchdrungene Gier, das »Haschen nach Wind« in der Windy City.

Es schmerzt die Intensität, mit der jeder seinen Kampf für sich führt, *seine Pflicht erfüllt,* über einem Abgrund des Nichts schwebend. Zwischen State und Superior Street, vor der Holy Name Cathedral im eleganten Zentrum der Stadt, fegt eine alte Frau in zerlumpten Kleidern und mit struppigen weißen Haaren die Stufen des Kirchplatzes mit einem Besen aus Grasbüscheln. Jeden Nachmittag reinigt sie hier die Steine mit unermüdlicher Energie: Fegen um des Fegens willen. Sie widmet sich dieser Aufgabe mit einer Dringlichkeit, als sei dies die einzige Möglichkeit, das Gleichgewicht der Welt zu bewahren. Vielleicht kann ähnlich auch Shiva Nataraja in der indischen Kosmologie nicht mehr aufhören zu tanzen, da er durch seinen anmutigen Tanz das Gewicht des Universums trägt. Die ungeheure Verantwortung, die einsame Mühe dieser Frau richtet zwischen ihr und der Welt eine unüberwindliche Mauer auf, so daß die Wertvorstellungen und Urteile anderer sie nicht erreichen können. Ihr Fegen hallt wider wie ein Schrei und verpflichtet zum Schweigen.

*

Dann aber, in einer lauen Sommernacht, strömen zum Feuerwerk am 4. Juli dunkelhäutige Gestalten aus den Elendsvierteln der South Side herbei und Weiße aus den Villen im Norden. Indios mit kantigen Gesichtszügen und Mandelaugen. Mit bleichen Hakennasen. Inder mit kohlschwarzen Pupillen. Und Teufelinnen mit blauen Augen. Aus den entferntesten Vorstädten, aus Cicero und Calumet, aus Gary und Evanston strömen sie in den Grant Park, vor das Art Institute, an die Ufer des Michigansees unter den in den Himmel ragenden

Hochhäusern. Phantastische vielfarbige Lichtblumen platzen auf und erstrahlen am nachtschwarzen Himmel. Und der Menge aus Millionen Menschen entströmt, wie sie da zusammenstehen, eine ungeheure Wärme, eine fröhliche und beharrliche Hoffnung, eine gewaltige Zustimmung, ein Stolz, eine Freude, *da zu sein*, die dem Betrachter ein durch nichts begründetes, glühendes Vertrauen in die Zukunft einflößt.

POST SCRIPTUM: NOCH EIN BLUES, UND DANN ...

In der Halsted Avenue gibt es mit den besten Blues Amerikas zu hören. Das Lokal, überfüllt und verraucht, trägt auch den Namen *Blues.* Hier nehmen wir Abschied, nach langen Streifzügen durch Chicago. Auf der Bühne neben der Bar großartige schwarze Musiker, alle nicht mehr ganz jung; das Publikum ausschließlich Weiße. Die harschen Läufe des Blues bilden einen auffälligen Kontrast zu den rotlackierten langen Fingernägeln der Damen, die in ausgesuchtem Vorstadtschick zurechtgemacht sind. Hier suchen sie den Schauder des schwarzen Sounds, die Provinzbewohner, Leute aus den Ebenen des Mittelwestens, den *great plains,* die sich unter der »Herrschaft Chicagos« erstrecken, wie die Chronisten im 19. Jahrhundert schrieben.

Wenn man bedenkt, daß vor kaum siebzig Jahren der Blues die Musik junger Schwarzer für junge Schwarze war. Aber das war eine andere Epoche, ein anderes Amerika, ein anderes Chicago. Aus Alabama, Mississippi und Louisiana strömten die schwarzen Baumwollpflücker in Scharen an die Ufer des Michigansees wie ins Gelobte Land. Aus Memphis und New Orleans brachten die Züge der Eisenbahnlinie Illinois Central die großen Sänger und Musiker des Blues und des Jazz hierher – von Bessie Smith bis Louis Armstrong –, die in Lokalen wie dem Lamb's Café oder in Tanzsälen wie dem Trianon auftraten. In Chicago, das mehr als ein halbes Jahrhundert lang die Hauptstadt des Blues war, entstand die erste schwarze Schallplattenfirma, und das größte Bluesfestival der Stadt findet alljährlich Anfang Juni in den Stadtparks von Chicago statt.

Doch mittlerweile wurden die Schwarzen in Ghettos zusammengepfercht, im *black belt*, dem »schwarzen Gürtel«, und musikalisch wurde Chicago zu »einem Ort, an dem ›*white boys met horn*‹«, an dem die Weißen die Trompete entdeckten.[1] Nicht umsonst sind John Belushi und die Blues Brothers waschechte Chicagoer – und Weiße.

Im Blues klingt also ein Chicago an, das heute nicht mehr existiert. Ein Chicago, das mit der Logik der fixen Kosten und des »Eisenbahn«-Kapitals, der Schlachthöfe, des Holz- und Getreidehandels gewachsen ist. Das Chicago eines deutschen Substrats, der weißen Ethnien *(white ethnics)*, der irischen Bürgermeister (Daley, Kelly), der Polnischstämmigen und der italienischen Gangster (Al Capone, Sam Giancana). Es ist das geschädigte Amerika, das Amerika von St. Louis, Pittsburgh, des *Rust Belt* (»Rostgürtels«, eines Spottnamens für die aufgrund des wirtschaftlichen Strukturwandels schrumpfenden Industriegebiete).

Chicago erweist sich als geradezu exemplarisch, als ein getreues Abbild Amerikas: Es ist die *notwendige*, »unumgängliche Metropole des Nordwesten«, schrieb Parton. Um Chicagoland zu beschreiben, muß man seine urbane und Anthropogeographie schildern – Schicht um Schicht; und die Architektur- und Industriegeschichte der Stadt erweist sich als eine Archäologie des Kapitals. Archäologie des Kapitals im Sinne eines Abtragens der Trümmerschichten, die es hinterlassen, der Scharen von Menschen, die es verschoben und zugrunde gerichtet, der Erfindungen, die es durchgesetzt hat, angefangen beim Haus mit Leichtholzrahmen (*balloon frame*) bis zum Wolkenkratzer, von der Mähmaschine bis zum Kühlwaggon für die geschlachteten Rinder und zum Mercantile Exchange, wo heute Optionen für *futures* auf die Kälber von morgen gehandelt werden.

Von dieser so kurzen und so bombastischen Geschichte sind nicht einmal mehr die Symbole erhalten. Die Schlacht-

1 Eric Hobsbawm, *The Jazz Scene*, New York 1993, S. 73

höfe sind geschlossen, die Grand Illinois Station dem Erdboden gleichgemacht. Das einstmals lebensprühende Bronzeville trostloses Heideland. Zerstört das Lamb's Café und das Trianon: Ein ganzer Fotoband präsentiert das »Verlorene Chicago« als eine Art untergegangenes Atlantis.[2] Vom Wind hinweggefegt die Anarchisten, die Black Panthers, die Gewerkschafter um Eugene Debs, die Holzfäller, die die einst in diesem Heideland heimische Weymouthskiefer ausrotteten, die Eisenbahner, die *hoboes.* Alle von der Geschichte mitgerissen wie die *Toten von Spoon River* (Edgar Lee Masters war ebenfalls ein Sohn Chicagos).

Eine Archäologie also, jedoch eine Archäologie der Zukunft. Denn das Sichzerstören, das blitzschnelle Sichverzehren, Abtragen und Wiederaufbauen ist ein Charakteristikum der Moderne. »Alle festen [...] Verhältnisse werden aufgelöst«, schrieben Marx und Engels in ihrem *Manifest der Kommunistischen Partei* [3] – ein Satz, den Marshall Berman im Titel seines Buches über die »Erfahrung der Moderne« wiederaufgriff. Bereits wieder verschwunden ist das, was Chicago erst gestern geschaffen und groß gemacht hatte. Und die Stadt, die wir heute sehen, wird ebenfalls verschwinden. Unverändert bleibt einzig der Prozeß der Auflösung, das Leben des Sterbens, die Autophagie als Technik des Wachstums. Alle festen Verhältnisse werden aufgelöst, doch, so Marx weiter, »die Menschen sind endlich gezwungen, ihre Lebenseinstellung, ihre gegenseitigen Beziehungen mit nüchternen Augen anzusehn«.

Wie wohl der Leser inzwischen gemerkt hat, bin ich weder Amerikanist, noch ist dies ein Aufsatzband über Amerika oder gar eine Geschichte Chicagos. Vielmehr habe ich mich bemüht, mir den unvertrauten Blick, das Staunen des Fremden zu bewahren. Vielleicht, weil ich diese Stadt in einem besonderen Augenblick meines Lebens kennengelernt habe, jedenfalls habe ich sofort ihren üblen Geruch, den Geruch der

2 David Lowe, *Lost Chicago*, Mifflin 1975, Neuauflage New York 1993

3 Karl Marx, Friedrich Engels, *Manifest der Kommunistischen Partei* (1848), Frankfurt/Main 1970, S. 46

Moderne, wahrgenommen. Jeder, der reist, weiß, daß man nach einem allzu langen Aufenthalt in einer Stadt deren Gerüche nicht mehr wahrnimmt; doch wenn man nach einem gewissen zeitlichen Abstand wieder zurückkehrt, empfängt einen jede Stadt, und sei sie noch so sauber, mit einem ganz eigenen, unerträglichen und *vertrauten* Geruch. In Chicago ist es der Geruch der Moderne. Es ist kein Wohlgeruch, vielmehr ein aufdringlicher Gestank. Vielleicht erklärt sich so »das Paradox, daß diese Stadt den Europäern mehr am Herzen liegt als uns« (Chicagoern), wie Nelson Algren schrieb.[4]

Nach einem einjährigen Aufenthalt waren zwei weitere Jahre der Forschung sowie erneute Besuche nötig, bis ich mir die notwendigen Begrifflichkeiten und das Instrumentarium angeeignet hatte, um jene Elemente der Moderne zu fassen zu kriegen, deren Geruch ich bereits kannte. Erst im Verlauf der Arbeit begriff ich, weshalb so viele zentrale Ereignisse der Moderne sich hier an den Ufern des Michigansees zutrugen: die Entstehung der Wolkenkratzer, die Standardisierung des Geschmacks, der Aufstieg der *urban sociology*, der erste Atomreaktor, die Wirtschaftsschule der Chicago Boys ...

Es wäre müßig, hier erneut alle markanten Aspekte der Moderne aufzuzählen, die wir bei unseren Ausgrabungsarbeiten ans Tageslicht gebracht haben: die Macht des Benennens, das Problem der Authentizität, die Ausweitung des Privaten, der soziale Mechanismus, an dessen Ausgangspunkt Klassenkonflikte und an dessen Endpunkt Rassenkonflikte stehen. Vor allem verblüfft in Chicago immer wieder die außerordentliche revolutionäre, subversive Kraft des Kapitalismus, eine Macht, die sich noch lange nicht erschöpft hat.

Durcheinandergewirbelt von der »permanenten Revolution« des Kapitalismus, fallen in erster Linie die Menschenmassen auf, die in seinen Strudel hineingezogen werden. Zu Protagonisten werden die Millionen von Entrechteten, von einem Kontinent zu einem anderen geworfen, jeder mit seiner

4 Nelson Algren, *Chicago: City on the Make* (1951), Chicago 1983, S. 87

beharrlichen Hoffnung auf ein besseres Leben. Vor hundertsechzig Jahren lebten an den Ufern des Michigansees die *tepee*-Indianer, hier standen die Hütten der Pelztierjäger. Heute feiern hier Vietnamesen ihr Neujahrsfest, *tet* genannt, und Araber beten in den Moscheen. Vor hundertsechzig Jahren war die Prärie von Bisons bewohnt, es gab nicht einmal ein Dorf. Heute, an der Schwelle zum Jahr 2000, weist diese Megalopolis bereits die Runzeln des reifen Alters auf, und die vorrangige Frage lautet: Wird die Großstadt als Lebensform, als Kultur zugrundegehen und an ihre Stelle ein Zwischending treten, das weder Stadt noch Land ist? Auch das Konzept der Großstadt löst sich auf.

Um den Abgrund zu ermessen, der sich in diesen knapp hundertfünfzig Jahren aufgetan hat, braucht man nur die von Engels beschriebenen Slums von Manchester mit den Ghettos von Chicago zu vergleichen: Düsternis, Unrat, Trostlosigkeit hier wie dort, jedoch mit drei enormen Unterschieden: 1) die Bewohner der von Engels beschriebenen Slums waren *Weiße*, in Chicago sind es *Farbige*; 2) jene waren *Arbeiter*, diese sind *Arbeitslose*; 3) auf den Straßen von Manchester drängten sich die Menschen, es herrschte *buntes Treiben*, in Chicago beeindruckt die Stille der *Einsamkeit*, öde, menschenleere Straßen.

In Chicago konnte sich die subversive Logik des Kapitals ungehindert entfalten und wurde von keinem Etatismus gebremst (wie in Frankreich), von keiner Aristokratie (wie in Großbritannien), von keiner Kirche (wie in Italien). Deshalb hat sich hier der Kapitalismus zuerst und in seiner extremsten Form ausgebreitet. Deshalb sind wir hier Situationen, Konfigurationen begegnet, die sich in Europa erst heute manifestieren oder sich erst abzuzeichnen beginnen. In diesem Sinn ist es eine Archäologie der Zukunft, unserer europäischen Zukunft. Einer Zukunft als Tendenz, also nicht notwendigerweise gut (Wacquant spricht sogar von »Amerika als verkehrte Utopie«). Europäische Reisende zu Beginn des 20. Jahrhunderts – Sombart sowie die dreiundzwanzig Sekretäre der englischen *trade unions* (die sogenannte Mosely-»Expedition« von

1902) - berichteten übereinstimmend, daß es den amerikanischen Arbeitern besser ginge als den europäischen, daß ihre Häuser schöner seien, ihre Ernährung um ein Vielfaches besser (!) und daß die Arbeiterinnen *»eleganter«* seien (Sombart)5. Ein amerikanischer Gewerkschaftsführer von heute würde dasselbe von den deutschen Arbeitern sagen: In den Vereinigten Staaten hat sich der Aufstieg und der Niedergang des Wohlstands der Arbeiterschaft bereits vollzogen. Nicht nur die großen Entwicklungstendenzen, sondern auch die kleinsten Details sind Signale: Die älteren Franzosen tragen beim Boulespiel nicht mehr *casquettes*, sondern Baseballmützen. Die italienischen Modefreaks gehen heute in (sündhaft teuren) Trainingsanzügen und Tennisschuhen auf die Straße. Und die Tippelbrüder stellen inzwischen auch im Zentrum der europäischen Städte in unmittelbarer Nähe der Luxusmeilen ihre Pappkartons auf, die ihnen als Unterschlupf dienen.

Der kosmopolitische und provinzielle Wirrwarr, die tagtägliche Begegnung zwischen Polen und Philippinern, Russen und Sikhs nimmt eine Welt vorweg, in der die Identitäten anders aufgebaut, anders *imaginiert* sein werden. Das Absuchen der Chicagoer Radiosender in den verschiedenen Frequenzbereichen ist wie das Blättern in einem Katalog mit einem breiten Sprachkursangebot. Babel fällt einem ein, das so schlimm wohl gar nicht gewesen ist. Sicher war es nicht eine Hölle der Sprachenverwirrung, allenfalls ein Fegefeuer – eine durchaus erträgliche Kakophonie, in der die Idiome einander überlagern wie ein Rauschen, das man zwar registriert, aber nicht bewußt wahrnimmt. Vielleicht war es möglich, dort zu leben, nicht anders als hier in Chicago, denkst du, verabschiedest dich mit einem Händedruck und schlenderst die abendliche Halsted Avenue entlang: noch ein Blues, und dann …

5 W. Sombart, *Warum gibt es in den Vereinigten Staaten keinen Sozialismus?*, a.a.O., S. 119. Dort heißt es weiter: »Auch in der Gestaltung seiner Nahrungsverhältnisse steht der amerikanische Arbeiter unseren besseren Mittelstandskreisen viel näher als unserer Lohnarbeiterklasse: er speist schon, er ißt nicht mehr bloß«.

Im folgenden möchte ich die Namen all derjenigen nennen, die mir in unterschiedlicher Art und Weise bei der Entstehung dieses Buches behilflich waren. Für den Leser wäre es allzu ermüdend und zeitraubend, wollte ich den genauen Anteil jeder einzelnen Person erklären. Wofür ich ihnen dankbar bin, wissen Guido Ambrosino, Benedict Anderson, Joel Bleifuss, Pierre Bourdieu, Franco Carlini, Manuel und Bruno Cartosio, Francesco Cataluccio, Deborah Cole, William Cronon, Giulio und Luce d'Eramo, Micaela Di Leonardo, Adelin Fiorato, Marina Forti, Maria Grazia Giannichedda, Leo Kadanoff, Linda Grace Kobas, Charles Hoch, Ann Lovell, Corinne Lucas, Ornella Mangione, Beth Maschinot, die Familie Nnoberavez, Alessandra Orsi, Antonella Palombo, Giorgio Parisi, Alessandro Portelli, Valentino Parlato, Luigi Pintor, Teresa Prado, Marie-Ange Schiltz, Wolfgang Schivelbusch, Maria Concetta Straccamore, Annamaria Testa, Fabrizio Tonello, Lietta Tornabuoni, Fernando Vianello, James Weinstein, die freundlichen Mitarbeiter der Bibliotheken Washington, Newberry, Regenstein und der Chicago Historical Society.

Literatur

William J. Adelman, *Haymarket Revisited.* Chicago 1976

Theodor W. Adorno, *Jargon der Eigentlichkeit. Zur deutschen Ideologie* in: *Gesammelte Schriften,* Bd. 6, Frankfurt/Main 1973

– *The Stars Down to Earth* (Soziologische Schriften II, 2. Hälfte) in: *Gesammelte Schriften,* Bd. 9.2, Frankfurt/Main 1975

Nelson Algren, *Chicago, City on the Make* (1951). Chicago 1983

Louis Althusser, *Positions.* Paris 1976. Dt. *Ideologie und ideologische Staatsapparate. Aufsätze zur marxistischen Theorie.* Übers. von Rolf Löper, Klaus Riepe und Peter Schöttler. Hamburg und Berlin 1977

America's Infrastructure in: *The Wilson Quarterly* IV, 1993, S. 18 – 49

Benedict Anderson, *Exodus.* Manuskript der Vorlesung an der University of Chicago, April 1993

– *Imagined Communities. Reflection on the Origin and Spread of Nationalism* (1983). London 1992

– *The New World Disorder* in: *New Left Review,* Nr. 193, Mai/Juni 1992, S. 3 – 14

Nels Anderson, *The Hobo. The Sociology of the Homeless Man* (1923). Chicago 1961

Erich Auerbach, *Mimesis. Dargestellte Wirklichkeit in der abendländischen Literatur* (1946). Bern [5]1976

Patricia Aufderheide (Hg.), *Beyond PC, toward a Politics of Understanding.* Saint Paul (Minn.) 1992

Gary Becker, *Human Capital Revisited.* The 1989 Ryerson Lecture. Chicago 1989

Walter Benjamin, *Das Kunstwerk im Zeitalter seiner technischen Reproduzierbarkeit* (1936). Frankfurt/Main [9]1976

Marshall Berman, *All That is Solid Melts into Air. The Experience of Modernity.* New York 1982

W. Carl Biven, *Who Killed John Maynard Keynes? Conflicts in the Evolution of Economic Policy.* Homewood (Ill.) 1989
Pierre Bourdieu, *Effets de lieu* in: Pierre Bourdieu u. a., *La misère du monde.* Paris 1993, S. 159–167
– *L'ontologie politique de Martin Heidegger* (1975). Paris 1988
Philippe Bourgois, *Une nuit dans une »shooting gallery«. Enquête sur le commerce de la drogue à East Harlem* in: *Actes de la recherche en sciences sociales,* Nr. 94, Sept. 1992, S. 59–78
Paul Boyer, *When Time Shall Be No More. Prophecy Belief in Modern American Culture.* Cambridge (Mass.) 1992
Jeremy Brecher, *Strike!* San Francisco 1972. Dt. *Streiks und Arbeiterrevolten. Amerikanische Arbeiterbewegung 1877 – 1970.* Frankfurt / Main 1975
James Bryce, *The American Commonwealth* (1893). New York 1917 (2 Bde.)
Ernest W. Burgess, *The Growth of the City* in: R. E. Park, E. W Burgess, R. D. McKenzie, *The City* (1925). Chicago 1967
Bruno Cartosio, *Anni inquieti. Società media ideologie negli Stati Uniti da Truman a Kennedy.* Rom 1992
– *Lavoratori negli Stati Uniti. Storie e culture politiche dalla schiavitù all'I.W.W.* Mailand 1989
– *Da Chicago a tutto il mundo* in: *il manifesto,* 29. April 1994
Robert Castel, *La »guerre à la pauvreté« aux États Unis* in: *Actes de la recherche en sciences sociales,* Nr. 19, Jan. 1978, S. 47–60
Ronald H. Coase, *The problem of social cost* in: *Journal of Law and Economics,* Nr. 3, 1960
Russell Herman Conwell, *Acres of Diamonds.* New York 1915
Alain Coulon, *L' École de Chicago* (1987). Paris ³1993 (Reihe »Que-saisje?«)
William Cronon, *Nature's Metropolis. Chicago and the Great West.* New York 1991
Vincenzo Cuoco, *Saggio storico sulla rivoluzione napoletana del 1799* (1801). Dt. *Historischer Versuch über die Revolution in Neapel.* Erster Teil. Übers. von B. M. Berlin 1805
Irving Cutler, *Chicago, Metropolis of the Mid-Continent.* Chicago 1973. Dubuque (Iowa) ³1982
Mike Davis, *City of Quartz* (1990). New York 1992

Richard Dawkins, *The Blind Watchmaker* (1986). New York 1993. Dt. *Der blinde Uhrmacher. Ein neues Plädoyer für den Darwinismus.* Übers. von Karin de Sousa Ferreira. München 1987
John Dewey, *Logic. The Theory of Inquiry.* New York 1948
Fjodor Dostojewski, *Schuld und Sühne.* Übers. von Bernhard Dedek. Berlin o. J.
– *Die Brüder Karamasow.* Leipzig o.J.
Theodore Draper, *The Roots of American Communism.* New York 1956
Louis Dumont, *Homo Aequalis. Genèse et épanouissement de l'idéologie économique.* Paris 1977
Kenneth F. Dunker und Basile G. Rabbat, *Why America's Bridges are Crumbling,* in *Scientific American,* März 1993, S. 66 – 72
Jacques Durand, *Rhétorique du nombre.* Sondernummer *Recherches rhétoriques* der Zeitschrift *Communications,* Nr. 16, 1970, S. 125 – 132
Friedrich Engels, *Die Lage der arbeitenden Klasse in England* (1845). München 1980
Valerio Evangelisti, *Sinistre eretiche. Dalla banda Bonnot al sandinismo.* Mailand 1985
Robert E.L. Faris, *Chicago Sociology 1920 – 1932* (1967). Chicago 1979
Philip S. Foner, *History of the Labor Movement in the United States* (1947). New York 1955 (9 Bde.)
Michel Foucault, *Surveiller et punir. Naissance de la prison.* Paris 1975. Dt. *Überwachen und Strafen. Die Geburt des Gefängnisses.* Übers. von Walter Seitter. Frankfurt/Main 1994
Russell Frazer, *John Peter Altgeld, Governor for the People* in: *American Radicals.* New York 1965, S. 127 – 144
Richard Freeman, *The Overeducated American,* New York 1976
Albert Fried (Hg.), *Socialism in America, from the Shakers to the Third International. A Documentary History.* New York 1970
Betty Friedan, *The Feminine Mystique.* New York 1963. Dt. *Der Weiblichkeitswahn oder die Selbstbefreiung der Frau. Ein Emanzipationskonzept.* Übers. von Margaret Corronx. Reinbek 1991
Frommer's Guide USA '93 – '94. New York 1993
Luciano Gallino, *Dizionario di sociologia.* Turin 1978
Joel Garreau, *Edge City. Life on the New Frontier.* New York 1991
W. D. Grampp, *The Manchester School of Economics.* Stanford (Cal.) 1960

James R. Grossman, *Land of Hope. Chicago, Black Southerners, and the Great Migration.* Chicago 1989
John A. Hagwood, *The Tragedy of German America. The Germans in the U.S. of America during the Nineteenth Century and After.* New York 1940
Serge Halimi, *L'université de Chicago, un petit coin de paradis bien protégé* in: *Le monde diplomatique,* April 1994
Michael Harrington, *The Other America. Poverty in the United States* (1962). New York 1981
Tom Hayden, *Trial.* New York 1970. Dt. *Der Prozeß von Chicago.* Übers. von Renate und Rolf Wiggershaus. Frankfurt/Main 1971
Don Hayner und Tom McNamee, *Streetwise Chicago. A History of Chicago Street Names.* Chicago 1988
David A. Heenan, *The New Corporate Frontier. The Big Move to Small Town, U.S.A.* New York 1991
Martin Heidegger, *Warum bleiben wir in der Provinz?* (1934) in: M. Heidegger, *Gesamtausgabe,* Frankfurt/Main 1983, Bd. 13, S. 11
Albert O. Hirschman, *Exit, Voice and Loyalty* (1970). Cambridge 1970
– *The Rhetoric of Reaction. Perversity, Futility, Jeopardy.* Cambridge (Mass.) 1991
A History of Technology. Oxford 1958 (Bd. V)
Thomas Hobbes, *Leviathan.* Teil I und II. Übers. von Walter Euchner. Leipzig 1978
Eric Hobsbawm, *The Jazz Scene* (1961). New York 1993
Eric Hobsbawm u. a., *The Invention of Tradition.* Cambridge 1983
Charles Hoch, Robert A. Slayton, *New Homeless and Old. Community and the Skid Row Hotel.* Philadelphia 1989
Rudolph A. Hofmeister, *The Germans of Chicago.* Champaign (Ill.) 1976
Kenneth T. Jackson, *Crabgrass Frontier. The Suburbanization of the United States.* New York 1985
Michael Johnston, *Political Corruption and Public Policy in America.* Monterey (Cal.) 1982
Matthieu Josephson, *Robber Barons, the Great American Capitalists (1861–1901).* New York 1934
Michael B. Katz, *The Undeserving Poor. From the War to Poverty to the War on Welfare.* New York 1989

David S. Landes, *Revolution in Time.* Cambridge (Mass.) 1983
Antonello La Vergata, *Nonostante Malthus. Fecondità, popolazioni e armonia della natura, 1700–1900.* Turin 1990
Harper. Leech, John C. Carroll, *Armour and his Times.* New York 1938
Georg Wilhelm Leibniz, *Monadologie* (1714) (zweisprachig). Dt. von Joachim Christian Horn. Frankfurt/Main 1962
Oscar Lewis, *La Vida. A Puerto Rican Family in the Culture of Poverty (San Juan and New York).* New York 1966
Richard C. Lindberg, *Ethnic Chicago.* Lincolnwood (Ill.) 1994
Almont Lindsay, *The Pullman Strike. The Story of a Unique Experiment and of a Great Labor Upheaval.* Chicago 1942
David Lowe, *Lost Chicago* (1975). New York 1993
Frederick C. Luebke, *Bonds of Loyalty. German Americans and World War I.* Dekalb (Ill.) 1974
James Madison, *Notes on Debates in the Federal Convention of 1787.* Athens (Ohio) 1984
Norman Mailer, *Miami and the Siege of Chicago. An Informal History of the American Political Conventions of 1968*, New York 1968
Malcolm X, *Autobiography of Malcolm X*, zus. mit Alex Haley. New York 1965. Dt. *Malcolm X. Die Autobiographie.* Übers. v. Dieter Brünn, Margarete Effertz, Gerd Hüttenhofer, Dago Langhans. München 1992
Karl Marx, Friedrich Engels, *Manifest der Kommunistischen Partei* (1848). Frankfurt/Main 1970
– *Ökonomische Manuskripte 1857/58* in: Gesamtausgabe, 2. Abteilung, *»Das Kapital« und Vorarbeiten.* Bd. 1, Teil 2, Berlin 1981
Douglas S. Massey, Nancy A. Denton, *American Apartheid. Segregation and the Making of the Underclass.* Cambridge (Mass.) 1993
Douglas S. Massey u. a. *Return to Aztlán. The Social Process of International Migration from Western Mexico.* Berkeley 1990
Evan McKenzie, *Privatopia. Homeowner Associations and the Rise of Residential Private Government.* Yale 1994
– *Trouble in Privatopia* in: *Progressive*, Okt. 1993, S. 30–34
Frank S. Mead, *Handbook of Denominations in the United States* (1961). Nashville⁹ 1990
Jack Miles, *Blacks vs. Browns. Immigration and the New American Dilemma* in: *The Atlantic Monthly*, Bd. 270, Nr. 4, Okt. 1992, S. 41–48

Edythe S. Miller, *Economics for What? Economic Folklore and Social Realities* in: *Journal of Economic Issues*, Juni 1989, S. 339–356
Franco Moretti, *Segni e stili del moderno.* Turin 1987
Lewis Mumford, *The City in History.* New York 1961. Dt. *Die Stadt. Geschichte und Ausblick.* Übers. von Helmut Lindemann. München [3]1984
Gunnar Myrdal, *An American Dilemma. The Negro Problem and Modern Democracy* (1944). New York 1962
– *Value in Social Theory.* New York 1958. Dt. *Das Wertproblem in der Sozialwissenschaft.* Übers. von Suzanne Reichstein und Manfred Schüler. Hannover 1965
Humbert S. Nelli, *Italians in Chicago 1880–1930. A Study in Ethnic Mobility.* New York 1970
Bruce C. Nelson, *Anarchism: The Movement behind the Martyrs* in: *Chicago History.* Sondernr. über »Haymarket«, Bd. XV, Nr. 2, Sommer 1986
– *Beyond the Martyrs. A Social History of Chicago's Anarchists 1870–1900.* New Brunswick 1988
Robert Nozick, *Anarchy, the State and Utopia.* New York 1974. Dt. *Anarchie, Staat, Utopia.* Übers. von Hermann Vetter. München 1976
Richard O'Connor, *The German-Americans. An Informal History.* Boston 1968
Claus Offe, *Die Utopie der Null-Option. Modernität und Modernisierung als politische Gütekriterien.* Materialien zur sozialwissenschaftlichen Planungs- und Entscheidungstheorie, Bd. 7, Bielefeld 1985
Dominic A. Pacyga, Ellen Skerret, *Chicago, City of Neighbourhoods.* Chicago 1986
Sara Paretsky, *Burn Marks.* New York 1990. Dt. *Brandstifter.* Übers. von Dietlind Kaiser. München [2]1993
Robert E. Park, *Human Migration and the Marginal Man* in: *The American Journal of Sociology*, Bd. XXXIII., März 1928, Nr. 6, S. 881–893
– *Sociology* in: Wilson Gee (Hg.), *Research in Social Sciences.* New York 1929
Robert E. Park, Ernest W. Burgess, Roderick McKenzie, *The City* (1925). Chicago 1967
James Parton, *Chicago* in: *The Atlantic Monthly*, Nr. 19, 1867, S. 325–345
Bessie Louise Pierce, *A History of Chicago.* New York, Bd. I, 1937, Bd. II, 1940, Bd. III, 1957

Frances Fox Piven, Richard A. Cloward, *Regulating the Poor. The Functions of Welfare State.* New York 1971
– *Why Americans Don't Vote.* New York 1988
– *Political Corruption, a Handbook.* New Brunswick 1989
Alessandro Portelli, *La linea del colore. Saggi sulla cultura afroamericana.* Rom 1994
Arnold Rose, *Negroes in America* (mit einem Vorwort von Gunnar Myrdal). New York 1948
Nathan Rosenberg, *Perspectives on Technology.* Cambridge (Mass.) 1976
Frank Rowsome, *Trolley Car Treasure. A Century of American Street Cars.* New York 1956
Mike Royko, *Boss. Richard J. Daley of Chicago* (1971). New York 1976
Donatien-Alphonse François de Sade, *La Philosophie dans le boudoir* (1795). Dt. *Die Philosophie im Boudoir* in: *Werke.* Ausgewählt, übers. und mit Dokumentation und Nachwort von Gerd Henniger. Basel 1965
Edward W. Said, *Orientalism.* New York 1979. Dt. *Orientalismus.* Übers. von Liliane Weissberg. Frankfurt/Main, Berlin, Wien 1981
Martín Sánchez Jankowski, *Islands in the Streets. Gangs and American Urban Society.* Berkeley 1991
Wolfgang Schivelbusch, *Geschichte der Eisenbahnreise.* München, Wien 1977
– *Lichtblicke. Zur Geschichte der künstlichen Helligkeit im 19. Jahrhundert.* München 1983
Joseph A. Schumpeter, *History of Economic Analysis.* New York 1954. Dt. *Geschichte der ökonomischen Analyse,* 2 Bde. Übers. von Gottfried Frenzel. Göttingen 1965
Bobby Seale, *Seize the Time.* New York 1970. Dt. *Wir fordern Freiheit. Der Kampf der Black Panther.* Übers. von Regine Wolf. Frankfurt/Main 1971
Amartya Sen, *Corruzione e crimine organizzato* in: *Politica ed Economia,* Juli 1993
Upton Sinclair, *The Jungle* (1906). Dt. *Der Dschungel.* Übers. von Otto Wilck. Reinbek 1994
Charles Singer u.a., *A History of Technology.* Oxford 1958
June Skinner Sawyers, *Chicago Portraits.* Chicago 1991

Robert A. Slayton, *Back of the Yards. The Making of a Local Community.* Chicago 1986

Adam Smith, *An Inquiry into the Nature and Causes of the Wealth of the Nations* (1776). Dt. *Der Wohlstand der Nationen. Eine Untersuchung seiner Natur und seiner Ursachen.* Übers. von Horst Claus Recktenwald. München 1974

Werner Sombart, *Warum gibt es in den Vereinigten Staaten keinen Sozialismus?* Tübingen 1906

Gregory D. Squires, Larry Bennett, Kathleen McCourt, Philip Nyden, *Chicago. Race, Class, and the Response to Urban Decline.* Philadelphia 1987

Wiliam T. Stead, *If Christ Came to Chicago!* Chicago 1894. Neudruck Evanston (Ill.) 1990

Stephen Steinberg, *The Ethnic Myth. Race, Ethnicity and Class in America* (1981). Boston 1989

John F. Stover, *American Railroads.* Chicago 1961

Edward P. Thompson, *The Sykaos Papers.* London 1988

Henry David Thoreau, *Walden and Other Writings* (1849–1862). New York 1981. Dt. *Über die Pflicht zum Ungehorsam gegen den Staat.* Übers. von W. E. Richartz. Zürich 1967

Lester Thurow, *Head to Head. The Coming Economic Battle Among Japan, Europe, and America.* New York 1992. Dt. *Kopf an Kopf. Wer siegt im Wirtschaftskrieg zwischen Europa, Japan und den USA?* Übers. von Bernd Rüther. Düsseldorf u. a. 1993

Alexis Chérel de Tocqueville, *De la Démocratie en Amérique* (1835). Dt. *Über die Demokratie in Amerika.* Übers. von Hans Zbinden. München 1976

Tzvetan Todorov, *La conquête de l'Amérique. La question de l'autre.* Paris 1982. Dt. *Die Eroberung Amerikas. Das Problem des Anderen.* Übers. von Wilfried Böhringer. Frankfurt/Main 1985

Andrew Jacke Townsend, *The Germans of Chicago.* Dissertation der University of Chicago von 1927, abgedruckt in: *Jahrbuch der deutsch-amerikanischen historischen Gesellschaft von Illinois,* 1932

Joseph Townsend, *A Dissertation on the Poor Laws, by a Well-Wisher to Mankind* (1786). Berkeley 1971

William M. Tuttle Jr., *Race Riot. Chicago in the Red Summer of 1919,* New York 1970

U.S. Bureau of the Census, *Current Populations Reports, Geographical mobility: March 1990 to March 1991*, hg. von Diana DeAre. Washington D.C. 1992
– *Statistical Abstract of the United States 1992 bzw. 1993*. Washington D.C. 1993 bzw. 1994
– *Historical Statistics of the United States, Colonial Times to 1970*, Washington D.C. 1975 (2 Bde.)
U.S. Immigration Commission, *Immigrants and Crime*. Washington D.C. 1911
Loïc J. D. Wacquant, *Le gang comme prédateur collectif* in: *Actes de la recherche en sciences sociales*, Nr. 101 f., März 1994, S. 88–100
– *The Zone* in: Pierre Bourdieu u.a., *La misère du monde*. Paris 1993, S. 181–195
Louise Carroll Wade, *Chicago's Pride. The Stockyards, Packingtown, and Environs in the Nineteenth Century*. Urbana-Chicago 1987
Richard C. Wade, *The Enduring Chicago Machine* in: *Chicago History*, Frühjahr 1986
Allan D. Wallis, *Wheel Estate. The Rise and Decline of Mobile Homes*. New York 1991
James Weinstein, *Ambiguous Legacy. The Left in American Politics*. New York 1975
– *The Decline of Socialism in America: 1912–1925*. New York 1967. Neuausgabe New York 1984
Michael Williams, *Americans & Their Forests. A Historical Geography*. Cambridge 1989
William Julius Wilson, *The Declining Significance of Race*. Chicago 1978
– *The Truly Disadvantaged. The Inner City, the Underclass, and Public Policy*. Chicago 1987
Lawrence Wright, *One Drop of Blood* in: *The New Yorker*, 25. Juli 1994, S. 46–55